東国武士政権

◉日記「玉葉」が捉えた
鎌倉幕府の展開と、
悲劇の武士たち

安達史人
Adachi Fumito

批評社

東国武士政権

◉日記「玉葉」が捉えた鎌倉幕府の展開と、悲劇の武士たち

安達史人

◉批評社◉

東国武士政権●目次

装釘＝臼井新太郎

はじめに――東国武士や幕府に関する「歴史」と「伝承」を巡って

◉鎌倉幕府は、実際はどのようにして成立したのだろうか。「吾妻鏡」が書くように、頼朝が中心になって坂東武士たちを集結させ、清盛死後、貴族化した一族の平氏たちを討伐して作られたという、もうだれも疑問を持たない領域に関心を持つようになったのは、一の谷、屋島、壇ノ浦でのいわゆる「源平合戦」と通称されている三度の戦争に、西へ西へと移動、逃走する平家軍に、源義経や源範頼の率いる関東軍が勝利したあと、鎌倉にひとつの政権が形成されたという通説がかなりの程度に杜撰に過ぎなくないかという疑問を感じるようになったからだ。雑誌「游魚」三号（木の聲舎、二〇一五年）に、わたしがなぜその通説に疑問を抱くようになったのかということや、わたしの日本中世史研究の出発点の素朴なありようを、ふたりの女性の友人にメールし、貰った返事をすべて掲載するという方法で展開してみた（「日本中世史論のためのスケッチ◉愛発が関通信①」「鎌倉幕府を作ったのは源頼朝ではないよ！」（協力＝石井浩子＋掛井育）。

●わたしの抱いた疑問はおいおい述べていくが、上記の文章のなかでは、頼朝の挙兵と通称されているのだが、じつは情けない挙兵（相模の山木判官を殺したが、すぐに親京都派の大庭景親に敗北し、三浦半島から千葉方面へと逃走した）のあと、房総半島の上総の介広常や下総の千葉常胤らの強力な支援を得、かつ武蔵、相模の国の豪族武士たち、三浦氏や和田氏や畠山氏らの協力によって、鎌倉の地に幕府を開いたという通説の協力者たちが、すべて実は平氏系の人びとであったこと（つまり、源平戦争とはよべず、平平戦争だったのだ）、あるいは、房総や武蔵の国々の平氏系の武士たちが源氏の流人であり逃亡者であった頼朝をなぜ支援したのか、という点にまずはあった。もし「源氏」の頼朝を「平氏」の坂東武士たちが支援したとするならそれはどうしてだったのか。児玉幸多編『日本史年表・地図』（吉川弘文館、一九九五年）によれば、関東に土着した武士たちのほぼ七〇パーセント近くが平氏で、残りは秀郷流藤原氏（平将門を追討した藤原秀郷の子孫たちとされる）と、その他の諸氏族であり、千葉の武士たちも武蔵武士たちもほとんどが平氏に属していたのだ。関東東部や甲斐などに源氏は少しだけ存在した。常陸に佐竹氏という源氏がいたが、平家との富士川の戦いのあと、すぐにも大軍を率いて上洛しようとした頼朝は、三浦氏や和田氏ら、のちの幕府の重鎮となる武士たちから、上洛して平家を討つまえにまずは関東を固めるべしとか言われて、その佐竹氏を討滅している(『吾妻鏡』)。頼朝が幕府のなかでの少数派の源氏だとすれば、当然、源氏の佐竹氏と連合し、甲斐源氏も引きこんで、関東グループのなかに源氏主導軍を構築するのが当然ではなかったか。

●と、考える以前に、十三、四歳で伊豆の流人になり、二十年余を伊豆で過ごしていたという頼朝を、なぜ彼が間違いなく、平治の乱で敗れて殺された源氏の棟梁、源義朝の息子であることを、坂東武士たちはどのようにして承認し得たのか。説話論的に言うと、源氏嫡流秘伝の剣を所持していた、とか、自己証明するなにかがなければ、だれも信用しなかったのではないだろうか(古活字本『平治物語』には、髭切《ひげきり》という剣が出てくるが、自己証明のために使われたとは書かれていない)。『平治物語』は、敗れた義朝の死や、頼朝の流罪を書いたが、十三、四歳だった少年頼朝を、伊豆のだれが成長するまで監視し、かつ面倒を見たのか、まったく書いていない。岩波古典文学大系の金刀比羅宮蔵本『平治物語』では、最後の行に、頼朝を連れて来た朝廷の官人が《さるほどに、伊豆国蛭が嶋におきたてまつり、伊東、北条に守護したてまつるべきよし申しおき、官人都へのぼりけり》とあり、朝廷の役人が連れて来て、この地の豪族伊東氏、北条氏に守護するよう命令したように書かれているが、流布本『平家物語』ではそのような記述はない。

●『吾妻鏡』に、頼朝の乳母であった比企の尼が、長年、経済的援助を続けてきたと書かれているのだが、頼朝の乳母を寒河尼と書いている研究書もあり、すぐになっとくし難いものがある。とりわけ『吾妻鏡』は幕府成立から五、六十年後に、幕府を仕切っていた北条氏によって書かれたものであり、とくに頼朝を描いている前半部は、頼朝の美化と重要人物化が謀られており、わたしはこの経過を[頼朝伝承]とよんでいる。歴史に再登場した初期の頼朝は、『平家物語』や貴族の日記などをもとに、かなりの程度に造形されているのではないか、と考えられ、この文章では極力、『吾妻鏡』を参照せず、源氏と平氏の抗争を、同時代に書いていた京都貴族政治家の九条兼実の眼に映った坂東勢の動向を捉えることをめざして、かれの書いた日記「玉葉」を読むことにしたのである。

●もうひとつの疑問は、われらが英雄義経に関してである。義経は幼・少時以降の歴史を「伝承」のなかでしか確立できない人物なのである。かれもまた、頼朝同様、自分が義朝の最後の息子であることを、たとえば青年時代に寄寓したという奥州藤原氏にたいして、どのように証明できたのか。ある若い男が突然やってきて、自分は源義朝の子どもである、と名乗ったとき、藤原秀衡は容易に了承したであろうか。ただし、後述するように、中世史研究者の保立道久氏は、義経の縁故の人物が平泉におり、その紹介で義経は秀衡と出遇うことができたのだ、と書いているのだが。義経は「吾妻鏡」のなかで自分の幼・少時の経験を語っているが、それにはふたつの物語があり、その点についても前掲拙論で述べた。簡単に触れるなら、まず①幼年時代、母親が再婚した一条長成によって鞍馬寺に預けられ、青年時代に奥州藤原氏のもとに身を寄せ、兄、頼朝の挙兵のニュースを識って、兄のもとに駆けつけたというもの、もうひとつは、②のちに兄頼朝から冷遇されたとき、兄に差し出した「腰越状」という文書のなかで、みずからの幼・少年時代、母の手に抱かれてあちこち放浪し、人民に服仕した(人民によってこき使われた)と語っている。ほとんどふたつの別の物語というしかないのだが、疑問を差しはさむ研究者は皆無のように思われる。保立氏も同様であった。

●義経の母は、いろんな物語のなかで、常盤という九条院の雑仕女であったと書かれているが(「尊卑分脈」のなかでも、母を常盤と明記している。ただし「吾妻鏡」のなかでは義経の母は出て来るが、その名まえは出ていないように思う)、「尊卑分脈」を含む、当時の多くの系譜のなかで、女性名が現れるのは天皇の皇女や、天皇の妻になった女性たちであり、ほかには白拍子や遊女など芸名のような名を持っている(義経の愛人の静御前、清盛の愛人であった祇王、祇女など)。そう考えると常盤という女性は説話性、伝承性が色濃く、わたしなどは実在の女性として捉えることができないのではないかと考えるのである。伝承が文字化、あるいは文章化されると、ある種の歴史性を帯びて来ることは、たとえば、「日本書紀」などの初代天皇神武の、九州からの東遷、畿内への侵攻という話などが典型のひとつである。わたしが尊敬する歴史学の津田左右吉は神武天皇から神功皇后までの天皇の系譜は後世に造形されたものと考えたが、あくまですべては史実であったと主張する論者もかなりいる。伝承の文字化に犯された研究者というしかないと、わたしなどは考えるのだが。

●国文学、歴史学の角田文衛氏の『日本の女性名——歴史的展望』(上、中、下、教育社歴史新書、一九八〇年)という本を発見した。この本によると角田氏は、常盤などの名になんの疑問も持たれていないようであった。角田氏はむかし読んだ本(『承香殿の女御——復原された源氏物語の世界』中公新書、一九六三年だったか)において、多くの中世研究の本において、女性名を訓で読めないため音読みになっているのだが、男の名まえと同様、訓で読めるのだ、と書いていて興味を持った。その根拠は京都あたりの大学の研究紀要のような冊子に書いてある、とあったのだが、その冊子を捜すことができなかったため、根拠は今も解らない。最近の研究者のなかには女性名に訓読みでルビをふっている人もいるようだ。しかし逆に、男の名まえがすべて訓読みになっているのはなぜだろう、どうして訓で読めるのだろうか、と新たな疑問も生まれたのである。

●常盤あるいは常葉の名を出しているのは「平治物語」、「平家物語」、「義経記」などであるが、ちなみに延慶本「平家物語」(栃木孝雄／谷口耕一編『校訂　延慶本平家物語』(一)汲古書院、二〇〇一年〜)では、清盛には娘が八人あったとして、高倉天皇に嫁して安徳天皇を生んだ徳子など、七人出したあとに、義経の母、常葉も清盛の愛人だったことがあり、《このほか、九条院の雑仕、常葉が腹に一人御《いま》しき。廊《らう》の御方と申しけるとかや》とあり、この本では常盤が義経の母であったなど、一言も触れていない。それは流布本とよばれる角川文庫本「平家物語」(平仮名整版本)も、清盛の妻妾七人を紹介したあと、《その外、九条の院の雑仕、常盤が腹に一人、﨟《らふ》の御方とぞ申しける》とあり、やはり義経のことなどおくびにも出していないのである。また、義朝と別れたあと、大蔵卿藤原長成と再婚したという話なども載せていない。つまり、九条院の雑仕常盤(常葉)は、義経などとなんの関係もない、清盛の愛人に過ぎなかったのではないだろうか。それも伝承であろうが。問題は、「平家」の延慶本と、常盤の三人の息子の話を載せている「平治物語」のどちらが早く成立したか、ということになると思う。事件そのものは「平治」のほうが早いわけだが、語り物として早くから人口に膾炙したのは「平家」ではなかったかという気がする。しかし単なる憶測に過ぎないのだが。そして、この「玉葉」を読む仕事から、こんな考察は少しずれてしまうので、ここで常盤論はやめることにする。

●また余談になるが、イエス・キリストの存在のありようと、義経のありようが構造的によく似ているとかつて考えたことがあるが、それはイエスと義経という人物たちは、幼児の説話があり（もっともイエスは聖母に抱かれた赤ん坊、すなわち聖母像として登場しており、幼児物語はない。これは古代地中海地方の神話・宗教上の母子神信仰をなぞっているに過ぎないのだが）、しかし「新約聖書」には成長したおとなとして登場し、目覚ましい活動をして（イエスはバプテスマのヨハネの洗礼を受けて早速説教を始めたとされているのだが）、そして若くして死んだ（殺された）という物語が彼らを支えているからだが、義経もまた成長した雄姿を「平家物語」の「平平戦争」のさい、大活躍して、のちに奥州で殺される（自殺とされているが）。イエスが登場するのは「聖書」しかなく、同時代のどんな本にも出て来ないから、懐疑論的研究者はイエスを架空の人物として捉えている。そういう意味で、義経もまた造形された英雄ではないのかと、昔から感じていたのであるが、今回の作業を通じてやはり、義経はイエス同様、造形された人物ではないのかという、現在の日本史研究家の誰一人認めないであろう仮説が、また自分の幻想のなかで膨らんできた。「平家物語」に詳しい一の谷や壇ノ浦の合戦も、ひょっとして文学的に作られたものかもしれないという気もしなくはない。こんな見解に賛同してくれる人は世の中ひとりもいないと思うのだが。「吾妻鏡」では頼朝の義経への執拗で過剰な怒りから、義経を殺すという結末が形成されているが、義経を消そうとしたのは、頼朝の怒りという物語を捏造した、「吾妻鏡」の編者、北条氏たちであったのではないかという気もするのである。

●これに対し「義経記」の記述は完全な物語であって、このことに異論を唱える研究者もいないであろう。「義経記」は「平家」が書いていない幼・少年時代と、頼朝に追われて奥州に逃走したところを克明に描写した本なのである。やはり、義経は「伝承」と「歴史」のすれすれの接点のなかで生きていた人物というしかないと思うのだ。「平治物語」、「平家物語」、「義経記」ほか、幸若舞、御伽草子の物語などを繋げて考察していけば、義経非在論が一冊書けそうだ。

●ついでに、頼朝の妻、政子もまた、名まえを明らかにされている女性だが、ほかには木曽義仲の愛人か妻の巴御前などがいる。この人たちだけ、なぜ、名まえが出てきたのであろうか。巴御前は、義仲の死後、鎌倉に呼び出され、幕府の重鎮の和田義盛に見初められ、結婚したという。そして生まれた朝比奈三郎義秀は、『吾妻鏡』に水練の達者という非常にユニークな登場をする。そしてのちに、江戸の滝沢馬琴の「朝夷奈島巡り記」の主人公になった。こんな特殊な人物に思いを馳せた馬琴は凄いとも思う。歴史と違って伝承の世界は過剰におもしろいのだ。義経は奥州で死んだのではなく、北海道に渡り、大陸に渡ってのちにジンギスハーンになったという伝承を持っている(最近、このテーマで大まじめに本を書いた著者もいる。山崎純醒『義経北紀行伝説』第一巻平泉篇、批評社、二〇一六年)。

●これらの伝承の問題に、奥州藤原氏の実力者秀衡の、頼朝、義経との視えない関係、インヴィジブルな関係も加わり、頼朝・義経伝承のもっとも重要なテーマであると考える。私見では秀衡は東北蝦夷の系譜にあったのであり、蝦夷論がおおいに重要テーマとなるのだ。以上のような疑問から、わたしの「素朴リアリズム主義」を納得させてくれる解答を、同時代記録である「玉葉」の世界に捜してみようと考えたのである。

◉そこで源頼朝が坂東平氏の支援を受けるための条件として、わたしが考えたのは、

①頼朝は痩せても枯れても、京都朝廷の官人(最近、軍事貴族、辺境軍事貴族などという言葉がある著者たちによって使われている)の子息であるということ。関東の名もなき平氏豪族たちにとって、頼朝の出自は大きかった。

②頼朝は、①との関係で京都朝廷や後白河法皇の院庁とのあいだにパイプをもっているのではないか、というある種の期待が関東豪族武士たちにあった。

③地方においては、源氏対平氏という構造的対立が京都におけるほど明確ではなかったのかもしれない。前九年の役という、奥州の蝦夷征討の話をまとめた「陸奥話記」のなかでは、主人公の源頼義は、上野守、平直方の娘婿になっており義家が生まれているし、「将門記」でも源氏と平氏の結婚が描かれ、坂東という、日本の東部では土着した平氏と中央から来

た源氏の結婚があったように書かれている。史実かどうかは解からない。

④河内源氏の嫡流と名乗る頼朝が征夷大将軍ともなれば、平氏、藤原氏らの結集する関東武士団の集合体にとっても相当有利な条件になるのではないか。

といったことしかイメージできないのである。

◉上に書いたように「玉葉」は、京都上級貴族の九条兼実(右大臣、のちに摂政となる)の日記で、鎌倉幕府成立後の随分あとに成立した「吾妻鏡」に較べると、史料的価値がまったく違っている。そこで「吾妻鏡」はなるべく参照せず、ひたすら「玉葉」に現れた関東の情報を集めて、幕府成立の様相を眺めてみようではないか、と考えた。補足的に、当時のたくさんの貴族の日記や同時代文書を援用して、宇多天皇の仁和三(八六七)年から北朝後円融天皇の応安五(一三八四)年までの「日本中世史」を纏めた東京大学史料編纂所編纂の『史料綜覧』(東京大学出版会、一九三〇年、一九八五年に復刻とある。以下、『綜覧』と表記する)をときどき覗いて「玉葉」では官職名しか出ていない人物の実名を確認したり、ほかの貴族たちの日記の記事によって、ある種の歴史的蓋然性を確認した。テキストとしての『玉葉』は、国書刊行会が、明治三十九年(一九〇六)に発行した本を、黒板勝美が校訂したもの(すみや書房、一九六六年)で、これを使用した。この漢文を自分流に読み下し、漢字を開いたり、ルビをつけたり、「武蔵国」を「武蔵の国」、「平清盛」を「平の清盛」などと発音通りに表記したりして適宜補い、読みやすく編集したが文章は変えていない。『史料綜覧』は原文通り引用した。「玉葉」の引用文のなかで、〔　〕でくくった部分は、本文中に挿入された割書きとよばれる文章で、小さな字で二行書きになっている説明文章である。この割書きを書いたのは兼実か、のちの校訂者か、不明である。〔　〕はわたしが付記した説明、《　》は史料や研究書などからわたしが引用したものである。多くの武士たちの系譜をまとめた本に「尊卑分脈」があり、吉川弘文館の『新訂増補 国史大系 尊卑分脈』を使用した。

●さらに、前半部は「游魚」三号でのメール論議に参加していただいた石井浩子さんにも読んでいただき、読みの間違いやその他を指摘していただいた。石井さんの見解も、あちこちに鏤めさせていただいた。石井さんから頂いた感想文は補遺①として、◐I◐、と表記した。それにたいするわたしの意見は補遺②として◑A◑で表示した。『玉葉』のもとの漢文を読み下すにあたって誤読しているところもあると思うが、大学院で説話学を研究された石井さんがチェックして正してくださった部分もかなりある。

●「玉葉」の記述にはしばしば、「伝聞」という言葉が現れる。著者兼実が、みずから立ち遇ったできごとでなく、だれかから聞いた世の風聞を書いたところと考えられるが、これを伝聞す、とか伝聞しぬ、と訳すためには、当時、伝聞という漢字熟語があったかどうかが問題である。そこで、「伝え聞く」としたのだが、「風聞」という言葉はあったようなので、「伝聞」もあったに違いない。そこで、第3部以降は、たんに「伝聞す」とすることにした。このような熟語には苦労したが、こういったことは、訳者の一般的な労苦であり、また愉しみであるのかもしれない。

●また、清盛以下の伊勢平氏とよばれる一族は、京都朝廷や院庁で上級貴族化した特異な存在なので、以下の文章では「平家」と表記して、地方平氏と区別して用いることにした。

●高橋秀樹氏の『日本史研究叢刊25　玉葉精読——元暦元年記』(和泉書院、二〇一三年)という本も発見したが、この本の存在を知ったのが遅くて、自分にとって難読の部分などの助言をこの本から受けることができなかったのは残念である。ただし、「玉葉」は大長編なので、この本は、元暦元年(一一八四年)を解読したもので、わたしの対象とする多くの時代には触れていないようだ。

●わたしの方針として、近代以降の研究書などの書名は、『　』でくくったが、それ以前の書籍や文書類は「　」でくくることにしている。「平家物語」、「吾妻鏡」や「尊卑分脈」などがその例である。ほかにも◉、◎や★、☆など記号を多数使用したが、★は日記「玉葉」からの引用、☆は『史料綜覧』からの引用、●はわたしの理解や感懐や説明文などの文章を表す。◉や◎は内容が少し変わるところ、あるいは少し改まって書くときなどに使用しているが、あまり厳密ではない。

◉以下、「玉葉」を読む旅に出発することになる。

第1部——東国武士集団の活動の史実を追って……

◉源頼朝の挙兵と源義経の登場

◉協力——石井浩子

1——以仁王の令旨と謀反人頼朝登場と

◆安元二年（一一七六）
〇十二月二十六日
★また流人の事行わるべし。延暦寺、前兵衛尉、源義経［為義一族］を訴うるによってなり。根本中堂衆を殺害するによって佐渡国へ配流さるべし、云々《うんぬん》、
●この突然現れた「源義経」には驚いた、と言わざるをえない。「玉葉」のなかに突然、義経が登場したのであるから。経歴もついていて、実際の義経とは合わないし、割書きの「為義一族」という文言も、われらが義経なら、「検非違使の尉、義朝、男」とでもあったろう。だからこの義経は、有名な義経と同姓同名であったようだ。「吾妻鏡」では、この中年義経はのちに一度だけ登場したようだが、消えてしまったと思う。しかしこの記述は現代読者を驚かすに充分であった。「玉葉」では、この義経さんは美濃源氏として活動しており、のちの平家追討の義経軍に参加している。ちなみに、『綜覧』にこの記事はなかった。

◆治承四年（一一八〇）
〇五月十五日
★昏［たそがれ］に臨むの間、京中鼓騒［鼓を打ったようにうるさかった、か］、山の［比叡山延暦寺］の大衆［武装して戦うような僧を言う］下落［京都の街に降りてきた］の由、風聞す、ただし、その実なし［噂通りではない］云々、今夜三條高倉宮［以仁王］［院の第二子］、配流云々、くだんの宮［以仁王］、八條女院の御猶子［養子のような存在］なり、このほか、縦横の説多しといえども、信を取り難し、
●この研究は、関東武士たちの活動を考察するために始めたことは先に述べたのだが、以下に、この畿内の王である、皇族、後白河上皇の息子の以仁王のことを採り上げるのは、すぐあとに出て来る以仁王の令旨（皇太子や親王が出す、指令書）が、関東武士たちの武力的な蹶起のために大きな役割をした、とされているからであり、暫く、この畿内の情報に耳を傾けていただきたいからなのである。
●上記の「玉葉」の記事では、なんのことだか解らないが、これは以仁王《もちひとおう》が起こしたクーデタ事件の結末

で、この事件をもとに当時の朝廷の支配者と言ってもいい平家の清盛一族が高倉の宮すなわち以仁王を流刑に決めたという情報が、日記の著者兼実のもとにも届いたのだが、寝耳に水のような事件で、兼実の驚愕が書かれているのである。この事件については「平家物語」「源平盛衰記」がかなりのページを割いて報告している。後白河上皇(上皇は次代の天皇の父を言うのだが、後白河はのちに現世のまま出家したので法皇とよばれたのである)の皇子である以仁王は、朝廷内における平家の専横を憤り、「鵺《ぬえ》退治」の説話で有名な源の頼政に促されて、クーデタを起そうと計画したのであった。そのあたりに関する『綜覧』の以仁王関係の記事を引用してみよう。つぎの同年、四月九日から始まっている。

☆治承四年四月九日、源頼政、密ニ〔ひそかに〕、以仁王ニ勧《すす》メ奉リ、平氏追討ノ令旨ヲ請ヒ、源行家ヲシテ、諸国ノ源氏ニ伝エシム、(玉葉、吾妻鏡、神皇正統記ほか)

●源頼政は、朝廷の軍事貴族であり、日頃の平家の横暴に我慢ができずに、以仁王に令旨なる文書を書かせて、源の行家(彼は、源義朝の兄弟であり、頼朝の叔父にあたる人物で、頼朝にぺこぺこすることなく、ずっと固有の生き方をした源氏の武将のひとりであった)に、この令旨を諸国の源氏に届けさせたという。援用された本に「玉葉」が書かれているが、「玉葉」には該当する記述はない。このような例は少なくなく、『綜覧』はその点、少し雑であると言わざるをえない。続けて、

☆五月十五日、以仁王ニ源姓ヲ賜ヒ、名ヲ以光ト改メ、土佐ニ流シ〔ここは過去形のような書き方だが、流すと決めて、とあるべき〕、検非違使の源兼綱、源光長ヲ遣シ、以仁王ノ高倉第〔邸〕ヲ囲マシム、是ヨリ先、以仁王、園城寺〔三井寺のこと〕ニ奔《はし》リ給ヒ、右兵衛の尉、長谷部信連、高倉第〔邸〕ヲ守ル、光長ラ、乃チ〔すなわち〕信連ヲ捕ヘテ還ル、(玉葉、山槐記、明月記ほか)

●清盛らは、以仁王の配流を決め、検非違使の兼綱や光長を以仁王の邸宅に向かわせ、以仁王を捕えようとしたが、事前に察知した以仁王は園城寺(三井寺)に逃げていた。しょうがないので、以仁王の邸宅を守っていた長谷部信連らを掴まえて六波羅に帰ったという。

●そして計画は失敗のうちに終わり、頼政や以仁王は殺されることになる。彼らはたちまち、平家たち

から攻撃された。しかし、以仁王はともかく、平家追討の令旨(皇子らからの命令文書)を出したようである。この令旨の原文は残っていないので、その実否は不明であるが、多くの研究者が、それらしきものがあったと認めているようだ。ともかく、この令旨が伊豆に流されていた頼朝のもとにも届いて、頼朝は挙兵し、いわゆる源平の闘争が起こり、鎌倉幕府の成立となったとされるようになったのだ。以仁王というのは後白河法皇の息子で、朝廷や父の院をもその支配下に置くことになった平氏の清盛以下、朝廷内にのさばっている平家一族を追討すべし、という強い志向のもとに事件を起し、令旨を出したというので、平家勢に捕まり、配流が決まった。

●この令旨は、全国の源氏に向けて出されたとされる平家追討の檄文で、頼朝の叔父行家によって伊豆に流されていた頼朝のもとにも届き、頼朝は挙兵し、同意した関東武士たちが頼朝のもとに集結し、反平家の狼煙《のろし》をあげることになったとされる。清盛は後白河法皇を幽閉したり、上級貴族たちを解任したりしたが、いわば朝廷の現在の王であるような清盛および上級貴族平家一族追討の令旨は、『玉葉』の著述者九条兼実にとっても、まさしく寝耳に水だったのである。信じられないと言っている。しかしこの以仁王の令旨以降、日本列島の源氏や平氏ら地方武士たちはしだいに動揺を激しくしてゆき、のちに関東には鎌倉幕府も成立し、「武士」という存在が日本史の展開にとって重要な役割を担うようになっていく。以仁王の令旨なるものは日本の歴史が長い平安の貴族摂関時代を脱皮して急転回していく大きな契機になったのである。以下に、以仁王に関わる『玉葉』の記述を追ってみよう。

○五月十六日

★隆職の宿祢、三條宮〔以仁王〕配流の事を注送す〔言い送ってきた〕、其状かくの如し、

源以光〔本御名以仁〕、

宜《よろ》しく遠流の處、早く畿外に追い出さしむるべし、

高倉宮配流の事、仰せ下さるの状、かくの如し、

●この記述に続いて、院あるいは朝廷で、この配流を書いた書類が見当たらなかったというふうに書かれており、兼実にも事実が解らなかったようだ。そのくらい慌ただしい、清盛らの決定であったのだが、以仁王が逃亡した事実は間違いない。

★（同日）始めに、維光王〔だれか〕、土佐の国に配すべきの由、宣下云々、しかる後、改めて上卿に仰せらるか、

●とあるのだが、この維光王の土佐配流は、以仁王とどんな関係にあるのだろうか。

★（同日）伝え聞く、高倉宮、去る夜、検非違使、未だ其の家に向かわざる以前、密かに逃げ去り、三井寺に向かう、彼の寺の衆徒、守護し、まさに天台山〔比叡山延暦寺〕に登ぼし奉るべし、

◐-◐維光王は、「平家物語證註」（御橋悳言著『御橋悳言著作集』4巻所収、続群書類聚完成会、一九九九年）に、以仁王のことだと出ています。

●朝廷や院を牛耳っている清盛はすぐに以仁王配流を決定。その情報は兼実のもとに届いた。この記事が書かれたころ、兼実はこの事件の全体像を把握していなかったように感じられる。この日記においては、いつでも、兼実のもとに情報を齎した人たちの名まえが明記されているのだが、ここでは、「伝聞」となっているので、兼実も街の噂を聞いて書いたように思われる。以仁王は危険を感じて三井寺に逃げたらしいのだが、この寺の衆徒たちは、以仁王をかばって天台山（比叡山）に登らせようとした。また、宮子若宮という女性は八條院の女房の子であったが、これも逃亡逐電したので、六波羅の武士たちが女院の御所八條院を取り囲んだ。平家の逆襲を恐れた以仁王の関係者たちは慌てふためいてあちこちに逃げたようだ。

●兼実の情報が不明確なので、結論めいたことは言えないのだが、日本という国が、貴族政権から武士政権に転換してゆくその出発点であったいわゆる源平戦争を誘発したのかもしれない以仁王の令旨とされる一枚の紙切れ（?）があったのだが、これは何枚も写本されたのか、全国の反朝廷的な連中（各地の源氏をはじめとした、多くの地方武士たち）に伝えられたとされている。これが「以仁王の令旨」と通称されている怪（?）文書なのである。伊豆の頼朝のところには、文覚という怪しげでもある僧が運んだともされる。この貴族・武士たちの転換期に院政を展開していた後白河法皇の息子であった以仁王の令旨が、朝廷における清盛以下の平氏の横暴を告発し、全国の源氏たち（地方の平氏たちもいた）に呼びかけて、平家追討を訴えたとされるが、鎌倉幕府の歴史書であったとされる「吾妻鏡」も、この以仁王の令旨なるものが、伊豆の流人であった頼朝のもとに届いたと

いう記事から、書き始められている。つまり、のちの幕府成立の出発点とも言うべき令旨文書であった。

●この文書に関しては先述したように、「玉葉」にも載っていないし、ほかの日記などにも見えないことから、偽書であろう、という説もあるが、このような文書が誰かの手で作成され、諸国にばらまかれたような気はする。そして当然のことながら、後白河法皇に代わって政治を行っている清盛以下の平氏らによって、以仁王は追撃され、配流され、あるいは惨殺された。しかし生き延びているという情報も何度か流れていた。のちの義経もそうであるが、正史的な領域では死んでいる人たちが、民衆的伝聞のなかでは、死なずに生きていたという説話が作られていったのだが、これもまた、一種の共同幻想と言っていいもので、民衆の無意識の欲望が、物語のなかに現れ、それは近世まで引き継がれ、能や歌舞伎となって再現される例は多いと思う。

●以下、「玉葉」の著者九条兼実は、京都市中を流れる情報を伝聞と断りながら、必死で書きとめていった。

○五月十七日

★伝え聞く、昨日、巳の刻ばかり〔午前十時頃〕、八條宮、〔円恵法親王、是なり〕、使者を以て、宗盛、時忠〔宗盛は清盛の次男。時忠は清盛一族と少し違う平氏系譜の人物だが、妹の時子が清盛に嫁いでいる。平家政権のブレーン〕らの卿、に示す、云々、高倉宮の御座す〔います〕所、三井寺、平等院〔宇治の平等院〕なり、京にい出さるべきの由、沙汰する〔いろいろと試みている〕ところなり、てへれば〔と言えば〕、これに依って時忠卿、かの御迎えになす、人をまいらす、

●清盛の息子宗盛（清盛の長男重盛が早逝したので、清盛の死後、宗盛が平家一族のリーダーとなっていた）や、もともと貴族の平時忠らが、以仁王のいそうな三井寺や宇治の平等院を探索し始めた。以仁王はやはり比叡山に逃げこんだようだ。以下に、平家の人びとが必死で以仁王を捜索しているさまが描かれている。のちの義経も頼朝に排除されたとき、畿内の諸国を逃げ廻ったのだったが、比叡山にも隠れていたようだ。比叡山は京都の東側から北に連なる比良山地という山脈のなかに位置しており、犯罪者がこの山に潜入すると容易に捜し出せなかったのだ。

★（同日）武者ら〔だれか不明〕云う、諸国に散在せる源氏の末胤〔末裔〕ら、多く以て高倉宮の方人〔味方〕

たり、また近江国〔琵琶湖のある滋賀県で、京都のすぐ東側にある〕の武勇の輩〔やから〕、同じくこれに与す〔くみす〕、云々、およそこの間、巷説〔ちまたの噂〕縦横し、真偽言い難し、

●平治の乱とよばれるクーデタ事件を起し、清盛たちに敗れた源義朝は、関東に逃れようとしたのだが、美濃か尾張のあたりで殺された。関東にも源氏の縁故者が少なくなかったのであろう。源の頼義、義家父子が、前九年、後三年の役とよばれる東北蝦夷との戦争に、関東から武士、兵士を動員したとされるのだが、この時あたりから、京都軍事貴族の源氏一族と、関東武士たちとのあいだに縁故関係ができたのだ、と説明する研究者が多い。それはともかく、源氏の諸族も国司やその配下として地方に行ったとき、その土地に土着した者たちも少なくなかったのであろう。近江源氏や美濃源氏、甲斐源氏とよばれる土着の源氏が日本の各地方にいたのはたしかであろう。近江源氏は河内源氏とよばれる義朝や頼朝らに親近感をもっていたのか、頼朝がのちに挙兵したとき、近江源氏の佐々木氏一族が応援部隊として駆けつけている。そのなかでも佐々木高綱などは有名で、源平戦争で活躍して「平家物語」などに英雄のひとりとして登場する。彼ら地方源氏も以仁王の味方をしていると、平氏の兵たちは嘆く。京都方面では、以仁王に関する流言が飛び交っており、なにが本当だか解らない。これは兼実の率直な感想であろう。

●八條宮は、以仁王（高倉宮）の逃走先を、三井寺〔園城寺〕か平等院にいますと清盛の息子平宗盛や、平時忠らに密告したようだ。六波羅の武士たちが必死に捜索しているようすが描かれている。

●平治の乱で敗れた義朝配下の源氏の兵士たちは逃亡し、全国に土着した。彼らが高倉宮を援けているという。実際、関東の武士たちが平家打倒の狼煙をあげ始めたとき、以仁王の令旨が、彼らの蹶起のイデオロギーになったように「吾妻鏡」は書いていた。

○五月十九日

★伝え聞く、昨日、薗城寺〔園城寺〕に遣わさるところの僧綱〔僧尼を管理する僧官、三、ないし四官がある〕の中の、房覚僧正一人、去る夜、帰洛す、〔割書き、略〕かの宮〔以仁王〕、出し奉るべからずの由、大衆申し切りおわんぬ、凶徒〔以仁王を支援する僧たち〕七十人ばかり、

●園城寺は比叡山延暦寺の琵琶湖側の麓にある寺院

で、比叡山と敵対することも多かった。ここで、以仁王を支援する大衆が多く、彼らは、以仁王を奈良方面に逃そうと画策しているらしい。翌日の記事には、以仁王を朝廷に差し出すべきだと言っている僧たちもいるように書かれている。

○五月二十一日

★今日、薗城寺を攻めるべきの由、武士らに仰せらる、明後日、発向すべし、云々、前大将の宗盛卿以下十人、謂うところの大将、頼盛、教盛、経盛、知盛らの卿、維盛、資盛、清経ら朝臣、重衡朝臣、頼政入道ら云々、

●宗盛以下のメンバーは、ほぼ平家軍の総力が結集しているといった壮観のていである。それだけ、清盛らが、以仁王を捕縛するべきだと強く感じているのだ。たしかに清盛にとってはにっくき以仁王のやつめ、といったところであろう。しかし、この陣容の最後に頼政入道の名があるのはおかしい。以仁王をクーデタに巻きこんだ本人なのだから。誤記であろうか。あるいは別の目的があってのことか。のちに頼政への言及がある。

★(同日)宮〔以仁王〕曰く、秀徒、たとい、我をこの地より放ち、命を終わるべしと雖も、更に人手に入るべからず、云々、意気、衰損〔衰退〕するなし、はなはだ以て申す、云々、見る者、感嘆せざるなし、

●以仁王の意気は衰退することなく言う。たといここで命を終わるとしても、平家の手に掴まりたくないのだ、と。これを聞く僧たちで感嘆しない人はいなかった。しかし、以仁王と親しい人のほうが、ここで以仁王が頑張れば、この寺にとって大迷惑であり、多くの僧が死ぬかもしれない。園城寺の仏法もここでつきるのか、悲しむべし、悲しむべし、と嗟嘆する僧もいたのだ。

○五月二十二日

★去る夜半、頼政入道、子息ら(割書き、略、いっしょに行かなかった子息もいた)を引率し、三井寺に参籠す、すでに天下の大事か、

●頼政は、平家の人びとと別の思惑があって、三井寺、すなわち園城寺に向かったようだ。

◎以仁王に関するこの間の事情を『綜覧』巻三ではつぎのように書いている。

☆五月十五日。以仁王ニ源姓ヲ賜イ、名ヲ以光ト改

メ、土佐ニ流シ、検非違使源兼綱ヲ遣ワシ、以仁王ノ高倉第〔邸〕ヲ囲マシム、是ヨリ先、以仁王、園城寺ニ奔リ給キ、

●以仁王は源氏の姓になって臣下に降っている。院や朝廷は、以仁王を〔令旨〕発行のため排除したというわけだ。おれたちの責任範囲じゃない、かってに平家のほうで処分してくれということだろうか。

◐I◐臣下に降る、とは、つまり罪を犯したことによる罰と考えるべきでは?

◑A◑臣籍降下というのは、皇族が増えると朝廷の経費が増加するので、皇族を減らすため、と説明する人もいました。「源氏物語」では、主人公の母親の桐壺がやや身分が低かったため(と言っても父は大納言か中納言だったのですが)、皇太子になれないと解っていたのであっさりと源姓を与えて臣下としたようでしたね。この「玉葉」の記事からは解らなかったのですが、ほかの研究書などによると、以仁王は、清盛ら平家一族の専制にたいして、源頼政を語らってクーデタを起そうと計画したのですね。さらに全国の源氏に清盛打倒の令旨を出したとされているが、クーデタの実行により、平家の軍に追われて殺された。このクーデタによって罰されることになったのでしたね。

○五月十六日。☆以仁王ノ御子ヲ、八條院御所ニ捕ヱ奉ル、

●以仁王の息子も同罪で捕まった。十八日、園城寺に僧を派遣して以仁王を出て来させようとしたが、園城寺の僧徒らこれを拒否して、興福寺や延暦寺に助けを求めている。二十一日、平宗盛、頼盛、教盛、維盛らを動員して園城寺を攻撃している。以仁王はこれらの主要な寺院の人気者であったのか、なんか政治的思惑があったのか、しっかり匿われている。

○五月二十六日。☆以仁王、源頼政ラ、奈良に逃ゲル。(中略)平維盛ラ、コレヲ追撃シ、宇治川ニ戦ウ、(中略)以仁王流レ矢ニ当タリテ薨《こう》ゼラル、

●頼政は、以仁王を園城寺から連れ出し、もっと安全地帯に逃亡しようと考えたようだ。しかし、平家軍に追っかけられ、宇治川での闘いで、あっけなく、以仁王は流れ矢に当たって死んでいる。そして清盛の指令による後白河上皇の処置か、院宣を諸国に下して、以仁王の令旨を奉ずるものを殺させようとしている。しかし、多くの若き英雄の伝承に現れるように、以仁王は何度かまた現れてくる。若き英雄たちは伝承のなかでは、かんたんには死なないのであ

る。伝承の義経が、奥州藤原氏に殺されたにもかかわらず、北海道から大陸に渡り、ついにはジンギス・ハーンになったという説が現れたように。そうそう、青森には、十字架上で死んだあと、なぜか日本にやってきて隠れキリシタンの住むこの地方に逃亡してきたイエス・キリストのお墓(十字架状の)があったと誰かが書いており、その墓の写真を見た記憶がある。

●こんなに情勢が困難を極めているのに、朝廷では上級貴族の除目が行われ、兼実は右大臣になっている。いや、もっと昔だったか、兼実の右大臣任官は。大原富江という作家のエッセイでは十六歳で内大臣になったと書かれていたが(『歴史の京都2貴族と女性』淡交社、一九七〇年)、十六歳で大臣にしていいのだろうか。しかし、この除目のなかに、平家の公達たちが名まえを見せていないのは不思議だ。以仁王の令旨(平家の横暴を咎め、平家を討て、というものだ)は偽書であると書いていた研究書もあったが、ここでは大真面目に、この令旨を下した以仁王は殺され、その罪は以仁王の息子たちにも及んでいた。

◐I◐貴族の除目ですが、兼実は前から右大臣で、永万二年十一月十一日、十八歳のときに右大臣に任命され、文治二年三月十二日(三十八歳)で摂政に至るまで右大臣のままでした。また平家の人びとですが、前年治承三年、正二位、内大臣であった清盛の長男重盛が病を得て、七月二十八日に出家、八月一日死亡。同じく宗盛(三十三歳)は、同年正二位、権大納言、右大将、春宮大夫でしたが、正月大夫を辞し、二月二十六日、権大納言ならびに大将を辞めています。平時忠(五十歳)は権中納言、左衛門督、中宮大夫で正月七日正二位に叙せられ、さらに十九日、検非違使の別当になりました。平頼盛(四十七歳、清盛の弟)は同じく権中納言、正三位、右兵衛督から正月十九日、左兵衛督、十月九日右兵衛督となり、十一月十七日に督を辞しています。

◐A◐平家は上級貴族に成り上がるわけですが、やはり、官位など、本来の上級貴族たちのようには早く任官されたわけではなかったのですね。

●以仁王配流に関する記事はあるが、配流になった原因などはまったく書かれていない。以仁王が出した令旨のためとしても、その令旨については言及なし。以仁王は反平家のクーデタを起したという説もあるようだ。令旨は「吾妻鏡」に収録されているが、本物かどうか。

○六月一、二日

★明暁、福原遷幸〔福原遷都〕、

●五味文彦氏の『平清盛』（人物叢書、吉川弘文館、一九九九年）には、急ごしらえの福原には貴族の住む家もあまり多くなく、この遷都に従った上級クラスの貴族は非常に少なかったとあった。長い長い朝廷の歴史を考えれば、容易に遷都などできなかったであろう、貴族たちは。清盛は出世したある時代から福原に住んだり、この地を重要視していたのだが、それは日宋貿易のための港湾が必要だったからだと説明した研究者も多い。ただ、その貿易の実質はあまり触れられていないような気もする。

●兼実は、清盛に自分も行くべきかどうか、お伺いを立てている。しかし、宿舎も整っていないという返事に、京都に留まった。清盛の遷都に従ったのは、法皇（後白河法皇）、上皇（高倉上皇）らであり、少数の中・高級貴族たちが付き添った。武士数千騎が道の両側に付添い警護したという。兼実という人物は案外、調子のいい人間のようで、苦しい話題が議論される場所には、病気と称して出席しないことも多い。右大臣である兼実は、福原に行きたくなかったのであろう。自分も行くべきかどうか、清盛に確認しておくところが憎い。

◎この辺から、伊豆の流人の頼朝や関東の武士たちに関する情報が、「玉葉」の記事のなかに少しずつ書かれるようになる。その最初の記事は以下のようなものであった。「頼朝」という名まえは現れていず、死んだ義朝の子として記録されている。

○九月三日

★また伝え聞く、謀反の賊義朝の子〔平治の乱で死んだ源義朝の息子頼朝のこと、源頼朝の初出であるが、名まえは京都側に知られていなかったようだ〕、年来、配所の伊豆国にあり〔平治の乱の敗北後、義朝とともに逃走したのだが、途中ではぐれ、平家の武士に発見された。当時十三歳だった頼朝は池の禅尼の嘆願で死罪を免れ、伊豆に流されたとされる〕、しかるに近日、凶悪を事とす、去る頃、新司〔新しい国司〕の先使を凌礫す〔伊豆の山木判官兼隆を頼朝が殺したことを言っているか。この事件をのちのあらゆる中世歴史書は頼朝が以仁王の令旨に促されて挙兵した最初であったとしている〕、〔時忠卿の知行の国なり〕、およそ、伊豆、駿河、両国を押領しおわんぬ、

●平治の乱で平家に敗れた源の義朝は逃走の途次、殺されたのだが、もはや、謀反の賊とよばれていた。そしてその子、頼朝を当然のように、国司の代官を「凌礫す」と、悪人のように描いている。そして、千葉へと逃走した経緯は省かれ、むしろ、まずは伊豆と駿河（静岡県）を支配するようになったと捉えられている。これが事実なら、「吾妻鏡」の認識や記述と違った歴史的展開があったのかもしれない。

★（同日）また為義の息〔源行家であろう。行家は以仁王の令旨なるものに早く反応し、住んでいた伊勢から、関東に馳せ参じたらしい〕、一両年、熊野の辺に来たりて住む、而して去る五月乱逆の時〔関東勢の反朝廷行動の開始を言うか〕、坂東方に赴き、与力おわんぬ、

●行家は河内源氏為義の系譜にある人物であるが、終始、「反・頼朝」的な立場をとり、義経と行動をともにした。京都から出奔しようとしたとき、大物の浜で船が難破したあと、義経とはぐれてしまったとされる。この「玉葉」の記事によると、関東勢の反逆が開始されたとき、頼朝のまえに登場したようだ。そして、最初はそのグループと行動をともにしていたのだが、しだいに、固有の活動をするようになる。ユニークな存在である。さらに、行家が以仁王の令旨なるものを全国の源氏に伝えたとされている。京都での以仁王や源頼政との関係はよく解らない。

◐—◐野口実氏『武家の棟梁源氏は何故滅んだのか』（新人物往来社、一九九八年）の、八條院・上西門院関係の清和源氏の章と、八條院関係者の章に詳しいのですが、《八條院蔵人として全国に以仁王の令旨を伝えた行家が、令旨伝達の使者になった時にわざわざ八條院蔵人に任じているのは、その主たる伝達対象が諸国の源氏のみならず、八條院領荘園の在地武士だった。（略）以仁王の令旨をかかげて挙兵した頼朝に早い段階で参向した千葉氏、下河辺氏がいずれも八條院領荘園を本拠にしていたことは偶然ではなく……》（一一八頁）とあります。

★（同日）かの義朝の子〔頼朝か〕おおよそ謀反を企むか、あたかも将門〔平将門。関東における初期の反朝廷的活動を担った〕の如し、云々、

●義朝の子の頼朝が、この関東勢の反乱の首謀者のように、兼実は想像している。さらに、その頼朝らの活動は、かつての平将門の乱を想わせると。わたしはかつて、将門の乱が、のちの頼朝や関東勢の反乱の契機となるような伝承性を形成していたかどう

か、確認しようと考えたことがあるのだが、講談社学術文庫の「源平闘諍録」に、関東に土着した桓武天皇の子孫の高望王の系譜の最後に、関東反乱勢の中心的な人物、千葉常胤や上総の介らが現れたことになっており、将門と同族であったとする。本文に将門の信仰していた神、《妙見菩薩、将門が家を出でて、良文が許《モト》へ渡りたまふ》とあり、良文は、解説者福田豊彦氏によると、《上総・下総・武蔵・相模など関東一帯に広まる坂東平氏の祖で、武蔵野開発の父といわれる》とあり、良文の系譜に千葉氏らは繋がっているのである。つまり、伝承の領域では、妙見菩薩信仰を通じて、将門の系統が千葉氏らに接続されるわけだ。

●頼朝は「平治物語」以下において右兵衛の佐（すけ）とよばれているが、当時十三歳で官職を貰っていたのだろうか。「尊卑分脈」では、まず、十二歳のころ皇后宮の小進（小じょう、従六位下か従七位上くらい）とあり、つぎに右兵衛の佐（従五位下）とある。年代を調べると、同年つまり十二歳のとき、すでに兵衛の佐になっていたようだ。つまり、源氏のなかでもエリートだったわけだ。九条兼実は平治の乱の義朝の子、頼朝の名まえを忘れたか、あるいはまったく知らなかった。そこで単に「義朝の子」と記述している。鎌倉幕府成立以降、頼朝の名は不動のものとなったが、それ以前、十三歳か十四歳で伊豆に流され、不遇の二十年近く、埋もれたままだった頼朝が、九条兼実に知られていなかったとしてもむしろ当然だと思われる。頼朝への処罰はもっぱら貴族平氏の清盛らの主導によって決められていたようだから。

◐I◐元木泰雄氏の『源義経』（吉川弘文館、二〇〇七年）に何故頼朝が官職を得たのか詳しいです。

●頼朝の活動は、日本中世史学の領域では、以仁王の令旨に共鳴し挙兵した、というのが通説になっているが、前文でも触れたが、わたしは頼朝の山木判官斬殺と石橋山の合戦の敗北、千葉への逃走が、文字どおり「挙兵」などとよばれうるものではなかったのではないかと、考えているのである。確かに山木兼隆は相模の国司の代官として赴任してきたのであり、これを誅殺したことは、国衙を襲ったかつての将門にも比較し得よう。だが、たちまちの千葉への逃走が挙兵の直後であったことは、意気揚々と勝利者宣言ができるようなそんなできごととは言いかねた。まあしかし、頼朝らが京都貴族の眼に捉えられたときは、この義朝の子は、関東勢を率いる反朝廷的な、完全な「謀反」人であり、まさしく以前に坂東に乱を起こした平将門と同じだ、と兼実は書いている。そして、山木判官を殺したあと、すぐに石橋山合戦になったのではなく、まず、伊豆や駿河を支配というか、管轄というか、そんな領域を形成していた、と「玉葉」どおりに考えたほうが理解しやすいのである。そんなことを言う研究者は皆無であろうが。

2――「謀反人」とは、国家への反逆者あるいは批判者であったのだ

●原田大六『新稿　磐井の叛乱』（三一書房、一九七三年）のなかに、《叛逆は、単に反抗というようなことではない。それは謀反であり、国家の政体をゆさぶることである。その実際は、天皇に危害を加え、自分が天皇になろうと武力行使することである。『日本書紀』の「叛逆」の二字を、後世「ミカドカタムケムコト」と訓読しているのは、妥当である》と書いているが、天皇を傾けること、これは律令の「八逆罪」のうちもっとも重い大逆罪にあたる。平将門も、乱のあと、「新皇」と名乗ったとされるが、これには疑問がある。というのは古典遺産の会編『将門記・研究と資料』（新読書社、一九六三年）の巻末に「尊卑分脈」を初めとする関係系図がいくつか掲載されているのだが、将門は「諸家系図纂」、「桓武平氏系図」、「相馬系図」の三つの系図では、「自ら平新皇と号す」と書かれているが、やや公的な系図の「尊卑分脈」には、外都鬼王と号す、貞盛、これを誅す、と書かれて、新皇とは書かれていない。将門は、国衙を襲ったという意味で、謀反人と理解されていたのを、京都朝廷の文官などがのちに「新皇」と詐称したのだ、としたのではないだろうか。しかし、頼朝らしき男の「挙兵」とされる行為は、果たして叛逆、謀反とよばれ得るようなものであったろうか。まして、反天皇などの意識はのちのちまで皆無であったような気がするのである。

◎余談になるが、有名な『邪馬台国はなかった』の著者、古田武彦氏の『失われた九州王朝』（角川文庫、

一九七九年)は、私もおおいに関心を持っている。邪馬台国以降、九州に天皇政権と違った王朝があったのだという魅力的な仮説を提出しているのだ。たとえば中国南朝の宋に朝貢した「倭の五王」というのが有名だが、この五王は、讃、珍、済、興、武とされている。これらの名に該当する王に、日本の天皇を比定するのはむつかしい。日本古代史の研究者たちは、最後の、武、がタケルであり、雄略天皇が大泊瀬幼武(おおはつせわかたける)という名であったから、さきの五王の王、武に比定したのであるが、いかにも苦しい解釈だと思う。古田氏はヤマト朝廷の天皇で、自分を一字名で名乗った者はいなかったし、かつ、中国が周辺諸国の王たちを一字名でよんだこともなかったと書いている。そして、この名乗りはたぶん、九州王朝の王たちだったのではないか、と書いているのだ。古田氏は同書において磐井の叛乱とされるものは、九州王朝の最後の王磐井と、畿内のヤマト政権との闘争であり、磐井の敗北で九州王朝は壊滅するか、衰退した、と書いていた。朝鮮半島から南下してきた渡来人たちが九州王朝(邪馬台国の後身)を作るが、一部の人びとは畿内へと進出し、ヤマト王朝を形成した。「邪馬台国東遷説」とよばれている。邪馬台国北九州説にたつ学者たちの主張であるが、わたしもその理論に共鳴している。ただし、邪馬台国そのものは、渡来した北方民族の創った国ではなかったのではないか、と考えている。なぜなら、「魏志」の「倭人伝」の描いている邪馬台国は北方系民族による国でなく、中国南方から来た海洋民を含む人びとだったのではないかと考えられるからだ。この論者がアマテラスを卑弥呼が神話化されている、などとする考えにはまったくついていけない(安本美典『研究史　邪馬台国の東遷——大和朝廷誕生の謎を解く』新人物往来社、一九八一年、参照)。東遷説ではヤマト朝廷はしだいに有力になり、北九州の王朝と戦い、日本列島の王権を統一した、というものだったと思うが、非常におもしろい(中国の「旧唐書」に、日本は倭種である、とか日本が倭国すなわち邪馬台国を制圧した、などと書かれている。日本とはヤマト朝廷の自称である)。しかしここは、邪馬台国を論じる場所ではないので、ここでやめることにする。

●兼実もしくは京都朝廷の人びとは、頼朝をシンボルに結集した関東武士豪族たちの行動に、「新皇」と名乗った将門のように、のちに天下を傾ける危ういものがあるのではないかと杞憂していたのかもしれない。上の文に続けて《夷戎のたぐい、その威勢を懼れず、ともすれば暴虐の心を起さん、将来、また、鎮め得るべからずの事か》と書いている。［夷戎］のたぐいが朝廷の威勢を恐れず、暴虐の心を起している、と。夷とは中国において東の蛮人、東夷をさす。戎は西戎で、チベットなど中国から西にある蛮族の国を指していた。坂東の人間たちは東夷と西戎を一体化したような［夷戎］であり、それは朝廷が東北アイヌの人たちを、蝦夷（えみし、えぞ）とよび、蝦という、エビのようにひん曲がった人という蔑視的な字を用いたのと、同工異曲と言わざるをえない。兼実も夷敵という意味で、［夷戎］などと書いたのであろう。しかし、この段階では、関東の動向は彼ら朝廷人たちにとって、まだ不分明の存在に過ぎないと思う。不気味な胎動を感覚していたのであろう。坂東諸国の、国家の出先機関である国衙が、その地方政治の能力を衰退させていた時代でもあり、正確な関東情報が伝えられていなかったのであろう。

◎この突然の謀反人頼朝の名まえなしの出現までの出来事を『綜覧』から探ってみると、

◆治承四年

☆六月廿四日。頼朝、以仁王ノ令旨ヲ奉じ、平氏ヲ討タンコトヲ謀リ〔謀反人と同じ、謀の字が使われている〕、密〔ひそか〕ニ藤九郎盛長、小中太光家ヲ遣ワシ、東国在住ノ家人ヲ招致セシム、（吾妻鏡、愚管抄、神皇正統記など）

●慈円の「愚管抄」や北畠親房の「神皇正統記」などでは、すでに頼朝がふつうに登場していたようだ。「愚管抄」は日記ではないので、同時代的史料とは言いかねるが、鎌倉幕府ができたずっとあとの記事であるから頼朝の名が自由に使えたのだろう。「吾妻鏡」はだいぶあとの編纂だからさらに信用できない度合いが強まるが、「愚管抄」の著者は「玉葉」の著者の兄弟であり、京都在住であったから、やはり関東情報は伝聞によるものであろうが、確か、関東に下向した人物から直截に、情報を得ていたように思われる。しかしやはり頼朝の名が公然と知られるようになったあとの記述であったろう。

◎私事になるが、文中の藤九郎盛長は頼朝の側近であったようだが、わたし（安達）の祖先とされているのだ。安達家の所有していた家系図にそう書かれていた。たぶん、福井県地方の山村の地主かなんかだった安達家が、いわゆる「系図買い」によって、みずからの権威を高めるべく、家系図を創ったのであろう。しかし、この藤九郎盛長は「平家物語」にはほとんど登場しないのだが、「源平盛衰記」などでは最初から頼朝と組んだ人物として描かれている。しかし、不思議な人物で、関東に安達という地名はないから(足立はあるが)、坂東の土着の武士でもなかったのに、いかにして頼朝の側近になったのか。「安達氏」研究者の福島金治氏も、祖先を不明としている(『安達泰盛と鎌倉幕府——霜月騒動とその周辺』有隣新書、二〇一一年)など。私見では武蔵国の足立氏のだれかがある時、安達氏と名乗ったか、あるいは福島のほうの安達太良山や安達が原のあたりから出て来たのではないかと想像しているが、なんの確証もない。ただし、盛長の息子の景盛は、秋田城介に就任している。安達氏はどこか東北あたりから関東に出てきたのであろう。しかし、最近読んだ本によると、藤九郎盛長は、藤原氏北家の魚名の子孫である山陰の子孫であり、盛長のとき安達氏を名乗ったとある。「尊卑分脈」をあたってみると、確かに出ているではないか。この辺はもう一度、考え直さなくてはいけない。

☆八月十七日。頼朝、兵ヲ伊豆ニ起シ、前検非違使平兼隆ヲ八牧ニ収メテコレヲ殺ス(引用文献に「玉葉」とあるが、同書同月同日にそんな記事はなかった。『綜覧』の単なるミスか)、

☆同日。八月廿三日、頼朝、石橋山に陣す、相模人大庭景親ラ、討チテコレヲ敗ル

●これも、援用文献名に「玉葉」があげられているが、「玉葉」にこんな記事はなかった。以下、『綜覧』という本は必ずしも厳密ではないのかもしれない。東京大学史料編纂所の編纂なので、なんとなく信用しているのであるが。

☆八月廿九日。頼朝、安房平北郡猟島ニ至ル、(吾妻鏡、山槐記、房総資料ほか)

●頼朝が千葉の安房に逃れたことが記されているが、『綜覧』は基本的には「吾妻鏡」を援用しているようだ。「山槐記」は平安末期の貴族中山忠親の日記であるから、同時代史料ということになる。そうするとまえに、山木判官を誅殺したあと、伊豆、駿河のあたりを支配していたのでは、という想像はあたっていなかったことになる。しかし挙兵以後すぐに敗退した頼朝一派は三浦半島から海を渡って千葉に行ったのが事実だったとしても、この敗残の将を、上総の介

広常や下総の千葉常胤らが応援し、武蔵国の武士たちも集まって何万騎にもなった、という「吾妻鏡」の記事はどうも伝説のようでそのまま信用することはできないというのが私の考えなのである。なぜなら、前述したように、これら千葉や武蔵の豪族武士たちはほとんどが平氏系であり、平氏系の諸豪族が源氏の頼朝をかんたんに支援したり、彼らの兵を頼朝旗下の武士にしたてるだろうか。頼朝は敗北した武士であり、千葉にはこそこそ逃亡してきたのである。しかし、ここに、折口信夫の「貴種流離譚」を加えると、中央から来た河内源氏の貴公子を、地方の豪族が受け入れた、という物語の世界は成立する。あくまで物語の展開なのだが。

●高橋秀樹『三浦一族の中世』（歴史文化ライブラリー、吉川弘文館、二〇一五年）によると、頼朝の最初期の支援者の三浦氏は、三浦半島から千葉の最南端の安房方面まで勢力範囲であった、というふうに書いていて、頼朝の千葉への逃亡を、三浦氏が援助したように暗示しているが、そのような発想の直接的な史料がなかったのであろう、その点が突き詰めて分析されていないのが惜しまれる。

●ふつうは、頼朝の曽・曽祖父の頼義、義家父子らが戦った前九年の役、後三年の役と言われている東北蝦夷との戦争のとき、関東の武士たちを動員し、それによって源家と彼ら土着平氏勢力のあいだに深い絆が、あるいは主従関係が成立した、と一般には説明されているのだが（中世史家安田元久氏の著書など）、この戦争を描いた「陸奥話記」を見ても、関東の兵士が果敢に闘ったといった記事はほとんどなく、前九年のときは、頼義は蝦夷の清原氏を口説き落として味方につけ、ようやく安倍の貞任らを討滅したのだ。エビスをもってエビスを制す、といった文句ができたのはたぶんこの戦争のときであろう。しかし、関東土着の豪族武士たちは多くが平氏である。最近読んだ元木泰雄氏の「日本歴史叢書」の『武士の成立』（吉川弘文館、一九九四年）は珍しく、頼義、義家ら河内源氏と東国平氏系武士たちの関係の通説を批判している。

◐—◐頼朝への支援に関してですが、Aさんも書いていますが、源氏対平氏という構造的対立が明確ではない……からだと思います。当時の武士がどんなに利に聡かったかは、近年の研究でも言われており、上記の元木泰雄さんの本の三三頁辺りにも、河内源氏の嫡流に畏敬の念を抱いて挙兵に呼応したわけでなく、治承三年の政変などで多くの知行国を獲得し、大挙東国へ進出してきた平氏一門や家人たちが東国の武士の権益を脅かしていたためと言う考えについては、どう考えますか？　上総介広常や千葉常胤が上洛を拒否して佐竹攻撃を主張したのも、両者の勢力地である下総の相馬御厨を平家の御家人たちに奪われていたというのは、説得力があるように思うのですが。これはまた、かれらがなぜ頼朝を擁護したか、の答えにもなっているのでは？

◐A◑Iさんのご指摘に反論するとしたら、朝廷に属していた中級貴族の源氏や平氏は、とりわけたがいに反目するようなことはなかったと思うのですが、保元の乱において、義朝が自分の父為義を斬らねばならなかったあたりから、平治の乱を通して、軍事貴族としての平氏と源氏ははっきりと敵対するふたつの勢力になったと思います。関東武士たちは大番という制度によって、京都に行き、藤原氏などの上級貴族とのあいだに、ある種の関係性を持ちますが、この大番で、源氏が平氏の、あるいは平氏が源氏の、配下になるようなことはなかったのではないでしょうか。ただ、地方にいくと、その源氏対平氏という図式はやや、薄くなったかもしれないですが。「将門記」のなかにも、平氏が源氏と婚姻関係を結ぶ話があったのですが、それは決して拡大はしなかった。これは伝承の領域に属すと思いますが、平氏系の和田義盛が、鎌倉に連行された木曽義仲（源氏）の妻の巴御前を見初めて妻妾にする話がありますが、これも巴御前の出自が解らないので、源氏と平氏の姻戚関係とは言いがたいですね。

自分はくそ「リアリズム主義」者であると自称しているのですが、文献にないものを推測によって提出された仮説がなかなかなっとくできない偏頗な気質なんです。ただしほかの研究者たち（多くは懐疑論者ですが）の直観的な鋭い認識が歴史を捉えると、容易にその理論の支持者になってしまうという自分もおかしいですね。

ぼくの疑問の出発点は、頼朝は、自分のアイデンティティ、すなわち河内源氏嫡流の義朝の子頼朝である、という自己証明ができなかったのではないか、というあたりから始まり、そんな地平から脱出できていないのです。義経もまったく同じです。源氏嫡流の証明書である○○の刀（「平治物語」あたりに、源氏嫡流が承継するという髭切丸という刀が出てましたね）や、秘伝の系図か兵法書を持っていたとか、そういった根拠がないと、あとは理論の完成があまりに困難です。
　ふと閃いたのですが、武士たちは律令的な戸籍のなかでは、どう取り扱われていたんですかね。六年ごとに作られた律令的戸籍があれば、自己証明もかんたんだったでしょう。しかし、中世の戸籍というのは聞いたことがないから、この時代は戸籍など、なかったんでしょうね。江戸時代はお寺の宗門人別帖が戸籍簿の代わりをした、と『広辞苑』にはありますが。

◉以下、「玉葉」に戻って関東勢に関する記事を追ってみよう。ただし、関東勢に関する記述はほとんどなく、つまり伝聞としてさえも京都側に伝わっていず、京都近辺で起っている木曽義仲や源行家、平家の動向が主たる記事になっている。関東のことに関する正確な情報網を兼実や後白河はほとんど持っていなかったようだ。それはやはり、諸国の、とりわけ東国の国衙の衰退という一語に尽きるのではないだろうか。

◎『綜覧』によると、《九月七日、源義仲、以仁王ノ令旨ヲ奉ジ、兵ヲ信濃ニ起シテ、頼朝ニ応ズ》とあり、義仲の挙兵が記述されている。援用書に「玉葉」もあげているのだが、「玉葉」には、そんな記事は見当たらない。義仲軍の動きは「玉葉」的領域ではほとんど把握されていなかったようなのだ。

3——関東に反逆の聞こえあり

○九月九日

★関東叛逆の聞こえ有り、去る五日、大外記、大夫史ら〔だいげき、たいふ、さかん。太政官の官人たち〕、召しによって院〔後白河上皇の居所〕に参り、評議有り、〔関東勢を〕追討すべきのよし、頭の弁〔弁官で、蔵人の頭。長官。天皇や上級公卿と、各省庁のあいだを行き来して、かれらの共通認識を形成し、命令系統に従って伝令役を務めるのが弁官である。ま

た天皇の宣旨やたがいの情報や決定事項を両方に知らせる役〕宣下す、

●兼実に各種の情報をもたらす藤原光長（弁官か）の知らせによると、関東の豪族たちが叛逆しようとしているという。そこで追討軍を出そうという。

★（同日）維盛、忠度、知度ら、来る二十二日、下向〔関東に向かってゆく〕すべし、云々、但し、羣〔群〕賊、わずかに五百騎ばかり、官兵二千余騎、すでに合戦に及ぶ、凶賊ら、山中に遁《に》げ入りおわんぬの由、昨日〔六日なり〕、飛脚到来、云々、

●関東勢を追討する軍隊を派遣することになり、二十二日に出発することになった。とあるが、すぐに、関東勢はわずかに五百騎、朝廷の官兵は二千騎、敵はすぐ破れて山中に逃げ入ったとある。これは、たぶん、大庭景親が、頼朝の率いる関東軍に石橋山の戦いで勝利したという「吾妻鏡」などの情報を伝えているのではないか。頼朝は山中の木の洞に隠れて難を逃れたとなっているので、山中に逃げ入るというのは、このことを飛脚が伝えてきた、と言っているように思われる。というのは、翌々日の記事に、関東軍のことが詳しく書かれているのだ。

○九月十一日

★大夫史〔さかん〕隆職、注送する宣旨、かくのごとし、

治承四年九月五日　宣旨

〔左中弁、〕

伊豆の国の流人、源頼朝、たちまち、凶徒、凶党を相語らい、当国、隣国を虜掠せんと欲す、叛逆の至り、すでに常篇を絶つ〔ふつうじゃなくなっている、ということか〕、〔よろしく〕右近衛の権少将平維盛朝臣、薩摩の守、同〔平の〕忠度朝臣、参河の守、同知度ら、かの頼朝および、与力〔味方〕の輩を追討し、かねてまた、東海、東山、両道の武勇に堪える者、追討に備えしむべし、（後略）

●大夫の四等官である隆職が伝えてきた宣旨が紹介されている。後白河の院庁で作成された文書である。ここにははっきりと、頼朝の名が出され、いわゆる挙兵の暴挙に対する追討の命令が書かれている。頼朝が関東勢のリーダーであるかのように受け取られていたように思えるが、頼朝の名は、関東集団を一語で表す〈記号〉であったろうとも思う。頼朝は中級とはいえ中央貴族の出身であるが、関東勢の蠢動は朝廷によって「東夷」などと呼ばれていた田舎豪族武

士集団の無規律な叛乱としてのみ捉えられていたであろう。そして関東勢を追討すべし、といった後白河法皇の宣旨（命令書）が出されていた。

★（同日）伝え聞く、近會〔近頃の意？〕、仲綱の息〔もとより関東に住む、云々〕を追討をなすべく、武士らを遣わす、〔大庭三郎景親、云々、（後略）〕、しかして、くだんの仲綱の息、奥州に迯《に》げ、脱しおわんぬ、しかるの間、たちまち頼朝の逆乱出来〔しゅったい、もしくは出で来たると読むか〕す、よって合戦のあいだ、頼朝らを箱根山に遂《お》い籠めおわんぬ、これにより、追い落とさるの由、風聞か〔頼朝が遁走したという風聞が生まれたのか〕、

●仲綱は、源頼政の息子で、以仁王や父の頼政が、平家軍によって殺されたりしたとき、死んだのであったが、仲綱は当時、伊豆の守であり、その息子はやはり伊豆に住んでいたのだろうか。平家の人びとはこの仲綱の息子をも捉えて殺そうとした。その平家の武士が、石橋山で頼朝を破った大庭景親であった。その仲綱の息子は奥州に脱出できたようだ。しかし、頼朝は大庭景親との合戦で敗れると、千葉に向かって遁走したというわけだ。

★（同日）しかるにその後、上総国の住人、介〔上総の介〕八郎広常、ならびに足利太郎ら（割書き、略）与力す〔支援した〕、その外隣国の有勢〔戦闘力のある連中〕の者ら、多く以て与力す、かえりて、景親を殺さんと欲しおわんぬ、去る夜、飛脚到来、事、大事に及ぶ、云々、ただし、実否を知りがたし、

●頼朝勢が山木兼隆判官を襲って殺し、ついで大庭景親と闘争、敗北、と「吾妻鏡」は書いているが、その情報が京都にも伝わったようだ。まずは、上総の介広常が頼朝を支援し、近隣諸国の豪族武士たちも頼朝に加担したと。この上総の介は、「吾妻鏡」のなかでも、やや、特異な存在で、でれでれと頼朝に従ったふうにはみえず、むしろ、おれがおまえを助けてやっているんだぞ、といった武威が示されているような、そんな豪族武士であったと思う。それはしかし、関東の豪族武士たちの多くの理念ではなかったろうか。

●「玉葉」は《還りて、景親らを殺さんと欲しおわんぬ》、と頼朝勢が追討軍の大庭景親を殺そうとした、とあり、《ただし実否知り難し》、と書かれているが、大庭景親が殺されるのはずっとずっとあとのできごとであった。大庭景親は京都寄りの武士で（つまり朝廷や院の官職を得たいと考えていたようだ）、石橋山

の戦争で頼朝を破った。挙兵(?)に失敗したと言ってもいい頼朝たちは石橋山の周辺を逃げ回り、そのあげく千葉に逃走し、上総、下総の豪族らによって助けられた。石橋山の合戦の敗北と、千葉、武蔵の豪族武士たちが結集した事件は情報として朝廷、院にも漸く伝わったようだ。

●短い記述であり、そこまで類推するのもどうかと自戒しながら書くとすれば、関東勢の足並みはぴたっとは揃っていないような印象を受ける。関東勢は烏合の衆では決してなかったと思うが、頼朝、重鎮の千葉氏、上総の介広常、三浦氏、和田氏ら、千葉、武蔵、相模、上野毛などの有力武士たちの意見をまとめることはけっこう大変だったのではないだろうか。とりわけ彼らの活動は朝廷側から見れば謀反であり、叛逆であり、統制のとれた武士団集合のようには捉えられていなかった。最初から頼朝が中心にあって、すべての諸事を決定していたというような「吾妻鏡」の印象はわたしにはまったく信じられない。むしろ、ここで名まえの出ている上総の介広常が、ある意味では中心的人物だったとも考えられる。というのは、頼朝が、石橋山の合戦で敗れたあと赴いたのはまずは、千葉方面であり、そこに、上総の介や、下総の千葉常胤らがいたのだ。

○九月二十二日

★伝え聞く、東国の事、日を追って其の勢数万に及ぶ、当時七、八ヶ国掠領おわんぬ、

●「吾妻鏡」によれば、千葉の上総介広常、下総の千葉常胤らによって援護された頼朝たちは、武蔵の国を江戸湾沿いにぐるっと廻って進軍するが、その過程でこの軍隊は数万騎に膨らんでいた、というのだが、「玉葉」の記事に従ったのであろう。当時の合戦記に現れる騎馬の武士は、ある集団の中心的な武士と主要な郎党だけが騎馬であり、残りは歩兵であったとされる。その歩兵の数を入れるから、数万騎といった形容が現れるが、実際の成員は、数値を一けた下げ、一万騎は千騎と考えれば実数に近くなるのではと考えている。先に、関東反乱軍は五百騎とあったのは、これは日記の記事であり、文学ではないので、実数に近い数字が出ているのではないかと、考えられる。

●そして重要なことはこれら千葉や武蔵の豪族たちは多くが平氏系であったことだ。平氏の土着武士たちが、源氏の頼朝をなぜ擁護し、かつ鎌倉幕府成立

の成員となっていったのだろうか。この点について言及している研究者を知らない。さきに、Iさんが源氏と平氏の対立構造について指摘されたが、わたしはやはり、平治の乱のあたりで、源氏と平氏は敵対するような関係になったと思うのだ。のちの義経や範頼と平家の宗盛以下の戦争を「源平」戦争などと言ったのは後世だと思うが、天皇制が復活したとでも言えそうな明治以降、天皇をないがしろにした平家一族は憎まれ者になり、相対的に源氏の株は上昇した、のだと思う。『吾妻鏡の謎』（日本歴史ライブラリー、吉川弘文館、二〇〇九年）を書いた奥富敬之氏も、「吾妻鏡」の虚構を指摘しているが、わたしの疑問には答えてくれていない。その論証方法は正直言ってやや雑ではないかと思った。残念だ。ちゃんとした研究者が分析しなければならない問題なのだから。

○十月八日

★伝え聞く、高倉宮〔以仁王〕、必定〔必ず〕現存せん〔生きているはずだ〕、去る七月伊豆国に下着、云々、当時、甲斐の国にいます、仲綱已下、相具して祗候す、云々、ただし、信を取る能わず、およそ、権勢の人〔清盛であろう〕、遷都の事に依って、人望を失うの間、かくの如き浮説流言、勝計すべからざるか〔？　あまりに多くて数え切れないというのか〕誠に不便の事か〔つごうが悪いことか〕、

●高倉宮すなわち、殺されたはずの以仁王がまだ生きていて、伊豆に逃げこんだ、などの情報が流れていた。権勢の人すなわち平清盛は福原への遷都で人望をなくしていたとき、以仁王の情報が都に流れていた、というのだ。以下にも、以仁王のニュースは時々、兼実のもとにも齎されている。しかし頼朝および関東勢のニュースは少ない。清盛はなんのために福原に遷都しようとしたのか、すぐ戻ってくるのだが。福原は今の神戸市のあたりで、輪田の泊りという良好な港があり、ここを起点に清盛は日宋貿易に従事し、巨額の富を稼いだとされているが、京都に都や天皇を置いたままでも、日宋貿易は可能であったはずである。五味文彦氏の『平清盛』（人物叢書、吉川弘文館、一九九九年）にも遷都の理由について詳細には書いていなかったようだ。かつて天智天皇が、都を大和地方から近江に移したときは、中国、朝鮮などの諸国の圧迫から逃れるため、などと説明している本があったが、琵琶湖を擁する近江は新羅系の秦氏の力が強いとされ、そこを頼って遷都したのであ

ろうか。朝鮮半島の東南部の新羅は、釜山あたりから出航して日本海の黒潮に乗れば日本列島の北部、山陰から北陸など〔裏日本〕に容易に辿り着くことができた。アメノヒボコ(天の日鉾)伝説や、わが福井県の敦賀に辿り着いたというツヌガアラシト伝説など、新羅系渡来者たちの移動のルートを象徴的に語っていると思う。彼らは山陰や北陸の海岸部から、山を越えて近江に移動し、山城(京都)や近江(滋賀)に拠点を築き、ヤマト・カワチの漢人(あやひと、百済系と思われる)に対抗する勢力になった。話題が飛ぶが、元と新羅の連合軍が攻めてきたとき、彼らはなぜ日本海ルート、あるいは瀬戸内海を通過して大阪湾から上陸し、朝廷や六波羅探題のあった京都を直接に攻撃しなかったのだろうか。これも今さらながら不思議である。元はもともと草原の騎馬による遊牧民族で、海戦などはあまり得意でなかったとされる。それで、航海術に長けていた新羅を動員したのであろうから、瀬戸内海から大阪湾に来ることは容易であったはずなのだ。おもしろいテーマなのだが、本題を離れるのでこれ以上探索しないことにする。

○十月二十九日
★伝え聞く、坂東の逆賊の党類、余勢、数万に及ぶ、追討使、尩弱《おうじゃく》(か弱いこと)極まりなし、云々、誠に我が朝、滅尽〔滅びる〕の期か、悲しむべし、悲しむべし、

○十一月一日
★追討使維盛朝臣已下、追い帰されおわんぬ、已《すで》に近江の地に赴かんと欲するの間、山僧〔比叡山延暦寺の大衆〕、相禦《あいふせ》ぐべきの由、風聞、仍って更に伊勢の地に向かいおわんぬ、云々、およそ、逆党の余勢、幾萬騎を知らず、東山〔道〕、東海〔道〕の諸国、併《きそ》きそって以て与力す、官軍の勢、もと五千余騎、追い落とされるの間、僅かに三、四百騎を過ぎず、云々、(中略)鎮西謀反の者、また以て征伐能わず、

○十一月八日
★およそ、遠江以東十五ヶ国与力す、草木に至るまで靡かざるなし、

○十一月十二日
★伝え聞く、関東逆党、すでに美濃国に来たる、よって、先ず、美濃源氏を伐つために、禅門〔清盛〕私の

郎従らを遣わす、その後、追討使を遣わさるべきか、云々、

●関東勢がすでに美濃まで押し寄せているという。『綜覧』を参照しても、関東勢が進軍しているようなな記事はまったくない。ただし、十一月十七日の記事に、《美濃、尾張等ノ諸源氏、悉《ことごと》ク蜂起ス》という情報が見える。つまり、「玉葉」が関東の逆党と書いている源氏は、美濃や尾張の源氏たちが蜂起したことを少々誤解しているのかもしれない。また同月二十日の記事に、《近江ノ源氏、頼朝ニ応ジ、飛騨守、景家〔姓を闕《か》ク〕、ノ家人ヲ殺シ、勢多沿岸〔琵琶湖のある海岸〕ノ船舶ヲ奪ヒテ、北陸道ノ運漕〔船による運送〕ヲ塞《ふさ》ギ、其〔ノ〕貢物〔地方から朝廷に納入する物品か〕ヲ虜掠ス》とあり、「玉葉」も援用書に入れているのだが、「玉葉」にはない。しかし、近江源氏もまた頼朝ないし関東勢に加担し、琵琶湖の交通、運送などを妨害したり、貢物を略奪しているようだ。これらが、すべて、関東勢のしごとのように、「玉葉」は捉えているのだ。

○十一月十七日

★伝え聞く、美濃源氏ら、皆悉く凶賊らに与力す、云々、(中略)往昔依頼〔昔から〕、追討使、空しく追い返さるの例、いまだかつて聞かざることなり、(中略)また、鎮西の賊〔菊池権守〕故無くして恩免〔理由なく許したということか〕、関東これらの子細を聞けば、いよいよ武勇の柔弱を察するか〔平家の弱体化を察知しているだろう〕、

●「玉葉」の著者は、関東勢を、関東から美濃、近江までの諸源氏、反朝廷武士団が戦線を組んでいるもののように理解しているようだ。追討使とは朝廷が諸国の叛逆者らを制圧するとき繰り出す官軍である。かつて朝廷にとって大きな問題であった東北蝦夷たちの追討には、坂上田村麻呂以下、源頼義、義家らが、征夷大将軍として追討のため派遣されている。しかしここでは京都平家の領袖である清盛が、指令している。関東勢が美濃まで来ているという情報は、清盛はじめ後白河たちに、この反乱のリアリティを明確に伝えているだろう。京都平家の、叛逆者たちに対する柔弱な態度を見て、関東勢はじめ、諸国の反平家的武士たちは、平家をばかにするのではないか、と九条兼実は心配しているようだ。以仁王の令旨というものが出たため、頼朝や先の義仲らと同じく甲斐や美濃の源氏が挙兵し、京都に進軍し、平家官軍

と闘争しているように認識させられているようだ。情報の確かさや勝敗はほとんど不明。

◎『綜覧』によれば十月二十日、《頼朝、軍ヲ賀島ニ進メ、平氏ノ軍ト富士川ヲ隔テ、陣ス、是夜、平軍戦ハズシテ潰走ス》、とあり、世に有名な富士川の決戦が行われた。引用文中にあるように、水鳥の飛び立つ音に驚いた平家軍が潰走したというのだが。平家の軍隊は尫弱、つまりあまりに弱かった。戦わずして敗走した、という話が実話であったかどうか、不明だが、関東軍は数万騎、平家軍は五、六千騎。平家の公達軍は無力を露わにして逃走したようだ。このとき、鎮西すなわち九州のほうでも怪しい動きが起こっていたようだ。熊本の菊池一族は何度も反京都的反乱を起こしてきたとされる。また美濃源氏、甲斐源氏も動き始めているが、現在は平家軍が制圧している。後白河上皇が、これらの動きが関東と連動しているのか、と兼実に聞いているが、もちろん後白河法皇同様、情報不足の兼実は答えられない。この質問は、百年くらい前の平将門の乱と瀬戸内海の海賊藤原純友の乱が同時していて、このふたりが共謀しているかのような風聞が、かつて流れていたことが影響していると思う。関東勢の目的や要望すべてがまだ未知の世界であって、朝廷や院庁でも情報を必死で集めていたのであろう。以下に、短い記事を紹介しておこう。

○十一月二十一日

★閭巷〔ちまた〕云う、近江の国、また以て逆賊に属しおわんぬ、前幕下〔頼朝か〕の郎従、伊勢に下向の間、勢多〔琵琶湖畔の町か村〕において及び野地等の辺で、昨近、両日のあいだ、〔平家の武士たちを?〕十余人、梟首おわんぬ〔殺され、首が晒された〕、（中略）甲賀入道、〔年来、かの国に往く、源氏の一族、云々〕、ならびに山下兵衛の尉〔同じく源氏、云々〕ら、張本〔人〕、云々、

●この辺、読むのが難しい。主語が把握できないので、武士を搦まえて梟首しているのは源氏側の武士たちか、その逆か？　もし、〈前の幕下〉が清盛の息子の重盛だとすれば（その可能性が高いのだが）、あとの記述のすべてが、わたしの理解と逆になるかもしれない。

○十一月二十二日

★伝聞、関東より一院第三親王〔以仁王〕〔伐害さるなり（殺されたはずだ）〕、よろしく清盛法師を誅伐〔斬殺〕すべく、東海、東山、北陸道などの武士、与力すべきの由、かの国々につく〔つけた〕、

●死んだはずの以仁王の亡霊がまだうろついている。生き延びた以仁王が平家の一族を駆逐してくれる。そんな思いは京都人たちに共有された幻想であろうか。いや、本当に死んだかどうか、「玉葉」は明記していない。この当時の京都市民にとって関東のわけの解らん武士団より、平家の貴族たちのほうに親近感を持っていたのではないか。反平家の旗印があちこちにひらめいても、長く京都に君臨している平家勢のほうが安心できたのではないか。それにたいして、朝廷や院では、関東勢の早い上洛が心待ちに期待されていたに違いないと思うのだが、どうだろうか。清盛が百人の童たちを街に放って京都市民たちをスパイしていたという伝説も残っており、そう考えると、京都の人びとの平家にたいする感情も決して一様ではなかったかもしれない。

○十一月二十三日

★頼朝ら、美濃、尾張の境にあり、まず、美濃近江の国人の勢いを以て、大津及び山科〔京都の東部〕辺に押し入るべき、三井寺を以て、先陣とすべし、

●頼朝らがすでに岐阜県のあたりまで進出しており、近江の人たちの勢いを借りて、大津、山科あたりに来ようとしている、という噂が流れているのだ。三井寺は以仁王が最初に逃げこんだ寺なので、この地を頼朝勢の先陣としようと。このような情報が流通しているのは、京都の朝廷貴族、あるいは当時の京都の町人的な人びとが、関東という領域および、武者、武門、武士、兵（つわもの）などとよばれる人種にえも言えぬ恐怖を感じているために生まれたものだろう。朝廷はかつて奥州の蝦夷たちを追討するため、征夷大将軍を派遣してきたが、当時の奥州はあまりに遠く、市民たちも恐怖の幻想を抱くまでにはならなかったのではないかと思う。ただし、将門の乱の研究書を読むと、朝廷は相当に動揺し、大寺社に奉幣し、祈禱を依頼し、てんやわんやになっていた。そのような神頼みが朝廷の方針であり、押領使、追討使の任官は二の次になっていたのだが。その大きな理由は当時の朝廷が軍隊らしきものを持っていなかったからであろう、と考えている。朝廷の軍隊は、律令時代以来、地方からの成年男子を寄せ集め

て、兵隊らしく装った、そんな存在に過ぎなかったのではないかと。しかし、奥州に較べれば、関東はかなり京都に近い。坂東叛乱の情報は京都町民たちをもしだいに捲きこんで大騒ぎになっていたのであろう。

★(同日)後に聞く、宮〔以仁王〕や頼朝ら、駿河の国にあり、云々、宮〔の存在〕ハ不審〔明確でない〕のものなり、

●しかし、同じ日の別の情報では、上記のさきの情報が誤報であり、まだ駿河国、静岡県のあたりであると書いてあり、当時の情報の伝播が決して一様ではなく、さまざまな言説となって街中を飛び交っていたに違いない。「吾妻鏡」などでは、いわゆる富士川の闘いに勝利した関東勢は、富士川河畔にとどまり、京都方面には進軍していなかった。この富士川の闘いの時、平家軍は夜半の水鳥の飛び立つ音声を誤って関東勢の強力な進軍と考え、京都に逃げ帰ったとされるが、実際はどうだったのかな。これは「平家物語」の作者の、平家の公達たちを揶揄する表現のひとつであったに違いない。しかし、駿河の国以西の諸国、美濃、尾張、近江あたりの源氏が、関東勢に呼応するように活動していたことを、「吾妻鏡」を創った幕府では把握していなかったか、あまり重要視していなかったことになるが、これはおかしい。強力な助っ人なのであるから。

●この辺を『綜覧』でみると、頼朝は、富士川の戦い以降、前進せず、常陸の源氏、佐竹秀義を討っている。のちの幕府の要人となる千葉常胤や三浦義澄らの諫止によったという。これは、頼朝が、関東勢のヘゲモニーを握っていなかったという証左にもなる。十一月二十一日には、義経が奥州から来て頼朝と会ったとあり、これは「吾妻鏡」に依ったのであろう。援用書に、「興福寺略年代記」や「源平盛衰記」があげてあるが、その発表は、「吾妻鏡」より早かったのかどうか、わたしには解らない。つまり、義経登場の情報の初出はどこだったのか、ということなのだが。

○十一月二十六日

★去る六月二日、忽然、都を攝州福原の別業〔清盛の別邸〕に、遷す、神、福を下さず、人皆、禍《わざわい》と称す、かの不可〔するべきでないこと〕に依り、謂うところの天変地夭〔災難〕の難、(中略)関東鎮西の乱など、これなり、

●古い話になるが、清盛による半年前の福原遷都が、

すべて災難のもとであり、関東や鎮西の反乱もこれに起因するのだ。これは、世間の意見か、あるいは兼実の嗟嘆の言葉か、どちらにしても、清盛への憎悪は京都においてじわじわ高まっていたのであろう。

○十一月二十七日

★基輔をもって、新院〔高倉上皇〕の御悩〔病気〕の事を、近臣女房に問う、日をおって、御増あり、云々、今日、園城寺の僧綱〔僧たち〕十余人、召しに依って参る、上皇〔高倉か後白河、前者か〕尋ね仰せらる事あり、若しくは、関東に同意の由、風聞あるか、邦綱卿示し送りて云う、山〔比叡山延暦寺〕の大衆の中、堂衆〔根本中堂を指すか〕においては、ならべて近州〔近江州〕の賊党に与しおわんぬ、

●比叡山延暦寺には、関東勢に同意するものがいるという。延暦寺のような大寺院には経義を研究する学問僧と、大衆《だいしゅ》といって、武装したり強訴したりする僧たちがいたのだが、この大衆がいわゆる僧兵となって、武士たちとも対立したのだ。清盛ら武士たちもてあましていた。ときには戦争にも参加したようだ。ここでは、関東勢に加担している近江源氏に与する大衆がすでにいたということだ。

○十一月三十日

★伝え聞く、昨日、近州の武士ら数万に及ばず、ただ、船六艘、西岸〔琵琶湖の西側の岸〕に着け、少々、寺中〔園城寺の中か〕に打ち入る、僧徒ら、子細を問うに、船を点定する〔数えるか、あるいは奪うか〕ため来たるの由、返答云々、惣じて〔全部で〕その勢百騎ばかりのうち、半分をば、船等を点取〔奪うか〕し、東岸〔琵琶湖の東部〕に帰着しおわんぬ、残りの五十騎ばかり、前の岸に着船し、なお、西岸に留まり居る、云々、

●近江源氏の武士たちが、船で琵琶湖の西岸、比叡山や京都に近いところにやって来て、なんのためか、泊まっている船を数えたり、収奪しようとしたという。海戦はのちの壇ノ浦の戦いなどの主な戦争になったのだが、船での闘いのために備えておくということだろうか。

4——源頼朝の系譜には、奥州蝦夷の血が流れていなかったろうか？

○十二月二日

★辰の刻〔午前八時ころ〕追討使下向す〔東部に向かって動き始めた〕、近江道の方、知盛卿、大将軍をなす、そのほか一族の輩《やから》数輩、相い伴う、たしかに交名《きょうみょう》〔人名を書き連ねた〕を、尋ね記すべし、信兼、盛澄ら、同じく以て向かう、云々、伊賀道、少将、資盛、大将軍となる、前の筑前の守、貞能、相い伴う、云々、伊勢道、即ち、国司清綱行き向から、云々、

●近江源氏らの活動を阻止せねばならない。追討使が派遣された。近江への道、伊賀への道など、交名《きょうみょう》といって参加した人びとの名まえを書いておかねばならない。多くの合戦に参加した武士たちは、この交名帖のようなものに名まえを記すのがふつうであった。最後の伊勢は、伊勢神宮への奉幣のためであり、国司が派遣されているのは、これは院庁から出された指令によるのだろう。前者は清盛らが命令したのだ。

○十二月三日

★伝え聞く、今暁、近州逆賊、楯を引いて〔守りの楯などを引きあげ〕、逐電す、美濃に到り、〔その〕辺りを焼く、仍て〔よって〕、官軍、勢多の野地などの在家〔その辺の民家〕数千宇〔数千軒〕を放火、追い攻む、云々、終日の間、余焔〔残り火〕なお、尽きず、云々、美濃源氏ら五千余騎、柏原〔近江の国〕の辺に出で向から、云々、官兵、近江道、伊賀道、相並ぶ、

●近江や美濃の源氏の反乱は終わることなく繰り返されている。平家の官軍も並ぶように出迎えている。以下に、奈良の寺社の大衆や、延暦寺の大衆も暴れているという情報が書かれている。

★(同日)越後城太郎助永、甲斐、信濃の両国においては、他人を交えず、一身に〔一人で〕攻落すべきの由、申し請けせしむ、云々、また、上野、常陸などの辺、頼朝に乖《そむ》くの輩、出来す、云々、

●こちらの人びとは平家方の武士たちであろうか。上野や常陸など、頼朝の側の武士たちのなかにも、関東勢に離反する者がでてきているようだ。

○十二月四日

★酉の刻〔午後六時ころ〕大夫の史、隆職来る、〔中略〕去る月の晦日《みそか》、院の殿上において、関東乱逆のことを議せらるのあいだ、左大臣、改元すべきの由を定め申さる、

●以下に天慶の将門の乱のときを例にあげ、こんなやばい情況を変えるために改元をするべきだと、左大臣が言っているという。これを清盛に言うと清盛も同意したようにみえたが、しかし反対し、この提案はたちまち取りやめとなったとある。こんな改元のような解決法しか、上級貴族たちには思いつかなかったのであろう。以下に、将門の話があるので、引用しておこう。

★〔同日〕頼業云う、昔、将門謀叛の時、八幡大菩薩の御使となる社士〔壮か、と横の註にある。壮士は、壮年の男子、つまり八幡大菩薩の使いの男、であろう〕一人、天より降り、将門の前に来て、「〔くだんの男、眼色、青、云々〕、朕の位を授くの由を称《とな》う、これによって謀叛の心を起す、云々、先年、このことを信西〔清盛以前の朝廷の第一人者〕に語る、信西云う、亡国の夭者〔国を亡ぼすやばい人物〕、天より降るト云う文あり、将門、知らざるか、云々、また云う、将門は帝者〔皇帝〕の運ある者なり、

●将門が「新皇」と名乗った話についてまえに述べたが、その物語的原点はこの信西入道の話にあったのかもしれない。ここでは、天下にとってもっともやばい時が来ているという話のなかで、将門の乱が話題になったのだが、信西はさらに続けて《関東、たとえ征伐さると雖も、謀叛の儀、絶えるべからず、必ず、なお、大事あるか》と言う。そのくらいやばい時期に面しているると言っているのだろうか。これはたぶんに、物語ではなく、信西〔藤原通憲といられっきとした学者であり、政治家であった〕が、後白河のまえで語った話であろう。

★〔同日〕また聞く、奥州夷狄、秀平〔平泉の藤原秀衡のこと、私見では当時の蝦夷の中心人物であった。一般には秀郷流の藤原氏と考えられている。秀郷は将門を討った関東武士で、関東の豪族武士たちは秀郷の系譜のうえにあると名乗ったのである〕、禅門〔清盛〕の命に依って、頼朝を伐ち奉るべきのよし、〔請〕文を進めおわんぬ、云々、ただし、実否、いまだ聞かず、

●前九年の役、後三年の役によって、頼朝の曽・曽祖父、頼義、義家らによって、奥州の異民族蝦夷〔私

見ではアイヌ、かつての日本列島の先住民、縄文人の子孫である）の征討が繰り返されたあと、奥州一帯を支配していた蝦夷の藤原秀衡が、清盛の指令により、関東の頼朝を討てという宣旨（天皇のお墨付き）が出たのにたいして、了承した、という返事（請文）が秀衡から来たということだろう。奥州は朝廷にとっても心を許せない一大仮想敵国であり、古代からなんども征討軍を送っているが、明確に勝利したという歴史はなかったように思われる（前九年の役の時は、将軍頼義、義家父子は、蝦夷の清原氏を口説いて味方にして安倍の貞任を誅殺し、漸く勝利したとされる）。蝦夷の居住地域の特産は何と言っても金であったが、馬匹飼育も盛んで、朝廷に馬を何度も貢上している。そして騎馬戦も得意だったと思われる蝦夷たちは、ゲリラ的な戦法を駆使して朝廷軍を何度も破り、彼らの反朝廷戦争は、のちに頼朝が奥州戦争を起こすあたりまで続いたと言える。そして秀衡は、畿内の朝廷にたいして、北方の一大勢力を形成していた。なにしろ金がふんだんに取れるので、平泉に中尊寺などの大寺院を建てた。のちに、頼朝が弟義経と不和になった時、奥州に逃亡した義経を秀衡や息子の泰衡が匿ったというので、奥州戦争をしかけたのだが、鎌倉幕府にとっても奥州および藤原氏は背後の敵であり、いつか殲滅したい存在であったのだろう。それは奥州蝦夷秀衡にとっても同様で、関東を攻め、つぎには京都まで攻め上ろうと、虎視眈々と戦争のチャンスを覗っていたのかもしれない。この点についても「游魚」三号の前掲拙論で触れた。しかし「玉葉」の記事を透視するように読むと、頼朝と秀衡の娘との見合いの話もあり、頼朝は秀衡と姻戚関係を結ぶことで、関東、東北全域で、京都の朝廷や院に対抗しようと考えていたのかもしれない。

●わたしにはもうひとつの空想とでもいうべき考えがある。決して邪推ではないと思う。それは、頼義、義家らが奥州で蝦夷の安倍貞任、宗任兄弟と戦ったとき、戦勝軍の彼らは、蝦夷の女性を妾やもしくは奴婢にしなかったであろうか。かつてわたしの持論のひとつに「異人と異人は結婚しない論」というものがあり、それは古代の社会においてであるが、異なった民族が出遇ったとき、結婚によって融合するような共同体を作るのではなく、たがいに離れた生活圏を作ろうとする。民族学の本には必ず、異民族同士の出遇いの場においては混血が行われ、いわゆる混血児が誕生するように書かれている。私見ではそういうことはなくたがいに居住地域を棲み分けていくのだ。しかし例外があって、ある民族が他の民族を征服するようなとき、戦士はふつう男の集団なので、非征服民の女性たちを性的に蹂躙し、混血児が生まれてくる。南アメリカではスペイン人やポルトガル人の征服活動によってメスティーソと呼ばれた混血児が集団的に誕生した。たぶんに蝦夷征討軍も同様に行動したであろう。そう考えると、頼義、義家の子どものなかには、蝦夷の血を継承する者も必ずいたに違いない。義経は、幼・少年時、奥州秀衡のところに匿われていたという伝承を持っている。なぜ京都源氏の息子が奥州秀衡に匿われるのか。その理由は解らないし、多くの研究者も追求していないようだ。と書いたが、最近、保立道久氏の『義経の登場――王権論の視座から』（NHKブックス、二〇〇四年）という本を発見した。保立氏は実体の不明確な義経や母とされる常盤という女性などの血縁的関係を深く掘り下げて、義経像を歴史のなかに位置づけようと努力されている。しかし、いろいろ反論もしたい本ではある。この本では母の常盤が再婚した一条長成のいとこの子どもである基成という人物が、出羽守かなにかで、平泉の秀衡の近辺に住み、秀衡に大きな影響力を持っていた、その基成の存在をあてにして奥州に下ったのではないか、としている。この本についてはまたのちに触れてみたいと思う。

●わたしの空想は彼ら河内源氏の一族と蝦夷のあいだにある種、血縁関係が生まれたのではないか、というものだ。「金沢安倍軍記――安倍合戦之次第」という文書がある（『陸奥話記』現代思潮社、一九八二年、所収）。文体から考えると、前九年、後三年の役のあった奥州で作られ、文章化されたのでは、と類推できるような雰囲気の本であるが、この本では主人公はむしろ敗者の安倍貞任で、義家は戦闘のあと貞任方に捕まっている。そして拘禁されている間に、貞任の娘、おのゑのまへという女性と結ばれ、子どもも生まれている。あくまで、源頼義、義家による蝦夷征討の前九年の役に取材した「物語」として捉えるしかない話であるが、物語の世界なら、折口信夫の「貴種流離譚」的に言うと、都から地方に流れて来た貴種にはその地方の豪族の娘が惚れるか、豪族が娘を差し出し、姻戚関係になることが多かったに違いない。もし、伊豆の豪族北条時政が、頼朝を信頼し娘政子を差し出したとするなら、わたしの考える「貴種流離譚」の典型的な例のひとつということになる。こういった話に敷衍することもなく、頼義、義家は蝦夷の首長の娘などと関係ができ、子どもも生まれたという可能性は高いと思う。こう考えると義経のみならず、頼朝もまた、蝦夷の血を継承していたかもしれない、というふうにわたしの空想は展開するのである。畿内の朝廷からの戦士は弥生人の系譜にあり、蝦夷すなわちアイヌは縄文人の系譜にあり、ふたつの異人たちの出遇いのときの、征服者と被征服者のあいだの共存的関係ということになるのである。

頼朝が文字どおり、武士の王として日本列島全体に君臨するには、彼らの蝦夷との血縁的繋がりを絶対に消しておかねばならない。そこで、頼朝は後白河の宣旨が届く二、三日まえに、大急ぎで大軍を結成し、奥州戦争に旅立ったとされる(『吾妻鏡』)。そして幕府軍は秀衡の息子の泰衡や藤原氏を滅ぼすのである。小説のテーマになり得るのではないか、こういった想像は。完読していないが、後年、平泉中尊寺の住職になった小説家今東光氏に『蒼き蝦夷の血——藤原四代・秀衡の巻』(新人物往来社、一九九二年)という小説がある。金売り吉次に伴われた義経が三百人近くの蝦夷兵を護衛に奥州に下る、というところまで読んで本を投げ出しているが、この小説の題名は義経が蝦夷の「血」を継承していたという暗示に満ちている。まあ、今は小説的想像力にふたをして、ひたすら兼実の日記を読み進んでいかねばならないのであるが。

◐I◐なぜ、京都源氏の息子義経が奥州秀衡に匿われるのか、ですが、『日本の中世5　北の平泉・南の琉球』(中央公論新社、二〇〇二年)の入間田宣夫氏の「義経を擁立して地域権力、さらには幕府を構築する構想があった」という考えにたいして、元木泰雄氏の『源義経』(吉川弘文館、二〇〇七年)は、「平泉藤原氏にとって、ことさら貴種を擁立する必要もない」として、常盤の再婚相手である長成の従弟の子が基成(平治の乱の信頼の兄弟)であることに注目した上で、彼が康治二年に陸奥守として着任し、乱の後、再度陸奥に配流されて平泉滅亡まで滞在し、秀衡の岳父(泰衡の祖父)であり、秀衡の相談役ともいうべき縁から、「義経が」引き取られたとしています。常盤の再婚相手の縁によることは、大なり小なり近年、定説化しているのではないでしょうか。

◐A◐ぼくは、常盤という女性の実在を信用してないので、その縁と言われてもすぐにはついていけないです。系図や物語に現れる天皇の娘や天皇と結婚した女性に名まえがついている以外、一般女性の名まえが出てくるというのは、多くは説話、伝承の領域だけですね。天皇自身の名まえや皇后の名まえも死後に贈られた諱《いみな》(死後に贈られた諡《おくりな》)ではないのかと思うのですが。なぜ九条院の雑仕女とされる女性の名まえが出てきたんでしょう。保立氏が言うように超美人だったから? 保立氏は先にあげた本のなかで、超美人というのは、位の高さに匹敵する、というようなことを言ってました。それなら、義経の愛人の白拍子の静の名もありますね。しかし、前述しましたが、白拍子や遊女などは芸名があり、芸名の有名性は職業的に重要だったと思います。

「玉葉」にもあるのですが、頼朝だったかだれかに奥州に逃げろ、という言葉が出てきます。奥州は蝦夷の地であって、一種の治外法権的な領域でもあり、朝廷から追われた人たちが奥州に逃げこんだという可能性もあります。奥州は逃亡の地であったのではないか(ただし、実例は少ないようですね)。そこで義経は最後に奥州に逃げこむ。その奥州が、幼・少時の説話に応用されたのではないか、というのがぼくの考えです。「玉葉」の後半に、逃亡時代の義経が大和の宇多(宇陀)に逃げたという情報があり、これが、やはり、義経のもうひとつの幼・少時の説話に取りこまれたのではないかと思っています(両方とも「吾妻鏡」の記事ですが、後者では母の胸に抱かれて諸国を放浪した、であり、ここでは母の名、常盤の名は書かれていません。宇陀の龍門の牧に行ったとあります)。幼少の頃、母の胸に抱かれて各地を放浪し、のちに鞍馬寺に入り、さらに奥州に下ったというふうに、ふたつの説話を一体化して書いている研究者もいます。渡辺保氏の『源義経』(人物叢書、吉川弘文館、一九六六年)がそうでした。

●保立氏の本を読んでいて、ふと思ったのは、もし、基成という人物が義経をバックアップしたのだとすれば、秀衡の息子の泰衡が、父の遺言より、頼朝側の強権的態度に負けて、義経を死においやるのですが、このとき、基成が生きていたのかどうかは解りませんが、義経を擁護すれば、義経の死を阻止したのではないでしょうか。あるいは基成は、「吾妻鏡」の記述によれば、ほとんど出て来ないし、秀衡らにたいして、どのくらい影響力を持っていたのか、非常に疑問なのである。入間田宣夫氏の『藤原秀衡――義経を大将軍として国務せしむべし』(ミネルヴァ日本評伝選、ミネルヴァ書房、二〇一六年）では、基成は平泉の秀衡の居館の敷地内に住んでいた、とあるのだが、この擬血縁関係に多くを需める理念には、やはり疑問がある。天皇の皇子たちも、異母の関係になると、兄弟といっても、あまり懇意でなかったという気もするのだ。子どものときから、いっしょに暮していないと親近感はたいして生まれないような気がするのだが、どうだろうか。

●平将門の乱の話が挿入されているのは、単に関東方面の現在の叛逆、謀反のずっと昔に、将門が乱を起こしていた、そのような関東の反朝廷的な活動を評価したというわけではなさそうだ。むしろ、この天慶の乱のときは、西国でも海賊らしき藤原純友の乱も同時して起こっているので、この将門の事件とともに京都貴族たちの頭から消え去ることのない大逆罪の記憶として、ことあるごとに語られていたのであろう。とりわけ、頼朝を首謀者とする関東の叛逆は、将門の乱を思い起こさせないではいなかったのだ。

○十二月九日

★伝え聞く、延暦寺の衆徒のなかに、凶悪の堂衆、三、四百人ばかり、山下兵衛尉、甲斐入道、くだんの義経〔また出た！〕〔近江の国の逆賊の張本（人）、義経に与すなり〕、の語〔話〕を得て、園城寺を以て城となし、六波羅〔平家の拠点、探題があった〕に、夜打ちに入るべし、また近江に進み向かうところの官軍らを、その後ろで塞《ふせ》ぎ、東西より攻め落とすべきの由、結構〔計画か、策略か〕をなす、云々、

●山下義経は近江源氏であった。『尊卑分脈』によると、源義経は四人もいる。この山下氏も源氏のひとりである。関東勢の蜂起を見て、諸国の源氏が連動するように反平家的な活動をするようになったのだ。

○十二月十二日

★伝え聞く、昨日、官兵ら、三井寺〔園城寺、以仁王が逃げこんだ寺で、反平家の武士たちの拠点になっていたか〕に寄せ、夜漏〔漏は、時刻という意味があるので、夜半に、という意味だろう〕に及んで、合戦、堂衆〔三井寺の大衆、もしくは比叡山の大衆か〕少し、引き退《しりぞ》き、江州〔近江の国、さきに近州とも〕かたに向かいおわんぬ〔三井寺と琵琶湖はすぐ近くである〕、官兵ら、三井寺の近辺、ならびに、寺中の房舎少々を焼き払う、官兵方、七十余人、疵《きず》を蒙《こうむ》る、

●三井寺では、三井寺か延暦寺の僧兵たちが、平家の武士たちと戦っており、官兵は、三井寺の周囲や房舎を焼き払った。当時の戦争において、近辺の民家を焼き払ったりしたのはふつうの戦法であったようだが、焼かれた民家などはたまったものではない。火災保険があったわけではなかったから、おおいに迷惑しただ逃げ惑うだけであった。気の毒。官兵七十人あまりが、負傷したという。

★(同日)また聞く、江州の賊徒らの勢、はなはだ強し、(中略)武田の党〔近江源氏であった〕、遠江〔駿河〕に来往し、参州〔参河〕を伐《き》り取りおわんぬ、美濃、尾張、またもとより、与力おわんぬ、云々、

●近江、美濃、尾張の諸源氏、および反・平家勢力は好き放題、暴れまくっているようだ。

★また、秀平〔奥州の秀衡であろうか〕、攻め落とすべき〔の〕由、請文〔うけぶみ、これは朝廷からの宣旨などに対する、朝廷に提出された回答の文書である〕の旨、その聞こえあり、

●話が急に飛んで、奥州藤原氏の秀衡を攻落するべく、朝廷もしくは院からの命令への回答文である請文書が出ている。この辺を『綜覧』を参照すると、十二月十二日の記事には、まったく載せてないが、前々日の十日の記事に、《山木義経、遁レテ鎌倉ニ至リ、頼朝ニ投ズ》とあり、例の山木義経(「玉葉」には山下義経とあった。「玉葉」のまちがい)か。ともかく、この最初の義経は、鎌倉に往き、頼朝軍に身を投じたようだ。しかし、翌日の十一日には、《延暦寺ノ僧徒ラ、義経ニ党セルヲ以テ、淡路守平清房ヲ遣ワシテ之ヲ討チ、堂舎、僧房ヲ焼カシム》とあって、「玉葉」と同じだが、ここで出ている「義経」とはいったいだれだろう。「玉葉」的世界では義経はまだ登場していないし、『綜覧』の山木義経は関東の頼朝のもとにいるのだ。なにかのまちがいだろうか。「玉葉」の秀平と、『綜覧』の義経がよく解らない。「玉葉」に戻る。

○十二月十五日

★一昨日、知盛、資盛ら、敵の城を攻む、甲賀入道、ならびに、山下兵衛尉義経ら、徒党、千与騎、即事に追い落とされおわんぬ、二百余人梟首、四十余人捕え得る、残るところ、ならびに追い散らしおわんぬ、くだんの頸中に甲賀入道あり、

●官軍の知盛らが攻め落とした敵城に、甲賀入道や山下(!)義経がいた。そして、ここでは官軍が勝利している。そして梟首された首のなかに甲賀入道の頸

はあった、とある。つまり追い散らされた反・平家軍のなかに、山下義経がおり、関東に下った、というのだろうか。そうすれば、なっとくできる。

◎以下に、さらに近江や美濃あたりの反平家軍の、平家との戦争が描かれている。しかし、もともとこの文章のテーマは、「玉葉」の著者あるいは京都貴族たちの捉えた関東勢の展開ということだったので、それらの記事を割愛することにした。しかし、少し気になる情報もあるので、少しだけ紹介しておこう。すべて十二月中の記事である。

まず、二十四日。《伝え聞く、甲賀入道、山下兵衛尉ら、いまだ伐られず、山下城に籠る》。この記事によれば、甲賀入道も山下義経もまだ斬られていないという。それでは、関東に下った義経はどうなるのか。文中、「山下城」とあるのは、たぶん、山下義経の居城であろう。少し変だ。また、二十九日の記事に、《重衡朝臣、南都を征伐す》、《興福寺、東大寺已下、堂宇、房舎、地を払って焼失》。この重衡の南都、つまり奈良攻撃と大寺を焼いた罪は、いつまでも、南都の僧俗たちによって憎まれ、恨まれ、一の谷の戦争で捕虜になった重衡は、鎌倉に連行されたあと、南都の要求で奈良に戻され、この地で斬殺されている。

もうひとつ、戦争と関係のない話である。二十日、《早旦〔朝早く〕、犬、人の足を咋《く》い入り、〔生足なり〕、仍て、今日より七ヶ日、五体不具穢の気をなす》。穢れに関する記事は「玉葉」にはそれほど多くないが、ここではとくに、「五体不具穢」という穢れが出ている。これは犬や鳥などに足だの手だのを食われて、五体が満足でない状態の死体を言う。穢れのなかのひとつで、この五体不具の死体が見つかった家では、七日間、忌みの日々を送らねばならないのである。「延喜式」という本に、各種の穢れが規定されているのだが、この五体不具穢は出ていない。珍しい話なので紹介した。

◆治承五年(一一八一、養和一年と改元)

◎「玉葉」において、治承五年の一年間は、関東のニュースがほとんど失くなり、朝廷の年中行事の報告が続いていた。正月十四日には、高倉上皇が崩御。また清盛の息子のひとりである平重衡による南都の興福寺、東大寺大火災のニュースも貴族たちを悩ませていた。南都(奈良)の大寺が、源氏に好意的では、という平家の怒りがこの街と寺院焼亡の原因になっていたのだ。また『綜覧』一月二十八日に、《源行家、進ミテ尾張ニ入ル》とあり、長く義経と行動をともにした行家の記事があるが、「玉葉」には見えなかった。また、同、二十九日には、《京中ノ人家ヲ点ジテ、兵士ノ宿舎ニ充《あ》ツ、是ニ依リテ、兵士ノ狼藉至ラザルナク、庶民悩々タリ〔びくびくした〕》とあるのだが、この記事も「玉葉」には見えない。この記事は、平家が臨戦態勢をとったということを言っているのだろうか。しかし関東勢の進出という情報はまだないので、延暦寺や奈良の大寺の攻撃に備える体制であったのだろうか。また、「玉葉」にも、つぎなる情報があるかもしれない。

○二月一日

★伝え聞く、謀反の賊たる源義俊〔為義の子、十郎蔵人と号す〔行家〕、云々〕、数万の軍兵を率いて、尾張の国に越え来る、

●十郎蔵人行家は、のちに義経が鎌倉幕府の謀反人とされ、逃亡を開始したときは義経の逃避行にずっとつき合っていたようだ。頼朝の叔父になるが、頼朝も行家を一門の武士としてほとんど重要視しなかったように思われる。

●先に、『綜覧』にあった源行家の短い記述を引用したのだが、行家は、「尊卑分脈」によると、もと義盛とある。そして註に、《熊野新宮に住み、また、新宮十郎と号す、十郎蔵人と号す》、とある。「玉葉」本文の義俊は同じく為義の子どもであるが、猶子（養子、あるいは兄弟の子）とあり、頭注に、《義俊、按ずるに、「玉葉」の上文〔前文〕の行家の本名、おそらく重複》、とある（これはひょっとして、校訂者、黒板勝美氏の説明であろうか）。行家は以仁王の令旨を全国に配ったとも言われ、頼朝の挙兵に賛同して、みずから挙兵した。しかし頼朝とは波長が合わなかったのか、ずっと固有の行動をとった武士で、血縁的には頼朝の叔父になる。上に引用した文章では、「尊卑分脈」の頭注のごとく、義盛と義俊がごっちゃになっている。まあ、しかし、行家と理解しておく。尾張に攻めこんだという記事が、「玉葉」と『綜覧』に共通だからである。しかし、上にあるように、数万の軍兵を率いるほどの勢力ではなかったから、この伝聞がかなりの程度に乱暴だったとは言える。

○二月二日

★伝え聞く、常陸の国の勇士ら、頼朝に背きおわん

ぬ、よって伐らんと欲するところ、かえって射散らされおわんぬ、この由、飛脚到来、

●この記事は翌三日の記事と連動している。

○二月三日

★伝え聞く、頼朝、常陸国に攻め寄すの間、始め一両度、追い返さるといえども、遂に伐り平らげおわんぬ、云々、是また、実否知り難し、一昨日、かの国より上洛の者、説いて云う、縦横の説、聞き及ぶに従い、これを注す、［ただし、事のほかの浮説においては、注す能わず］、遂に、虚実にまみえるべきか、

●このふたつの記事、頼朝に離反した常陸の武士たちを攻めようとして、逆に敗北した。しかし翌日の記事では、最後に頼朝側が勝利したという。関東から帰ってきた人が言うには、関東においても両説があるのだが、聞いた通りに報告した。兼実は、これで真実が解ったというふうに考えたようだ。

●また、常陸の勇士というのはのちに頼朝が討滅した常陸源氏の佐竹氏のことであろうか。同じ源氏であったにもかかわらず、平家についたという理由で頼朝はこの佐竹氏を許さなかった。頼朝のある種の冷酷さ、自分の志向に反する存在は、たとえ同族でも許さないという非情さが頼朝の個性のように言われることもあるが、ここでもそれが現れているのだろうか。ただし、『吾妻鏡』では、富士川の決戦で勝利した頼朝が、さらに、逃走する平家軍を追って進軍しようとしたとき、和田義盛や三浦義澄らが、まずは関東方面を固めるべきだとして、頼朝を諫止した、とある。わたしはこの諫止に、この平家との闘争のヘゲモニーを握っていたのは、頼朝ではなく、関東勢であったのではないか、と考えた、その根拠のひとつを考えたのだった。頼朝はともかく、中央、京都朝廷とを結ぶパイプであり、河内源氏の嫡流ということで関東軍のシンボルとして利用されたのではないか。この点についてはまたのちに詳述することになると思うが、ここでは頼朝の個性に触れておきたい。頼朝の、弟義経、範頼らへの態度（ふたりとも、頼朝が殺させたとされる）からもその非情さが強調されるが、頼朝は猜疑心の強い男であったのかもしれない。しかし、佐竹氏らしき人物との最初の闘争では敗北したという情報は、飛脚が報らせているのでかなり正確な報告であったろう。頼朝は戦争の指導者としてはあまりたいしたことはなかったのかもしれない。『吾妻鏡』によると、頼朝は落馬して死ん

だと言われており、騎馬と弓箭（自由自在に乗馬することや弓矢で射る技芸）が武士の最重要の職能だったとすると、この落馬による死はあまり自慢ができる話ではない。もっとも、落馬による死というのが確かな情報かどうかは、不明である。「吾妻鏡」に頼朝の死の記事が欠落しているのだ。そしてその記録としての記述は、頼朝の死によって、頼朝伝承の時代は終わり、頼家、実朝ら頼朝の息子たちが征夷大将軍になってからは、伝承から歴史的事実に入ってきたなという感じをわたしなどは受けている。

○二月八日（以下の記述は、やや解りにくく、読み下しにくいのであるが）

★夜に入りて、大夫史《さかん》の隆職、参り来る。（中略）去る五日、高倉院の御斎会の事、また、開関の事〔京都を固めるべくあった三つの関所を開くこと〕を行わる、（中略）ただし、解陣〔たぶん、駐留軍兵士たちの陣地を解くこと〕は〔清盛か後白河法皇が〕仰せられず、去る年、東国へ追討使を遣わされるの刻《とき》、警固を仰せらる、「ただし、固関の事〔京都守護のため、関を固めること〕、なし」、仍て、高倉院遺詔を奏さるの日、固関の儀なし、

●京都を外敵から守るため、三関が設けられていたのだが、古代は東は伊勢国の鈴鹿の関、美濃国の不破の関、越前国の愛発が関がそうであった。平安京の時代に少し変わるが、これらの関の役割は変わることなく、外敵の可能性が強まると、関を固めた。これを固関と言っているのだろう。開関は、安全を確認すると、固めた関をふつう通りに戻したのであった。ここには、さらに、「解陣」という用語が出ている。これは、警護のため関周辺に集結した軍隊を、やはり安全を確認して、陣地を解除したのであろう。関東勢が反乱を開始してから、固関は絶えず、重要な作業であったと思う。この記事によると、最近、東国への追討使を派遣したとき、関の警護を命じられたが、関を固めることはなかったと言っているのであろう。関東勢の反乱以来、近江、美濃の源氏たちも活発に動き出したので、こんな面倒なことが絶えず必要になってきたということだ。

○二月九日

★また聞く、関東反賊ら半ばに及んで、尾張国に越え来る、十郎蔵人義俊〔源行家〕を以て、大将軍となす、云々、その勢、幾千万を知らず、

●これはさきに紹介した『綜覧』の記事と符合する。幾千万とは大げさであるが、ここでは、関東反賊は近江から駿河、関東まで反乱分子が拡大していたということを意味していると考えられる。記事のように関東武士たちを総動員して大軍となってやってくるという情報は、東海地方の実情を、院や朝廷が把握できていなかったということを語っていよう。関東勢に脅威を感じている朝廷側の発想がこのような妄想（共同幻想）を生み出しているのだろう。兼実は絶えず関東勢がうんぬんと書いているが、それは情報不足による誤解で、尾張の国への反賊の侵入というのは、関東勢の活動ではなく、じつは源行家の、頼朝や関東武士団と無縁の、独自の活動だったのではないだろうか。東海地方の多くの源氏ないし、反・朝廷の武士団が、行家の行動に参加していたのかもしれない。

★（同日）官軍〔平家軍〕、つどつどの合戦に疲れてすこぶる弱気あり、云々、また左兵衛の督《かみ》〔長官〕知盛卿〔清盛の息子〕悩〔病気か〕に依り、にわかに帰洛を企だつ、

●平家軍も行家軍をもてあまし、疲れきっているようだ。大将軍の知盛は帰洛し、替わって重衡（同じく清盛の息子）が行家軍に向かって進軍を命じられている。

○二月十一日

★蔵人、左少弁、行隆来る、（中略）鎮西、伊勢などのことを語る、肥後国菊池郡の住人高直、謀反の聞こえあり、すなわち九国〔九州〕与力す、また熊野の悪徒ら、伊勢国に越え来る、伊《い》装《ぞう》の宮近辺、焼失おわんぬ、

●関東の謀反が、九州の方に飛び火したわけではないだろうが、畿内の朝廷にとっては九州もまた疎遠の地であり、朝廷の勢威が及ばない地域であったようだ。ただし、九州支配のために置いた太宰府は、朝廷の九州出張所のように機能していた。しかし九州の土着の勢力は前述した古代の磐井の叛乱に象徴されるように、畿内に対する対抗意識が持続していたのかもしれない。二月十五日の記事にも、《伝え聞く、鎮西の謀反の輩、日をついで興盛、太宰府を焼き払いおわんぬ》とある。北九州の一大勢力であった菊池氏は、「魏志」の倭人伝に、ククチヒコ、ないしココチヒコ（狗古智卑狗）と称する人物が出て来るのだが、この人たちと菊池氏は、音が似ているので、菊池氏

は紀元後一、二世紀からの旧豪族だったのではないか、と想像している。また、熊野の僧兵たちも行家たちに加担しようとしているか。伊装宮は伊雑宮〔いざわのみや〕と同じであろう、内宮にある。

★（同日）関東の事においては、委しく聞かず、この間、伊勢国を廻る船、須万多〔すまた?〕の渡しに着くべし、その後、官軍、尾張の国を攻め寄せべきの由、聞くところなり、

●行隆から、関東のことは詳しく聴けなかった。やはり、関東の情報の入手は困難だったのであろう。しかし、伊勢神宮のことなどを聞いた。

○二月十五日

★伝え聞く、鎮西の謀反の輩、日を逐《お》って興盛〔さかんになる〕、太宰府を焼き払いおわんぬ、云々、

●反・朝廷的、あるいは反・平家的な活動が、九州でも盛んになっており、太宰府が焼かれたという。これに連動するような記事が、翌十六日の記事にあった。

○二月十六日（十二日の記事に、東国追討使大将の知盛が病気のため帰洛した、とあった）

★伝え聞く、知盛卿、帰洛おわんぬ、その替わり、重衡朝臣向かうべきの由、その儀あり、しかして、その儀、たちまち変ず、鎮西に遣わさるべし、云々、伝え聞く、今日、賊首を渡さる、住人、使庁〔検非違使庁〕、請け取りおわんぬ、

●知盛が派遣された東国、と先にあったこの東国は、京都の東の国であり、必ずしも関東ではない。関東を東国とよぶようになったのはのちのことである。知盛は、近江、美濃、尾張などの、反・平家グループと戦ってきたのであろう。しかし病気になったので帰ってきたのだが、重衡が代わって大将に任命されたというわけだ。彼らは清盛の息子たちで、いずれも貴族化した平家のなかで、武士的な力があったのだろう。しかし、東国への派遣のまえに、九州の菊池グループを追討せねばならない。平家を、日本国のあちこちから攻撃してくる勢力が拡大し始めたということだ。しかしまだ、平家一族に焦慮のような感じはしていないように思われる。

○二月十七日

★また、源義俊、〔為義の子、世に、十郎蔵人と称す〕、尾張の国に居住す、その勢、三万余騎、美乃国

〔美濃の国〕に在り、官兵ら、僅かに七、八千騎、云々、

●この義俊、すなわち行家は、二月一日の記事に出ていた。その勢、数万騎とあったのだが、ここでは三万余騎とある。行家は、思いのほかに、兵力集結の力があったのだろうか。まえにも述べたが、根拠はたいしてないのだが、当時の兵力の数は、一万騎なら千騎のように単位をひとつ下げれば、なっとくできうる数字になると常々考えているのだが、これは「平家物語」を初めとする多くの合戦記の作者たちが考えたのではないだろうか。そしてその数値は、「日記」のような領域にも無意識に導入されているのではないか。それにしても、この行家率いる三万騎がかりに三千騎であっても、たいしたものだ、と言うしかない。

★(同日)頼朝未だ足柄の関を越えず、まず、義俊〔行家〕の勢を以て、四手に分け、寄せ攻めるべし云々、また聞く、鎮西の謀叛の者、張本、徒党、十六人、同意、云々、

●頼朝や関東勢の行動はほとんど明確になっていないようだが、美濃あたりまで来ている行家軍と、関東軍の動きが連動していないことは、院側でも漸く把握したようだ。しかし相変わらず関東勢の活動は、〔平家追討〕という源氏政権イデオロギーが明確でないだけに、不気味というしかないのだろう。ここで以仁王の令旨の史的価値あるいは存在が問いなおされるところで、諸国の源氏ないし、反体制的な連中が、現在は無目的に、反乱の火を燃やし始めたのだ、という感じを受けるのである。

○二月二十日

★伝え聞く、関東の事、宮〔以仁王の事か〕いまさざるの由を聞く〔以仁王の亡霊はまだ京都朝廷人の畏怖を煽っているようだ〕、多く、頼朝に乖《そむ》く者あり、はなはだ物忩〔ぶっそう〕、また其の勢、数万騎と言う、(中略)是また実説を知らず、

●やはり、頼朝のことは不確定情報の域を出ていない。宮とあるのは以仁王を指していると思われるが、関東にはいない、と言っているのだろうか。そして、頼朝に背くものがあり、数万騎になるという。たとえ、数千騎にしても、「吾妻鏡」などには絶対に出て来ない情報である。だから、わたしなども、反頼朝勢という存在を想定できないのだ。頼朝に背く者あり、という表現は、関東勢が「吾妻鏡」などが言っているように、必ずしもしっかりと一体化しているわ

けでもないことを語っているようにも思える。日本中世史の研究者の多くが「吾妻鏡」の記述に縛られているようだ。しかし、やはり、親朝廷派の豪族武士がいたとしてもまったく不思議ではないはずだ。

○二月二十一日

★伝え聞く、坂東の軍陣、はなはだ物騒、泉冠者〔名を知らず〕、十郎蔵人義俊〔行家〕を召し具し、降を請うて、官兵方に来るの由、風聞、但し義俊摑まるの状、果たして以て僻事《ひがごと》か、

●坂東の軍人と書かれた存在は、必ずしも、関東勢ではなく、やはり、美濃や尾張のあたりの反・平家派の人たちだったのであろう。泉の冠者というものが、行家を召し連れて、平家軍に降参して来たというのだが、平家が関東に軍隊を送っていたわけではないのだから、官兵というのも、美濃、尾張あたりに陣地を作っている、平家方の武士たちだったろう。行家が本当に捕まったのかどうか、はっきりしない。やはり、関東勢が瓦解してくれることを、平家や京都民衆が望んでいる。そんな幻想が彼らを捉えているようにも思われる。

○二月二十三日（この記事も、源平の抗争に関係なし。穢れの話である）

★小児の頭、西壺〔西側の中庭〕にあり、これ、五體《たい》不具〔身体のすべてが揃っていない死体をこうよんだ〕、七ヶ日の穢れなり、しかして、近日、天下皆、穢気〔穢れ〕の疑いあり、諸人、神社に参詣せず、

●兼実の家の中庭に、頭だけの幼児の死体があった。五体不具穢であった。しかし、今の世のなか、穢気に満ちている。穢れをおびた人たちは神社域に入ることができないのだ。そのくらい、現在の京都の街はなにか、やばいものを感じさせる時空となっている。たぶん、源氏の勃興に、多くの人びとが畏怖と不安を感じているのだ。

○二月二十六日

★伝え聞く、関東の徒党、その勢、数万に及ぶ、官兵尫弱〔弱々しい〕、仍て、にわかに、前将軍宗盛已下、一族武士、おおよそ下向すべし、来月六、七日のころ、云々、重衡、鎮西下向を停止おわんぬ、云々、

●関東勢が数万になっている。それに較べて、対抗する平家の兵士たちはか弱くみえる。そこで、前の将軍宗盛以下の平氏の武士たちが、関東にむけて下

向することになった。重衡も鎮西への攻撃のための下向をとりやめ、関東に向かう一族とともに行動するのであろう。

○二月二十九日

★伝え聞く、尾張の賊徒ら、少々、美乃〔美濃〕国に越え来る、阿波の民部、重良の徒党を射散らす、

●たぶん、源の行家の兵士らであろう、尾張から美濃に移動して来たという。

5——巨星墜つ！　平清盛の死は平家ののちの滅亡を予言していた？

○閏二月三日（この頃から、清盛は病気になったようだ）

★禅門〔清盛〕の所悩〔病気〕、殊に進□〔□は判読できない字。進む、あるいは進行している〕、（中略）およそ、天下の躰〔てい〕、詞を以て云うべからずの事か、美乃〔美濃〕にある追討使ら、一切粮料〔食糧その他〕なきの間、餓死に及ぶべし、云々、坂東賊徒、勢い、日を逐《お》って万倍ス、云々、

●朝廷や院や平家を中心にして考えると、現在の天下のこと、言葉で言えないくらいひどくなっている。美濃に駐屯する兵士らは食糧も欠乏しているので、餓死する者も出ている。それに較べて、坂東勢（たぶん、美濃や尾張などの反・平家派）は日を追って勢いを増している。

○閏二月四日

★伝え聞く、禅門〔平清盛〕薨去云々、但し実否知り難し、

●かたや平家のほうでは総帥清盛が死んだという情報が流れた。清盛はまだ福原にいたのか、その生死は九条兼実にとっても未確認情報であった。清盛の死は事実であったのだが、この巨星の死は以後の平家の運命にいやというほど大きな意味を持っていたと思う。清盛が死ななければ、平家のあまりに急激

な凋落は防げたのではないだろうか。保元、平治の乱を経て、清盛率いる平家一統は、朝廷の上級貴族であり、かつ源氏にかわって軍事責任者となった。統領を喪った平家の公達たちの不安と焦燥が目に浮かんでくる。平家勢は、清盛の長男重盛も病気で死んでいるので、次男の宗盛が棟梁になることになるが、五味文彦氏の『平清盛』(前掲書)によると、宗盛は好戦的な男ではなかったというから、長く高級貴族生活に馴染んできたので、戦争に意欲が湧かなかったのかもしれない。平家の公達たちは、むしろ朝廷や院での管弦、宴会の席などで活躍していたのだ。

●翌五日の稿に平家武士たちの傷心、無念のようすが記録され、また清盛にたいする極めて丁重な兼実の弔意が書かれている。

○閏二月五日

★禅門〔清盛〕薨逝、

●巨星、墜《お》つ、というやつだ。中世史の本郷和人氏の本なども、清盛政権を、武士の政権の嚆矢としている。鎌倉幕府から武士の政権が始まったという以上に、武士が武力を背景にして政治を執り行なう体制の出発者は清盛であったのだと。祖父である伊勢平氏の正盛が、朝廷に喰いこみ、父忠盛が、強力な経済力をもって朝廷をバックアップし、さらに清盛が、上級貴族の道へと進んだ結果、京都朝廷の第一人者になっていた、というわけだ。しかし、上級貴族化した清盛の息子たちは、多くが管弦などの芸能者と化し、戦争力において、後発の頼朝らに征服されていったのだった。しかし武家政権という政権は、近世の徳川幕府まで連続してきたのだ。

★(同日、兼実の弔意)准三宮入道前太政大臣清盛〔法名静海〕は、累葉〔代々〕武士の家に生まれ、勇名世になされ、平治の乱逆以後、天下の権、ひとえに彼の私門にあり、長女は始めて妻后〔皇后〕に備える〔加わると読むか〕、続いて国母〔今上天皇の母〕となる、

●以下、皇后になった娘(徳子)以下の娘たち、文官、武官として上位に昇った息子たちの記述が続く。短い期間であったが、清盛の娘は初めて藤原氏以外の天皇の外戚になっている。残りの二人の娘は藤原摂関家に嫁がせている。兼実は極めてシンプルに清盛に最後の言葉を贈る。清盛の伝承的な領域も大きく、それはどちらかというと悪役的存在として現れるのだが、「平家物語」の白拍子の祇王、祇女姉妹の物語は読者や聴衆の落涙を誘う。寵愛されていたふたり

のまえに仏御前が現れ、姉妹と母は山里に追放され、同情した仏御前もともに髪をおろして逼塞したという。この女たちの物語に、義朝の愛妾（北の方、つまり奥さんと書く例もあり）常盤御前も登場したことは、前に触れた。中世の武士たちの多くがこのような悲劇的な伝承を持っていたのは、彼らが語りや読み本を通じて、民衆のなかに溶けこんでいたからであろう。

○閏二月六日

★関東乱逆の事、詮議さる、（中略）前の大将宗盛卿、院〔後白河法皇〕に奏して云う、故入道の所行等、愚意〔自分の、宗盛の意〕に叶わざるの事あると雖も、諫争〔諫止したり、争ったり〕するあたわず、ただ、かの命を守り、まかり過ぎるところなり、今においては、万事、ひとえに院宣の趣きを以て、存じ行くべく候、

とある。

●兼実は所労のため疲れて詮議に参加しなかった、平家の棟梁たる宗盛が院に向かって、父のことをやや批判的に捉えて奏上しているが、自分には父の専横に従うしかなかった、しかし、院の意向に沿うべきだったと言っている。

★（同日、以下の文をそのまま読むと、関東勢は兵糧もつき、我々を征伐する力がない、と取れるのだが、無理に読むと次のようになる）まず、関東〔を攻めるための〕兵糧、すでに尽きぬ、〔関東を〕征伐するに力なし、故入道の沙汰のごとくば、西海〔道〕、北陸道などの運上物をしかしながら、点定し〔これもよく解らぬ言葉であるが、数えたり収奪したり、ということか〕、かの粮米に宛《あ》てるべし、云々、

●わたしが読み下したような文意であるとすれば、平家は関東に遠征するには兵粮がないと言うのだが、平家は日宋貿易に励むとか、裕福だと思うのだが。清盛は、福原の港湾で、通過する船から通行税を徴収し、あるいはいろいろと収奪していた。そのようにやれば追討使の派遣も可能だと言っているのだろうか。これを許して欲しい、諸卿で詮議して欲しいと、宗盛は訴えている。しかし、これは多分、平家グループが私費での追討はしたくない、院として正式に追討使として派遣して欲しい、という訴えだったのではないだろうか。そこで、兼実の意見が書かれている。

★（同日）余の愚案、この定め、はなはだ、由なきか、宥《ゆる》し行なわるの儀、朝〔朝廷〕のために恥《はじ》あり、はな

はだ、見苦しきことなり、而して、征伐の条、ついに叶うべからずば、聊《いささ》か、その由緒を述べらるべきなり、いわゆる内乱の逆臣、天罰を蒙《コウ》むり、夭亡おわんぬ、今においては、法皇天下をしろしめすべきの由、あまねく、遐邇《かじ》〔遠いところや近いところ〕に告知すべきか、先の幕下〔大将軍、宗盛〕、権〔政権、あるいは権威〕を君〔法皇〕に返し、蹔〔しばらく〕、隠遁の由を表〔明らかにする〕せしむべきか、この両条、ともにしかるべからず、宥〔ゆる〕し、行なうの条、首尾、相ふさわしからず、また、賊徒、和平すべからず、

●兼実の言うことは理論的のようでいて、結局なにが言いたいのかよく解らない。とりあえず、宗盛は政権を後白河に返上し、法皇は諸国にこれを報せるべきだ、とまでは解るが、あと、どうしろと言うのか。最後に、言うなかれ、言うなかれ、と例によって嗟嘆の言葉を吐いているのみだ。

○閏二月七日

★昨日の群議の趣き、少異あると雖も〔少数の反対はあったが〕、おおよそ、一同、さぶろうか〔そろったか〕、（中略、左大臣から参議まで、殿上の座についていた）経房朝臣、〔院の〕仰せを伝う、綸旨〔院の言葉〕云う、卿関東乱逆の間、天下飢饉により云々、御祈〔禱〕、期《ご》に合わず、また、兵粮すでに尽くしおわんぬ、なお、追討さるべきか、もしくは、また、宥し行なわるの儀、いかん、

●院、すなわち後白河も結局、答えを出すことができず、集まった上級貴族たちに問いかけている。一同は、まずは院宣をくださるべきであると。それによって考えようと。清盛を喪った院はあまりに無力であった。だれもが決定的な解答をみつけることができなかったのだ。

★（同日）伝え聞く、静賢訪印を使いとなし、宗盛卿のもとに、仰せ遣わさる、（中略）幕下〔宗盛〕返奏して云う、なお、重衡をば、来る十日、一定〔必ず〕、下し遣わすべきなり、しかれば、東国の勇士ら、頼朝に乖き、重衡に随うべきの由、院宣に載せるべき、

●東国、美濃や尾張あたりの勇士たちに、頼朝に背き重衡に随うべし、と院宣に書いて欲しい。宗盛の考えは変わらない。武力制圧以前に、院の宣旨に期待しているのだ。

○閏二月十日

★伝え聞く、（中略）重衡朝臣、来る十三日、下向すべし、今旦〔今朝早く〕、先の検非違使景高、院宣を相具す、

●後白河はついに宗盛の要求する院宣を下した。重衡が東国に向かうことになったようだ。しかし、なぜ繰り返し、頼朝に離反する武士たちが出てくるのであろう（もちろん、これは京都側の推測が多いと考えられるが）。つまり、京都の東側、東国の逆徒らは、必ずしも関東勢の命令で動いているわけでもなさそうだ。とりわけ、行家がリーダーであるとすれば、彼は頼朝とのあいだに距離を置いているようだし、足並みは揃っていないのだ。あるいは風聞のみが先行していて、現在、ただ単に関東の実態が把握できていないということだろうか。このようなああでもない、こうでもないという記述は「吾妻鏡」には決して現れない記事であるが、「玉葉」ではしばしば見受けられる。関東勢の結集とシンボルとしての頼朝、という図式はそんなにかんたんに進行しなかったというのが事実であったろうと、わたしなどは考える。平氏系関東豪族武士の集団（千葉氏、上総介氏、三浦氏、和田氏、畠山氏、北条氏ら）にたいして、源氏の若輩（といっても三十代なかばか）の頼朝をリーダーにできるわけでもない。また、頼朝がそんなに簡単にヘゲモニーを握れたとはわたしには思えない。むしろ、源氏同族佐竹氏を討たされたように、平氏系の重鎮たちの合意が、この関東集団を動かしていただろうな、と思うのであるがどうだろうか。鎌倉幕府論のなかで強調される、頼朝の指導力やカリスマ性にたいして、どうしても疑問を抱いてしまう。それはひとえに流罪以降の頼朝の史実が二十年近く空白になっていることと、頼朝以外の関東武士集団のメンバーの多くが平氏と諸氏らであったからだ。ただ、甲斐源氏や、近江源氏が加わっていたのではあるが。

◐I◐ここでは頼朝に背いて、平重衡（清盛の息子）に従うだろうと言っているのではないでしょうか？本当に重衡は十日に下向しています。東国の勇士らは、常陸国志太荘の叔父源義弘が反頼朝として挙兵し、三月には行家が義仲の下に参加したと記憶しています。これらの動きとしてとらえるべきでは？

◑A◑頼朝に背き、重衡に従うというのは、同じ平氏の一門の平家軍に加わろうということですか。それでは以仁王の令旨の思想と乖離してしまうのではないのかな。それは関東勢にとって本意でないというか、蜂起した自分たちを自己否定してしまうことに

ならないですか。ぼくは関東平氏の挙兵（と、ふつうは言わないですが）は、京都から派遣されている国衙の官人たち（平氏も多かった）への反感が核になっていたと思いますが、朝廷を牛耳っている平家の皆さんへの反感も強かったであろうと思っているのですが。ぼくの最近の考えでは、この関東勢というのは、いわゆる関東ではなく、近江あたりか東側の諸国を指しているように思えて、そうだとすると、頼朝あるいは坂東武士たちが、この尾張や美濃まで統括していたようには思えないんですね。自分の考えはまちがっているのかもしれないですが。

●平家軍では、南都を焼いた重衡が追討軍を率いて発向する、と書かれている。清盛を喪った平家は服喪の最中だが、関東勢追討の宣旨が後白河法皇から出ているのであろう。

○閏二月十二〜十七日

★（十二日）伝え聞く、関東すでに伐《き》り入らんと欲す、官軍の陣中、物騒、飛脚頻りに到来す、この状を申すに、重衡、明旦〔明日の朝、早く〕馳せ向かうべし、云々、

★（十三日）重衡、今日出門、明後日発向すべし、云々

●今日、門を出て、明後日出発というのは、軍隊を整えたりする時間が必要だということだろうか。

★（十五日）今日、追討使、蔵人正四位下、平重衡朝臣、院の庁の御下文を相い具し、（割書き、略）発向するところなり、今日、宇治に宿り、来る十九日、美乃〔美濃〕、尾張の境に着くべし、云々、兵、〔一〕万三千余騎を随《したが》う、云々、

★（同日）重喪〔父、清盛の喪中であった〕中陰〔忌明けを待つ間の日々〕の内足ると雖も、前幕下〔宗盛〕の命に依り、先父の追慕を顧みざるか、重衡、武勇の器量に堪えるのゆえ、殊にこの撰〔追討使に選ばれたこと〕に応ず、云々、

●重衡は、貴族化した平家のなかにあって、武勇の士とされていたらしく、父の喪中であるのに、追討使に決まったという。まあ、親孝行型の人間なら本当は行きたくなかったであろう。

★（同日）愚案ずるに〔兼実が考えるに〕、重衡は、その身、南都に向かって、東大〔寺〕、興福両寺、法相〔宗〕、三輪二宗を滅亡す者なり、四所明神〔四つの明神大社〕、七堂三宝〔七堂伽藍の三宝（仏、法、僧か）〕を定めて冥罰〔仏の罰〕を与えられるか、これに依り、父の喪にありながら、哭泣《こっきゅう》の礼を忘れ、合戦の場に

赴くか、はたして、以て、かの逆罪〔父の死を顧みず戦場に赴くことをいうか〕を報わるべきものなり、

●兼実は、重衡が南都すなわち奈良の大寺やその他を焼亡させた償いをさせられているんだ、と見詰めている。武士に生まれた以上、それは重衡にはどうしようもないことだったのだ。 上級貴族兼実は冷徹な眼差しを重衡に送っている。

★(十七日)筑前の前司〔まえの国司〕定能の郎従、一昨日上洛、私に〔私的に〕相触れる事あり、来たり向い、語りて云う、官兵〔重衡の軍であろう〕その勢〔一〕万余騎、尾張の賊徒、僅かに三千騎ばかり、刹那の間に攻め落とさるべし、

●尾張の賊徒は、源行家が統括していたか。ともかく、平家の大軍に刹那のあいだに攻められ敗れたという。

6——奥州の藤原秀衡は、本当に関東制覇をもくろんでいたのだろうか

○三月一日

★伝え聞く、秀平〔奥州の藤原秀衡〕、頼朝を追討すべきの由、脚力を進む〔進軍しているということか。あるいは戦争の準備をしているというのか〕。(中略)早々、攻め落とすべきの由なり、ただし、秀平まったく動揺せず、ただ詞〔ことば〕をもって、かくのごとく申さしむるばかりなり、云々、

◐I◐脚力の意味ですが、音信、手紙を出すという意味ではないでしょうか。

◑A◑なるほど、つまり脚力の「脚」というのは、飛脚の脚という意味をこめているということですか。

●奥州にあって、関東勢の動きをじっと観察し、朝廷と同格になって日本全体を支配したいという野望の主、秀衡。「吾妻鏡」が伝える遺言をもとに野望の主と書いたのだが、のちに死を迎えたとき、奥州に逃れていた義経や息子たちを集めて、《伊予守義顕〔義経のこと〕を大将軍として国務せしむ可きの由、男泰衡以下に遺言せしむと云々》とあった。義経を大

将軍とし、「国務」の国を陸奥の国だとすれば、秀衡は自分のあとを継いで欲しいと言っているようだが、「国務」の国を日本国と考えれば、義経を仰いで大将軍にして、日本国を治めさせよ、とも受け取れる。関東勢を駆逐することに成功したら、義経を先頭に奥州勢で日本を取ってくれと、虎視眈々と狙っているかのように思われる遺言なのだ。京都側がそんなことを望んでいるわけではまったくないだろうが、奥州秀衡は今にも関東を攻めるようなことを言っているくせに、言葉だけで少しも動こうとしない、と京都の貴族たちは不満に思っているようだ。

●奥州平泉を根拠地とする藤原氏は、私見では、朝廷が坂上田村麻呂、源頼義、義家ら、征夷大将軍を繰り出しては攻めつぶそうとしている蝦夷の王であったが、奥州は金と良馬を産出する富裕な領域であり、経済力では負けないという自負があった。わたしは奥州藤原秀衡が、隙あらば関東に攻めこもうとしていたのではないかと考えているが、ばあいによっては日本国そのものを征服したいという願望があったのでは、とも考えたのである。しかし秀衡が死ぬと、奥州藤原氏は急激に衰退し、秀衡の息子泰衡は、父の遺言を顧みなかったばかりか、義経を誅殺した。それにもかかわらず頼朝蝦夷征討軍によって殺され、以降、蝦夷たちの反朝廷活動は相当に衰退したようだ。

●のちの、頼朝による奥州戦争は、頼朝の曽・曽祖父ら、源頼義や義家のいわゆる、前九年、後三年の役のように、朝廷が、蝦夷というい わば異民族（アイヌ）である人たちを、撲滅するか、あるいは皇民化するための戦争を東北地方に展開したのと同様の意味があったと、私は考えている。奥州藤原氏は朝廷にまつろわぬ最後の集団であり、それは新生鎌倉幕府にとっても同じであった。この戦争で敗北した蝦夷たちは農業民化するか、山岳地方に隠れ住んだか、朝廷の勢力の及ばない北海道に渡って固有の生活を営んだ。北海道は「渡り」の島ともよばれ、御伽草子では「御曹司島渡り」というふうに、「渡り」という語彙がある特殊な記号的意味、北海道への逃走ないし移住という意味を帯びていたと思う。最近読んだ、金沢英行氏の『義経の冒険——英雄と異界をめぐる物語の文化史』（講談社、二〇一二年）にはその辺を期待して読んだのだが、本の語ろうとする目的がまったく違っていたので、少々がっかりした。

●奥州藤原氏は、将門討滅の先頭にたった藤原秀郷の末裔、秀郷流を名乗っているようだ。そのような血も彼らの血脈には流れていたかもしれないが、しかし、安倍貞任とか貞任攻めに協力した清原氏など、蝦夷の長たちが、日本人の名字を採用して、ヤマト朝廷との関係も対立の概念から脱出し、［東北人］に変貌したのでは、と考えているのだ。高橋崇氏の蝦夷研究の本（『蝦夷の末裔——前九年・後三年の役の実像』中公新書、一九九二年、ほか）では、秀衡を蝦夷のなかに用心深く入れていない。そのような理解もあるかもしれないが、彼らが平泉あたりを拠点にしていたという意味で、縄文人の末裔としての蝦夷であったことはほぼまちがいないのでは、と推測している。

○三月二日

★伝え聞く、尾張の武士ら、遠江に引き退くの由、日来〔日ごろ〕風聞あり、極めて、実なし、云々、義俊［十郎蔵人］、以下、数万、皆、尾張国にあり、あえて動揺なし、官兵明日［三日］、寄せ攻むるべし、云々、是、実説〔本当の話〕なり、坂東の賊首、これを以て、先となす、云々、

●尾張に進出している武士が遠江に引き上げるという説が流れたが、源行家が尾張にいる。そして、重衡の官軍も三日には到着する。戦闘が開始されるのだろうか。単なる風聞かもしれないが。四日の記事に、《伝え聞く、三日の合戦、延引す、来る七日、云々》、とあるので、尾張源氏と重衡の戦いは七日になるようだ。

○三月六日

★伝え聞く、東国勢はなはだもって強大、容易に敗戦すべからず、云々、凶党ら、相議して云う、官兵ら、あわせて尾張に立ち入るののち、員〔数〕を尽くして討伐すべきの由、云々、およそ、官兵の兵粮併せて尽きおわんぬ、

●この東国勢を率いるのはやはり源行家であろうが、地元の反・平家派の勢力は強大だという。それにたいして平家の迎撃作戦はどうだろう。士気は高まっているらしいが、肝心の兵粮が尽きているというのだが、京都平家は、清盛の死後、弱体化しているのだろうか。

★（同日）宮〔以仁王か〕を称する人、決定〔必ず〕伊豆の国にあり、真偽の間、知り難しといえども、号するところ、かくの如し、これらの説、皆、信じられがたし、

●以仁王（の亡霊?）が、伊豆すなわち、頼朝の拠点に生きているという噂がまた流れていたようだ。そして、反・平家軍の士気を高める役割を果たしているようだ。しかし、信じられない、と兼実は考えている。七日の記事には《今日、尾張合戦の日なり、云々、のちに聞く、しからざり、云々》とある。重衡は合戦に踏みこめなかったのだろうか。

○三月十一日

★頭の弁、経房朝臣、院の御使いとして、来る、（中略）経房云う、鴨社〔上・下賀茂神社〕の遷宮、今年に当たる、しかして、神領〔神社の私有地、あるいは神社に属する共同体〕等を、所どころの領〔地〕となし、押し取られん事など、つどつど訴え申すと雖も、裁許なきのうえ、関東の神領ら、併せて賊徒のために、虜領さりおわんぬ、

●神領すなわち、各地にあった大神社の領地が、それぞれの地域で奪われている。朝廷に訴えているのだが、裁可がなく、関東の神領は、賊徒（反・朝廷的活動を展開している人たち）によって奪われている。神社の統制力が弱まったのか、各地で、各地の人びとらによって奪われており、関東、すなわち美濃や尾張の神領もまた、同じめにあっている。神領は神社の財源でもあるので、これを奪われるとやばいのであった。しかし、世の趨勢は変化しつつあった。

○三月十二日

★秀衡、宣旨の請文〔返事〕を進ず、その状に云う、籌策〔はかりごと〕を魚鹿の陣に廻らし、賊徒を鳥塞の辺に払う、云々、然るに専ら信用し難きものか、

●「魚鹿の陣」というのはたぶん、中国の本〔「史記」だったたか〕のなかから取り出した用語で、戦陣のかたちのことであろう。「鳥塞の辺」はまったく解らない。塞という字は、とりで、要塞、辺境などをいうと、漢和辞典にあった。つまり、野鳥の住む辺境の地に追いやる、ということか。かつて奥州秀衡は頼朝ら関東勢を討つよう、院から要請があったのだが、朝廷に対し、頼朝勢を討つ大義名分の宣旨が欲しいと要請している。戦闘のための策略を述べているようなのだが、秀衡は言葉だけで、実際の行動を展開していないので、朝廷ではあまり信用できないとしているようだ。朝廷の蝦夷対策の重要事項のひとつは皇民化ということで、要するに天皇のもとの民、いわば当時のふつうの日本人、和人に同化させようとい

うものであった。その点で、奥州平泉に一代拠点(宗教都市)を築いている秀衡は朝廷も、もうひとつ信用できない存在であったろう。宣旨を出せば秀衡は、頼朝討滅に向かうだろうか、そんな疑問を、朝廷では払拭できなかったとみえる。

◐I◐宣旨請文とは、秀衡が宣旨を受けとりましたと、請け文を出したということだと思うのです。文中、魚鹿とあるのですが、別の字で、ぎょり、と読むらしいです。

◑A◑そうですね。院宣にたいする返答だった。請け文を間違って理解してました。文中「魚鹿」は『新漢語林』という漢和辞典には、魚麗、とあって、陣形のひとつ。魚が群れをなして進むように、丸く細長い陣形、とあり、麗を鹿と誤ったのかもしれないですね。野口実氏の『武家の棟梁の条件――中世武士を見直す』(中公新書、一九九四年)に、《当時武門といわれる家には、文字に記されたおのおの独自の兵法が相伝されていたことを、知ることができる》と書いているが、「義経記」の鬼一判官の所有していた兵法書「六韜の書」(もともと中国で作られた本)を義経が判官の娘の助力で筆写できた話がありますが、兵法の書はそんなかたちで多くの武門に相承されていたとは思えないですね。兵法書はすべてもとは中国本で、遣唐使とともに入唐した僧が持ち帰ったか、あるいは日宋貿易などで輸入されたか、貴重本であったはずです。武芸という技能と、戦争の方法というのはまったく別個の存在で、北方民族と何度も戦争してきた中国人たちの生み出したものだろうと思うからです。宮本武蔵の本も読んだことはないので、知ったかぶりはまったくできないのですが。

●以下、秀衡率いる官軍が尾張あたりで戦って勝利し、十郎蔵人行家も死んだのではないかと述べているが、そんなことはまったくなかった。行家の最後は不明だが(鎌倉幕府側に殺されていた)、頼朝とは行動をともにせず、謀反の徒となった義経ののちの逃亡につきあっている。大物の浦から大阪湾に船を出したとき、強風に煽られ、船は四散したようで、義経は陸に戻ったが、義経の数少ない部下の郎党たちは行方不明(しかしぽつぽつと見つかり、処刑、梟首されていた)、行家もそうだったように思う。行家に関しては、「玉葉」にはのちに、報告が載るのではないだろうか。

●だいたいにおいて伝承の人義経は、郎党など抱えていなかった。僅かでも知行した国というものがなく、弁慶をはじめ、義経の家来は多くが伝承上の人たちなのである。佐藤継信、忠信兄弟は、義経が奥州藤原氏のところから、黄瀬川の頼朝の陣に駆けつけたとき、秀衡が家人としてつけてくれたというのだが。ともかく郎党は地方武士たちの土地所有（知行）と関係があったと考えられるが、義経には残念ながら、そのような領域はなかった。「吾妻鏡」が書くように、少・青年時代を、根無し草のように各地を放浪していたか、あるいは奥州秀衡の食客になっていたのだとすれば。それは、じつは頼朝も同じで、京都から配流された頼朝にも固有の私有地などはなかったと考えざるを得ない。つまり、血統以外に頼朝が誇れるものはなにもなかったのである。

○三月十三日

★伝え聞く、去る十日、官兵ら、墨俣〔のちの信長や秀吉の築城の物語におなじみだ〕を渡さんと欲するの間、尾張を遮って〔官兵に先だって〕、賊徒ら〔行家ら、か〕越え来る、五千余騎なり、しかして、重衡の舎人の男〔金石丸、高名者なり、云々〕、これを告げ、これに因って相い防ぐ、巳の刻〔午前十時ころ〕より、申の刻〔午後四時ころ〕に至り、合戦す、賊党ら千余人、梟首さる、その後、三百余人、河水に溺れおわんぬ、〔尾張の〕大将軍ら、多く以て伐り取りおわんぬ、なお、官兵ら、墨俣河を渡り、残族らを襲う、云々、

●この日の戦争において、重衡の側が相当に勝利した。

★（同日）これ、去る夜、飛脚到来、称して申す、云々、十郎蔵人行家、〔本名、義俊、云々〕、疵《きず》を被《こうむ》り、疵つけられ、河に入りおわんぬ、定めて、夭亡〔死んだ〕しおわんぬか、しかして、梟首〔斬られ晒《さら》された首〕の中に入らず、云々、

●行家は、戦闘のなかで、疵を被り、墨俣河に流されていったか、梟首された首のなかにはなかったという。

○三月十七日

★伝え聞く、秀平〔秀衡〕、頼朝を責めんがため、軍兵二万騎を、白河の関の外に出だす、これに因りて武蔵、相模の武勇の輩、頼朝に背きおわんぬ、よって頼朝、安房国の城に帰住しおわんぬ、

●奥州秀衡がついに二万騎を率いて白河の関を出た、というニュースが流れてきた。もちろんガセネタで

あったが、平家と朝廷・院の奥州藤原氏に対する期待が、このような誤報を生んだのであろう。武蔵、相模の武勇の輩たちが頼朝に背いた、とあるのは、相模の大庭景親や梶原景時らとの戦いであった石橋山の決戦をさしているのだろう。頼朝は安房の国(千葉県の南部の国)の城に帰り住んだ、とあるのは重要だ。頼朝が現在どこにいるか解らないが、先の石橋山の合戦で敗れて千葉に逃走したとき、これは「吾妻鏡」の記述によるのだが、まず、安房の城に入り、そこから安達盛長を千葉常胤や上総の介のところに派遣し、協力を仰いだことになっている。この当時、頼朝はまだ、安房城に籠っていたのかもしれない。児玉幸多編『日本史年表・地図』を視ると、この当時、安房の国は安西景益が知行していたようだ。しかし、この安西氏は、「吾妻鏡」では、それほど重要視されていないのだ。『綜覧』を視ると、二月十日《頼朝、安房国ニ在庁シテ》とあるので、逃走後、ずっと安房の国で世話になっていたのかもしれない。この記事は「吾妻鏡」によっているのだが。むしろ、頼朝の協力者は、下総、上総の豪族武士たちであり、彼らに援助されたと、「吾妻鏡」には書かれているのだが。「吾妻鏡」においては、頼朝挙兵の際は、大庭景親をはじめ、のちの鎌倉幕府重要メンバーの畠山重忠などの関東勢も頼朝勢の敵であった。これは前掲拙論に書いたが、千葉や武蔵や相模の武士団のほとんどは平氏系であって、源氏の嫡流と称していた頼朝を支援するのはおかしくなかったかと、長く疑問に思ってきたのだ。「吾妻鏡」は、千葉に渡った頼朝はあっという間に、千葉や武蔵の国々を味方にしてこの地方を席捲し、鎌倉におちついたことにしているが、じつは安房の安西家で保護されていたのかもしれない。

●だから、頼朝が安房に帰り住んだとあるこの記事は、もう少し重要視するべきではないだろうか。「吾妻鏡」などによっても、頼朝が挙兵に失敗して千葉に逃走したときは千葉の最南端にあった安房国とコンタクトをとろうとしていたのであるが、この記事を読むと、実際はそれ以上に安房と親しかったのかもしれない。そこで『綜覧』を少し振り返ってみると、三月十日には《前、検非違使景高[姓を闕《か》ク]、兵、千余騎ヲ率ひ、源頼朝ヲ討タシム》とあるのだが、そして「玉葉」も援用書として挙げられているのだが、「玉葉」にそんな記事はない。千余騎で、関東在住の頼朝を襲わせたというのもおかしい。これは、関東(坂東)に、反頼朝勢がかなりいたことを、示しているように思われる。以下、多くの記事が「吾妻鏡」によっているので、鎌倉在住のように書かれている記事がほとんどだ。ただ、「吾妻鏡」三月二十七日には《安房国謀反の者、掠領、その外他の計略なし》、と書かれていて、頼朝派になった安房の武士たちが、国衙を襲ったということだろうか。「吾妻鏡」は書いてないが、安房の国(のちの滝沢馬琴の『南総里見八犬伝』の里見家が、中世も安房の豪族であった。平凡社の『日本架空・伝承人名事典』の「八犬士」の項には、《安房里見家の～》とある)は、逃亡頼朝になにか大きな力になっていたのかもしれない。頼朝が安房に逃げこんだときも、まず、安房の城に逃れたように「吾妻鏡」には書かれている。しかも、この安房の武士豪族の名は書かれていないのである。なぜだったろう。この点は、研究者たちによっても指摘されていない。

○三月二十七日

★安房の国の謀反の者、掠領〔だれかの領地を奪った〕、そのほか、他の計略なし、

●あの『綜覧』の記事は、「玉葉」をほぼなぞっていたのだが、なぜ、千葉の小国安房の情報が、兼実の耳に届いたのであろうか。坂東のニュースが少ないところをみると、頼朝は一時、安房を本拠にしていたのかもしれない。

○三月二十八日

★坂東勇士ら、すでに参河の国に越え来る、実説なり云々、官兵らならびに帰洛す、また、兵粮なし、その隙《すき》を得て、襲来あるべきか、もっとも用心あるべきことか、

●行家軍が参河、名古屋のあたりまで来たという今までの記事と違い、ここではっきりと坂東武士が書かれている。彼らが〔謀反人〕でなく〔勇士〕と書かれているのは、彼らに対する院や朝廷の見方が少々変わってきたということだろうか。ともかく、またガセネタかもしれないが、坂東武士たちが参河の国あたりまで進出したと、書かれている。官兵の兵粮がないというのはどういうことだろうか。平家は裕福だったと思われるのだが。また、のちの四月九日、十一日には、〔坂東武者〕と書かれており、やはり謀反人という看板がはずされている。後白河法皇あたりが、平家追討を真剣に考えるようになったのであろうか。

○四月九／十一日
★（九日）ある人云う、坂東武者、すでに尾張国に来たる、云々、
★（十一日）坂東武者ら、すでに三河〔参河〕国に越え来る、
●この情報ははたして、正しいのであろうか。これが、坂東勢の進出なら、その中心は頼朝の弟の範頼、義経ということになるのだが、この日記の記述では彼らの名まえは出ていないのだ。あるいは、この兄弟以前にも、「吾妻鏡」などでは省略されている、坂東勢の進軍があり、それが始まっていたのだろうか。

○四月二十一日
★ある人云う、昨日、常陸の国より、上洛の下人あり、四十余日、前途を遂げ〔なんとか長い道のりを克服して〕、北陸道を廻って、入洛云々、件の者ら、相い語りて云う、秀衡既に没すの由、無実〔正しくない〕なり、頼朝、秀衡の娘を娶るべきの由、相互に約諾〔承諾〕なると雖も、いまだそのことを遂げず、
●意外な情報である！　頼朝が奥州藤原秀衡の娘と婚姻しようとしたが、条件が整わないということか。元木泰雄氏の『武士の成立』（日本歴史叢書、吉川弘文館、一九九四年）などをみても、中央貴族が地方に土着するとき、地方の豪族の娘と結婚し、姻戚関係を築くことで、自らの勢力の拡張を図るとあり、それはわたしの言う折口的「貴種流離譚」の構造でもある。頼朝は政略家として、秀衡の娘と婚姻することで、東北の有力者と関係を結ぼうとした、と考えても少しも不思議ではない。このような結婚は、秀衡の側が考えたとしてもそれもおかしくない。嫁や養子など、一種の人質でもあったからだ。そのような人物を介在させることで、急激な関係悪化を防いだのだ。関東の武家政権のトップになろうとしている男だ、頼朝は。さしあたっての彼らの敵は平家である。彼は、秀衡と当分戦争しないためにも秀衡の娘と政略結婚しようとしたのであろう。ありうる話であるが、関東において頼朝は奥州秀衡と拮抗できる勢力をすでに築いていたと言えるだろうか。しかし、常陸から来た男の情報なので、かなり蓋然性が高いのではないだろうか。単なる政略結婚でなく、わたしの先の〔空想〕の中の頼朝が蝦夷との血縁性を持っていたのだとすると、秀衡との関係も視えない《インヴィジブル》領域においてかなり濃い、そんな結婚の必然性があったかもしれない。しかし、なにかの障害があって、この結婚は

成立しなかったようだ。

★(同日)凡そ関東諸国、一人として頼朝の旨〔今後の計画など〕に背く者なし、

●この情報は、武蔵や常陸などの武士たちが、頼朝に背くという、以前に何度か出た話が逆転していることを示しているのか。頼朝勢力が少しずつ拡大してゆくにつれ、反・頼朝勢力が減少したとしても不思議ではない。あるいは頼朝を核として、関東武士集団がまとまってきたということかもしれない。少なくとも、兼実の眼には、そのように捉えられ始めたのだと言える。

★(同日)佐竹の一党三千余騎、常陸国に引き籠る、

●佐竹氏は源氏だったにもかかわらず頼朝勢に加わらなかった。そのため、のちに頼朝たちによって滅ぼされるのであるが。

★(同日)禅門〔清盛〕逝〔去〕のこと、第八日にて風聞おわんぬ、(中略)ここに、禅門薨去の後、坂東諸国、いよいよもって一統しおわんぬ、

●清盛の死をきっかけに坂東諸豪族武士たちの気持ちがひとつにまとまってきたということだろう。関東武士団は多く平氏系であったのだが、伊勢平氏の清盛一族は朝廷において貴族化し、坂東荒武者的平氏の面々はしだいに反感を募らせていったのかもしれない。そして、ついには河内源氏の棟梁義朝の嫡男頼朝を担いで結集した、ということになろうか。そして京都平家打倒のための上洛は、平家の追討軍を追い返しながら展開されるであろう、と兼実の日記は続けて記述している。兼実の願望も当時はその地平を目指していたと考えられる。

◐I◐この記事は、関東武士団の動きとして、新田、足利のことを指しているのでは? 源氏の嫡流争い、勢力争いがありました。

◐A◐確かにそうかもしれないですね。新田、足利は、上野《こうづけ》、下野《しもつけ》の源氏であり、彼らは幕府成立時、幕府の形成に参加していきます。

7——頼朝の野望とはなんだったのか。なぜ、彼は上洛しなかったのだろう？

○四月二十二日

★伝え聞く、坂東の武士ら、その意〔意欲、欲求〕おのおの別なり、武蔵国の有勢の輩、多く頼朝に背きおわんぬ、云々、凡そ近日の風聞、朝暮に変あり、その動静を追うに如何、

●なんと、一日まえに書いた記事と反対の情報が書かれている。武蔵国の武士たちの多くが頼朝に背いているという。一日まえの情報と逆だ。兼実も困ってしまったろう。《朝暮に変あり》では。しかしこの兼実は、まったく懲りずに坂東の動きを眼を皿のようにして凝視しながら、そのことを毎日の日記に書き続けているのだ。偉い、というのか、みずからの役割だというのか、筆記魔であったのかな。しかし、引用された文章以外の貴族の日記をたいして読んでないので、ほかの日記がどうだったのか、理解不足なのであるが。

●千葉や武蔵や常陸などの国衙はすでに坂東武士たちにのっとられているのか、確実な情報というものが京都には一切伝わって来ないのだ。疑心暗鬼というのが京都朝廷の日々の心情であったのだろう。そして、鎌倉幕府の成立過程は、「吾妻鏡」が書いたような頼朝を中心におき、御家人たちが絶えずこれをフォローし、観測どおりに進行したという、ストレートな方向性を持っていたわけでは、たぶんなかったということだ。多くの有力豪族武士たちの寄り合い世帯が、そんなにスムーズに進行するはずがないとも言える。もっとも鎌倉幕府が成立し、土地の安堵などによる主従関係、階級社会が確立して以降は、まったく違った方向性を持ったであろう。反・幕府的な人物たちをどんどん、排除していった頼朝の方法論が、そのような、一見安定した政権を成立させたであろうと思われる。さらに、合議制が取り入れられ、独裁政権にならなかった点は、ある種の安定を政権に齎したであろう。その逆もあり得たのだが。しかし大きな反・幕府的活動は、後鳥羽や後醍醐ら天皇の親政を望んだ天皇や上皇のみが実践したのであるが。

○五月一日

★伝え聞く、頼朝すでに上洛せんと欲す、云々、是、武蔵の有勢の輩らなど、異心あり、凡そ、おのおの一統〔一本柱となって同じ意志で同じ方向に歩もうとしなかった〕せざる間、その勢、殊に減ぜざるまえに、素懐を遂げるをなす、云々、

●関東勢は、武蔵の国の畠山重忠ら敵対する者らがいたので(畠山はのち、幕府の重要メンバーになる)、まだ、関東全域を統一できないあいだに、反・平家、反・朝廷に反対の者らを討滅しようというのか。やはり、関東勢が方向性を一本に絞り切れていない、という情報が何度も届いているということは、たぶんに関東勢の足並みの悪さを証明しているようにも思える。「吾妻鏡」にはこのような記事はもちろんない。むしろ頼朝を最上位にした主従関係が確立していくようすを述べている。素懐を遂げる、というのは、関東土着の平氏系武士たちが、少しでも京都の貴族化した平家を滅ぼしたいと考えている勢いが頽勢とならないあいだに、上洛を果たしたいと頼朝が考えているということであろうか。

◐-◐関東勢の勢力は、相模の三浦一族と武蔵の畠山・秩父一族、あるいは房総の千葉氏と上総の介氏と、本来は所領などをめぐって鋭い対立の契機を孕んでいた(元木泰雄、前掲書)と言われています。

○七月一日

★(右中弁の兼光朝臣が来て、いろいろ報告する)越後の国の勇士、(割書き、略)信濃国を追討せんと欲す、「故、禅門〔清盛〕、前の幕下〔宗盛〕らの命に依る也」、六月十三、四両日、国中に入ると雖も、相い防ぐ者なし、ほとんど、降〔降伏〕を請うの輩、多し、(中略)なお、散在の城などを襲い、攻めんと欲するあいだ、信乃〔信濃〕源氏ら、三手に分れて、〔キソ〔木曽の義仲か〕の党、一手、サコの党〔これは誰か。直後に平氏系の武士らが、佐渡の国に逃走した、とあるので、サドの党の間違いか〕、一手、甲斐の国の武田の党、一手〕、にわかに時を作り〔関の声をあげ、か。戦争開始のときの挨拶〕攻め襲うのあいだ、険阻〔深い山中の厳しい道〕に疲るるの旅軍など、一矢を射るに及ばず、散々、破れ乱れおわんぬ、

●越後の勇士、これは平家方らしいのだが、平家方が、ひょっとすると、木曽義仲らが蜂起し、平家側ないし、国衙の兵士らが、散々負けたと言ってるのかな。『綜覧』を参照すると、前日の六月二十九日の

記事に、《城長茂、六万騎ヲ率イテ信濃ニ入ル、義仲、二千余騎ヲ以テ、逆撃シテ、之ヲ破ル》とあり、「玉葉」ほか数冊が援用されているから、これは確かな情報であろう。やはり木曽義仲らが、越後の平家派の城の長茂を破ったのだ。「玉葉」では、割書きに、城太郎助永と息子の助職と書かれているのだが。

★(同日)大将軍助職、両三所、疵られ〔傷つけられ、か〕、甲冑を脱ぎ、弓箭を棄て、わずか三百余人を相い率いて、(割書き、略)本国に逃げ、脱しおわんぬ、残る九千余人、あるいは伐り取られ、あるいは険阻より落ち、命を終わる、あるいは山林に交わり、跡を暗〔くらます か〕、およそ、再び戦うべき力なし、云々、

●越後から来た城の助永たちは、鎧や兜、弓矢などを棄て三百人になって越後に帰還した。しかし残された兵士たちは、殺されたり、山中の険しい道から墜落したり、跡をくらまして逃走するという、悲惨な結果に終わったという。

★(同日)然る間、本国在庁の官人已下、宿意を遂げずして、助元〔先に大将軍の息子の助職とあった〕を凌礫〔馬鹿にした、あるいは蔑んだ〕せんと欲するの間、藍津の城〔会津城か。新潟県と福島県の境に会津若松があるが、別のアイズか〕に、引き籠るのところ、秀平〔奥州の秀衡〕、郎従を遣わし、押領せんと欲す、仍て佐渡の国に逃げ去りおわんぬ、

●話はかんたんだが、つまり越後の国衙にいた官人たちは、アイズ城に籠っていたのだが、突然、奥州の秀衡らしき人物が、この手薄になった越後を占領しようとしたのか、軍隊を派遣したので、官人らは佐渡まで逃げたという。藍津城は会津若松のあたりではなく、国府のあった直江津のあたりの城であろう。しかし、秀平が奥州の秀衡ならば、相当の遠距離にあったあたりを横領しようとするだろうか。明確には解らない。『綜覧』には、七月一日の記述はないし、先の城の長茂の記事以外に、関係記事はない。秀衡の名も登場しないのだ。この日の最後に、佐渡に逃走したというのは謬説であり、本城に引き籠ったという、増補的な記述がある。

○七月十三日

★左少弁行隆、院の御使いとして来たる、(中略)行隆、院宣を伝えて云う、近日、衆の災〔災の異体字〕、競って起こる、いわゆる、炎旱〔日照りによる災い〕、飢餓、関東以下、諸国の謀叛、天変、(割書き、略)

恠異〔怪しく、変わったこと〕「大神宮〔伊勢神宮〕已下、〔神〕社ごとに希代の恠異あり、また、院中、頻りにこれを示す、また、法勝寺、一華二花の蓮あり、先例みな不快」、等なり、（中略）朕〔法皇の自称、私は〕成敗に迷う〔どうしていいか解らない、とでも言っているのか〕、

●法皇が言うには、世の中に怪しく怖いことがつぎつぎに起こっている。関東以下諸国で起こっている謀叛、など、いろいろと、嘆きの言葉を伝えてくるのだが、これは、京都の貴族、官人、町民たちすべてを襲っていた共同観念であったろう。全員が、今にも勃発しようとしている大異変を感じているのだ。以下に、法皇が珍しく嗟嘆の言葉を延々と伝えてくるのだ。後白河を襲った、ほぼ、初めての異変や謀叛への予感に、法皇はおびえているのだろう。

○七月十七日

★ある人云う、越中〔富山〕、加賀〔石川〕等の国人ら、東国に同意す、漸く越前〔福井〕に及ぶ、云々、

●今度は、越後（新潟）でなく、越中や加賀、そして越前に、東国に同意する者が出てきたという。この東国はやはり、関東（坂東）を指していよう。国人とあるが、わたしもずっと誤解していたのだが、木曽義仲軍は、信濃で挙兵し、越後から越中、加賀、越前のように裏日本の海岸沿いに、北陸道をじわじわと南下していたのだが、その行動と、この記事は関係しているのかもしれない。

○七月二十二日

★人、伝えて云う、越後の助職〔前出〕、いまだ死なず、勢いまた強く、減ぜず、仍て、源氏ら、掠領に似ると雖も、いまだ入部せず、云々、

●まえに、信濃の義仲らの挙兵に関わった城の助職は、まだ生きているばかりか、勢いも弱まらないと報告されている。そして、信濃源氏（か？）らは、隣国を侵しているようだが、入部はしていない。入部、『広辞苑』に、国守、守護らが、初めて自分の領国に入ること、とあるので、信濃源氏らは、ほかの国を侵略しているわけではない、というのだ。

○八月一日

★伝え聞く、前幕下〔清盛の長男の重盛か、弟の宗盛か、のちの本文を読むと重盛ではないようだ〕、その勢い、日を逐《お》って、減少す、諸国の武士ら、あえて、

参洛〔京都に入る〕せず、また聞く、去るころ、頼朝密密に〔ひそかに〕院〔後白河法皇〕に奏して云う、全く謀反の心無し、偏えに君の御敵を伐つをなすなり、而して若しくは猶、平家を滅亡さるるべからず、古い昔の如く、源氏、平氏相い並び、召し使うべきなり、関東は源氏の進止〔土地や人民を支配すること〕たり、海西は平氏の任意となす、ともに、国宰〔大臣ないし国司〕するにおいては、上より補《ぶ》され〔院が補任される〕、ただ、東西の乱を鎮むるをなす、両氏〔源氏と平氏〕に仰せつけられ〔手、て〕、暫《しばらく》、御試しあるべしなり、かつ、両氏〔いずれか〕王化をまもれば、だれぞ、君命を恐れんや〔恐れるに決まっています〕、もっとも、両人の翔〔はばたき、働き〕をご覧あるべきなり、

●前の幕下、たぶん清盛の死以降、平家のリーダーになっている宗盛の勢いはなぜか、だんだん落ち目になっているようだ。諸国の武士も平家を慕って上洛しなくなったという。頼朝自身か関東勢の幹部の考えか、頼朝の名で、しばしば後白河法皇に向かって私信が送られるようになるのだが、このあたりがその私信第一号である。その私信が言うには、自分には謀反の心はない、君〔天皇や上皇〕の敵を討つことだけ考えております。しかしもしくは平家追討をするべきではないとしたら、昔のように源氏と平氏を等分に扱い、召し使ってください。関東は源氏が支配するところであり、畿内から西は九州まで平家にまかせましょう。平治の乱により、源氏の棟梁義朝以下が殺され、源氏は逼塞している。源氏と平氏がともに君を守護したてまつる、畿内から東は源氏が支配するが、西は平氏が支配すればいい。以仁王の令旨の内容と違ってしまうが、まあ、頼朝はもっとも実現しやすい妥協案を出したわけだ（ただし、最後にあるように、両者の働き加減を観察してください、と自信を見せてはいる）。以後、とりわけ、平家との戦争で勝利してからは、頼朝の私信の言う源平両氏が、いわば車の両輪のごとくに朝廷や院の武力的要めになって、天皇の世がいつまでも続いて欲しいという意見は、以後、ずっと頼朝自身の意志として働いてきたと言える。頼朝はあくまで儒教的な、あるいは封建的な観念の持ち主で、自ら日本全体を統治しようという革新的な発想が生まれない人間であった。

★（同日）この〔頼朝からの〕状を以て、内々に前幕下〔宗盛〕に仰せらる、々々〔幕下〕申して云う、この儀、

もっともしかるべし、ただし、故禅門〔清盛〕閉眼〔目を閉じたとき、すなわち、死んだとき〕の刻、遺言に云う、我子孫〔よ〕、一人、生き残る者と雖も、骸《むくろ》を頼朝の前に曝《さら》すべき〔曝していいものか、よくない〕、云々、しかれば、亡父の誡《いましめ》用いざるべからず〔用いざるを得ない〕、仍て、この條においては、勅命〔天皇の命令〕たりと雖も、〔請け〕申し難きなり、

●頼朝からの上奏文を、宗盛に見せたところ、返事は結構、頑なで、父清盛の遺言を持ち出した。そこには、平家が衰退してたとえ一人になっても、死骸を関東勢のまえに曝《さら》してはいかんと厳命されていた。当時、平家一族は、関東勢を敵視し、一歩も引かないという、そんな精神で臨んでいたのだ。宗盛に較べれば、頼朝の方が柔軟で、或る意味でお調子ものであったのにたいし、宗盛は、頼朝の言うような妥協案には従えませんと宣言した。武士はやはりこうでなくちゃ。この頼朝の態度と平家の態度と、どちらを肯定すべきだろうか。たぶん、平家がこの頼朝案を受け入れたとすると、鎌倉武士政権は成立しなかったかもしれない。旧態依然の均衡が続いていたと考えられる。そう考えると、平家のほうは武士社会の生み出した敗者の美意識に拘泥しているし、頼朝の側はバランス感覚で考えており、まあ、どちらとも言えないな、自分には。

●頼朝は、「玉葉」のなかで名まえのまえに必ず冠されていた〔謀反人〕という記号がなくなることを要望したのだろう。そして昔のように源氏、平氏が、日本の東と西をそれぞれ、統括することにしたいと申し入れたというのだが、この辺、やはり、朝廷側の希望であったか。頼朝および関東勢は、反・朝廷や反・後白河という立場に立っていない、ただかつてのように源平が、君、朝廷や院の両輪になればいい、と宣言したようにみえる。

○八月二日

★伝え聞く、駿河国より上洛の下人、「大膳太夫、信業の郎従、即ち、くだんの人、知行の庄〔荘園〕の沙汰をする〔管理する〕者、云々」、説いて云う、頼朝朝臣の儲《もおけ》〔蓄えという意味のほかに、もうけの君、皇太子、などがある〕と称す、仮屋〔別荘か〕数字〔数件か〕を造作す、凡そ、路次の国、糧米経営のほか、他事なし、

●頼朝の地領の面倒を見ているという、下人が上洛したという。「尊卑分脈」に大膳太夫二郎という者が

載っているが、名は、持長とあり、同一人物かどうか解らない。詳細は不明。

○八月六日

★未の刻、頭の弁来る〔弁官という役職の長〕、院〔後白河法皇〕の仰せを伝えて云う、関東の賊徒なお未だ追討に及ばず、余勢強大の故なり、京都官兵を以て、たやすく攻落し難きか、

●八月一日の頼朝の天皇を守護する両輪になる、という申し出はガセネタであったか。関東勢は再び「賊徒」と呼ばれているではないか。ただし、この関東が、美濃や尾張あたりを指すのか、あるいは坂東を指すのか不明。まだ追討できていないのは、その勢力がまだ強大であるからだ、と後白河は考えているのだが、坂東を追討するのは大仕事であり、やはり前者か。しかし文章の後半を読むと、後者のようでもある。清盛が死に、平家の政治力や武力が弱体化している現在、むしろ、関東田舎武士たちの集合ではあるが、やはり追討すべきだと、法皇は考えているようだ。

★(同日)また、越後国の住人平助成〔城助成であろう〕、宣旨に依り、信濃国に向かう、勢少なきにより、軍〔いくさ〕は敗れるが、まったく、過怠〔懈怠と同じか、なまけること〕に非ず、志の及ぶ所、すでに、身命を惜しまず、忠節の至り、恩賞あるべきか、(中略)たちまち、越州〔越後〕を賜る、

●信濃では義仲が挙兵したのだが、今もなお、勢力が残っているのだろうか。越後は、これまでの城氏の活動にたいし、国司か郡司かに任官した。郡司あるいは介(国司の次官)とよばれた人は、その地の豪族を起用することが多かったので、城氏などはもともと越後の人であったかもしれない。

★(同日、その関東勢が強大なので)よって陸奥の住人秀平〔秀衡〕を以て、かの国の史判〔史はさかん、で太政官の四等官。判は判官で、検非違使、勘解由使の三等官。それらを兼ねた官職か?〕に任ぜらるべきの由、前大将〔重盛か〕、申し行うところなり、件の国、もと、大よそ略掠〔周辺の国々をかすめ取ったということか〕、しかれば、拝任〔拝任と同じなら、官職を引き受けること〕、何事かあるや、いかん、

◐I◐「史判」の意味ですが、原本を見ていないので分かりませんが、これは「刺史」の誤記、あるいは誤植だと思います。刺史は国守の唐名です。そう考えると、その後に、秀衡を陸奥守に任じられることの是

非について兼実の答弁が出てきていますから、八月十五日の補任のことを指しているのでしょう。

◐A◑なるほど、確かに、のちに秀衡は、陸奥の国司に任命されています。件の国、大略、もとは関東に進出した人びとによって虜掠《りょりゃく》された地なのだ、と言っているのに驚きました。これはぼくの持論でもあるんですが、弥生系の人びとが畿内周辺から関東まで足を延ばし、先住民であった蝦夷、すなわち縄文人を北へと追いやったと考えているからです。しかし、そこまで、話は遡らないと思うので、関東で混在していたふたつの異民族に対して、畿内から送られた渡来系の人びとを送りこんで、田野や荒地を開墾させたり、農業を主たる産業へと導いたんですが、それは、古代の終わりくらいまで繰り返されたんですね。だから、関東には高麗神社ができたり、狛(高麗)江のような地名が残ったのです。秀衡を陸奥の守、ついで鎮守府将軍に任じているのですが、本来なら、国家が派遣するはずの国司という官職、しかもその国の長官にしているわけですから、この辺の政治的感覚、解り難いところですね。兼実はその任官を怒っているのですが。そして、陸奥はもともと蝦夷の国なのですが、一旦日本国に帰した地を秀衡が奪い返したいと言っているのか、朝廷や院は、奥州は日本による征服地と考えているのですかね。

●早死にした清盛の長男の重盛か、あるいは弟の宗盛は、奥州秀衡を陸奥の国の史判(Iさんの説に従って刺史、あるいは国司にしておこう)にして、その力を借りるべきと考えたようだ。もともと、関東の地は、頼朝側の人びとが奪ったものである。秀衡の勢力によって、関東を押さえたい。

★(同日)余〔兼実〕申して云う、追討の間のこと、ひとえに、大将軍の最〔もっとも優れたしごと〕なり、しかして、前の大将〔重盛か宗盛〕の申しはからるるの趣き、異議に及ぶべからず、しかれば秀平〔秀衡〕を、奥州〔の国司か鎮守府将軍〕に任じ、何事のあらんや〔文句はないだろう〕」、〔城氏の〕助職のこと、あるいは位を授《さず》く、「先例のあるなり」、あるいは、京官〔朝廷の官人〕に任ず、おのおの、定めて、その望みなきか、越州〔越後国〕を賜わるの条、秀衡〔国司に任ぜられた〕になずらう、

●兼実は言った。関東追討のことは、大将軍(これがだれか解らない。「尊卑分脈」によっても、清盛、重盛、宗盛らで大将軍と書かれた人はいない。鎮守府の守を将軍と言った。鎮守府は奥州の蝦夷追討のた

め置かれた府であり、とすると、この大将軍とは、秀衡ということになる。そうすると、大将軍の最(この字も理解しづらい単語である)とは、秀衡の功績ということになる。そして、追討のこととは、実現しなかった秀衡による関東攻撃ということになる。未来を予測して、兼実は、関東追討が実現すれば、その最大の功績者は秀衡である、と言っているのかもしれない。

★(同日)〔頭の弁の〕経房云う、左大臣の申し状に云う、郡司に補《ぶ》せらるべし、官符を賜うなり、云々、余〔兼実〕云う、秀衡を宰吏《さいり》〔国をとりしきる役人〕に任じ、助職を郡司に補す〔云々〕、その思〔考え〕、いかん、還《かえ》りて、かの心に違背せしむべきか〔違ってしまうか〕、

●兼実は、彼らへのそれぞれの官職は、彼らの思いに違ってしまわないか、と聞いたのだろうか。あまり賛成しているようではない。

〇八月十二日

★伝え聞く、足利俊綱(上野《こうずけ》の武将)、頼朝に背くの聞こえあり、また、秀平〔秀衡〕、官軍〔平家〕に与力するの心あり、云々、

●上野という、関東圏の北部に位置する地域の足利俊綱という武将は、頼朝に離反するといううわさがあるらしい。関東に、頼朝に背く武士たちがいたことは、「玉葉」に何度も出ていた。それは「吾妻鏡」の書く幕府形成のストレートさに較べて、はるかに現実的であったろう。将門の乱のあたりから、関東方面の豪族武士たちが、所領地を巡って、親戚関係の氏族とも戦いに及んだのであり、それぞれが、自分達の土地を守るためには、戦闘も辞さなかったのである。そして、そういった闘争が「武士」という存在をしだいに強固なものにしていったのだ。また、秀衡も隙あらば、と虎視眈々と関東圏を凝視していたのはまちがいない。

★(同日)頼朝、秀平の婿になるの条、謬節云々、また聞く、頼朝、甲斐の保田三郎義貞を伐りおわんぬ、異心の聞こえあるの故なり、

●兼実は先に書いた、頼朝が秀衡の娘と結婚するという話は間違いの説だった、と言っている。だが、頼朝、秀衡のどちらがこの婚姻を提案したのか解らないが、秀衡の娘が関東に来るのであれば、これは秀衡が人質を差し出したということにもなる。幾分弱者の側にたつほうが、やや上位の人に、自分と血縁

的に近い存在を、人質としてさし出すことで表面的に平和的共存を形成する、という構造は戦国時代など、いくらもあったのではなかろうか。しかし、このふたりが組むことは朝廷にとって、重大な危機でもあろう。奥州の金と良馬と、関東勢の武力が合体しては苦しい、そう考えていた兼実や後白河や平家にとって、さきの情報が誤報だったことは一安心の材料であった。誤報でなかった可能性も十分あると思う。頼朝か関東勢は、甲斐源氏を味方に引き入れたのだったが、「異心の聞こえ」のある保田義貞を殺している。これが、明確に頼朝が主語だとすれば、頼朝の血縁をも斬殺する冷酷さが、最後の記事に反映されていると思う。

○八月十五日(昨日の夜、除目があった。これは官位や官職を天皇、朝廷や院が決定することで、正月などに行われるが、あるいは適宜、臨時の除目もあり、宮廷人たちにとって一喜一憂のときであった。この日の除目には、彼らを驚愕させる決定があった。弁の降職が知らせてきた)

★陸奥守、藤原秀平、(以下、二人の名、省略)
　このこと、先日議定あることとなり、天下の耻《はじ》〔恥〕、何事かかくの如くか、悲しむべし、々々〔悲しむべし〕、

●院庁(院すなわち上皇後白河の前で政治的決定その他が行われたところ、政府)での除目で、秀衡が陸奥の守になった。○○の守とはいわゆる国司であり、ふつうは朝廷から派遣された、それぞれの国の長官である。今までの例では原則として、国司は朝廷が選んだ貴族が赴任するものであり、現地の豪族を任命することはなかったと考えられる。長官以下の介(すけ、次官)は地元の有力豪族を選んだのではないかとわたしは考えているのである。また、丞(じょう、第三等官)、属(さかん、第四等官)などは、朝廷から派遣された実務派ではなかったろうか。地方には地元の実力者でないと解決できないさまざまな諸事があったと思う。国司が叙任されても現地に行かずに代官を送ることを遥任といい、京都にいたまま、地方支配を「介」以下の人びとに任せたのである。秀衡は蝦夷の長であり(これも私見ではある。秀衡は藤原秀郷という、平将門の乱を平定した人物の子孫と称していた。関東に土着した藤原氏は全員、秀郷流と名乗っていたのである)、土着藤原氏の一大勢力であり、当時奥州の最大の有力者であったから、今まで

の原則から言えばもってのほかの沙汰ということになる。つまり、介や郡司のような現地人採用の原則を破り、現地人を国司にしたのだ。これは、奥州の支配は全面的に奥州人に任せた、ということになり、朝廷は奥州を放棄したというに等しい、と思う。そこで兼実はとんでもない、これは天下の恥であり、悲しむべき決定であったと考えた。現地の富裕な豪族に、さらに国司という諸国の最高責任者のセクションを与えたのであるから。秀衡を陸奥の守にしたことは朝廷の奥州支配方針に転換があったというしかないと思うのだが。なにしろ、古代天皇の時代から、奥州を初めとする蝦夷たちの支配と日本民族への同化、皇民化（天皇のもとの民とすること）は、朝廷のもっとも重要な政治方針であったのだ。こうして秀衡は、朝廷の一員、官人となったのである。

●しかし、ここまで書いたあとで参照した「扶桑略記」の康平六年二月二十七日を見ると、このあたり、源頼義の前九年の役の最後の記事のなかに、頼義がてこずっていた蝦夷の安倍貞任を、同じ蝦夷の清原武則を味方にして討ち取ったあとの話だが、武則への報償として、従五位上の官位を与え、さらに鎮守府将軍に任じているではないか。蝦夷の武則を蝦夷支配のための鎮守府将軍にしているのだ。兼実はこのような報償がずっと昔（百三十年くらい前）にあったことを記憶していなかったに違いない。兼実の時代は、蝦夷征討がそれほど最重要な朝廷の責務ではなかったことを示しているようだ。このような例があったとすれば、悲しむべし、悲しむべしとは、言えなかった。蝦夷たちがどのように皇民化していったかという問題は、まだまだ大きな課題であると言えよう。

●しかし、兼実の嗟嘆は、じつは、秀衡の受任だけでなく、残りの親房への除目が、すでに通盛が任地に行っているのに、呼び返されることにもあったようだ。

8——木曽義仲挙兵。北陸道を南下し京都に向かう

○九月二日
★伝え聞く、北陸道の賊徒、熾盛《しせい》〔熾はさかん、という意味。隆盛《りゅうせい》ということだろう〕、通盛朝臣〔清盛の甥〕、征伐する能わず、加賀以北、越前国中、猶、命に従わざるの族あり、云々、

●突然、北陸道に賊徒が出現した。この北陸道〔近江から福井、石川、富山を経て新潟に向かう重要な街道のひとつ〕における賊徒というのは、この地方の源氏を指すのだろうか。最初は、浄土真宗の一向一揆の農民たちであろうか、と考えたのであるが、日本史を読み返すと、浄土一揆は室町時代であった！　なんという、わたしの歴史観の杜撰さよ。だから、ここでは、反・平家の源氏を初めとする武士たちが、蜂起したり、反乱を起こし始めたということであろう。

◐I◐六月十三日、横田川で、城の助職を義仲が破り、六月下旬、越後の在庁官人が城氏〔つまり平氏〕に反旗をひるがえし、城氏は会津に逃げこんだようです。七月二十四日は能登と加賀が反し、九月六日は越前が反していいます。このことに関し、「玉葉」に書かれていないわけではありません。ざっとめくっても七月十七日に、★或る人云わく、として、越中、加賀等国人等、東国に同意し、しだいに越前に及ぶ、云々、や、十八日、★伝え聞く、通盛朝臣、北陸道へ下向すべし、他の追討使、ただ今その沙汰なし、とか、二十二日、★人伝えて云わく、越後の〔城の〕助職いまだ死なず、勢い、あながちに(?)滅せず、よって源氏等掠領に似たりといえども、いまだ入部せず、とか、二十四日にも、★人伝えて云わく、能登、加賀等、皆東国に与力しおわんぬ、能登、目代〔国司の代官〕、逃げのぼると、云々、とか目につきます。もっと細かく見ればあるかもしれません。

◑A◑たしかに、北陸道でも、反乱があいついでいたんでしたね。しかし、この辺を、しっかり読むことで、北陸勢の反乱と書かれているのは、北陸の武士たちの活動というより、義仲軍の南下しつつの戦闘であったことが、あとになって少しずつ、解ってきました。越前はじつはぼくの故郷なのですが、この領域に反・平家的な源氏諸族がいたのかどうかは、

よく解りません。ついでながら、わたしの個人的な系譜的なことを言いますと、先祖とされる安達盛長は鎌倉幕府成立の初期に、頼朝の側近ないし、もっとも早い御家人のひとり。しかし、その存在はあまり明確ではなく、いろんな史料的物語のなかで、一定してないんですね。しかしその孫だったか安達泰盛が、「霜月騒動」なる事件に関与して、鎌倉から逃亡し(のちにまた、幕府で活動しているのですが)、日本列島の各地に離散したのは、これらの記事のずっとあとでして、その一派が福井県すなわち越前の東部の山岳地帯に逃走、ある小さな村に土着したことになっており、江戸時代の後期には、庄屋をやっていたらしいのですが、この、義仲らの戦争時代はまだ、安達氏はこの地方に在住していなかったと思われます。だから、わが先祖はこれらの越前での反・平家的活動とはまだ関係がなかったようですね。家に伝わる系図を信用してるわけではまったくないのですが。

●この加賀、越前の不穏な動向は「玉葉」の記事に以後、何度も現れる。そこで『綜覧』をあたると、

☆八月十六日、是日、平通盛、北陸道ニ進発ス、

☆(同月)二十三日、平通盛、越前国府ニ至ル、加賀ノ源氏、火ヲ放チテ、大野北坂両郷ヲ焼ク、

☆九月四日、義仲軍ノ先鋒根井太郎、越前ニ入リ、平通盛ノ軍ト水津《すいづ》ニ戦フ、

●水津とは越前/福井県の海岸で、余談だが、筆者が少年のころ泳ぎに行った海であった。

☆九月六日、平通盛ノ軍敗レ、退キテ敦賀城ニ拠ル、

●この加賀、越前の不穏な活動の主がのちに、関東勢に先立って京都を席巻した木曽義仲だというのである。「吾妻鏡」によれば、義仲は、頼朝のいとこにあたるが、もとは越後のあたりに居住していたが、以仁王の令旨に反応して信濃で挙兵し、そして北陸道を通って南下し、平家軍と戦いながら京都に進軍したとされる。以後、このような北陸の反乱の記事が出たときは、じつは義仲軍の南下における平家軍との闘争と考えられる。「玉葉」の著者や京都勢は、この源義仲の北陸での行動を正確に把握できていなかったようだ。義仲という名まえさえ知らなかったと思う。それは、関東勢にたいしてのばあいもまったく同じ認識であったが、やはり、院の情報収集能力がはっきり言って、まったくだめだったということに尽きると思う。しかし、北陸道に、反乱分子がいなかったわけでもないであろう。彼らが、義仲に

協力したとも考えられる。以下にまた、「玉葉」を辿ってみよう。

○九月六日

★伝え聞く、熊野権別当湛増、坂東に起ちおわんぬ〔関東に向かった〕、云々、

★鎮西の謀反、ことに甚だし、菊池、原田と、もと、怨敵と雖も、已《すで》に、和平す、

●この熊野の権の別当の「別当」というのは、ある寺院なり神社を統括する事務長のようなしごとをする人間のことで、熊野三所権現の湛増という人物が、坂東に対して味方するべく出立したのか、と、『綜覧』を参照すると、

☆九月六日、熊野権別当湛増、兵ヲ起シテ頼朝ニ應ズ、鎮西ノ菊池、原田ノ二氏、相合シテ、平定能(「尊卑分脈」によると、定能は藤原氏か源氏で、平氏にはいないので、兼実がまちがって書いているのかもしれない)ヲ逆撃セントスルヲ聞キ、〔云々〕、

●『綜覧』の援用書の一冊に「玉葉」とあった。権の別当の湛増が頼朝側を応援するために、坂東に向かったというのだ。いわば、反乱分子となったわけだが、寺大寺社の人びとの多くが、平家にたいする反感を募らせていたのであろう。「玉葉」には頼朝の名など出ていないのであり、『綜覧』の勝手な表記ということになるのだろうか。熊野の僧兵たちはまず、尾張のあたりまで侵攻している行家軍に合流したのではなかっただろうか。南都の僧兵たちも、東大寺、興福寺を平の重衡に焼かれて反平家、反朝廷的に動くであろう。義経の配下となった武蔵坊弁慶も、伝承上では父親が熊野別当となっている(義経記、など)。

◐I◐行家は確か墨俣で敗れ、義仲と合流しているのではなかったでしょうか。本当に熊野の僧兵は関東に向かったとは考えられないですか。

◑A◑「平家物語」のなかで、義経、範頼らが本格的に平家追討の軍を率いて西国に旅立ったとき、僧兵が同行したという話はあまりなかった、と思ったのですが、どうでしょうか。まちがっているかもしれないですが(「玉葉」でものちに、京都で兵を募ったと書いてあったような気がします。そうだとすれば、そこに寺社のあぶれ者たちが加わった可能性もありますね)。

○九月七日

★東国より、太神宮〔伊勢太神宮〕に奉るところの告

文〔が、兼実のところにも届けられた〕、披《ひら》き見るところ、文章、甚だ、逆〔漢文の文章がへたくそだ〕、誠に嘲《あざわらう》に足るものか、（中略）其の〔㝡勝親王の〕状に云う、平家と雖も王化に順ずる輩においては、神恩を施されるべき、源氏と雖も朝威をないがしろにする輩は冥罰を蒙るべし、書に載せるところ也、このこと、頗る夷狄俘囚〔東北の蝦夷のうち、皇民化した人びと〕の所為に非ざるか、尤も疑いあり、但し、状の體〔てい〕を見るに、偏に山寺の法師の所行なり、しかして、意趣〔考えかた〕においては、頗る、神威、朝憲を恐るるに似たるか、

●東国、すなわち関東勢から太神宮に出された文書は、あざ笑うにたる情けない文章であったと、いったんは兼実は笑うのだ。しかし、平家であっても朝廷に忠実な人びとは神恩を被り、源氏といえども、朝廷をないがしろにするなら、冥罰を被るだろうと、あった。このような思想は、比叡山などの思想と同じである（だから僧兵が混じっているか）から、彼らが書いたのか、あるいは、夷狄俘囚、つまり東北蝦夷で朝廷に帰服した者、つまり平泉の秀衡（?・）のような人物が書いたものではないか、と兼実は疑っているようにも思われる。しかし、さきのガセネタかもしれない頼朝から後白河上皇への私信同様、しきりと、彼ら関東勢が反朝廷勢力ではないこと、朝廷で力を持っている平家と同様に扱って欲しい、と述べているようで、のちに鎌倉幕府を作って朝廷に対抗しようという意気ごみとは少々違っているように思えてならない。関東勢が朝廷にたいする謀反人でなければ、読者としてはあまりおもしろくないな、と私などは思うのだが。これが頼朝の思想ならあまりに凡庸ではないか。

●しかし㝡勝親王とはだれだろう。関東にそんな親王がいるわけはない。この記述における東国は、関東ではなく、近江以東の尾張や美濃を指しているのだろうか。「尊卑分脈」には、源持有の母が、最勝院と号す、とあるのだが、関係があるのだろうか。

○九月九日〜十二日

★伝え聞く、通盛朝臣、越前、加賀の国人のために敗られおわんぬ、すでに上洛を企つ〔くわだてる〕、云々、但し、実説、これを尋ぬべし、（割書き、略）熊野湛増、使い人につけて、諸札〔文書〕を院にまいらす、これ〔私は、か〕関東に向かうと雖も、まったく、謀叛の議に非ず、公〔院や朝廷〕に奉るため、僻

事〔ひがごと〕にあるべからず、云々、この申し状、不審もっとも多いか、（九日）
★通盛朝臣の軍兵、加賀国人のために追い降されること、一定云々、仍って津留賀城〔敦賀、福井県の城〕に引き籠る、軍兵を副えるべきの由、申す、仍て武士らを遣わさんと欲す、云々、（十日）
★伝え聞く、教経〔教盛卿の子〕、行盛〔清盛の孫〕ら、副将軍になし、北陸道に下向するべし、また、重衡卿ら、東国に赴くべし、云々、（十一日）
★伝え聞く、通盛、津留賀城に逃げ、山林に交わりおわんぬ、云々、但し実説、知りがたし、経正朝臣〔清盛の甥〕、なお、若狭〔越前の西部、日本海ぞいの地域〕にあり、まったく、国境を超えず、（十二日）
●たぶん義仲征討軍の平通盛は彼らに敗れ、敗退して敦賀城に籠ったというのだろう。しかし兼実はいまだ、彼らが源義仲の軍であることを認識していない。越前、加賀の国人と書いているので、このふたつの地方の源氏系の人びとと考えているのかもしれない（じつは、越前や加賀に反・朝廷勢力のいたことを書いている研究者もいる）。兼実がそう考えるというのは結局、朝廷、院がそう捉えているというしかない。関東から較べれば、京都から一両日で来られるところだというのに、当時の朝廷・院の情報網の弱さが現れている。各地の国衙の情報収集能力が落ちていたのかもしれない。平家の清盛一族は、のちの頼朝の家系に較べると相当な人員がおり、どんどん武士、兵士として派遣されているのだが、貴族化した一族は戦闘力を喪っているのかもしれない。

○九月十七日
★伝え聞く、八條二品女房、其の家、春日若宮〔春日神社の末社であろうか〕において託せしめたもう〔若宮の神霊が乗り移ってなにかを託宣したのであろう〕、種々の託宣あり、平家滅亡すべきの由なり、
●八條二品というのは後白河の息子の親王のひとりで、その八條院の女房が神がかりになって、平家は滅亡すると託宣したのである。これはいわば、朝廷人たちの「共同幻想」であって、彼らはひたすら平家が滅亡してくれることを心から願っていたのであろう。その日、《三笠山、大光物あり》、とあるので、吉兆か凶兆か、UFOのようなものが三笠山に現れたというのである。その光物は二十七日にも出現している。
●この頃、北陸を南下する義仲軍、大和地方の源氏

ら、あるいは高野山の僧兵らが反・平家闘争を開始しており、風雲急を告げている、といった雰囲気の記事が頻出している。ただし、関東勢や頼朝に関する情報はあまりない。

○九月二十日

★伝え聞く、東国、北陸、ともに、以て強大、官軍、尫弱〔弱い〕、云々

●上に書いたように、関東勢の情報は少ないのであるが、この日の記事によると、京都あたりでは、東国、北陸、強し、平家は軟弱だ、と噂されているようだ。京都の貴族・官人以下町民に至るまで、平家が敗退することを、希求しているのであろう。

○九月二十四日

★伝え聞く、大和国の前の大将庄〔荘園であろう。まえの大将の荘園か〕〔大福庄なり〕、源氏となりぬ、〔二川三郎と称す、云々〕、焼かれおわんぬ、云々、奈良の悪僧、少々相い交じる、云々、

●二川三郎とは聞いたことのない名まえだが、源氏だというが、かつて平家の宗盛あたりの荘園を自分のものにしたという。しかし、奈良の悪僧が、源氏派だったとすれば、なぜ、源氏の所有の荘園を焼亡したのだろうか。よく理解できない情報だ。「尊卑分脈」には、源氏の三郎という名まえがあったが、二川三郎は検索できなかった。源氏のだれかの変名であろうか。

○九月二十八日

★伝え聞く、熊野の法師原〔たち〕、一同、反しおわんぬ、鹿背山を切り塞《ふさ》ぎ、これにより、頼盛卿、追討使となり、下向すべしの由、仰せ下されおわんぬ、〔紀伊国、かの卿の知行となす〕、また、高野の御山〔高野山、金剛峯寺〕、いささか騒動あり、源氏武士、少々、くだんの山に籠る、云々、

●熊野大社や高野山でも、反・平家的な活動が盛んになったようだ。

★また聞く、東国の輩〔やから〕、上洛、近くあり、すでに、参河、尾張らに及ぶ、仍て前幕下の郎従ら、かつ、伊勢、美濃などの方へ、遣わす、云々

●東国の関東勢らが、近く、上洛してくるという噂が流れ始めた。すでに参河、尾張の国に到っている、というのだが、これは、源行家の軍か、これらの地方の源氏らの活動のことであろう。宗盛の郎従らを

この地に赴かせたという。

○九月二十九日

★源中納言、来る、世間の事など、談ず、伝聞〔によると〕、前幕下〔宗盛〕、西行のこと、忽ち〔突然で、と読むか〕、然るべからず、関東、すでに攻め来るのとき、その儀あるべし、云々、また、前の大将〔これも宗盛か〕、天下の事知ろしめすべからずの由、起請せしめおわんぬ、云々、

●宗盛が西行しようとしている。これはのちの義経らとの戦争のときと同様に、西国、あるいは九州まで逃げようというのか、あるいは父、清盛の築いた福原に拠点を移そうとしているのか。それは突然の話で、よくない。関東勢が上洛して来ると解ったときでも遅くはない。しかしまた、宗盛〔?・〕が政治を行なうのもよくないと言っている。知ろ示す、読んだところの「知」の字の右側に、取(る)という注意書きがあった。そうだとすると、宗盛が天下を取るのはまずい、と言っていることになる。後者のほうが解りやすいかもしれない。

○九月三十日

★大外記、頼業来る、(中略)頼業云う、一昨日、前幕下〔宗盛〕のもとより、使者を送らる、(中略、その使者が言うのだが)、天下の事、今においては、武力、叶うべからず、なんぞ、計略を廻らすべきか、

●宗盛はもう弱気になっている。武力的にわれわれは関東勢に勝つことができないと。なにか、計略を練るべきではないか、と、兼実と頼業は語り合っているようだ。

○十月二日

★頭の弁、経房朝臣、来ぬ、(中略)経房、院宣を伝えて云う、天下の乱逆、今においては、獲麟《かくりん》〔ものごとの終末〕に及ぶの年、〔この「年」という字は、「乎」ではないか、と横の註にある。そうすると、この文章は、獲麟に及ぶか、になり解りやすい〕、武略、及び難し

●難しい漢字や、文字のまちがい(?)などがあって、読み下しにくいのだが、

《〔関東勢をはじめとする〕天下の乱逆、今においては、獲麟に及ぶか、〔平家の〕武略〔戦争技術など〕、〔関東に〕及び難し》

●となって、解りやすい。獲麟の「麟」の字は、麒麟

（キリン）をさす。つまり、キリン（中国では空想上の動物であった）を獲る、という意味だ。『広辞苑』には、《孔子が、「春秋」を著し〔書いて〕、「西狩獲麟」の句を以て筆を絶って死んだことに基づく》とあり、魯という国で生まれたという孔子が書いた「春秋」という本の最後に、西に狩りして、麒麟を獲得した、ということを書いて、絶筆し、そして死んだというのだが、こんな中国的知識を、後白河法皇ないし、周辺の書記らが持っていたのは、偉い！　とも言えるが、当時の日本の知識人たちは、中国の史書やその他の本をいやというほど、読んでいたということの、一種の証でもある。しかし、単純化すれば、後白河や兼実が共有していた、中国的な知識でもって、平家の衰退を確実に識っていたという文章になるであろう。そして、どんな徳政を行なっても、だめだろうといったことが、このあとに書かれている。

○十月四日

★伝え聞く、来る十一日、知盛、清経〔ふたりとも清盛の孫〕ら、越前国に向かうべし、重衡〔清盛の息子〕、東国に赴くべし、〔東海道、東山道〕、維盛〔清盛の孫〕、昨日、近江国に下向、是、なお、北陸道を襲うべきの手〔方法〕、云々、頼盛卿〔清盛の息子〕、紀伊国に下向、云々

●この、戦争に派遣される武将たちのかんたんな系譜を示したのは、平家一族が、まさに一丸となって、近辺の北陸道や、東海道、東山道に向かっていたことを強調したかったからだ。紀伊の国に頼盛が派遣されたというのは、高野山での叛逆を咎めるためだったのだろうか。頼盛は、じつはあまり戦争が好きでなかったせいか、平家が西国に落ちたときも、ひとり京都に残った人で、のちに出て来るかもしれないが、頼盛の母を池の禅尼といい、平治の乱で敗れて逃走した、源義朝の息子、十三歳の頼朝が捕まったとき、清盛に命乞いをしてくれた女性で、頼朝は幕府成立前後から、命の恩人の池禅尼の息子の頼盛とは交流があったとされる。

○十月六日

★伝え聞く、〔東〕海道、〔東〕山道、ともに、奥より武士ら出で来るの由、風聞あり、

●それぞれの地方で、源氏の諸族が、反・平家の活動を展開したという。一筋縄ではいかない、源平の戦争の展開であった。平家の清盛の息子や孫たちが、

叛乱の起こっているところ、義仲軍と思われるところなど、各地に派遣されている。各地の源氏らしき武士たち、豪族たち、南都や熊野の僧兵たち（吉野でも起こっている）の蹶起が進み、平家の武将たちが全員フル回転で鎮圧に向かっているが、その戦況は決して予断を許さない、そんな雰囲気が兼実の報告から伝わってくる。朝廷内の上級貴族になっている平家の公達武将たちは詩歌・管弦の世界に遊んでいたためか、戦闘力を低下させているのであろう。

○十月十日

★ある人云う、越前、加賀などの武士、切り塞ぐところの路を開き、国の内、無人、云々、もしくは、官兵を引き入るべきの謀《はかりごと》か、かえりて、怖れあるの由、人々、言わしむるか、明日、官軍〔平家軍〕下向、延引、来る十三日、云々、（中略）知盛卿、下向せず、云々、北陸道、知度〔とものり、と読むか〕、清房、〔已上、古禅門〔清盛〕の子息ら〔也〕〕、このほか、重衡卿、資盛朝臣〔清盛の孫〕ら、野、宇、美、越〔美が美濃、越が越前とすると、野、宇はどこになるのか。野は下野に該当するが、平家軍が、北関東まで来たとはされていないし、宇はまったく解らない。別の意味があるのだろうか〕ニ、同じく北陸に向かうべし、云々、維盛、清経ら朝臣、〔東〕海道、〔東〕山道、を兼ぬべし、頼盛卿の息、二人〔息子は何人かいるので、誰だか解らない〕、熊野方を襲うべし、前の幕下〔宗盛〕、教盛〔清盛の弟〕、頼盛、経盛〔清盛の弟〕ら、洛中〔京都の街〕を護るべし、

●清盛一族の全員登場、とまではいかないが、清盛の弟たち、息子たち、孫たちの多くが動員されている。

○十月十一日

★伝え聞く、熊野の行命法眼〔『広辞苑』に、法眼とは法眼和尚という僧位の略、法印に次ぐ僧位、とある。僧にも、位がしっかりとあったのだ。各宗派で、位のよび方が違っているようだが〕、〔南法眼と称す、熊野の輩のうち、ただ、一人、官軍に志ある者なり〕、上洛を欲するのあいだ、散々、伐り落とされおわんぬ、僅かに身命、存ずと雖も、子息、郎従、一人残らず、伐り取られおわんぬ、

●反・平家派の多い熊野で、一人、親・平家の行命という坊主が上洛しようと考えたとき、子息ら全員が伐り殺され、一人、生き延びたという。熊野山中

に雲隠れしたのだが、所在不明になったと書かれている。

○十月十三日

★今日、追討使ら、下向すべし、云々、しかるに延引し、来る十六日、云々、

●追討使の出発がまた延期されるという。この日の、十三日も、先の記事では延期されて決まった日であったのに。こういう日取りもまた、貴族らの行動を、吉日を捜して陰陽師や神官らの占いによって決めていたので、それに従っているのだろうか。そうだとすると、万事に不便なことである。

★(同日)伝え聞く、吉野の法師原〔法師たち〕、高野に向かうべきの旨、〔座論〔法師たちの論議によって、ということとか〕の由と称す〕、風聞をなす、その実、南都〔奈良〕に打ち入り、平家の郎従らを誅伐し〔ぶち殺し〕、その後、入洛すべきの由、謳歌す〔声をそろえて、謳うように言ったか〕、この条、実否を知らずと雖も、衆徒の蜂起は、一定〔確実〕云々、

●熊野に負けず、吉野の金峯山寺の法師たちも、高野山に向かうという。反・平家の行動をともにしようというのか。じつは、途中で奈良にゆき、駐在する平家の郎従らを皆殺しにし、そして、京都に入ろうという。実否は不明だが、彼らもまた蜂起したのは確実だという。関東を初めとして、諸国の源氏が揃って蜂起したのは解るが、山の大寺社の衆徒たちが、後援活動を展開していたことは、あまり深く考えたことがなかった。熊野の湛増は関東に下向したというし、関東勢も歓喜していたに違いない。

○十月十六日

★ある人云う、貞能、鎮西を平らぐの輩を召し具し、上洛すべし、云々、また、秀平〔秀衡〕のもとに遣わすところの大宮亮〔春宮や皇后宮のような上級皇族の居所の亮(次官)か〕、使者を献じて、秀平、官軍方に候うべきの由、領状〔同意した旨を述べる文書〕をまいる、云々、

●平貞能という名まえの人物は「尊卑分脈」によると三人おり、それぞれ、筑前の守、筑後の守、もうひとりは、天王寺合戦において討ち死に、とあるので、前者ふたりは九州にいたとすると、鎮西を平らぐやからを連れて上洛する可能性があり、後者は、武士らしい最後を遂げているので、やはり可能性はある。そのだれか、としよう。

●また奥州秀衡に官軍(平家軍)に参加せよという院宣かなにかを送ったようだ。秀衡はまさしくのらりくらりしていて、その真意が明確でないが、ここでは承諾した旨を伝えてきたという。しかし、のちにそんな行動は起こしていない。関東勢に加担しようとも言っていないようだが、秀衡はやはり、関東勢を敵にしたくはない、関東勢とは戦いたくない、と考えているのであろう。つまり奥州勢と関東勢が闘争し、共倒れないし、両者の戦力の低下が起こるとすれば、むしろ平家軍にとって、もっとも望ましく、願ってもないことであろう。

○十月二十七日

★ある人云う、頼朝、必定〔必ず〕上洛を企つ、去る二十一日、尾張の保野宿に着くべしの由、云々、しかるに、両三日、延引か、いかさまにも、入洛は決定、竹園〔人名のようだが、「尊卑分脈」にはその名はなかった。『広辞苑』には、皇族の雅称とあるが、人名は解らない〕においては、相模国に留め置き奉る、上総国住人広常〔「介八郎と称す」〕、守護を奉る、云々、行家、已に、尾張国の内に入る、云々、また聞く、北陸道を、去る二十四日襲い攻めんと欲す、しかして無勢により、また延引、年内合戦に及ぶべからず、云々、

●頼朝は上洛を決意し、すでに尾張の国に着いたという。しかし、実際は解らない。上総の介広常が、竹園と通称されている皇族(?)を相模の国で守護しているという。上にも注記したが、この皇族がだれか解らなかった。『綜覧』にもそれらしき人物が見えなかった。また、行家はすでに尾張国内に入った。北陸道ではたぶん、木曽の義仲が奮闘している。平家にとっても重大な時期を迎えている。しかし、平家軍は勢力がそれほどでなく、今年中に攻めるのは無理だろう、と言っている。

●上総の介の八郎広常、関東武士の名まえの登場は、初出である。京都側にも、関東勢の実名が少しずつ分かってきたようだ。この上総の介という人物は、「吾妻鏡」では頼朝が挙兵後、千葉に逃走したとき、さっそく下総の千葉常胤とともに頼朝支援を打ち出した人物で、鎌倉幕府開設に大きな力があった。「吾妻鏡」によると、一風変わった人物で、頼朝にべったりとならず、固有の位置を占めていたようだ。これが関東勢の多くの豪族武士たちの本音だったのではないか、とわたしなどは常々思ってきたのだ。身分

の上下関係を強要する封建的思想という観念がいつごろから、この関東という、畿内から遠い領域に浸透したのか、これは本当に重要な問題だと考える。この観念は、儒教に根底があると思うのだが、儒教を本格的に一般化したのは、徳川幕府であったと思うのだ。しかし、実際は天皇制国家ができた頃から、儒教的精神が朝廷を初めとして展開していたのだろう。

●ところで、「吾妻鏡」はあまり引用したくなかったのだが、この歴史書が全面的に虚構というわけではないので、知らず、「吾妻鏡」の記述に沿って考えてしまうということがある。そこで、上総の介に関する記述を捜してみると、養和元年、七月二十日にこんな記事があった。《武衛〔頼朝〕、納涼、逍遥の為、三浦〔海岸〕に渡御》。この時集まった上総の介の郎従たち五十余人は、ことごとく下馬し、砂上に平伏したという。《上総介広常は》、轡を安じて〔緩めて、か〕、敬屈す》。ここ、明確には読めないのだが、馬の前脚の両膝を屈折させ、いやそんなことはできないか。ともかく、馬から降りず頼朝を迎えたという。そんな態度であいさつしたという。横にいた三浦義連が、下馬しろ、と声をかけたのだが、広常は、《公私共に、三代の間、未だ、その礼をなさず》と言ったというのだ。そのあとの宴会で、また三浦氏との激しいやりとりがあったのだが、それは略す。これを単に反骨の武将として結論してしまっていいのだろうか。関東武士といえど、それぞれが自負を背負っていたと思うのだが、言動に表したのは広常だけだったというのが、この本の表現であった。

●源行家の名まえも初出。関東、頼朝軍の先陣の武将の名まえが明確化された。京都側の情報収集能力が少しずつ高まっている。しかし平家軍の非力さは、逆に明確になっている。

●北陸道を南下して来た木曽義仲の名まえはいまだに明確化していない。あるいはまだ義仲は加賀、越前のあたりに到達しておらず、やはり、その地の諸源氏が反乱を起こしているのか。もし、義仲を平家軍が迎え撃っているのなら、その名もすぐに明らかになるはずなのだ。清盛を喪った平家側が弱体化している証拠であろうか。平治の乱以降、武人から貴族の御曹司たちとなった清盛の息子たちのあえない抵抗のようにも感じられるのであるが、それでは平家の朝廷における展開に関する通説をあまりに安易に受容していることになるかな。のちに都落ちした平家は瀬戸内海域で奮闘し、勢力を盛り返したはずだ。ということは、平家軍は京都在留の清盛系の平氏たちだけで戦闘しようとしており、協力者があまりいなかったということにもなる。清盛以下の平氏は「伊勢平氏」と言われ、伊勢に拠点を持っていたとされている。しかし、その伊勢からの援軍がいたのかどうか。伊勢は京都平家の経済的拠点に過ぎなかったのか、そんな気もする。

○十一月十二日

★伝え聞く、大将軍方を憚るにより、年内に関東の賊、入洛すべからず、節分以後、左右《そう》なく入洛すべし、云々、

●大将軍方を憚る、とはどういうことだろうか。清盛が死んだので平家は服喪中であり、これを憚るということだろうか。関東勢の入洛（京都侵攻）はない、来年の節分以後に入洛と、ともかく推定している。あるいは、「吾妻鏡」であったか、頼朝が父義朝の死の何周忌かで今年は戦争しない、と言っていた気もする。だから、これは行家軍の京都入りを述べているとも考えられるが、関東勢は、相変わらず「賊」徒とされている。あくまで、京都朝廷・院が平家と同調している限りは、関東勢は「東夷」であり、かつての奥州の蝦夷たちと同列に置かれているのだ。

9——義仲と源行家、平家追討の先陣となるか

◉十二月から翌年八月あたりまで、関東勢に関する記事がなぜかほとんどなくなった。この翌年、改元があり、養和から寿永になり、寿永元年には大嘗会（安徳天皇の即位の年か）が行われた。兼実の視点はこの朝廷の行事やできごとに集中していたのかもしれない。北陸道を南下していた木曽（源）義仲のニュースも、尾張あたりまで進出している源行家のニュースも書かれていない。この、平家追討の源氏たちの活動もやや停滞していたようだ。「玉葉」の僅かな記事と、「吉記」という吉田経房の日記を『綜覧』

から探してみると、
◆寿永元年（一一八二。養和二年と同じ。五月二十七日改元）
☆二月二十五日、権中納言平教盛ヲ北陸道ニ遣ワシテ、源義仲ヲ討タシム、（吉記）
●援用されている『綜覧』によると、「吉記」は弁官の吉田経房の日記である（弁は各寮や諸司と天皇や上皇、上級貴族らとのあいだの連絡係）。（しかし「吉記」を見ても、それらしい記事が見当たらないのであるが）この記事だと、北陸道の加賀や越前の賊徒とは、［義仲］だったことがやっと解る。すなわち、兼実より吉田経房のほうが情報蒐集力が確かだったと言える。あるいは京都方面では、北陸道を南下する勢力が源義仲であることを把握していたが、兼実がなぜか口を閉ざして、義仲の名を出さなかったばかりか、北陸道、信濃源氏の南下の情報も記録しなかったとも言えるが、それはどうしてだったか。不明である。
☆三月二十一日、北陸道ノ源氏、進ミテ越前ニ入ル、鎮西ノ兵乱モ、亦〔また〕、未ダ平定セズ、（吉記、ほか）
●この記事はすでに引用した『綜覧』二月二十五日と同じ内容である。ときに当時の軍隊はゆっくりゆっくり進んだのであったろうか。当時の軍隊が騎馬の武士のみならず、徒歩の兵士、輜重隊などなど、大勢を率いて進んだであろうことは想像できる。
☆七月二十八日、前ノ馬ノ允《じょう》行光〔姓ヲ闕ク〕（行光は藤原氏、源氏、平氏らにたくさんいて確定できない）、奈越家澄ラ五十余人、款〔友好関係、よしみ〕ヲ源氏ニ通ジ、東国ニ赴カントス、コノ日、コレヲ近江ニ捕フ、（吉記、玉葉）
●「玉葉」二十九日の記事と似ているが、奈越家澄は「尊卑分脈」に発見できなかった。だから官人であったと思うが、「玉葉」の記事では、宗盛に仕える武士であったようだ。『綜覧』では、源氏に靡いた張本人の名まえが出ている、行光と。馬の允とは朝廷には馬を管理する馬寮というものがあり、その第三官を指す。当時、朝廷にも反・平家の思想の持主がかなりいて、彼らが東国に下って関東勢のなかに飛びこんだのだろうか。たとえば、『綜覧』の寿永元年の一月二十三日の記事に、《大納言時忠ノ子、伯耆守時家、頼朝ニ帰ス（吾妻鏡）》とあり、時忠という平家政権の重要人物が、頼朝のもとに行ったというのは、理解できない倫理であるが、こんな例もあったのだろう。しかしこの日の叛逆者たちは、あえなくすぐに捕らえられている。関東勢の様子や勢力が解ったとき、大江広元のように、のちの武士政権である鎌倉幕府の文官要人になった人びとも何人か鎌倉に移動し、幕府のメンバーになった。朝廷や院との文書による交流は主として彼らが担っていたのである。

☆八月十一日、前讃岐守重季、「姓ヲ闕ク〔欠く、か〕」、以仁王の御子ヲ奉ジテ、越前ニ入ル、（玉葉）

●「尊卑分脈」を視ると、源氏の重季は何人もいるが、讃岐の守の重季は見つからなかった。藤原氏であろうか。久しぶりに以仁王が登場したのであるが、この以仁王の御子は、北陸の宮とよばれていて、のちに、義仲がバックアップして、天皇位につけようとしたのだが、ここでは、重季という人がこの北陸の宮を援助している。

☆九月十五日、北陸道ノ官軍、京に帰る、

●これは、前日の記事に法皇が賀茂社（上下の上賀茂神社）へ御幸があったために、《院宣ヲ下シテ、諸国ノ追討使ヲ停ム〔とどめた〕》とある記事があったから、北陸道にいた官軍が、京へ帰還したというのであろう。戦争より、天皇、あるいは院の行幸のほうが大切だったのだ、院や朝廷では。こんなことをしていたら、武力による新たな権威の成立を停めることができないであろう。院や天皇の政治力は、実際しだいに、弱まっていたというしかない。

◉「玉葉」では、関東勢の動きを伝える記述がまた、養和二年四月あたりまで途絶えてしまう。この間の情報を残しているのは、ほとんど「吾妻鏡」のみで、「玉葉」を中心に関東を覗うと、関東豪族武士たちが頼朝を核として結集した、という通説にはやはり疑問を感じざるをえない。「頼朝挙兵」も結局「吾妻鏡」の書いた幻影に過ぎないのではないのか、そんな疑問さえ生じてくる。幕府成立まで、「吾妻鏡」の伝えていない、また、貴族の日記も伝えていない試行錯誤の過程がやまほどあったと思う。それは関東武士たちの合意がそう簡単には成立しなかったということだ。それぞれが所領を持つ豪族たちの集合であるから、それぞれの思惑や経済的諸理由がぶつかり合いながら、漠然と成立していたと推測される。しかしながら、その辺を推測するための史料が欠落している。気鋭の研究者たちが、史料を需めて研鑽を積んでいるのだが。福田豊彦氏の『千葉常胤』（吉川弘文館、一九七三年)をはじめとして、地方武士の研究は地味な作業だが、元木泰雄氏や野口実氏ら研究者によって研究は積み重ねられている。さて、「玉葉」を再開する。

○八月十一日

★伝え聞く、讃岐の前司〔前の国司〕重季、定めて越前国に入りおわんぬ、云々、故宮〔以仁王〕の子の若宮を、一定、相具し奉る、

●じつは、故宮という人が以仁王であったことは『綜覧』の同日の記事によって知ったのである。令旨を出した以仁王自身は死んだが、その息子が、ある勢力にとっては、反平家の〈記号〉として、まだ有効性を帯びていたものと見える。先に少し触れたように、義仲は、この北陸の宮に肩入れし、のちに、天皇位獲得のために院に容喙した。後白河は、この宮を選ばなかったのであるが。

◎『綜覧』を見る。

◆寿永二年(一一八三)

☆三月二十六日、兵ヲ発シテ、源義仲ヲ討タシム、

(吉記、源平盛衰記)

●この兵を送った人の名(主語)がないが、これは後白河法皇であろう。

☆三月二十九日。是月、頼朝、義仲ト隙〔不和、仲違い〕アリ、義仲、子義高ヲ送リテ質ト為シ、和ヲ請フ、頼朝乃チ之ヲ許ス、(一代要記、参考源平盛衰記、ほか)

●これは重要な記録である。というのは「吾妻鏡」も義仲が悪人とされ殺されたのちの本なので、頼朝と義仲の交流など、一言も触れていないのだ。しかし、以仁王の令旨が出たあと、まず義仲のほうが信濃あたりの源氏一族や反・平家豪族武士たちを率いて行動を開始した。頼朝のほうはその辺まったく不明であるが、関東武士たちには味方の源氏一族などあまりいず、頼朝の名は、関東平氏軍団の〈記号〉に過ぎなかった。というのがわたしの考えである。しかし、この記事を見ると頼朝のほうが勢力が大きかったのか、義仲が息子を人質として頼朝のもとに差し出している。義仲の父、帯刀先生義賢は、頼朝たちの叔父であるが、義賢は関東方面で活動していたとき、頼朝の父、義朝の子、義平に誅殺されたという。父を喪った義仲はしかし信濃方面に逃れて土着し、しだいに反・平家勢力を構築していったのであろう。いとこにあたる頼朝は、義仲にとって父の敵であった。ふたりはいとこであったが、自分の父を殺した叔父

の甥、頼朝に好感情が持てるわけはない。しかし河内源氏嫡流を称する頼朝の方がいとこ義仲の上位に立っていたものと思われる。この辺は重要な意味を持っていた。というのは、頼朝は同族の義仲と連合するとか、共同作戦をとるとか、そんなことはまったくしなかったばかりか、平家追討と義仲追討を、のちに派遣した範頼、義経軍に命じている。義仲は父を頼朝の叔父義平に殺され、自分自身も弟義経の追討にあって死んでいる。この、源氏一族の酷薄さはいったいなんであろうか。頼朝の征夷大将軍の官職は息子の実朝で終焉する。頼朝以下、息子の頼家や実朝らは「源氏」という名称を最大限に拡大したり、不動のものにすることがまったくできなかった。のちの北条氏が兄弟、いとこなどをどんどん重用し、長く鎌倉幕府を維持してきたのとまったく違っている。

◐−◐以仁王の息子についてですが、一一八二年五月、以仁王の遺児は京から北陸に脱出し、そのとき上野国住人の奈越太郎家澄がそれに関与していた(『吉記』寿永元年七月二十八日)のですね。頼朝挙兵に関しても後白河の密命を受け(上横手雅敬氏の「院政期の源氏」『御家人制の研究』所収、に詳しいそうです)、東国武士に対しては以仁王を推戴する形をとっていたため、以仁王はすでに亡く、その皇子が擁立されるとなると、頼朝にとって自己を正当化するには後白河との提携を主張するしか途はなかった(上横手、前掲書)ようです。義仲が武士団集結の核となる皇子を擁立して、権威の面でも頼朝を凌ぐ立場にあったというのですが。

☆四月十七日、右近衛中将平維盛、中宮亮平通盛、(略)等ヲ将トシ、兵十万ヲ率キテ、源義仲ヲ討タシム、(玉葉、百錬抄、ほか)

☆源義仲、平軍大挙シテ、北陸道ニ入リヌト聞キ、仁科守弘等ヲ遣ワシテ、燧《ひうち》城ヲ守ラシム、(参考源平盛衰記)

☆四月二十五日、是日〔この日〕、平宗盛ニ勅シテ、源頼朝、武田信義〔甲斐源氏か〕ヲ討タシム、(玉葉)

●後白河にとって、現在まだ、頼朝ら関東勢は謀反人であったのだ。

☆四月二十七日、平氏ノ軍、進ミテ越前ニ入リ、燧城ヲ抜キ〔攻撃し〕、勝ニ乗ジテ、三条野篠原等ニ諸源氏ヲ破ル、(玉葉、百錬抄、ほか)

●平氏の軍勢は、先の義仲軍が守っていた燧城を攻落したようだ。この燧城という存在は越前出身のわたしにもよく解らない城である。児玉幸多編の『日本史年表・地図』を視ると載っていた。現在の福井県武生(現・越前市)と敦賀の中間にあったようだ。

☆五月九日、義仲、兵五万ヲ率《ひき》ヰ、越後ヲ発シテ越中ニ入リ、願文ヲ白山権現ニ奉リテ、戦勝ヲ祈ル、(参考源平盛衰記)

☆五月十一日、義仲、夜ニ乗ジテ、平軍ヲ襲フ、平軍、狼狽敗走シ、崖谷ニ投ジテ死スル者夥シ、(中略)維盛、敗兵ヲ収メテ、加賀ニ退ク、(玉葉、参考源平盛衰記、ほか)

●これらの記事は義仲軍の北陸道南下の時より以前に戻っているではないか。まだ、越後の本拠地を出て、越中(富山)に入ったとされる。それでは、さきの加賀、越前での叛乱闘争はなんだったのか、ということになるが、この点については解らないと言うしかない。

◎じつは加賀、越前などの勢力が反平家の戦闘を行っていたことは、永井晋『源頼政と木曽義仲——勝者になれなかった源氏』(中公新書、二〇一五年)を読んで解ったのである。流言蜚語と言うべきか。しかし、義仲軍が五万人を率いてというのはオーバーであるが、関東に有力な源氏一族をほとんど持っていなかった頼朝にたいして、義仲のほうには越後や信濃の源氏系諸族が協力しているように思われる。児玉幸多編『日本史年表・地図』(吉川弘文館、一九九五年)を見ると、越後、信濃、美濃、近江あたりに土着した清和源氏系がかなりの程度に存在していたことが解る。とりわけ、美濃、甲斐が多かったようだ。この年表・地図は愛用している本だが、これらの根拠はじつはよく解らない。これにたいして頼朝のいた伊豆や武蔵、上総、下総周辺の武士、土豪たちはいずれも平氏系で、おいそれと、頼朝の命令に従ったとは考えられないのだが、のちに義仲追討、平家追討の幕府軍が出動したことはまちがいないであろう。とりあえず、漸く関東勢の合意が整ったのであろう。その記述はもっとあとに現れてくる。

◉以下、もとに戻って「玉葉」の記事を辿っていくことにしよう。

◆寿永二年
○四月九日
★今日、北陸征討の事に依り、太神宮〔伊勢神宮〕以下、祈り申さる、云々。

●戦争にあたって、神仏の加護に依存するという朝廷や日本人全体の傾向は、無宗教のわたしなどからみればナンセンスというしかないのであるが、将門の乱のときも追討使を派遣するよりまずは大寺社の神仏に奉幣したり、祈誓したりしたのだが、ずっとのちの元寇のときも同じで、神仏への依存と言う思想は日本人の方法論の大きな要になっていたようである。これは中世史あるいは日本史全体を考察するひとつのテーマたり得ると思われる。神仏が、いったいなにをしてくれるというのであろうか。神や仏にたいする儀礼というものが、古代から現代まで通底して、継続されている。この神仏の象徴が「天皇」であったのは、むしろ近代であった。

○四月九日

★今日、北陸征討の事に依り、〔伊勢〕太神宮以下、祈り申さる、云々、伊勢以下、十六社、神祇官人ら、おのおの参籠〔参り籠って何日かを祈りのための日々を送ったか〕、五ヶ日祈り申す、

●先述したように、大神社や大寺院への奉幣や祈請は、貴族たち（武力を持たない人びと）にとって、それ以外にできることがなかったのだ。

○四月十三日

★武者、郎従ら、近くの畠を刈り取るの間、狼藉云々、

●武士たちは、兵粮を現地で自前で獲取するのが、古代以来、軍隊の基本的方法論であり（旅費は自分もちになっていた）、農民たちに迷惑をかけたうえ、さらに乱暴狼藉を働き、たぶん、農民の女性なども犠牲になっていたのだろう。翌、十四日の記事にも、《武士らの狼藉、昨日の如し》とあり、数々の狼藉の実際が詳述されている。戦争のときは、家宅を焼かれたり、近辺の人びとはいつでも災難に遇っていたわけだ。

○四月二十三日

★征討将軍ら、あるいは以前、あるいは以後、次第に発向し、今日皆〔発向し〕おわんぬ、云々、

●平家の公達たちが毎日のように近江以北に向かって義仲征討軍を派遣していたのであろう。

○四月二十五日（左大臣の言葉を伝える左中弁〔弁には左右、上中下の細かな官位の差があった〕の言葉に）

★源頼朝、同信義ら、東国、北陸を虜掠す、先の内

大臣に仰せて、追討せしむべし、と言えり、
●頼朝の記事としては唐突だが、東国は関東全体を指すとして(あるいは近江以東の諸国ということにもなる)、現在まで、北陸を頼朝、関東勢が襲ったことはないと思うが、頼朝のつぎの源信義とはだれだったか、と考えていたところ、『綜覧』を参照すると、甲斐源氏の源信義だったことが解る。
☆四月二十五日、この日、平宗盛ニ勅シテ、源頼朝、武田信義ヲ討タシム、(玉葉)
●と、あるのだが、これを参考にして考えれば、東国を虜掠した頼朝と、北陸を虜掠した武田信義を、宗盛に命じて攻撃させた、ということになる。そして、このニュースの『綜覧』における援用は「玉葉」からということになるのであるが、しかし、彼らの情報収集能力から考えれば、頼朝らの名まえは、単に、関東勢の象徴として書かれているのかもしれない。甲斐源氏の武田氏が北陸(あるいは北陸にいた義仲)を攻撃したというのも初めての記述だと思うのだが。信義は「吾妻鏡」に、関東の頼朝軍に呼応したとあるが、北陸道まで、義仲追討に行ったのであろうか。
「吾妻鏡」では義経軍の義仲、平家追討の戦闘以前に、関東勢、甲斐勢が義仲軍を交戦したとは一言も書いていないように思うのだが。頼朝の行動には、諸国の源氏たちを集結動員しようなどという発想はまったく見えていなかった。頼朝が関東勢の活動のヘゲモニーを握っていたようには考えられないのであるが、今のところわたしも想像するのみで、確証はまったくないというのが実情だ。わたしがまちがっているという可能性もおおいにありえる。
○五月一日／十六日
★伝え聞く、去る月二十六日、官軍、越前国に攻め入る、云々、(一日)
●平家軍が越前で義仲軍と闘っているのであろう。同月十二日の記事では、《去る三日、官軍、加賀に攻め入り、合戦す、両方、死傷の者、多し》とあって、やはり、義仲との戦争は加賀、越前が主要な戦場になっているようなのだ。それはさらに、
★去る十一日、官軍の前鋒(先遣部隊か)勝に乗じて、越中国に入る、木曽冠者義仲、十郎蔵人行家、及び他の源氏ら迎え戦う、官軍敗績し、過半、死におわんぬ、云々、(十六日)
●とあり、富山県に戻ったあたりの戦闘には、源行家が参加していたことが解る。この合戦で平家軍が

負けて多くが死んだというニュースがまた重複して書かれており、この北陸道戦争が死闘の連続であり、かつ平家軍の旗色がよくなかったことが確認されていることが理解できる。これはだれでも考えることだが、朝廷内の上級貴族化した平家の公達たちは、戦争能力をかなりの程度に低下させていたのだろう。管弦や詩歌が本職になったとすれば、武者的活動力はやはり落ちるであろう。しかし、むしろ平家武将たちの精神性が大きいと思う。太政大臣を務めた父清盛を喪った平家の公達たちにとって、「京都」を死守する意味がもはやそれほどなかったのではなかったろうか。彼らは瀬戸内海を通じて西国から九州までを拠点として持っていたから、西国に帰ればいいのだ、京都は源氏に任せて。わたしにはそんなふうにも感じられるのだが。

○六月四日

★伝え聞く、北陸の官軍、悉く以て敗績す、今暁、飛脚到来、官兵之妻子ら、悲泣極まりなし、云々、（中略）早速風聞、疑い有りと雖も、六波羅の気色の事、損《そこな》いぬ、云々、

●やはり平家軍には戦う気力がもはやあまりない。敗北を知った、「京都」に残された平家の公達たちの妻子の悲嘆はいかほどであったろうか。清盛の出世以降、彼女たちと彼らの栄華は上級貴族のそれに匹敵したはずだが、早くも暗雲が彼らの周辺を覆い始めたのであった。

10——義仲・行家軍、平家軍を撃破

○六月五日

★先の飛騨の守、有安来たりて、官軍敗亡の子細を語る、四萬余騎の勢、甲冑を帯す武士、僅か四、五騎許り、其の外、過半死傷、その残り皆悉く物の具〔鎧や兜や剣〕を棄て、山林に交わり、おおよそ其の鋒〔矛先〕を争い、甲兵〔武装した兵士〕ら、しかしなが

ら以て切り伐られおわんぬ、云々、（中略）稀有の存命と雖も、僕従一人も伴わず、云々、（中略）誠に天の攻めを蒙《こおむ》るか、□□敵軍、わずかに五千騎に及ばず、

●義仲・行家軍との北陸道での戦闘は、平家の貴族武士たちにいやというほど蛮夷の勢力の強靭さを見せつけたのであろう。敗れた平家の武士たちは鎧を脱ぎ刀や弓を棄て、山林に隠れるようにして逃亡した。そしてまれに生き延びた兵士たちは従僕をひとりも連れずに逃亡して来たという。四萬余騎が四、五騎になってしまったというのは言い過ぎであろうが、敗れて京都に向かう平家官軍の痛々しいようすがいやというほど伝わってこざるを得ない。「先の飛騨の守、有安」とあるが、「尊卑分脈」によると、有安は女性名になっているのだ。源政義の母とある。何かのまちがいか。

○六月六日（大蔵卿の泰経卿が、院の御使いとなってやって来て、報告するには）

★北陸の官軍ら、空しく以て帰洛す、此の上、何様行なわれべきや、云々、（中略）法皇〔後白河法皇〕、叡慮により、御願を立てらるべきなり、この他、一切叶うべからず、

●敗残兵らが京都にたどり着いて来た。こうなった以上、平家の公達たちに、なにができるというのか。後白河は無理にでも先頭に立って、神慮を願うべく、御願を寺社に奉られるべきであろう。そのほか、院や朝廷を存続させる方法はないはずだ。そんなことが法皇の側近たちからも囁かれ始めたようだ。

◐-◐実は、具体的な提案も兼実はしています。伊勢、近江両国に各々辺将を置き、中夏（京都）を守るべきか、とか。

○六月九日（泰経卿が来て、先日の申し状を示す）

★その状、かくのごとし、

関東、北陸の乱逆を鎮められべき間の事、

重ねて、追討の事、

●以下に、後白河の現状分析と対策がいろいろと述べられている。しかし、結局は神仏への祈願しか、浮かばないようである。伊勢、近江の国に辺将〔その地に定着して護る将軍ということか〕を置いたら、とも言っているが、もはや、そのような政策の実行も無理であろう。

◉以下、『綜覧』の記事を補足的に見ておこう。

☆六月一日、源義仲、行家ノ軍ヲ合セ、進ミテ平軍ト安宅ニ戦ヒ、之ヲ破ル、（吉記、ほか）

●義仲・行家軍が平家軍と闘ったという安宅は、義経の最後の逃避行のとき、弁慶が勧進帳を読み上げたという有名な安宅の関のことであろうか。そうすると、義仲は北陸道の出発点を新潟だとすれば、現在の石川県小松市のあたり、全体の三分の二くらいのところまで進出したことになる。しかし、七月一日からの「玉葉」の記事に戻ることになるが、この辺の情報は実際に起こっていることか、朝廷、院庁、京都町民のいわば負の共同幻想とでもいうべきことなのか、読んでいる私にももうひとつ明快でない。

☆六月十日、源義仲、進ミテ越中ノ国府ニ入リ、

☆六月十三日、筑後前司、源重貞、単騎、六波羅ニ来タリ、義仲ノ兵、近江ニ至ルト告グ、京師〔京都〕騒然タリ、（吉記、ほか）

●これはこれは。義仲軍はすでに近江、すなわち滋賀県に来ているという！　越後から越中・加賀・越前へ、という記述は、じつは義仲が挙兵したころの、相当古い情報が出て来ているのであって、現在、近江に来ているというほうが確かであろう。京都はもうすぐ近くである。

○七月一日

★賊徒、今日、入洛すべきの由、兼日〔日頃から〕風聞、而して其の事無し〔実際にはなにも始まっていない〕、伝え聞く、定能〔弁官のひとりか〕申して云う、追討使遣わすべからず、只、勢多の辺に相待つべし、云々、今日、所労、ことに術〔すべ〕無し、法皇今日、加茂社に御参、御通夜あるべし、云々、

●義仲・行家軍が今日にも京都に侵入の噂があったが、今のところはまだない。むしろ、琵琶湖の勢多（瀬田の唐橋で有名なところ）で迎え撃つべきだと弁の定能は言う。法皇は今日は上か下の賀茂神社でお籠りされるようです、と。迫り来る義仲軍のまえで、貴族たちは無力、後白河は賀茂神社に籠るという。京都の町は騒然としていたであろう。

○七月二日（右大弁の親宗が来て、法皇の仰せを伝えるには）

★賊徒、入洛あるべきの由、風聞、其の事若し実ならば、院、御所〔内裏〕に行幸あるべきか、

●という言葉に続いて出てきたのは、内侍所〔天皇家

のシンボルであり、（三種の神器のひとつである鏡、あるいは鏡を置くところ）を京都の外に持ち出すべきか、内侍所を守護する平家軍と義仲軍が闘争したら、害が法皇に及ぶ、どうしよう、ということが法皇の、あるいは上級貴族たちの最大の関心事であって、坂東田舎武士たちの乱入による京都市民の不安や実際の災難などではなかったのだ。それは長く天皇制を保持、持続させてきた連中にとって最重要課題であったのだ。京都町民こそ哀れな存在であったと言える。この鏡や剣や爾というものは平家の都落ちのとき、壇ノ浦まで運ばれたのである。そして海中に投げ出されたとき、剣だけは、深い海底へと沈み、いわゆる、藻屑となったのであった。ある意味では天皇そのものより、かれらの存在の〈記号〉である鏡や剣のほうが重要であったのだ。天皇は死んでも次が控えているから問題ない。そのため、天皇の妻はたくさんいて、その息子たちである親王はたくさん控えていたのだ。

★（同日の最後のあたりに）伝え聞く、頼朝忽ち〔突然〕出るべからず、只、木曽冠者、十郎〔行家〕ら、手を四方に分けて、〔京都に〕寄せるべきの由、議定云々、

●とあって、この議定がどこでされたのかは、書かれていない。鎌倉幕府での議論のようにも受け取れる。今までこんな記事はなかった。不思議な情報である。この辺『綜覧』も載せていない。読み方が悪いのかもしれないが。

○七月三日

★或は云う、秋節以前、賊徒入京あるべきか、或は云う、関東之勢を待って、九、十月〔の〕ころ、入洛あるべきか、云々、閭巷〔世間では〕、縦横の説、かれこれ知り難し、今日、浮説に依って、武士騒動す、

●巷《ちまた》では、いつ関東の武士たちが京都に攻めこんでくるのか、さまざまな風聞がゆきかっていたのだ。ここで騒動する武士というのは、院を守る北面の武士や西面の武士たちであったろうか、あるいは平家の武士たちだったか。北面の武士の制度は院政時代に生まれたとされるが、武士とよばれるこの人たちの正体ももうひとつよく解らない。中・下級貴族の子弟で、弓や騎馬に優れた者たちであったろうか。ふつうに武士の起源の研究は関東武士団のような地平から始まると考えられているのだが、わたしは京都や近畿地方の武士たちがどのようにして誕生したか、いろいろと考えているが、もうひとつよく解らない

のである(高橋昌明氏の『武士の成立　武士像の創出』〈東京大学出版会、一九九九年〉は、敢然と、武士誕生の地を畿内、いや京都の朝廷から、と書いている稀有な理論の書である。武芸とよばれる領域、たとえば騎射〈馬に乗って的を射る〉などは貴族たちの遊戯から起こり、関東武士たちがこれを模倣したのであると)。源の満仲、頼光父子が貴族であり、かつ武士、武門として有名だが、吉川弘文館の人物叢書を見ても、彼らの事績には武士らしい形跡(戦争や狩猟など)は薄い。頼光の酒呑童子征討など、伝承的な領域では武士として活躍していた。ただ、元木泰雄『源満仲・頼光』(ミネルヴァ書房、二〇〇四年)は、摂津源氏と言われる源の満仲をつぎのように紹介している。「小右記」逸文、永延元年八月十六日条に、《前摂津守満仲朝臣、多田の宅において出家すと云々、(中略)満仲、殺生放逸の者なり》。この「殺生放逸」が、満仲の名を高からしめている形容である。つまり、仏教的領域における禁忌である、「殺生」を、満仲は最大の趣味としていた。つまり武門や武士とされる者の最大の特質は、殺生であった。それは貴族と称された人たちの勝手な理解であろうと思えるのだが。

●「今昔物語集」において、武士が登場するのはふつう「本朝世俗部」の巻二九などに多いのだが、満仲の伝承は出家した貴族として、「本朝仏教部」に収録されている。まず巻第十七では、《今は昔、源の満仲の朝臣といふ人ありけり。心猛くして武芸の道に堪へたり》。そして満仲の郎党の話が出ているが、それは山野において狩猟する者であった。同じく巻第十九には、「摂津守源満仲出家の語」として、この満仲の息子のうち出家して、源信僧都につかえた男が述懐するには、父満仲は、鷹四五十を繋いで夏飼いし(夏飼いというのはどういうものか解からない)、殺生に明け暮れている。また漁をし、鷲を飼って生類を食わせた。郎党たちに鹿を取らせた……、こう読んでくると、満仲は狩猟者趣味であったことが解る。仏教は放生会ということを何度も行い、動物を取ることを禁じ、飼っていた獣や魚を生きながら解放させている。決して「殺人」とは書いていない。これでは、武士、武門の先祖は狩猟民ということになり、東北のマタギが有名だったように、狩猟民でもあった蝦夷、アイヌ、縄文人というふうに系譜を辿ることができる。奥州の前九年の役を描いた「陸奥話記」においては、将軍の源頼義を、《好んで弱弓を持ち、しこうして発するところの矢、羽(鳥の)をのまざるはなし。たとえ猛獣といえども、弦に応じて必ず斃《たお》る。その射芸のたくみ、人にすぎたることかくのごとし》とあって、殺人者というより、狩猟者のイメージで褒めたたえられている。赤穂浪士の仇討ち以前のもっとも有名な敵討ち物語である「曾我物語」でも、坂東の武士たちはしばしば、弓矢の騎射の練習を兼ねて富士の巻き狩りなどを行なっていた。しかし、これらの狩猟民が、朝廷の下っ端の狩人として官人となっていた気配はあまり感じられない。だが、そのようなルーツもあったかもしれないが、そのような系譜を武士論に持ちこんでいる研究者はあまりいないような気もする。

●では、中、下級貴族(朝廷の下級官人)の男が、朝廷の検非違使とか押領使とかよばれる警察機構のようなところにふりあてられると、そんな連中のうち、弓や騎馬に熟練したものが「武士」と言われる者になったのか。今、自分の頭にあるのは、武士たちが戦闘のあとに殺した相手の頸を切り落とし、これを首実検に使ったり、大路に晒した(梟首)、そんな光景のほうが浮かんでくる。武士とはまごうかたなき「首狩り族」である。狩猟民が殺した動物の頸をその場で切ったという話はあまり聞かない(千葉徳爾氏の大著、『狩猟伝承研究』〈風間書房、一九九九年、続篇もあり〉が、日本列島の狩猟民俗を研究している)。もっとも韓国では、祭祀(チェサ)のとき、豚の頭をデーんと飾っているシーンはよく見かけるが、これはむしろ農民の祭祀から始まったのであろう。結局、今のところ武門、武士の原型を構築できていない、わたしには。今後の自分の研究課題のひとつである。

○七月二十一日

★午の刻、追討使発向、三位中将資盛、大将軍となす、(中略)家僕ら、密密〔ひそかに〕見物、其の勢千八十騎、云々、(割書き、略)世の推す〔おしはかる〕ところ、七、八千騎、および、〔一〕万騎、云々

●平家軍がまた追討のため京を発った。近江のあたりにいる義仲、行家軍と戦うためか。日頃、追討集団は七、八千騎ないし何萬騎と書かれているが、見たところ僅か千騎くらい。《有名無実の風聞、これを以て察するべき》と兼実は書いているが、北陸道での義仲・行家軍に負けて敗走してきた平家軍がかつての威容を誇ることはもはやできなかったであろう。にもかかわらず征討軍を送らなければ、平家の面目を保てないというのであろうか。

○七月二十二日（人びとが言うには）

★江州武士ら〔鎌倉幕府に参加した佐々木源氏らであろうか〕、すでに六波羅辺に入京す、物騒極まりなし、云々、又聞く、入京実説に非ず、しこうして地の武士〔京都の武士〕ら、台獄〔比叡山、延暦寺であろう〕に登り、講堂まえに集会す、云々、

●近江の武士らはすでに平家の根拠地である六波羅のあたりに到着しているという。六波羅は六条通りの鴨川を東に渡ったあたりにある。しかし入京説は実説かどうか不明。平家の武士らが比叡山、延暦寺に集まって集会を開いているという風聞もある。京都人たちは疑心暗鬼のとりこになっている。

★（同日）また聞く、十郎蔵人行家、大和国に入り、宇陀郡に住む、吉野の大衆ら与力す云々、仍って資盛、貞能ら、江州に赴かず、行家の入洛を相待つ、云々、また聞く、多田の蔵人の大夫行綱、日来〔日ごろ〕平家に属す、近日、源氏に同意すの風聞あり、しかして、今朝より、忽ち、謀叛、摂津、河内の両国に横行す、種々の悪行を張り行う〔強く行なう〕、

●行家らが、大和の国宇陀郡に住んでいるというので、平家軍は京都南方からの敵、行家の侵攻を待つらしい。多田の蔵人行綱はもともと平家に属していたのだが、最近、源氏に同意し、今朝より謀叛人となり、摂津や河内などの大阪で暴れまわっているらしい。源氏側についたことで、悪人化されている。後白河法皇は法性寺御所に逃避しているという。あるいはどこかに逐電した、というニュースも流れている。上皇や宮、卿相らが集まって論議しており、兼実もよばれているのだが、病気を口実に、欠席している。ずるい人なのだ。多分、平家の側にも、源氏の側にも、どちらにも加担したくないのであろう。

11――平家一族の都落ちと義仲の京都登場

○七月二十五日

★巳の刻〔午前十時ころ〕に及んで、〔平家の〕武士ら

主上〔安徳天皇〕を具し奉り、淀地方に向かいおわんぬ、と言えり、鎮西に籠ることあり、云々、
●平家の都落ちが始まったか。ここ、やや解りにくいので『綜覧』を参照すると、
☆平宗盛、天皇、建礼門院〔清盛の娘で安徳天皇の母〕ヲ奉ジ、神器ヲ携ヱ、摂政基通及ビ平氏一族ヲ率キテ、京都ヲ出奔シ、西海ニ赴ク、とあり、すなわち、やはりいわゆる平家の「都落ち」が始まったのである！
★〔同日〕前の内大臣〔宗盛〕已下一人残さず、六波羅、西八条〔当時の京都御所?〕などの舎屋一所残さずならびに灰燼と化しおわんぬ〔六波羅の多くの建物や御所などをすべて焼き払い〕、昨は〔昨日は〕官軍と称し、縦に〔ほしいままに〕、源氏を追討、今は、省等をたがえ〔ここ、意味不明〕辺土を指して逃げ去る、盛衰の理り、眼に満ち、耳に満つ、悲しき哉、
●平家一族は六波羅の邸宅や御所を焼き払い、京都の南に向かって逃走を開始した。昨日までは官軍と称し、源氏を追討していたのに、今日からは自らが敵となって西国に向かって逃走する。ああ、悲しきかな。平家の栄枯盛衰をまのあたりにして、兼実の同情の嘆きの声が生で伝わってくる。落ちていく平家に同情したというより、「平家物語」の最初の言葉と同様の心情が、兼実の心にも浮かび上がっているのであろう。《盛者《じょうしゃ》必衰ノ理《ことわり》ヲ顕ス、奢《おご》レル人モ久シカラズ》〔延慶本「平家物語」〕と。源氏は木幡山のあたり〔京都の南方、宇治のあたり〕まで、来ているという。
○七月二十七日
★先の内大臣〔宗盛〕已下追討の事、内内、仰せ下さる、〔中略〕主上、剣、爾とも還御あるべきの由、〔中略〕余また云う、今においては、義仲〔木曽〕、行家〔十郎〕ら、士卒の狼藉を停止し、早く入京すべきか、その後、早速、還御あるべし、しからざれば、京都の濫吹〔秩序の乱れ〕あえて、止めるべからず、
●三種の神器たる鏡や剣や爾の返還がいつ行なわれるだろうか。後白河や兼実らは、平家逃亡より、つぎの段階をすでに案じている。なんと現実的なことか。兼実はつい二、三日前まで謀反の徒とよんでいた義仲、行家らの入京を心待ちにしている。朝令暮改もはなはだしいと言わねばならぬ。そして剣爾や内侍所〔鏡〕が無事帰ってくるかどうか、もはや平家の人々への哀惜の情など忘却の彼方だ。貴族と言われる人びとのドライさ、調子よさが、しばしば漏れ出

る兼実の個人としての感懐と、反対の対応が、貴族の人びとの意識を決めているかのようだ。

○七月二十八日

★今日、義仲、行家ら、南北より〔義仲北、行家南〕、入京云々、左少弁光長、来たり、語って云う、〔後白河法皇たちは〕義仲、行家らを蓮華王院の御所に召し、〔平家〕追討の事を仰せ遣わさる、大理〔内裏か〕の、殿上の縁において、これを仰す、かの両人、地に膝まずき、これを承る、

●なんという素早い、後白河らの行動だろうか。そして、なんという卑屈な、義仲や行家の対応であろうか。すぐ以前まで友好関係を保ってきた平家一族の離反にたいし、今までなんのつきあいもなかった義仲や行家らを呼びつけて、平家追討を命じているのだ。義仲らは、地に膝まずき、へりくだって、その宣言を聞いているのだ！　そしてつぎには義仲らへの報償や除目のことが取りざたされている。朝廷の人たち貴族や官人たちは、感情というものと無縁の、単なるリアリストたちであったというべきだろうか。あるいは天皇中心、じつは象徴主義的世界から、親政という世界を復活した「院政」という、上皇による直接政治を始めたときから、施政者としての上皇たちは、このリアリズムを体得していったとでも言うのだろうか。一方、「武士」とよばれた連中は、なんの抵抗感もなく、この、上皇の言葉を了承しているのだ。

○七月三十日（後白河の意向が、貴族たちに伝えられた）

★一、仰せて云う、今度の義兵〔義仲や行家の活動〕、造意〔最初の計画ということか〕、頼朝に在りと雖も、当時の〔事実上の〕成功の事、義仲、行家也、且つ賞を行わんと欲すれば頼朝の鬱〔機嫌の悪さ〕測り難し、かの上洛を待たんと欲すれば、また両人〔義仲、行家〕賞の遅きを愁うか、叡慮、決め難し、兼ねてまた、三人の勧賞〔三人、一度に表彰すること〕、等の差あるべきか、

●そもそも頼朝は謀反人として、「玉葉」に初登場したのであり、それ以降の平家追討の動きはほとんど語られていないというのに、なぜ、実際の功労者、義仲や行家と同等の、いやそれ以上の報償が頼朝にたいして考えられているのだろうか。何度か書いてきたが、わたしには幕府成立の当初から頼朝が関東勢

の主人公であったとは思われない。平氏の大庭景親に敗れて、千葉に敗走してきた男ではないか。頼朝を称揚している「吾妻鏡」を読んでも、鎌倉幕府の成立は頼朝による構築というわけでなく、関東武士たちの自然的な、あるいな反・中央的な集合のなかでなんとなくできあがっていったという感じが強い。それは将門の乱のあたりから、坂東の豪族武士たちの、反・朝廷、反・中央的な感覚が集合したものに違いないと、思うのだが。

●それはともかく、朝廷や院では源氏の第一人者として頼朝は捉えられ、彼が義仲や行家に指令して、平家の朝廷からの追い出しが成立したとでも考えられていたのかもしれない。「玉葉」本文では、上級貴族たちの判断によると、報償の順位に関しては、《その等級において、且つ勲功の優劣によって、且つ、本官の高下に従って、決められるべき》、だとし、《第一頼朝、第二義仲、第三行家なり》、とされている。坂東武士たちについて最初期に書かれた「謀叛」が、現在では、逆に再評価されているのだ。

●本官の高下というのは朝廷による官位の上位者か下位者かということであろう。すると、頼朝は平治の乱の頃は右兵衛の介であったから、三人のなかでは一番高い位であったのかもしれない。木曽義仲は無冠、行家は蔵人とされている。蔵人は天皇の周辺にあって、日常の諸事の面倒を見る係りであったから、頼朝が優位に立つことになる。まあしかし、ここでは後白河上皇や兼実らが、真剣にこの三者の報償などについて議論していたことを記憶しておこう。よく知られているように、義仲が以後、京都における軍事的最高責任者としてふるまったことは、のちの「玉葉」の記事によって確認していくことにしよう。頼朝らの報償は、以下のように判断された。

★(同日)

頼朝、[京官(京職といって、司法や行政の責任者)、任国(国司にする)、加級(官位を上にあげる)、(以下、左大臣と兼実の議論など、略)]

義仲、[任国(ある国の国司とする、か)、叙爵(現在、官位がないので、与える)]

行家、[任国、叙爵(以下略)]、

●このような、院や朝廷の論議や決断はかなりのものであったろう。彼らは、いわば田舎武士たちであったのだから、彼ら、頼朝、義仲、行家らは。

○八月二日(以下の文章はまた、読解しがたいのであ

るが、大まかな趣旨を言えば、兼実の感想では、摂政にはふたつの考えがあった。そのひとつは

★去る月の二十日頃、前内府〔前の内大臣、宗盛か〕、及び重衡ら密議して云ふ、法皇〔後白河〕を具し奉りて、海西に赴くべし、

●いやー、危ないところだった、宗盛たち平家は、後白河法皇も引き連れて鎮西に逃げるつもりだったのだ。この密議を知った摂政兼実が、女房の冷泉の局を使って法皇に密かに告げたので、法皇は比叡山に逃げたのだった。もうひとつは、微妙な感じなのだが、法皇が摂政を形容するとき「艶」という字を使っているのだが、男色的な対象のことを言っているのだろうか。兼実はやや怒っているようだが、本文は略すことにする。源平戦争のなりゆきとは少し違った話なので。しかし、翌日の記事は、なんだかへんである。内裏の板敷の上に、牛が上がって臥していたという。さらに、天皇の昼のおまし（天皇が昼間過ごす部屋）に狐、糞をまりし（糞をし）残して行ったというのだが、ほかにも京中にやばいことがいろいろと起こっているというのだ。世の異変を、武士の出現の背後に感じているのだろうか、一種の共同幻想として。

○八月六日

★京中、物取り追捕〔強盗などの捕縛〕、兼日〔日頃〕倍増す、天下すでに滅亡おわんぬ、（中略、後白河が言うには）立王の事、思し召し煩《わずら》うところなり、まず、主上〔安徳天皇〕の還御を待ち奉るべきか、はたまた剣爾〔三種の神器の剣と爾、践祚に必要だったらしい。爾は天皇を証明する印〕なしと雖も、新主〔天皇〕を奉るべきか、御占いを行われるところ、

●義仲や行家の上洛と前後した平家の京都からの脱出が、京都の町を大混乱に陥らせていたというのに、後白河が、平家が逃亡すると真っ先に考えたことは、安徳天皇がともに連れ去られたため、空位になった天皇を早急に決めることであった。践祚〔天皇の交替、皇子が天皇の位につくこと〕のために必要な三種の神器である、鏡、剣、爾も平家が持っていってしまったのだ。まずは安徳天皇の帰還を待つべきか。あるいは、その剣爾のないまま、新天皇を世に送り出すべきかどうか。後白河も容易に決められず、陰陽師を呼んで、卜占が行われたのだが、上級貴族たちは安徳天皇の帰還を待つべきだという意見が多かった。しかしながら、まずは平家追討が重大事であっ

たが、なにしろ平家軍は天皇や三種の神器を持っている。これを安易に攻撃することはできない。しかし剣や爾のない践祚はかつてなかった。そこで卜占によって朝廷・院がとるべき方策を探ろうとしたのだ。兼実は嘆いている。このような事態は、《未曾有の事也、天下滅亡、只此の時なり、悲しむべし、悲しむべし》、と。

●毎日、上級貴族たちが集って、新天皇を決めるべきか、安徳天皇の帰還を待つべきか、ああでもない、こうでもないと連日、協議が続いた。朝廷や院にとっての最大関心事であったのだ。

○八月十一日

★去る夜の聞き書きを見るに、義仲、［従五位下、左馬頭〔左右あった朝廷の馬を管理する左馬寮の長官〕、越後守〕、行家、［従五位下、備後守、云々」、

●院の上級貴族たちの決定は、義仲を左馬の寮の長官にし、越後の守とする。従五位下は、中級貴族のあった。最高位であったが、それ以上は出世できない官位であった。国司階級の官位はほとんどが従五位の下であった。しかし、馬寮は、朝廷や院の馬の管理などを担当するところで、軍事的には大きな役目であったと言える。行家には、国司とその官位が与えられたとする。しかるに、彼ら、義仲、行家に、明るい将来は、結局来なかったのであるが。

○八月十二日

★伝え聞く、行家、厚賞〔大きな評価による賞〕に非ずと称し、忿怒しぬ、かつ、これ、義仲の賞と、懸隔〔違い〕のゆえなり、閉門し、辞退す、云々、

●行家は自分の叙任が左馬の守を兼ねる義仲より劣っていると考え、憤怒するのである。つまり彼らも国家への謀反を考えていたわけではまったくなく、院から官位、官職を得ることがまずは重要であった。しかし、官位、官職をもらうということは、院、朝廷に仕えたことになるのであり、官人のひとりになることであった。のちに、頼朝が、義経が自分の許可なしに、後白河上皇から、検非違使の尉という官職を貰ったといって怒ったことになっているのは、義経が頼朝の配下というより、院・朝廷の配下になったからであったとされている。頼朝はほかの御家人たちにも、かってな叙任を許さず、うっかり叙任された連中を口汚くさんざんに罵っているさまは、

「吾妻鏡」の描くところである。しかし、頼朝と義経の終世の確執は、もう少し根深いところにあったのではないかと考えているのだが、その解答を発見できたわけではない。

★（同日）一昨日夜、〔西海に移動している〕時忠卿〔清盛の妻、時子の兄の貴族〕のもとに遣わすところの御教書〔院からの宣旨、のちに、鎌倉幕府も出すようになった〕の、返礼到来、その状に云う、京中、落居の後〔京中が落ち着いたら、か〕、剣爾已下、宝物など、還幸〔帰ってくる〕のこと、前内府〔宗盛〕に仰せつけらるべし、云々、事體、すこぶる嘲弄の気、有るに似たり〔ここ、どういう意味か〕、

●京都が落ち着いたら、西海への移動のリーダーである宗盛に、剣爾などの返還を求めたらどうですか、と平家のブレーンである時忠卿が言ってきたのだが、そこにはある種の嘲弄（馬鹿にしている）の雰囲気があった。と、兼実は考えたのであろう。平家が自分たちで持ち出したものなら、みずから返還すべきではないか。

★（同日）貞能〔たぶん、清盛一族の縁戚のひとりの貴族、官人〕の請け文に云う、（中略）〔平家一族は〕当時、備前国の小島〔児島の地名が現在も残っている〕にあり、船、百余艘、云々、ある説に云う、鎮西の諸国、宰吏（横に、史、かとある、役人）に補《ぶ》す、云々、およそ、天下の體〔てい〕、三国史のごとしか、西、平氏、東、頼朝、中国〔畿内〕、すでに剣爾なし、政道、ひとえに、暴虎〔荒れ狂っているが〕、尫弱〔弱体〕となる、甚だ、その憑《よりどころ》なしに似る、

●また貞能の返事には、平家一族が船百余艘に乗って、瀬戸内海の小島〔児島か〕にいる。鎮西〔九州〕の諸国の人びとをその役人に雇っている。今の日本の様子は、中国の三国時代（魏、蜀、呉に分かれた）か、朝鮮半島の三国、高句麗、百済、新羅に似ている。西は平家の領域、東は、関東勢の領域、畿内は院が制圧している。畿内の情況はしかし、しっかりしたリーダーがいないかのごとく、暴虎のようでもあり、尫弱のグループとも見える。たしかに、短い間であったが、三国時代のようにくっきりと三つの領域に分れている。以下に、畿内のようすがさまざまに書かれ、嬰児のごとし、禽獣のごとし、悲しむべし、悲しむべしと。これはまた、兼実の嗟嘆の類型的表現であろう。

○八月十四日

★践祚のこと、高倉院の宮二人、〔一人は義範の女腹〔娘から生まれた〕五歳、一人は信隆女腹、四歳〕の間、思し召し煩うのところ、以外〔意外〕の大事、出で来おわんぬ、義仲、今日申して云う、故三條の宮〔以仁王〕の御息宮、北陸に在り〔死んだ以仁王の息子の宮が北陸にいたというのだ〕、〔われわれ、義仲や行家の〕義兵〔戦争〕の勲功、彼宮の御力に在り、よって、立王の事においては〔以仁王の息子を選んで〕異議あるべからずの由、所存なり云々、

●ここで意外な発言が義仲から飛び出して来たのである。義仲の挙兵は以仁王の令旨によっていたのであり、北陸にいた以仁王の息子こそ（以後、北陸の宮とよばれている）、つぎの天皇の資格があるのだ、と。のちに京都人たちから田舎もんとして馬鹿にされた義仲であったが、ここではしっかりと以仁王の息子をつぎの天皇として推薦している。これには上級貴族たちも困った。天皇の継続者としての資格は、安徳天皇の父である高倉上皇の息子たちのほうが、同じく後白河の息子であったが、天皇になっていない以仁王の息子より優位にあるという（この三人の天皇候補は皆、後白河の孫であった）。上級貴族たちはト占などもやりながら連日協議した。右大臣の兼実にとっても煩悶の日々であった。かれは病気と称して院に出仕しない日もあった。まあ誰からも非難されたくなかったのであろう。調子のいい兼実はこの手をよく使ったのである。

○八月十五日

★光長朝臣来たりて、院宣を伝えて云う、成勝寺の内に、神祠〔神のほこら〕を立てらるべきの由、思召すところなり、そのゆえは、近曾以来〔ここんところ〕、乱逆、連綿〔として続く〕、天下、静ならず、かの冤霊〔無実を訴える霊魂〕による、この災難〔災難〕あるの由、世の思うところなり、

●この冤霊をなぐさめるべく、神祠を建てようというのだが、この冤霊のぬしはだれだろうか。清盛が恨んで死んだとは思えないし、信西（後白河の親政を助けたが、保元の乱のとき、自殺した）であろうか。辿っていけば無実の死を与えられた貴族は多かった。しかし、ともかく、後白河上皇は悩んでいるのだ。

★（一方平家軍はと言えば、光長が言うには）平家の余勢、非〔○非、あるいは舟の誤り〕幾百余艘、当時、備前国小嶋に在り、云々、鎮西、母字関〔門司関〕を閉す、仍って鎮西に通う能わず、南海、山陽両道を

領すべきの由、結構と雖も、定めて叶わざるか、云々、
●平家は門司関のあたりが閉鎖されているため、九州に行くことができないで、備前の小嶋（まえには小島とあった。岡山市の南部にあった島で、小豆島の西隣にあった。のちに、海峡が埋められて半島になったと、ある友人が教えてくれた）のあたりに幾百余艘という船を連ねて待機しているという。現在の半島地図に、児島と書かれているところであろう。彼らはのち、四国の屋島のあたりに天皇のための御所を作り、拠点を築くのだが、大阪湾を西に向かった福原のあたりも清盛以来の領地であり、のちに義経、範頼軍をここで迎え撃った。いわゆる一の谷の合戦である。平家軍も阿波水軍など、水軍の力を借りるとまだまだ戦闘能力を維持していたのだ。しかし、「平家物語」などが書くように（「玉葉」も書いているが）、平家の人びとは海の民にでもなったかのように、長く、海上生活をしていたのだろうか。そうではなく、安徳天皇や建礼門院（徳子）や女房たちを伴った大集団の平家一族は、移動のとき、船を利用したのだろうか。この合戦の最後の戦場は壇ノ浦であり、海上戦争が展開したことになっている。坂東勢の進出によって、門司の関を閉じられたため、平家一族は九州に上陸できなかったとされる。

○八月十八日

★（病気と称して、参院しなかった兼実は）今日の議定の趣き、追って、これを尋ね記すべし、定めて、異議なきか、

●兼実は、この日決定された院でも議定をあとで追跡調査して、日記に書いておこうと言っている。

★（同日）静賢法印、人を以て伝えて云う、立王のこと、義仲、なお、鬱し申す〔憤ったままであった〕、云々、このこと、まず、始めに高倉院の両宮〔二人の兄弟〕を以て、卜せらるのところ、官寮ども〔寮の官人たち〕兄宮を以て、吉となすの由、これを占い申す、その後、女房丹波、〔〔後白河の〕御愛物の遊君〔遊女〕、今は、六条院殿と号す〕、夢想して云う〔夢に視たことを言った〕、弟宮〔横に小字で、後鳥羽、とある〕〔四位、信隆卿の外孫なり〕、〔上皇の〕行幸あり、松枝を持ちゆくの由、これを視ると、法皇に奏す、仍て、卜筮〔占い〕に乖《そむ》いて、四宮を立て奉るべきのよう、思召す云々、

●新天皇の選択を占いによって決めたというのも、情けない話であるが、さらに、後白河は愛人の遊女

の夢想を信じて、占いとは逆に四の宮を立てようと考えたようだ。

★（同日）然る間、義仲、北陸の宮を推挙し、仍て、入道関白、〔藤〔原〕基房〕、摂政、〔藤〔原〕基通〕、を、（中略）〔ほか左大臣と兼実を召したところ三人が応じたが、兼実は例によって行かなかった〕かの三人、おのおの申されて云う、北陸の宮、一切、しかるべからず、ただし、武士〔義仲〕の申すところ、恐れざるべからず、仍て、御卜を行なわれるに、かの〔義仲〕の趣きにしたがわれるべし、

●後白河の愛人、のちの六条院の夢のお告げか、武士の介入によるか、その選択のために、上級貴族たちは右往左往するさまが、むしろ滑稽に描かれているのだ。兼実は、そういう意味では賢かったとも言える。病気と称すれば、陰口はきかれても、正面から非難する人はいない。結局、四の宮、のちの後鳥羽天皇が選ばれるのだが、義仲の怒りは解けなかった。

◉ここで、兼実の記述が正確だったかどうか、『綜覧』の寿永二年の七月、八月の記事を読んでみたいと考える。『綜覧』は記事の多くを「吾妻鏡」に依拠しているのだが、ほかの日記や記録も参照しているので、おおまかには信用できる。というか、『綜覧』は当時の人びとの共同の理解を再現しているとも言いうる。

☆七月二十五日、平宗盛、天皇〔安徳〕、建礼門院ヲ奉ジ、神器ヲ携エ、摂政基通及び平氏ノ一族ヲ率イテ、京都ヲ出奔シ、西海ニ赴ク、摂政基通、途〔道〕ヨリ帰京シ、平頼盛モ亦〔また〕、京ニ留ル、是日、行家、木幡山ニ、義仲勢多ニ次ス〔やどる〕、（玉葉、吉記、公卿補任、ほか多数）

●この記事では、行家を義仲よりまえに書いている。木幡山は京都の南方、宇治のあたりにあった。京都に近かったから、先に書いたものか。摂政の基通は、「玉葉」の新天皇の選出のさい、登場していた。京都に逃げ帰っていたのだ。頼盛は、清盛の弟で、母の池の禅尼が頼朝の命を救ったとして、頼朝から厚遇された平家武士貴族で、宗盛らと西海行をともにしなかった人物である。

☆七月三十日、公卿ヲ院ニ会シテ、頼朝、義仲、行家等ノ勧賞、及ビ関東、北陸ノ荘園及ビ、京中ニ狼藉制止ノ事ヲ議ス、又、官寮ヲシテ、神器ノ西遷〔西海に行くこと〕ヲト〔占い〕セシメ、尋〔ついで〕、院宣ニ依リ、民部卿、藤原成範ヲシテ、神器奉還ノ事ヲ、

平時忠ニ諭《さと》さしむ、是日、源義仲ヲ京師〔京都の街〕ノ守護トナス、（玉葉、吉記、百錬抄、ほか）

●義仲が京都の守護になったとあるがこれはどうか。ふつうの理解では、守護を全国に派遣するようになったのは、鎌倉幕府成立以降であり、この段階では守護という用語はまだなかったように思われるのだが。援用されている「玉葉」には、そういった記事はなかった。ある百科事典には、守護は初めは「惣追捕使」といったという説があると書かれていた。追捕使は、律令的な領域の用語で、凶賊を捕縛したり、反乱鎮圧を受け持ったようだから、そういった記事なら、ほかの史料に出ているのかもしれない。

☆法皇、新主ヲ立ントシ給ヒ、高倉天皇ノ皇子三宮、「雅成」、四宮、「尊成」、ヲ召見シ給フ、（増鏡、保暦間記、ほか）

●「玉葉」もほぼ同じ記述だが、援用書にあげてない。

☆八月十日、源義仲ヲ左馬頭、兼、越後守、源行家ヲ備後守ニ任じ、従五位下ニ、叙ス、（玉葉、百錬抄、ほか）

☆八月十四日、源義仲、（中略）故以仁王ノ御子ヲ、帝位ニ即《つ》ケ奉ラン事ヲ奏ス、（玉葉、参考源平盛衰記）

●ほぼ、「玉葉」通り。以上の記述はやはり同時代的認識であったのだ。

☆八月十五日、法皇、神祠ヲ成勝寺ニ建テヽ、崇徳天皇ノ霊ヲ祀ラントシ給ヒ、（玉葉）

●あった！　あの冤霊〔冤魂か。無実を訴える霊魂〕だ。これは崇徳天皇であった。この天皇は、世に祟る霊の嚆矢であって、この霊以降、祟り神となる霊は多く、菅原道真や平の将門らがそうであった。崇徳天皇は後白河上皇の兄で、即位するとすぐに、近衛天皇への譲位を強制され、退位後は、息子を天皇にしたかったのに後白河になり、というふうに恨みが重なる精神生活を送った。そして、保元の乱で敗者となり、讃岐に流されたのだが、その地で死んだ。のちに世の中が乱れると崇徳天皇の怨念の祟りであると考えられるようになり、朝廷は上皇の位を追贈した。「玉葉」では、わたしには、怨念のぬしが解らなかったのである。

☆八月十六日、法皇、源義仲ヲ伊予守ニ、源行家ヲ備前守ニ転ジ、（中略）権大納言平時忠ヲ解官セシム、（玉葉、百錬抄、皇帝紀抄、ほか）

☆八月十八日、法皇、平氏ノ所領ノ没官セル〔領地を没収し〕五百余箇所ヲ頒《わか》チ〔分けて〕、百四十余所ヲ源義仲ニ、九十余箇所ヲ源行家ニ賜フ、（玉葉、保暦間記、

ほか）

●「玉葉」の同日の記述はもっぱら、新天皇の選出と義仲による北陸の宮推挙のようすが描かれており、上記のような具体的な報償については触れていなかった。

●しかし、おおまかに、『綜覧』の記事と「玉葉」のそれに齟齬はなく、「玉葉」が蒐集できた情報は記載されていたことが解った。

◉次の天皇を決めるべく何度も卜噬《ぼくぜい》（占い）をやったが、義仲の推した以仁王の皇子は選ばれなかった。《北陸の宮、一切、然るべからず、但し、武士の申すところ、恐れざるべからず》（十七日）、とあり、貴族たちは卜噬の結果を義仲のところに恐る恐る報告に行った。朝廷の貴族たちにとって新興の武士の威力はそのようにも恐ろしかったのであったが、ともかく怒る義仲に譲歩せず、高倉上皇の第四の宮が、後鳥羽天皇として選ばれたのであった。後鳥羽はのちに、鎌倉武士集団に抗してクーデタ（承久の乱）を起すが、あっというまに、惨めに敗れている。そして、隠岐の島に流されたのであった。しかし、文人としては優れていたようだ。承久の乱のあと、流された隠岐の島で終生を過ごしたのだが、彼の残した歌はなかなかよいと思う。

　我こそは新嶋守りよ隠岐の海の　あらき波風心してふけ

「新古今集」編纂のときは、後鳥羽みずからが先頭に立ち、新古今の第一人者とされる藤原定家にも、注文をつけたとされている。自分の文芸観に相当な自信を持っていたと見える。それにたいして、のちの鎌倉の三代将軍実朝は詩人とも言われるが、関東という、京都からみれば辺境の地で和歌を作っていたので、定家を鎌倉によび、指導を受けている。しかし、その指導をそのまま受容したようだ。ちなみにわたしは実朝の歌を過剰に評価する気にはなれない。定家は「万葉集」以降の日本の和歌の原則とも言える「本歌取り」についてコーチしたらしいのだが、その本歌取りがあまりに直截で、どこか稚拙さが残っているような気がしてしまうのだ。

第2部——

源頼朝と木曽義仲の確執

◉後白河法皇の親政と、義仲の栄光とその最後

◉協力——石井浩子

1――なぜ、功労者義仲への「田舎者」的誹謗の物語が生まれたのか

◉木曽義仲(源義仲)は、父の義賢を、頼朝の兄である源善平に殺され、信濃のほうに逃げたとされているが、そういう意味では、頼朝は父の仇《かたき》である男の弟であり、同じ義家、為義の系譜に繋がろうとも、心のなかでは怨み骨髄に迫る存在であったに違いない。同族とはいえ、親近感よりむしろ敵意を抱いていた。その点は頼朝はどうだったのか。やはり、いとこにあたる義仲に親愛感など抱いてはいなかったろう。義仲は頼朝同様、以仁王の令旨を見て挙兵したという。そして頼朝に先立って京都に上った義仲軍の勢いを覗い、貴族平家一族は西国に逃れた。そして朝廷の皇族、貴族たちを安堵させたのだった。貴族たちは野蛮な武士でもあった平家一族の貴族化をとどめることはできなかったが、心のなかでは、武士という存在を嫌悪していたのではないだろうか。それはのちに、「玉葉」の著者九条兼実の精神のなかでもしだいに明確にされていったように思われる。義仲は彼ら貴族の意識のなかでは、田舎者として馬鹿にされていたのだが、しかし平家を西国に追いやったのは義仲の勲功であり、後白河法皇も彼の武力のまえで、ある意味では翻弄され、しかし対等につきあっていたことは、以下の日記に記述されている。

◆寿永二年
○九月三日
★或る人云う、頼朝、去る月二十七日国を出で、すでに上洛云々、但し、信受せず〔兼実たちは信用しなかった、ということか〕、義仲、偏に立ち会うべく支度云々、天下、今ひとえに暴乱出で来るか、およそ、近日の天下の武士のほか、一日存命計略なし、仍って、上下多く片山、田舎などに逃げ去る、

●頼朝がいつ上洛するのか、貴族たちは懼れと希望でやはり疑心暗鬼に陥っている。義仲も頼朝が上洛したら、覇を競うというのか、あるいは合同しようというのか、支度して待っているようだ。彼ら、天下の武士(院の北面の武士らのことか)以外の人びとは京都の街が戦場になるかもしれないという疑惑に、懼れおののいて、山奥や田舎に、家財道具などをか

ついで逃げ惑っているのであろう。京都で何が起きるか、だれにも解らない。

○九月四日

★去るころ、義仲のもとに落書〔世の中の平和が崩壊するといったとき、民衆からの疑問などが歌や警告となって、市中に張り出されたりしたのだ〕あり、すなわち義仲の所業、不当、非法など、悉く以て注を載す、

●義仲の京都でのふるまいに市民から非難の声があがっているようだが、具体的に義仲がどういうふるまいをしているのかは、書かれていない。

○同日

★〔頼朝と知音のある貴族が〕一昨日、飛脚を以て示し送って云う、十日余のころ、〔頼朝〕必ず上洛あるべし、

★頼朝、今月三日、出国、来月一日、入京あるべし、是、必定の説なり、云々、

●頼朝上洛の噂はあちこちで起こっている。やはり京都の、朝廷や院の混乱を救うのが頼朝だという、「頼朝待望論」なのだろうか。頼朝が上洛すれば、京都の日々ももとに戻って静寂を取り戻してくれる、とでもいうのであろうか。正直言って頼朝がなぜそんなふうに期待されているのかよく解らない。彼が前九年の役や後三年の役で活躍した源頼義、義家、為義、父義朝と続く、河内源氏の嫡流であるということが、そして平治の乱で失墜するまで、京都貴族の一員であったということが、院や京都貴族たちに、なにか信頼感を与えているのだろうか。かつて、謀反人と決めつけてきた頼朝も、平家の都落ち以降は、その主役であった義仲に替わって、京都の守護神にでもなってくれるかも、という共同幻想がしだいに成立していったのだろうか。

○九月五日

★或る人云う、平氏の党類、余勢全く減ぜず、四国、並びに淡路、安芸〔清盛の崇拝した厳島神社があった〕、周防、長門、並びに鎮西諸国、一同与力しおわんぬ〔平家側の味方になった〕、旧主〔安徳天皇か、つぎに崩御とあるので〕、崩御の由風聞、謬説なり云々、当時、周防の国にあり、

●逃亡した平家は戦力的に、決して弱体化したのではない、西の諸国が味方している。九州勢も同意しているという。安徳天皇が死んだという情報があっ

たが、それはまちがいで、現在、周防の国に健在だ。など、平家軍を評価する情報も流れている。

○同日

★皇居に用いるべきの家なく、仍って船に乗って、浪上に浮かべて、云々、

●安徳天皇を戴く平家は、皇居にする家がないため、全員で船のうえに逃れている。この船上での生活という情況は「平家物語」の最後のころ、すなわち壇ノ浦という海上で義経の関東軍を迎え撃つときのイメージを先取りしたものではないだろうか。しかし、彼らは一の谷の合戦で敗れると瀬戸内海をしだいに東遷し、十月には四国の屋島に皇居を作っていた。すなわち、彼らは船の上だけで移動生活をしていたわけではなく、各地に拠点があったのではなかっただろうか。それはのちに、兼実の記述にも現れるであろう。絵巻などに現れる日本の船は多くは小型で、船上で何カ月も生活するなどできるわけがない。アジアの海民には船上で生活する人びとがいたことはまちがいないのだが。日本で家船（えぶね）とよばれる船で生活していた人たちを描いた宮本輝氏の『泥の河』は印象的な小説であったが、大阪湾に注ぐ河口付近に船を繋いで、家族が生活している。その習俗は東南アジアまで一般化していたのではあるが。貴族と呼ばれた人びとの居住空間としては、なかなか困難であったろう。

◉他方、新天皇の即位の日を巡って、上級貴族たちは毎日議論していた。鏡や剣、爾のない即位式などかつてあったろうか。どうしようか。有職故実に煩かった貴族たちは過去の即位を厳密に調べようとしている。とりわけ、兼実は有職故実家であったらしいので、真剣だったのかもしれない。しかし、決定に卜筮が使われているが、これは逆に、運は天に任せて、といったいい加減な方法であったが、当時の天皇や貴族たちはなんの疑いも持っていなかったようだ。

○九月二十日

★〔兼実は〕大将の第〔義仲の邸宅〕に向かう、発日〔出発する日〕を、為す〔言う〕に依るなり、

★夜に入りて人伝てに云う、義仲今日俄かに逐電す、行方を知らず、郎従、大騒ぎ、院中また物騒云々、

●という怪しげな情報も流れたが、義仲がここで逃げ出すわけがない。では、なぜこんな情報が流れた

のか。貴族や京都の民衆もどこかで、武士という存在が把握できていなかったから、悪いほうの解釈が先行したのではないだろうか。武士とはもともと闘争するのが商売で、彼ら、一般人と違った位相にあった。だいたい、朝廷関係の武士以外の地方在住の武士を見たのは、義仲や行家が初めてであった。もっとも、大番という制度があり、関東武士たちも時々、京都の上級貴族の警護に来ていたのであるが。

◐-◐「怪しげな情報」ですが、九月十九日、後白河が義仲を呼びつけ、平家討伐を命じます。二十日は後から考えると（九月二十一日の条）、義仲は平家討伐に向かっていたものと考えられます。これを日記に記す時には分からず、逐電という表現を用いたのだと思うのです。それを二十一日になって、兼実が聞いたということでしょう。

○九月二十一日

★伝え聞く、義仲、一昨日参院、御前に召さる、勅して云う〔後白河が言った〕、天下静かならず、また平氏放逸、毎時、不便なり云々、義仲申して云う、罷り向かうべきハ、明日早天、向かうべし、云々、即ち、院〔後白河〕、手に御剣を取って、これを給う、義仲これを取って退出、昨日俄かに下向、

●一昨日、義仲は後白河法皇のまえに呼び出され、後白河は平家追討を命じた、あるいは頼んだ。このふたりの政治的優位性はやや、不明だ。ともかく、法皇はかつて朝廷が蝦夷征討の征夷大将軍を指名したときのように、剣を取って義仲に渡した（追討使に最後に剣を渡す儀礼的な作法があったようだ。これは義仲を平家追討将軍として正式に認めたということになる）。義仲は昨日、平家追討のため、にわかに下向、西国に向かったという。この情報も決して正確かどうか解らない、というのが兼実や多くの人びとの実感だったのではないだろうか。前述したごとく、武士という存在に対して認識不足だったからだ。

○九月二十三日

★行家を追討使として遣わすべきの由、院より再三義仲に仰せらる、義仲、左右を申さず、俄かに以て逃げ下る、行家を籠らせるため、云々、

●後白河は義仲と同時に入京した源行家を追討使にして、いっしょに連れて行けと言うのだが、義仲はむしろ、行家を家に閉じこめておこうとする。この最後の行のあたり、やや意味がとれないが、義仲は

行家とは行をともにできないと言っているのだろうか。ではなく、同僚とも言える武士を京都に残しておきたかったのではないか。武士の側でも、朝廷や、天皇、上皇を全面的に信用していたわけでもなかったろうから。

○九月二十五日

★伝え聞く、頼朝、文覚上人をもって、義仲らを渙発せしむ云々、

●渙発、『広辞苑』に《詔勅を広く天下に発布すること》とあるが、後白河の詔勅を、頼朝が実行させるために、文覚上人を使って義仲らに理解させ、鼓舞しようとした、というのであろうか。文覚上人は問題の多い僧で、もと北面の武士、問題を起して伊豆に流され、同じく伊豆に流謫中の頼朝に挙兵を勧めたりしたともいわれる(『吾妻鏡』)。死んだ頼朝の父の義朝の頭骸骨を捜し出してきて頼朝に届けたという、ナンセンスな物語もあった。まあ、ここでは義仲を守り立てるべく、頼朝と親しかった文覚上人の力を借りたとでも解しておこう。頼朝の息子頼家が将軍職を継いだあと、遊び好きだった頼家が蹴鞠に没頭するので、文覚に説教してもらおうということになったことがあったが、「吾妻鏡」には文覚の手紙がそのまま掲載されていた。それはまじめな文章であったが、頼家はあまり忠告に従わず、北条氏の手で葬られたようだ。

◐I◐渙発は「かんぼつ」と読み、「落ち度を責めたてること。あやまちを譴責すること」(『日本国語大辞典』)の意味です。平家の討伐が遅れていること、京中の狼藉を源氏の棟梁として譴責しているのです。

◑A◑『広辞苑』には「勘発」、かんぼつとあり、過失を責め立てる、とありました。兼実が日記を書くとき、渙発と勘発を間違えたんでしょうか。ちなみに『新漢語林』という漢和辞典では渙発を「かんぱつ」と読んで、詔勅を発することとありました。「扶桑略記」を今読んでますが、読めない字がいろいろ出てきます。異体字も多く、これをひとつひとつ辞書にあたっているとまえに進めないので、二〜三回出て来るよく使われる字は調べることにしています。また、今読んでいる本、野口実『坂東武士の成立と発展』(戎光祥出版、二〇一三年)によると、「小右記」がよく引用されているのですが、白文です。ただ、点だけがついていて、単語や動詞であることが解るので、ぼくでも一応読めますが、「玉葉」ももとは白文だったんで

しょうね。だとすると、ぼくなどはいまみたいにはまったく読めてなかったですね。研究者は偉いなと、単純に感心します。余談になってしまいましたが。

〇十月一日

★伝え聞く、先日、頼朝のもとに遣わすところの院庁の官、この両三日以前、帰参、巨多の引き出物をともにす、云々、

●後白河は関東の頼朝とのあいだに連絡網を築いていたのであろうか。院の庁の役人が頼朝のところから帰ってきたとき頼朝から託された豊富なお土産、献上物を持って来たという。

◐-◐この二月、常陸で反頼朝の反乱を起こした志田義広が義仲軍に加わったことから、三月の義仲と頼朝との対立を生じた（石井進「志田義広の蜂起は果たして養和元年の事実か」『鎌倉武士の実像——合戦と暮しのおきて』所収、平凡社、一九八七年）し、それが頼朝と院の接近をもたらしたと、前出（一〇二頁）の上横手雅敬氏は言っています。養和という年号に固執していた頼朝が、院の定めた寿永の年号を使うことに踏み切った遠因にもなったらしいです。

2——頼朝は、日本国の覇者になろうと欲望したか？

〇十月二日

★ある人云う、頼朝申すところの三ヶ条の事、

一、平家横領するところの神社、仏寺領、たしかにもとの如く本社本寺に付けるべきの由、宣旨下さるべし、平氏の滅亡、仏神の加護のための故なり、云々、

一、院、宮、諸家の領、同じく平氏多く以て虜掠云々、これまた、もとの如く本主に返し、人の恨みを休まさるべし、云々、

一、帰降、参来の（平氏系の）武士ら、おのおのその罪をゆるし、斬罪に行われるべからず、其の故は何ぞといえば、頼朝、昔、勅勘（勅命による勘当、天皇の怒りによる罰）の身と雖も、身命を全うするによ

り、今、君の御敵を伐るの任に当たる、

●頼朝が、鎌倉幕府ができるかできないかまだ明確でないころから、後白河法皇と上記のようなやりとりをしてきたというのが通説になっている。その根拠となる記事のひとつであろう。頼朝は寺社や法皇、天皇、貴族たちの領(荘園など)が平家に没収されていたのをもとに戻すよう、宣旨を出すべく促しているというわけだ。このような処置が、ふつうは頼朝の英知から生まれてきたと解されているが、頼朝の関東勢における地位に疑問を抱いている自分は、そのまま、頼朝の発言とは考えない。やはり関東武士たちの英知であったのではなかろうか。あるいは関東平氏たちが頼朝を利用したのは、彼が京都上級貴族たちとのあいだにあるパイプを持っていたからだとは想像できる。「平治物語」によれば、頼朝は十三歳のころ殺されるところを、清盛の義母にあたる池の禅尼の嘆願で助かり、禅尼の息子の平の頼盛などとは、幕府ができる前後から、交流したとされている。頼朝が個人的な領域で自分に協力的だったと考える存在にたいして、幕府の主催者の位置を得たとき、厚遇したことはよく知られている。

◐I◐頼朝の英知というより、関東武士たちの英知、というところですが、朝廷の官人であった中原親義という人がいますが、すでに鎌倉に移って幕府の文官として働いていたのかもしれません。義経が鎌倉を立つとき、親義と共に出発しています。彼の助言もあったのではないでしょうか。

◑A◑兼実は、関東勢の動きを記述するとき、必ず、「頼朝」とか、「関東」とかの語を主語として書いています。この兼実の日記を読んだ人の多くは、これら、頼朝や関東を文字通り、そのまま受容し、実際の行為や手紙の書き手として(書記による代筆であったとしても)、頼朝の活動や心情と考えてしまうのではないでしょうか。ぼくのばあいはその点にまだ拘っていて、もし幕府成立その後がすべて頼朝の主導で行われていたとしたら、ぼくのような発言は横槍と言われるものになるんじゃないですかね。そんなに拘る問題ではないのかもしれないのですが、ずーっと、頼朝と義経の自己同一証明(アイデンティティ)ということに疑問を抱いているので、こんな発言になってしまうのです。私事ですが、ぼくは、なにかを研究するという作業を始めた初期の段階で、ヨーロッパの「懐疑論」というものに出遇ってしまい、懐疑論者になってしまったんですよ。

○十月四日

★晩に及んで、大夫の史〔さかん、四等官〕隆職来る、密々に頼朝のまいらすところの合戦注文、ならびに、折紙〔江戸時代は武士たちの手紙として半紙をふたつに折って使っていた〕などを持ち来る、院の御使いの庁官、持ち参るところ、云々、くだんの折紙は、先日、聞くところに違わず、しかして、後代のために、これを注し置く、

●頼朝が法皇に差し出したという合戦注文（これはなんだろう。義仲の平家追討に関する文書ということだろうか）と折紙（これは法皇への手紙だろうか）を、隆職が持ってきたというのだが。内容は、先に聞いたことと違わなかった、と兼実は言う。先に頼朝が院に出した三カ条の要求、ということだろうか。全体として、もうひとつよく解らない文章である。

●その一の三番めは、平家に属していた武士たちが京都に帰還してきたとき、斬殺しないで許せと。それは自分もまた生きていればこそ、現在の政治的活動ができるのである、と言っている。そんなふうに頼朝が寛容であったのかどうかも疑問がある。頼朝自身は平家追討のための具体的行動はまだなにもしていないのだ。弟の範頼、義経軍の平家追討はずっとあとに行われるので、現在、そのような発言力があるとは思えない。反乱した関東勢のリーダーとして、京都側には認識されていたことは確かかもしれないのだが。しかしながら、兼実のような堅実な上級貴族は、このような頼朝の提言を義仲が容認するだろうかと、疑問視している。

◎敵兵を斬殺すること、そしてその頸を斬り落とすこと、このふたつは、「武士」という概念につきまとってきた重要なテーマである。頼朝の提言は、そんなこととは関係なく、『平家物語』などを読んでいくと、義経の戦闘には必ずといっていいほど、ある英雄的武士が現れて、たとえば那須の与一のような弓の名手が活躍するシーンがあちこちに鏤められていた。しかし、範頼軍にはそんな英雄的武士は現れない。これは義経の戦争が、前九年の役のころからの古い戦争を象徴しており、範頼や、のちの奥州戦争のときの頼朝の戦争のように、さしたる英雄武士が出てこない戦争は、ある種、近代性を帯びていたのではないか、と考えたことがある。兵力の大小（軍隊の要員の数）や武器の殺傷力などのほうが、一英雄の活躍より重要なのだといった理解が進んだのではないだろ

うか。英雄崇拝は古代から機能していて、たとえば、ヤマトタケルの闘争はその例のひとつであり、蝦夷征討の坂上田村麻呂や、源義家などがそうであった。義経の戦争のあたりで、「英雄による戦争」という記述の時代は終わったのかもしれない。あるいは戦争文学そのもののありように、変化が起こってきたのではないだろうか、と思ったのであるが、のちの「太平記」になると、やはり英雄的武士（楠正成のような）が現れ、わたしの言う古い戦争の形態が、表現に戻っている。この辺、文学史的に追求したらおもしろいのではないか、と思う。頼朝の提言から触発されたのだが、全員が殺し合わなくてもいいんじゃないか、今後の戦争では、そんなメッセージをふと聞いたような気がしたのである。

○十月八日

★伝え聞く、一昨日、頼朝飛脚を進め、義仲らが頼朝を伐るべきの由、結構〔相談〕の事を鬱し申す、云々、

●これは、上記のわたしの感懐への、頼朝の素早い反応というわけでは決してないこと、当然である。義仲らが頼朝を伐ろうと相談しているのは不愉快だという文書を、頼朝は飛脚を使って、法皇のところに伝えてきた。義仲や行家にすれば、平家を京都から追放したのはわれわれであり、頼朝はなにもしてないじゃないか、と、頼朝の私信を不愉快に思っていたであろう。富士川で関東追討の平家軍に勝利したとされる頼朝だが、それ以降なにもしていない頼朝が等価という以上に報償されるというのは納得できなかったに違いない。この富士川の戦いについては「玉葉」に記事がなかった。「平家物語」などの戦記文学から、たぶんに編集作業の多く加わった「吾妻鏡」のみの記事しかないのではないか。

◐I◐富士川の合戦ですが、『史料編纂』をみると、『山槐記』にも書かれているようですが、どんな記事でしょうね。ちょっと見てみたい気がします。国会の開架式の参考図書室に『大日本史料』が置いてありますから、活字化する前に見られたらどうでしょうか。『玉葉』には官軍が弱いのを嘆く記載がありますから、負け戦さだったことは分かるのですが。

◐A◐『綜覧』によると、《頼朝、軍ヲ賀嶋ニ進メ、平氏ノ軍ト富士川ヲ隔》とあります。ぼくはどうも出不精でして、どこかまで出かけて行って調べるという執念が欠けているんです。ぼくの好きな明治・大正時代の研究者、喜田貞吉は、文部省で検定教科書な

ど書きながら、土曜や日曜は各地に足を延ばして実地に確認に行ったりしたようです。つまりフィールドワークをちゃんとやっていたんですね。

★また聞く、平氏ら、鎮西に入らんと欲するの間、なお、国人らを恐れ、なお、周防の国に帰至しぬ、云々、

●鎮西すなわち九州北部は平家の拠点のひとつであったはずだが、情勢が変わり、平家は九州に入れず、周防の国すなわち山口県のあたりに引き返したという。

◐I◐国人というのは、菊池氏や緒方氏たちなどのことを指しています。十月二十四日の菊池、臼杵、緒方がまだ起伏せず、というのと同内容です。

◑A◑いわゆる「魏志倭人伝」に、ククチヒコ、か、ククコチヒクと読める人物が出てきます。ぼくは、邪馬台国、北九州説を支持しているのですが、このククチヒコはのちの菊池氏だったのではないかと考えています。そう考えると根っからの九州の豪族だったのですね、菊池氏一族は。

○十月九日

★静賢法印、来たりて、世間の事などを談ず、頼朝、使者をまいらせ、たちまち上洛するべからず、云々、〔その理由は〕一ハ、秀平〔奥州の藤原秀衡〕、隆義〔「尊卑分脈」によると、常陸介とある人物か〕ら、上洛の跡に、入れ替わるべし〔義仲のあとに秀衡らが京都に入って守護すべき、そしてわれわれが登場するのはそのあとだと言っているのか〕、

●頼朝が奥州蝦夷（と言えるかどうか難しいのであるが）の秀衡を敵視していたことはまちがいないだろう。「吾妻鏡」を詳細に読むと、秀衡が京都に攻めこみ、日本全体を制圧したいと考えているような印象がある（これについては「游魚」三号〈二〇一五年〉の拙論で少しだけ触れた）。それはともかく、頼朝から後白河への進言は増加してきた。これは頼朝および関東武士たちの政治的戦略だったかもしれない。

★二ハ数万の勢を率いての入洛は、京中、堪えるべからず、この二の故に、上洛、延引、云々、

●われわれが大軍で上洛すれば、京都町民が迷惑するであろう、と述べる。兼実はその態度に感心し、頼朝の態度は、威勢厳粛、其の性強烈、理非断決、と褒めちぎっている。

◐I◐隆義は、佐竹隆義のことです。父親や祖父が滅ぼされた時、隆義は在京中で、その報を聞いて取って返します。つまり、頼朝が上洛すれば、秀衡や佐

竹隆義が「鎌倉に入れ替わるべし」と言っているのです。京に入ってくるという意味ではありません。

「我々が大群で上洛すれば、京都町民が迷惑するだろうと」の意味は、去年から京都は食糧難でした。前年の旱魃で、使者が京の町に満ち溢れていたことは、『方丈記』の記す通りです。しかも食糧庫である北陸の荘園官衙は義仲に制圧され、略奪されていました。西は平家に瀬戸内海の制海権を握られ、米の京都への搬送がストップしていて、京の町の飢饉に拍車をかけている状態でしたので、ここで大勢の軍が入京することは到底無理なことでした。このことを兼実は褒めちぎっているわけです。義仲軍の狼藉の原因の一端はこの京の町の食糧難と言われています。

◐A◐ずっとあとになりますが、秀衡が死ぬとき息子たちに遺言して、自分が死んだら義経を先頭にして、国務につけ(?)と言っており、秀衡が密かに関東、ついで全国制覇を願望してるんだな、とは感じていました。ただしこの「国務」が陸奥の国のことであったのか、日本国であったのか、たぶん前者だとは思いますが、秀衡は関東を手中に収めるという展望は持っていたでしょうね。しかし常陸源氏の佐竹氏はそれならなぜ、鎌倉幕府の成立に関わろうとしなかったんですかね。源氏ですから、幕府開設の主要メンバーになれたと思うのですが。頼朝は挙兵したとき、側近の安達盛長を、関東や甲斐などに派遣したとされています。千葉の安房に着いたときも、盛長を千葉常胤や上総の介広常らのもとに走らせた、と「源平闘諍録」は書いてますね。

★また、義仲ら、平氏を遂わず、朝家を乱す、もっとも奇佐〔怪〕なり、しかるに忽ち賞を行わるの条、はなはだ謂われなし、云々、

◐I◐義仲が平家を遂わなかったのは、確か平家との和平を探っていたからだと思います。東国の頼朝を牽制しつつ、西は平家、京は義仲というような工作をしていたのではなかったでしょうか。

◐A◐兼実はどこか、義仲を信用していないといった感じがします。だけど、平家を京都から追い出してくれたのは、義仲たちの行動にあったわけですね。だから、矛盾したふたつの気持ちを抱いていたのかもしれないですね。

●兼実は、義仲の行動について批判的であり、かつそのような義仲にすぐに報償を行っているのも理不尽だと、頼朝は疑問を投げている。「吾妻鏡」によれば、関東勢が富士川の闘いで平家を破ったあと、京

都に進軍しようとした頼朝を三浦氏や和田氏ら幕府の重鎮が、上洛するまえに関東を固めるべきだと言って、頼朝の上洛を阻止し、常陸の佐竹氏を攻撃させた、というのだが。頼朝自身はたぶん早く上洛し、現在の義仲の活躍に代わりたかったのではないだろうか。重鎮たちがなぜ、頼朝の血気を諌めたのか、よく解らない。関東はほぼ、関東平氏たちによって制圧されていたと言っても過言ではないと思うのだが。

◐-◐先にも書きましたが、東北の秀衡、佐竹、志田義弘の残党がまだまだ残っていたのです。

★(この文章の最後に、「 」で囲って、兼実の感懐らしきことが書かれている)伝え聞く、義仲、播州〔播磨の国、兵庫県の南西部〕を経廻す〔うろうろしていた〕、もし、頼朝上洛せば、北陸方〔面〕に超えるべし、もし、頼朝すみやかに上洛せざれば、平氏を伐るべしの由、支度〔準備〕す、云々、

●義仲はいろいろと画策しているが、その考えは支持できる、と言っているようだ。

★(同日)今日、小除目あり、云々、(中略)また、頼朝を本位に復す〔もとの官位に戻した。とすると一番最初の位は従五位下であった〕の由、仰せ下さる、

●後白河法皇は、頼朝を、伊豆への配流になるまえの官位に戻せ、と言った。すなわち、伊豆に流されたとき、官位や官職を奪われていたのだが、もとに戻して、官位のある武士にした、というわけだ。つまり、関東の無位のあぶれ者ではなく、官人に戻ったということで、その官位はのちの頼朝から考えると不本意であったろう。ただ、頼朝が京都から独立したような位置を確立しようと考え出したのはいつごろか、という問題も発生してくる。頼朝は義経にたいしてもそうだったわけで、ほかの御家人たちが官位をもらうときは自分の承諾を得てからにしろ、と言っていたのだ。

○十月十四日

★平氏、去る八月二十六日、鎮西に入りおわんぬ、(中略)肥後国住人菊池、豊後国住人臼杵、御方〔緒方氏か〕など、未だ起伏せず、云々、

●またまた平家の動向に関する情報が入るが、前回と違って九州に上陸したという。しかし、九州の有力者の菊池氏や臼杵氏はまだ味方についてないという。この情報もあてにはならないが、京都貴族たちはまだまだ、安徳天皇を奉じている平家軍の動向に

も大きな関心を持っていたに違いない。

○十月十七日

★伝え聞く、義仲随兵のうち、少々は備前国〔岡山県〕へ超へ、しかして、かの国ならびに備中国人ら勢を起す、〔義仲は〕皆悉く伐り取りおわんぬ、即ち、備前国を焼き払い、帰去しおわんぬ、

●この文章、備中、備前の民家などを焼いたり制圧した、その主語が明確でなく、義仲軍が勝利したのか、返り討ちにあったのかが、よく読んでも解らなかった。『綜覧』の十二日ころ、義仲が備中に入り、妹尾某を殺したとあるので、この記事はやはり、義仲軍が勝利したということを言っているようだ。しかし、この記事のあとに、《また聞く、義仲、勢無し》、とあるので、こちらの情報では、義仲がもはや勢いがない、あるいは義仲軍は勢いをなくしていたとあるので、この戦いの結果がもうひとつ明快でない。当時の朝廷、院の情報収集能力が極めて低調であったということだろう。関東勢の謀反人頼朝の名も長いあいだ知られていなかったのであるから。

○十月二十日

★伝え聞く、去る十八日、頼盛卿、逐電す、

●頼盛は、かつて少年時代の頼朝の命を救った池の禅尼の息子で、頼朝は彼らを優遇したのであるが、ここで逐電と言っているのは、ふつうこの言葉は逃走した、のように使われているので、最初は、えっ、なぜ？　と思ったのだが、ただ単にいなくなった、あるいはどこかへ行った、であろう。『綜覧』を見ると、十八日の記事に、平頼盛、鎌倉ニ赴ク、とあるので、頼盛は鎌倉の頼朝を尋ねたのであった。「吾妻鏡」には、頼朝が頼盛を歓待したことが書かれている。頼朝が招いたのであろう。

○十月二十三日

★ある人云う、義仲ニ上野、信濃、を賜うべし、北陸を虜掠〔奪い取る〕すべからずの由、仰せ遣わされおわんぬ、また頼朝のもとへモ、くだんの両国を義仲へ賜るべし、和平をすべきの由、仰せられおわんぬ、云々、

●ある人が言うには、義仲には上野、信濃のふたつの国を与え、そのかわり、北陸を自由にすることをやめさせるべきだ、というふうに言っていた。和平というのは、義仲と院がちゃんと協定すべきだと、

言っているのだろうか。ここでは、義仲軍と頼朝軍のあいだの闘争を止めたいという上皇の決意が見えている。これがもっともよい解決法であると。そんなにうまくいくだろうか。

○十月二十八日

★伝え聞く、頼朝、去る十九日、国を出ぬ、来る十一月朔《ついたち》ごろ、入京すべし、是、一定の説云々、

●頼朝の上洛に関する噂がまた流れている。十九日にすでに国を出ていると。これが京都方面の待望論なのか、不安論なのか解らない。ともかく、関東の武士たちが朝廷や院にたいする新たな勢力であり、京都という貴族支配の領域にある種の衝撃を与えているということが、日本列島の歴史のなかで初めての現象として、京都町民や施政者にやはり懼れの感覚(共同幻想)を惹起しているのであろう。

◐I◐頼朝上洛の噂は義仲にも届いていました。平家と長い戦いを戦っている場合ではなかった訳です。頼朝に入京されては徹底的に不利になる訳ですから、取って返して関東軍との戦いに臨もうとしています。幻想というより、現実的な死活問題だったと思うのですが。

◑A◑自分が幻想という言葉を使うときは、じつは吉本隆明氏の言う[共同幻想]という意味でして、これは吉本さんがマルクスの用語から借りて来たとされる概念で(『ドイツ・イデオロギー』)、ある社会で、ある観念的なものが共有されている、そんな意味で使っています。吉本理論では「国家」のような巨大な存在を言っていたのですが、ぼくは、小さな社会でも観念が共有されるということは絶えずあるのではないかと考えているので、吉本用語を気軽に使わしてもらっています。京都上級貴族の共同幻想は、やはり天皇を最上位に置き、その周辺を貴族たちで固めて、政治を展開し、文化を世に送り出していくことであったと思います。中流貴族もしくは朝廷の官人たちも、大なり小なり、同じような幻想を抱いていたと思います。京都市民はどうだったか。市民たちは、活躍する新興の武士、武者、武門の人たちに、われわれ現代人がスポーツマンや芸能人に抱いているような憧憬を、共同幻想として確立していったであろう、と思います。武装する者、人や動物を簡単に殺傷する者としての武士たちはどうだったか、仏教に縛られていた人たちは、きっと忌避感覚を持っていたと思いますが、そうでなければ、やはりひたすら

憧れていたと思いますが、彼らが社会の王になる、という想像はしたこともないので、戸惑っていたし、また武士の支配する世の中を想像できなかったかもしれないですね。現実に新興の武士たちが街で狼藉を働いたり、民家を襲って物を強奪した、そんな経験を持っている人びとは、武士の世の到来を不安を感じながら、ただ怯えていただけかもしれないです。「玉葉」から漏れて来る共同幻想は上・中級貴族ののがどうしても核になっています。京都町民たちの世界に、かつてなかった時代がじわじわと押し寄せていたのかもしれないです。

★（同日）また、義仲去る二十六日、［或は二十八日、即ち今日なり］、国を出ず、来月四、五日の間に入洛すべし、頼朝と雌雄を決すべく、云々、これにより、院中以下天下の人皆以て、逃げぬ、云々、人皆言うところあるか、恐るべし、恐るべし、

●先の上皇の決意は、単に妄想として終り、義仲軍と頼朝軍の戦争が接近してきた。現在、岡山県方面で平家軍と戦っている義仲が国を出るというのはなんだかおかしいが、備前の国を出て京都に戻るということか。しかし、京都人の待望論か不安論のなかで、頼朝と義仲が雌雄を決しようとしているのだ、という幻想が働いていたと思われる。その幻想は「玉葉」の著者、上級貴族九条兼実にもしっかりと働いていたに違いない。兼実の幻想のなかではまだ、義仲は木曽の田舎者、頼朝は中級貴族出身とはいえど、武士源氏の棟梁である、という二分法的差別化は起こっていなかったと言えよう。

○閏十月六日

★伝え聞く、頼朝上洛なりがたきの間、その実然るべからず、云々、また、義仲、今両三日の間に帰洛あるべし、洛中また、滅亡すべし、云々、

●頼朝上洛関連ニュースは依然として減らない。頼朝が上洛しない間に義仲が、備前のあたりから、京都に帰ってくる。ついに京都も滅亡か、と言っているようだが、義仲の帰洛がなぜ、京都滅亡に結びつくのか。頼朝は来れないというのに。滅亡というか、武士たちの狼藉や民家の略奪などを言っているのか。

◐-◐京都の町の飢餓とそれゆえにこそ、酷くなる義仲軍の略奪、狼藉は京都の町の滅亡にもなりかねませんでした。一方で頼朝は院方と結んで食糧供給の約束をしたりしています。

3——逃亡する平家一族。海上を浮遊する日々

○閏十月八日

★(この年、寿永二年は吉事がまったくなかったとの嘆きの言葉が続いた)、神鏡剣爾、すでに賊徒に従って宮〔内裏〕を避り〔去り〕、城を出ず〔京都を出た〕、朝端〔?〕の悲哀、何事かこれに過ぎるか、

●ここでは、三種の神器を持ち去った平家は、かつての頼朝同様、「賊徒」とよばれている。昨日の官軍が賊徒に変化した。ひょっとして、平家軍が京都に戻ってきて再び支配者になったらどうするのか。たちまち、頼朝らに賊徒の記号が逆戻りするのだろうか。まあ、そうはならなかったわけだが。

○閏十月十三日

★(夜半に大夫の史「さかん」隆職が来て言う)平氏、讃岐国にあり、云々、ある説に、女房の船、主上ならびに剣爾を具し奉り、伊予国にあり、云々、ただし、この条、いまだ実説を聞かず、云々、

●平家一族は四国にいるという。これはのちの合戦場になる屋島のことか。女房たちの船に安徳天皇と剣爾が載っており、こちらは伊予国〔愛媛県〕にいるという。この船上の情況は、壇ノ浦の闘いのときと同じである。建礼門院徳子〔清盛の娘〕や女房たちが代わる代わる幼い天皇(といっても五、六歳になっていたのだったか)を抱いて、瀬戸内海の波に揺られているのだ。

★(同日)院の御使庁官の泰貞、去る頃重ねて頼朝のもとに向かいおわんぬ、〔法皇の頼朝への〕仰せの趣き、殊の事〔特別のこと〕なし、義仲と和平すべきの由なり、

●(引用文以下)、頼朝が、平家領となった荘園をすべてもとに戻すように言ったこと、後白河が、それによって法皇は宣旨をくだした。しかし北陸に関しては、

★(続き)北陸道ばかり、義仲を恐れるにより、その宣旨をなされず、頼朝、これを聞けば、定めて鬱を結ぶか、

●とあり、後白河も、北陸に関して、義仲に宣旨を下すことができなかったのだ。これを知れば、頼朝

は激高するであろう。というところから、この頼朝への、義仲と和平してくれ、という文章になるわけだ。頼朝の怒りを避けたい後白河は、京都で両者が戦うという風聞にその事態だけは避けたいと思っているのだろう。少なくとも京の街が戦火に包まれることだけは避けたいと。いまや、法皇にとって義仲は前門の虎、頼朝は後門の狼とでもなるのだろう。

★〔同日〕頼朝ハ恐るべしといえども、遠堺〔関東〕にあり、義仲は当時京にあり、当罰〔即座の仕返し〕あり、よって不当といえども、北陸を除かれおわんぬの由、答えせしめて云う、天子の政〔まつりごと〕、豈〔あに〕、以てこの如きか、小人近臣をなす、天下の乱、とどむべきの期〔とき〕無きか、

●後白河も京都にいる義仲の仕返しを懼れて、頼朝の言った荘園などの領地をもとの持主に戻せ、という条項から義仲の本拠地になっている北陸道を外した、という。小人の近臣が取り巻いている後白河の政治とはこんなものであろう。後白河は日本の王であるが、新興の武士たちに結局は妥協している。こんな駆け引きは今後、義仲や頼朝（鎌倉幕府）との間に何度も繰り返されるであろう。

○閏十月十四日

★人告げて云う、平氏の兵、強し、前陣の官軍〔ここでは官軍はすでに平家でなく義仲軍であろう〕、多く、以て敗られおわんぬ、よって、播磨より、さらに義仲、備中に赴くの風聞、随いてまた、〔法皇〕御使い以て、〔頼朝の？ あるいは義仲？〕の上洛を制せらる、了承の由を申す、しかるにたちまち、〔頼朝？ 義仲？〕上洛の由、〔今夕〕明旦の間、入洛すべしの由、昨日、飛脚到来、

●官軍はすでに平家追討の将軍義仲になっている。しかし、平家軍は勢いを取り戻したのか、最前線の官軍の兵士たちは平家軍に敗れたという。そこで義仲は、播磨の国から、備中の国（岡山県）まで前進した。この辺は、『綜覧』を参照しながら読んだのでまちがいないと思う。『綜覧』の十月十二日の記事に、義仲が備中に入り、妹尾兼安を殺す、とあるので、義仲が備中まで前進したことは確かだろう。

●すると、後半の、法皇が上洛を制止した相手はだれだったのか。備中まで進軍している義仲に京都に引き返すな、と言うことはないであろう。そうすると、義仲の留守の間に、関東の頼朝が入洛するのはやめてくれ、と言うのもおかしい。法皇の依頼の対

象も頼朝か義仲か、どうもよく解らない。しかし、上洛する、と告げる飛脚が来たのだ。飛脚は今まで関東から出されていたので、やはり、頼朝に言ったのだろうか。以下の文章を読むと、だれかの入洛で、京都の街が戦場になるかもしれないという風聞があったらしいから、西からは義仲が、東からは頼朝が、京都でぶつかろうとしているのだろうか。

★（同日）京中の人屋、去る夜、今朝の間、雑物〔家財道具や什器など〕を、東西に運ぶ、妻子を辺土〔京都の外〕に遣わす、万人色を失い、一天騒動、敢えて云うべからず、云々、

●京都市民も京都での義仲と関東勢の展開する戦乱を想定して、大慌てに家財道具や妻子を洛外に運んでいる。京都市民は、以後、承久の乱や後醍醐天皇のクーデタなど、この家財運びを何度もやらねばならなかったのだ。

★（同日）法皇、逐電あるべしの由、世人の疑いをなすのゆえなり、しかるについに、そのことなし、天、曙《あけぼの》おわんぬ〔天はしだいに朝になっていった〕、

●京都の町人たちは、後白河が逐電するという風聞を知り、騒いでいたのだ。しかし、法皇の逐電はなく、しかし兼実は一睡もできなかったようだ。そして平和な朝がやってきたというのだが……。この騒乱はいったいなんなのだ。

○閏十月十五日

★今日、義仲、入京おわんぬ、その勢、はなはだ少なし、云々

●昨夜からの騒乱も無事に終った日、義仲が京都に帰ってきた。しかし、平氏軍に敗れての帰還か、勢は非常に少なくなっていたという。『綜覧』はそのような京都の動揺はまったく書いていない。やはり、恐怖の幻想が、京都の町民から法皇までを、すっかり包んでいたのだろう。十七日には、虹が二条見はる〔見えぬ、のまちがいであろうか〕東方に赤光あり、とある。これは、京都の平安を暗示している。また、十八日には、（先に逐電と書かれた）頼盛が鎌倉に着いた、とあった。

○閏十月十六日

★今日、義仲、参院〔院に参った〕、条々〔ひとつひとつの箇条〕仰せ承り、また申せしむ、云々、子細、これを尋ぬべし、

●義仲は院の言うことを聞き、かつ申しあげた。そ

の仔細はあとで聞くことにしよう、と兼実は考える。

○閏十月十七日

★静賢法印、密々に〔こっそりと〕告げ送りて云う、昨日、義仲、参院し〔院、すなわち後白河法皇の院庁に参上した〕、申して云う、平氏一旦、勝ちに乗じぬといえども、始終、不審に及ぶべからず〔心配することはない〕、鎮西の輩、〔平家に〕与力あるべからずの由、仰せ遣わせおわんぬ、また山陰道の武士ら、併せて備中国にあり、さらに恐れるに及ぶべからず、

●義仲の減らず口というのか、敗戦をそれほど苦にしていない。自信過剰のタイプだったんだな。ここで、義仲の戦果を振り返るために『綜覧』を参照すると、

☆閏十月一日、源義仲ノ将、足利義清、海野幸広ラ、平重衡ラト備中水島ニ戦ヒテ敗死ス、（百錬抄、一代要記、ほか）

☆同月十五日、義仲、法皇ノ詔ニ背キ、兵ヲ引キテ京師〔京都〕ニ還ル、（玉葉、一代要記）

☆同月十六日、義仲、法皇ノ宮ニ詣リ、平軍ノ近状、憂フルニ足ラザルヲ奏シ、また、頼朝、遣ス所ノ義経等ノ入京ヲ拒《ふせ》ガンコトヲ請フ、（玉葉）

●とあり、義仲は、一日の戦闘で、自軍の将ふたりを喪なったことが書かれているが、敗戦の様相に関してはとくに記事はなかった。そして、十六日には、平家軍のたいしたことのないことを、法皇に告げている。しかし、「玉葉」には義経の話などまったく載っていなかった。『綜覧』の乱暴な編集が露呈されている、と書いたのだが、十七日の記事の続きを読むと、『綜覧』十六日の記事が、「玉葉」十七日の項にあったのだ。

★（同日）また、頼朝の弟九郎、〔実名を知らず〕、大将軍となし、数万騎を卒して〔率い〕、上洛を企だつの由、承り及ぶところなり、その事を防ぐため、すみやかに上洛すべきなり、

●頼朝の弟九郎、言うまでもなく義経である。院や朝廷ではまだその名の義経を知らなかった。『平安遺文』に義経の文書がいくつか掲載されているが、「九郎御曹司請文」などと書かれている。義経は公的な文書にも九郎御曹司と名乗っていたようだ。ただし、文末に義経とサインや花押があった。多分、検非違使時代の文書だと思われるが。「吾妻鏡」によると義経の幼・少時の記述はふたつあるのだが、一方の「腰越状」というものによると、幼児のとき父義朝は平治の

乱で殺され、母の胸に抱かれて各地を放浪してきたとされる(一方は鞍馬寺で修行、とも、註❶)。敗者義朝の末子である幼児義経の名が朝廷に記録されているわけがない。「平家物語」などの伝承的な領域が書いているように、義経がもし本当に九条院の雑仕女常盤が生んだ子どもだとすると、その名まえをどこに届けて登録したというのか。義経が貴族の娘の子どもであったなら、名まえが残った可能性もあったと思うが。で、それまで京都側にその名を知られていなかった、その義経が大将軍になって、上洛してくるという情報を聞いて、わたしは上洛したのだと義仲は法皇に言う。つまり迎え撃たねばならないから。戦場にあった義仲が、こんな情報を獲得したというのもおかしいが、これに関しては、兼実の記述であるから、了解するしかない。ガセネタか事実かは不明であるが。


註❶——「吾妻鏡」によれば、幼・少時の義経には、ふたつのまったく異なる伝承があったのである。こんな記述は、「吾妻鏡」にしかないので、それを紹介してみよう。

　ひとつは、頼朝が富士川の決戦に勝利したあと、黄瀬川の頼朝の陣にひとりの青年が現れ、自分は頼朝の弟であると名乗り出る。そして《此の主は去る平治二年正月、襁褓《むつき》の内に父の喪に逢うの後、継父一条大蔵卿〔長成〕の扶持に依り、出家となりて鞍馬に登山す、成人の時に至りて、頻りに会稽の恩を催し、手自ら首服を加へ(ひとりで元服した)、秀衡の猛勢を恃みて奥州に下向し、多年を経るなり》(治承四年十月二十一日)と訴える。父が死んだあと、母が再婚した長成に育てられ、出家して鞍馬寺に登って修行したが、奥州の藤原秀衡を頼って下向し、こうして兄の挙兵を知って、止める秀衡をふりきってやってきたのだ、と。

　もうひとつは、いわゆる「腰越状」とよばれる書状のなかに書かれていた。義経が壇ノ浦の戦いで平家を破って、捕虜にした平家の大将軍宗盛を伴なって鎌倉に帰還したとき、頼朝は自分の承諾のないまま、検非違使の尉になった義経を排除する方向を選んでおり、義経が鎌倉に入るのを拒絶した。そこで、腰越にいた義経は手紙を書いたのだ。《義経、身体髪膚を父母に受け、幾時節を経ずして、故頭殿〔義朝〕御他界の間、実無之子《みなしご》と成りて、母の懐中に抱かれ、大和国宇多郡龍門の牧に赴きて以来、一日片時も安堵の思いに任せず、甲斐無きの命許《ばかり》を存《なが》らふと雖も、京都の経廻難治の間〔京都で暮すのが困難だったために〕、諸国に流行せしめ、身を在々所々に隠し、邊土、遠国を栖《すみか》と為して、土民百姓らに服仕せらる》(文治元年五月二十四日)、とあり、母の胸に抱かれて各地を流浪し、土民百姓たちに使われていたのであると訴えている。この訴えは頼朝の心を融解させるまでにはいかなかった。

●註❶のふたつの文章を読むと、その経験はまったく違っているのであって、幼・少時の義経はふたりいた、と言わざるを得ない。多くの研究者は鞍馬のほうを優先し、ある論者はふたつを融合させて、各地を放浪したあと、鞍馬に入ったと述べる。それはおかしいと、わたしは思うのだ。鞍馬寺に入ったというのは、「吾妻鏡」が「義経伝承」を書いたもので、後者の各地を放浪した、という話は一応、本人自身が語っているので、こちらの述懐のほうが事実に近かったのではないだろうか、と考えるのだ。貴族の子どもなどが、比叡山などの山に送られ、現世での出世を諦めさせられたケースは多かった。前者においては、なぜ、鞍馬寺であったのか、とか、なぜ、見も知らぬ奥州に逃げたのか、というふたつの難問があると思うのだが、この義経の歴史についてはまた、触れることもあるだろう。鞍馬寺および奥州に関しては、柳田国男が、この寺の神である毘沙門天が北東の世界や財宝を守護する神であったから、奥州の金商人たちが崇拝したのであると、なにかの本に書いていた(『雪国の春』であったか)。奥州は日本列島の東北部にあり、鞍馬寺の〈馬〉と〈金〉の産地であったから、鞍馬寺にいた義経と、金商人の金売吉次が結びついたというわけだ。

○閏十月十七日(前項に続く)

★ある人云う、頼朝の郎従ら、多く以て秀平〔秀衡〕のもとに向かう、よって秀平、頼朝の士卒に異心あるの由を知り、内々〔内密〕に飛脚を以て義仲に触れ示す〔奥州秀衡が義仲に知らせて来た〕、此の時、東西より頼朝を攻めるべきの由なり、云々、この告げを得て、義仲、平氏は知らず〔平家軍のことは後回しにして〕、迷いて帰洛す、云々、このごとく実否を知りがたしき事か、

●関東勢のなかに密かに反・頼朝の人がいて、その人物が、あるいは秀衡のところに向かった頼朝の郎従がいたのだろうか。もし、関東軍が平家追討に出発するようなことがあるなら、その時、義仲は西から、秀衡は北から、頼朝を攻めようじゃないかと。関東勢は「吾妻鏡」が書いているほどには一丸となっていなかったのかもしれない、そのような郎従たちがいたとすれば。兼実は、この情報の実否を知らないと書く。

○閏十月十八日

★晩に及んで、範季来る、世上のことを談ず、これ

について、くだんの男〔これは、たぶん、義仲を指しているのではと思うのだが、この男が言うには〕、四方、皆塞がり、中国〔備前や備後など〕の上下〔の人たち〕、併せて餓死す、このこと、一切、疑うべからず、西海においては、謀叛の地に非ずと雖も、平氏、四国にあり、通せしめざるにの間〔海の交通を遮断しているというのか〕、また同じことなり、しかのみならず、義仲の所存〔考え〕、君〔後白河〕ひとえに頼朝に庶幾し〔請い願い〕、ほとんど、彼を以て、義仲を殺さんと欲すかの由、僻推〔邪推〕をなすか、

●義仲が言うには、中国地方は飢餓が進んでいて、謀叛の地域ではないというものの、平家は四国〔屋島〕にあり、瀬戸内海の船の交通を阻害している。法皇は、すべて頼朝に頼っていて、わたし義仲を殺そうと欲している、と考えるのはわたしの邪推であろうか、と。だから、こうして、西国や平家のことはさて置き、京都に帰ってきたのだと、主張していると。

★(同日、義仲の言説が続く)はたまた、告示の人あるか、と言えり〔密告する人があるのか〕、この如きのあいだ、法皇を恨み奉る、兼ねてまた、御逐電の事を疑い、これに依って敗績の〔敗戦している〕官軍を棄て、迷いつつ上洛するところなり、しかして、すみやかに平家を討つこと、叶うべからず、平氏なお存すれば、西国の運上〔交通や交易〕、また叶うべからず、〔仍て〕且《かつ》うは、平氏を討たしめるために、且《かつ》うは、義仲の意趣に従うために、法皇、叡慮より起きて、早く、西国に赴かせしめるべくすすめるべきなり、ただ、まず播磨国に臨幸あるべし〔来られるべきである〕、しかれば、南西国などの住人ら、皆、風に向かって〔行くべき方向を選んで〕、子来〔『広辞苑』によれば、子が親を慕うように、招かなくても人民が喜んで集まってくること、とある〕すべきなり、その時、鎮西〔等〕の勢を発して〔出発させ〕平氏を誅伐〔殺しつくす〕おわんぬべし、以後、還御〔京都に帰ってくる〕あるべきなり、このほかにおよそ、他の計〔略〕なし、云々

●長い引用になったが、ほぼ意訳したように、後白河が播磨の国まで出向いてくれ、鎮西の武士たちをこちらに出発させれば、西海道や南海道の人びとも、平家討滅に力を貸してくれるだろう。その後、また京都に帰ればいいではないかと。義仲はまえにも書いたが、田舎武士、田舎者として貴族たちはばかにしたというのだが、非常に理論的で、理屈が叶っているというしかないのだ。このむねを範季から聞い

た側近たちも感心し、静賢法印も同意し、しかしまだ、後白河までは届いていないという。兼実もまた、これを聞いて、これなら理に適っている、しかるべし、と言っている。しかし、つぎに、兼実の考えが示される。

★（同日）ただし、もし、西海に〔法皇の〕臨幸あれば、ひとえに義仲らを〔魚釣りの〕釣り具にされ〔便利に使われ〕、頼朝には違い乖く〔背く〕の由、決定、存ぜしむか〔頼朝は離反してしまうだろう〕、この天下、一日といえども、頼朝の執権〔政権を取ること〕すべきの運〔命運〕、あるかの由、もとより、愚案〔兼実の謙遜した言い方〕するところなり、しかれば、かの頼朝に変ぜらる〔改められる〕の条、もっとも思慮あるべきか、

●兼実は、義仲の考えを納得しながらも、しかし、その主導者は頼朝に改めたほうがいいのでは、と考える。

★（同日、兼実の思考の続き）、〔後白河法皇が〕愚意の所存〔自分の考えること〕、ただ、道理を以て、仰せ聞かれ、かれこれ、神仏に祈り請い〔祈誓する〕、あながちにこの勇士〔武士たち〕らを恐れず、正道を以て、天下を行なわれば、衆の災い、消えるべし〔民衆の災いも消滅するであろう〕、ただ、まず、なお、平氏を討つべきの由、義仲に仰せられ、別の使者を以て、また、頼朝のもとに、仔細（子細）を仰せつかわさるべきなり、

●兼実の真意はいったいなんなのか。読み間違いでなければ、この作戦のリーダーを頼朝にすべき、と言っておきながら、結局、法皇はまず、義仲に仰せて、別便で、頼朝に報せるべきだ、と折衷案という より、妥協案を述べている。そして、この記述の最後に、《範季らの議、小人のはかりごとというべし、悲しむべきの世なり》、と述べて、この日の記述を終えている。範季らの考えたことは結局、小人〔知恵のない連中〕の謀略に過ぎないと断定しているのである。

○閏十月十九日

★ある人云う、来る二十六日、〔法皇の〕御遠行〔遠くに往く〕あるべし、云々、これ、昨日、範季の語るところの儀状〔か〕（割書きに、少し書き変るとすれば、この「偽状」は「意見」と作る異本があるとする）〔すなわち、昨日範季が語った播磨への行幸を遠行と書いた〕、はたまた、義仲、院已下、宗をなす〔同意した〕

公卿らを伴い奉り、北陸に向かうべきの由、風聞〔うわさのようなニュース〕、この両事のあいだか、

●法皇は、範季が語ったように、義仲が提案したようにであった、播磨の国に行ったのか、あるいは義仲の腹案であった、上皇始め公卿たちを連れて北陸道へと行ったのか、なかなか判断できない、と兼実はこぼしている。

★（同日）法皇、今日より三ヶ日、比叡〔山〕に参籠したまうべきと雖も、天下、物騒ゆえ忽ち、持って還御さる、云々、およそ、院中の近臣の周章〔慌てぶり〕、極まりなし、云々、

●法皇は実は、比叡山に三日間ほど、籠ろうとしたのだが、近臣たちは把握していず、慌てふためいている、という。範季らの画策は成功していないようだ。

●結局、後白河は、義仲、頼朝を両天秤にかけている。武運に恵まれた方が勝つであろう。そうであれば、いまはどちらにも加担すべきではない。というのが後白河の本音であったろうか。まったく、この皇族や貴族という人たちの狡猾さには舌を巻くしかない。貴族政治の本質はこのようなものであったが、まあしかし、武士集団という、武力をもって自己主張する存在が出現し、彼ら貴族政治に容喙するようになったのは、日本の歴史上初めてのことであり（そうでもないか、軍事クーデタ的できごとはいろいろあったろう。将門の乱、平の忠常の乱など。しかし、それらの乱は地方で起り、地方で終焉した。そこが、今回と大きく異なる点だ）、以後も生きていきたいし、彼らの荘園などの私有地は守りたい貴族たちにとって、思いもかけなかった煩悶の時代が到来した、ということになる。

4——義仲の命運、この一大武将の明日はなにが待っているのか？

○閏十月二十日

★今日、静賢法印、院の御使いとなり、義仲の家に

向かう、仰せて云う、その心を説かざる由、聞し食すに〔あなたは態度をはっきりさせないようだが、か〕、子細、如何〔実際のところ、どうなのか?〕、身の暇を申さず、にわかに関東に下向すべし、云々〔後白河は、義仲に、関東に向かって下さい、と言っているのか。それはどういうことだろう。頼朝と仲良くしろとでも言っているのか、理解しにくいところだ。それとも、後白河に関東に下れと、義仲が言っているのだろうか〕、(中略、これにたいして義仲の答え)、君〔法皇〕を怨み奉る事、二ヶ条、その一は、頼朝を召上げられる事〔頼朝を官人として出世させようとしていること〕、しかるべからざるの由を申すと雖も、御承引なく、なお、以て、〔わたし、義仲を〕召し使われおわんぬ、その二は、東海、東山、北陸等の国々に下されるところの宣旨に云う、もし、この宣旨に随わざるの輩は、頼朝の命に随って、追討すべし、云々、此の宣旨、義仲の生涯の遺恨になるなり、云々、また、東国に下向の条においては、頼朝の上洛、相迎え、一矢を射るべきの由、もとより、申すところなり、

●後白河の使いの静賢法印というのが、義仲の家〔京都に戻ってから、西国には向かっていなかったのだ〕を尋ね、義仲さん、あなたは上皇に、東国に下向してくれと言っているそうですが、それは本当の考えですか、と尋ねると、義仲は正直に自分が法皇を恨んでいるのはつぎのふたつの理由による、と言い、第一に私が頼朝を呼び寄せ、出世させる必要はないと言ってるのにご返事がないではないですか。第二に頼朝の、寺社、貴族たちの所領を本主に返還すべきだという提言に反対するものは頼朝の命礼に従って追討するという。そんなことを言われるなら、私は上洛した頼朝に一矢を報いる所存です。頼朝が精兵数萬騎を率いて上洛するというので、それを迎え撃つために私は下向するつもりです。わたし、義仲には頼朝に先んじて上洛し、平家を都落ちに追いやったという自負があり、こちらの要求も飲むべきだ、と主張する。これらの法皇にたいする遺恨は先の天皇選びのとき、以仁王の息子を推薦した義仲の無念さも加わっているであろう。ともかく、河内源氏の棟梁というのみで、富士川の合戦以後、とくになにもしていない頼朝が優遇されるのには我慢ができない、という義仲の気持ちはよく理解できるのである。頼朝を初めとする関東勢は、落ちつき払っていて、漸く上洛軍を出したようだが、その態度はまさしく泰

然自若と言ってもいいではないか。後白河をはじめとする院の連中は、やはりのらりくらりと義仲、頼朝にたいして対応している。そうではなく、法皇らは、必死の思いで絶えず、取るべき方向を探っていたのであろうか。

★（同日、頼朝は）しかして、すでに、以て、数万の精兵を差し〔遣わし〕、上洛を企てしむ、［その身は（頼朝自身は、京都に）のぼらず］、云々、仍て、〔私、義仲は〕あい防ぐために、〔関東〕に下向せんと欲す、〔法皇が〕さらに驚き思召すべからず、そもそも、君（法皇）を具し奉り戦場に臨むべきの由〔まえに、義仲は、法皇を播磨に伴う旨を述べていた〕、〔論〕議し申すの旨、〔法皇は〕聞し召す、返すがえす、恐れ申し、極まりなく、〔私は〕無実なり、云々、［已上、義仲の申し状］、

●義仲の言葉は続く。頼朝は数万の兵を、京都にのぼらせようと企てているそうだ、自分はなにもしないままだ。わたしの考えを法皇が聞かれたよし、恐れ多く感じているのだ、と義仲は、頼朝を非難し、自分は無実である、と訴えている。

★（同日、静賢法印が帰ってきて、上皇にこの由を報告しようと思ったのだが、法皇は仏教の行を行なっているところで、できなかった）しかる間、義仲、重ねて、使者を以て、静賢のもとに示し送りて、云う、なおなお、関東への御幸〔行幸、天皇がどこかに出かけること〕の条、殊に恐れ申す、早く、執奏〔天皇になにかを申し上げることとか〕の人、承るべし、云々、くだんのこと、昨日、行家以下、一族の源氏ら、義仲の宅に会合し、議定の間、法皇を具し奉るべきの由、その議〔論〕出で来る、しかして、行家、光長ら、一切しかるべからず、もしこの儀をなせば、〔世の中に〕違背すべきの由、執論〔議論〕のあいだ、ついにその事を遂げず、

●義仲の返事を聞いて帰った静賢のもとに義仲は使者を送る。前文では出ていないと思われるのだが、後白河自身が東国に行幸されようとしているが、だれが法皇を護衛してともに下向すべきかを、行家らを集めて議論している、というのだ。この頃から、義仲の行動は荒れ始めたようだ。義仲は東国下向に行家と光長の同行を促したのであろう、しかし行家らはもし、そうすれば、頼朝との連合は不可能になると反対した。そんなこともあって、義仲は孤立感を深めていったのではないか。関東武士団のなかにあって、シンボルとしてのほほんと生きているに違

いない頼朝に較べて、先に挙兵して、北陸道を平家軍との闘争に明け暮れながら南下して上洛し、平家を西国に追いやった義仲は、こんなふうにしだいに孤立していくことを予期していなかったのではないか。

●源氏の一族が、義仲の家に集まり、法皇をお連れして行くかどうかをさんざん議論したのだという。そして、行家らは反対した。ここで、源の行家が再登場した。まえに、法皇が下した、官職が気に入らぬと言って、家に閉じこもってしまったのだ。まあ、しかし、京都周辺の源氏らが集まり協議したので、行家も出席したのか。しかし、問題は、義仲が、このあたりで、なぜ、急激に、法皇を伴って行動することに、恐れ多いと感じるようになったのか、ということだ。義仲の強気は、次期天皇に以仁王の息子の北陸の宮を推薦したころまでで、なぜか、謙虚に、弱気になっているように、思われる。しかし、以下の記述にしだいに明確になるのであろう。

★(同日)また、聞く、平氏の党類、九国〔九州〕を出で、四国〔屋島〕に向かうの間、甚だ、尩弱〔弱くなった〕、しかして、このたび、官軍、敗績の間、平氏、その衆を〔味方になる武士たちを〕得て、勢い、はなはだ、強盛、今においては、たやすく、進伐〔やっつける〕えがたし、云々、しかして、義仲ら、はなはだ、安平〔平和である〕の由称と称し、これまた、偽言〔嘘〕、云々、天下の滅亡、ただ、この来月にあるか、

●平家一族は、官軍に勝利したことで、援軍を得て、その勢いは増している。義仲は、平気、平気、と言っているが、これは嘘だろう。天下の滅亡は近いか、兼実は感じているのだ。

〇十月二十一日

★あるいは云う、平氏、すでに備前国に来たる、およそ、美作以西、平氏に靡《なび》きおわんぬ、ほとんど、播磨に及ぶ、云々、

●平家一族は、しだいに京都方面に戻りつつあるようだ。備前から播磨あたりまで来ているらしい。

〇十月二十二日

★伝え聞く、今日、義仲、院に参いる、また聞く、頼朝の使い、伊勢国に来ぬと雖も、謀叛の儀に非ず、先日の宣旨に云う、東海、東山道などの庄土〔京都の皇族や貴族の所有する荘園か〕、服せざるの輩、あり、頼朝に触れて〔報せて〕、沙汰致すべし、云々、(中

略）しかして、両国〔東海道と東山道の〕の民、ら、義仲の郎徒（従のまちがいか、と横註にあり）らの暴虐を悪〔憎〕み、事を頼朝の使いに寄せて、鈴鹿山を切り塞ぎ、義仲、行家らの郎従を射りおわんぬ、云々、これによって、義仲の郎従らを伊勢に遣わしおわんぬ、

●法皇を伴って平家との戦場に戻る、あるいは、法皇らを伴って、北陸道に移動する、などの義仲の計画が漏れ出して以来か、なんだか、義仲、行家軍は、あまり好かれなくなり、あるいは、狼藉を繰り返す義仲の郎従たちのせいで、嫌われ者になりつつあるような気もするがどうだろうか。また、翌日の記事などを読むと、後白河法皇もなんだか落ち着かない日々を送っているように感じられるのだ。義仲の郎従たちは尾張や美濃で乱暴狼藉を尽くしたので、伊勢に送られたという。

○閏十月二十三日

★早旦、人告げぬ、今夕、明旦のあいだ〔今晩から明日朝早く〕、法皇、南都に幸〔みゆき〕せしむべし〔奈良に行こうとしている〕、云々、疑わしきは、吉野に引き籠りたまうべきか、ただし、いまだ、一定〔確実なこと〕なし、云々、

●法皇は南都、すなわち、奈良の寺院に籠ろうとしているようだ。ではなく、もっと奥の吉野に引き籠ろうとしているのか、明確ではない。ともかく、法皇は京都におとなしくじっとしていることができないのだ。お昼頃、静賢法印が来て言うには、義仲が院に来て、まずは法皇を北陸道に引き籠らせようとしていると。しかし、やはり明確でない。後白河は自分の拠って立つところが、現在、非常に不安定であり、やや、怯えて暮らしているらしいのだ。

★（同日、静賢法印の話の続き）ついで、平氏、当時、追討使なし〔義仲が備中あたりから帰還して以来〕、もっとも不便なり、〔法皇は〕三郎先生《せんじょう》義広〔頼朝らの叔父〕を以て、討たせしめんと欲す、また、平氏の入洛を恐れるにより、院中の緇素《しそ》〔官人や僧ら〕洛下〔洛中〕の貴賤〔身分の高い人、低い人ら〕、資材を運び、妻子を匿《かく》し、はなはだ、穏便ならず、

●法皇は、義仲に変えて、源義広を平家との戦場に送ろうとしているようだ。そんななか、院や朝廷や街の貴賤が、大わらわになっており、平家がまた入洛してくるのでは、と懼れているのだ。帯刀先生とよばれた武士は、義仲の父の義賢であり、もはやす

でに殺された武士であったのだが、その弟の三郎義広も、先生、とよばれていたのだろうか。まあ、問題はこの武士が京都在住の官人だったのか、地方にいたのか、ということになるが、この義広なる人物はなぜか「尊卑分脈」に載っていないのだ。義弘は何人もいるのだが。ほかの一般的な平氏系図はちゃんと義広を載せている。「玉葉」本文は義廣、と記載されているのだが。ここ、どうしてもよく解らない。

★(同日)また聞く、義仲の郎従ら、多く伊勢国、美濃国等に遣わされおわんぬ、京中、無勢、云々、平氏、再び繁昌〔にぎわい栄える〕すべきの由、衆人の夢想などあり、云々、

●京都の町民たちは、京都の守りが希薄になっていることを憂い、ひょっとして、平家が舞い戻って占拠するのでは、と想像して怯えているのだ。

○閏十月二十四日

★伝え聞く、義仲、重ねて院に申して、曰く、義広を以て、平氏を追討すべきの由、申し請うに、許さずの条、いまだ、その意〔同意〕を得ず、なお枉(ま)げて〔無理にでも〕、義広を遣わさんと欲す、兼ねてまた、備後の国をかの義広に賜う、その勢を以て、平氏を討つべし、云々、〔法皇は〕仰せて云う、まったく許さずの儀に非ず、くだんの男、尩弱〔弱々しい〕の由を聞し食し、仍て、叶うべからずの由、思《おぼ》し食す、

●義広を、自分のかわりに、平氏追討使にしろと言ったのは、義仲であった。しかし、後白河は、義広が軟弱の徒であると思って、許可されないのではないか、と、法皇に迫るのだ。

○閏十月二十五日

★伝え聞く、頼朝、相模の鎌倉〔の〕城を起《た》つ、蹔《しばらく》、遠江国に往くべし、これ、以て精兵五万騎、〔北陸(道)、一万、東山(道)、一万、東海(道)、二万、南海(道)、一万〕、義仲らを討つべく、その事を沙汰せしむため、云々、すべからく、その身を参洛〔自身で上洛〕すべきのところ、奥州、秀平〔秀衡〕、また数万の勢を率いて、すでに、白川関〔白河の関〕を出ず、云々、仍てその襲来を疑い、中途に逗留す、形勢を伺うべし、云々、

●一方、頼朝は、精兵五万騎率いて、京都に向かったのだが、奥州の秀衡がその間に、鎌倉を襲うかもしれないという情報があったので、遠江のあたりに

駐屯しているという。

5――後白河法皇から義仲に平家追討の宣旨が下った

○閏十月二十六日

★伝え聞く、義仲、なお、平氏を討つべきの由、院宣あり、なまじいに〔いい加減な気分で〕領状〔引き受けた〕しぬ、云々、また聞く、義仲、興福寺の衆徒に触れて〔告げて〕、頼朝を討つために関東に赴く、相い伴すべし、云々、衆徒、承引せず、云々、

●義仲は、興福寺の衆徒に語らい、頼朝を攻めるのだが、いっしょに行かないか、と。しかし、衆徒は承諾しなかった。

○閏十月二十七日

★夜に入りて、ある者来て云う、〔源氏の武者なり〕、源義兼、石川判官代と号す、故、兵衛の尉、義時の孫、判官代〔源朝臣〕義基の子也〕、〔この武者は、義家、為義と続く系譜に、為義の兄弟義時、その子、義基と続く系譜の人物であった〕、平氏を討つために行家、来月一日、進発すべし、(中略)それに次いで語りて云う、義仲、行家と已に、以て不和〔もう、仲間割れしていたのだ〕、(中略)その、不和の由緒〔理由〕は、義仲、関東に向かうの間、あい伴うべきの由、行家に触れ〔報せ〕、行家、辞遁〔辞退し、拒絶した〕の間、日来〔日ごろ〕、すこぶる不快のうえ、この両三日、殊に以て、嗷々〔言い合いが続いたりして、かまびすしかった〕たり、しかる間、行家、来月朔日〔一日〕、必定、下向〔必ず、平氏追討のため、西国に下る〕、義仲、またその功を行家に奪わるべからずとして、あい伴って〔関東に〕下向すべきの由、風聞、云々、(中略)行家においては、頼朝と立ちあうべからざるの由、内々に議セシム、云々、

●義仲と行家はすでに仲間割れしていた。なぜなら、行家は頼朝を敵にしようなどとはまったく思っていないのであり、敵は平家であると信じているのに、義

仲はあとから来る頼朝に現在の位置を奪われたくない。だから、行家を伴い、関東に向かい、頼朝を攻めたかったのだ。この、離反はたがいの運命をも変えていくのだが、ただし、ふたりとも平和のうちに終焉するのではなかった点は同じであった。義仲、行家、義経の三源氏は、もっとも不幸な終焉を迎えることになる。

○閏十月二十八日

★伝え聞く、行家、義仲ら、征伐おわんぬ、下向、来月一日、御衰日〔陰陽道における忌日〕のために依り、〔院(法皇)〕、延引、ある説に、二日、あるいは八日、云々、

●この文章はよく解らない。まず、征伐が終わったとは、誰とか。頼朝ということはないので、平家軍を破ったのだろうか。そして下向は、頼朝追討のためか。これは、行家は同意していなかった。『綜覧』を参照すると、この日、法皇は興福寺の別当、権の僧正、信円に大和の兵を集めさせ、平軍に備えしめらる、とあり、援用書に「玉葉」があげられているが、もちろん、「玉葉」の記事とまったく違う。なにかの誤報であろうか。「玉葉」の翌日の記事に、奈良の僧正が来た。そして、法皇が大和国の兵士らを催して、平氏の強者に用意させらるべし、とあるのが『綜覧』の記事の根拠だろうか。そして、「玉葉」は続けて、寺院の衆徒を催すのは初めてであると、書き、兼実は、これらの悪僧がいかに狼藉を働いてきたかを述べ、嘆いている。上記の行家、義仲らの、征伐おわんぬ、は、備前に下って平家と戦うことを放棄して、関東に向かった、と言っているのだろうか。そこで、奈良の僧兵を起用して、平家勢に備えようとした、ということだろうか。

◉義仲が備中あたりで勢いを盛り返してきた平家軍に敗れて帰洛してきたあたりから、「玉葉」の記事は、後白河法皇と義仲を巡るできごとが大半を占めるようになっている。法皇はあくまで平家追討の続投を義仲に命じ、義仲は、関東から上洛するという頼朝の代官(九郎と書かれている義経)に一矢報いずにはおかない、という態度を変更しない。以後、この三者(法皇、義仲、義経)の関係性は平行線を辿るのである。この代官九郎は閏十月の記事に現れていたが、相変わらず、義経の名まえは出てこない。代官とあるのみである。『綜覧』には、義経と銘記してあるが、

同時期のほかの貴族の「日記」には義経の名まえが出ているのであろうか(現在、貴族たちの書いた多くの日記を所有していない私は、恥ずかしながら未読が多いのである)。あるいは『綜覧』の編纂者が解りやすく、義経と書いているだけなのかもしれない。ほかの記事には、平家の都落ちに同伴させられた安徳天皇に代わって擁立された後鳥羽天皇の即位式の日取りなどについての議論があるだけである。十一月一日の記事には、この幼い、四歳の天皇にはおとなぶった雰囲気があり、言語分明(はっきりと喋るということか)とあり、面(おも、か)嫌い給うことなし、とあるが、知らないおとなたちの顔を見ても人見知りせず、泣きだしたりしない、大人の面影がすでに漂っている、とでも言ってるのか。これはある大将の言葉であり、さぞ僻事があるであろうと、小さな字で補なってあるのは兼実のうがった理解であろう。院政期には多くの幼・少の天皇が即位したのだが、天皇に付託されていたはずの「神性」などもはや無意味であり、ある種の日本でもっとも大きな象徴的な「権威」だけが、継承され続けているのみである。もっとも、内裏においては、宗教儀礼は行われていたようだが。これが、シンボルとしての天皇という観念が、戦前の皇国史観の払拭を意図したアメリカ人たちの関わった戦後の「日本憲法」の第一条に継承されているのは不思議だが、ルイス・ベネディクトの『菊と刀』(現代教養文庫、社会思想社、一九六七年)のように、戦後日本統治のため、天皇制および日本研究はアメリカでは相当に進んでいた、そんな成果であったろう。もっとも、戦後のあの時期、天皇制をやめてくれていればもっとシンプルな日本社会が成立していたはずなのだが。

〇十一月一日(この日は、陰陽寮の暦博士が、翌年の暦を紫宸殿で奉献する儀礼の日であった。新天皇後鳥羽の即位直前であったという)

★今日、大将、竜顔〔天皇のお顔〕を拝し奉る、(割書き、略)御歳四歳、しかして、成人の量〔度量、器量〕あり、云々、言語分明〔言葉がしっかりしている〕敢えて、面〔おも〕嫌い給わず、云々、〔已上、大将の口状を以て、これを記す、定めて僻事〔見間違い〕あるか〕、

●大将なる人物がだれか不明だが、彼の観察によると、新天皇の後鳥羽は、四歳であるにもかかわらず、おとなのような器量があり、他者の顔を見て泣いた

り、嫌ったりしないという。割書きに、兼実の評価がちらっとあり、たぶん褒めすぎではないか、と註しているところが冷静でおもしろい。子どもを見て褒めちぎっている大将もいい加減なものである。

★（同日）この日、義仲、行家ら、平氏を討つため、首途〔旅立ち〕あるべきと雖も、たちまち、以て延引す、院の御衰日のためによるなり、云々、来る八日、進発すべし、云々、

●今日は法皇の、衰日といってすべてを忌み慎む日であるため、義仲らは、平家追討の日を八日に伸ばしたという。陰陽道の盛んな時代であり、人間の、とりわけ上級貴族たちはこの陰陽道によるあほくさい規制を受容していたのであろう。

6——頼朝の上洛、それは京都人たちの共同幻想であったのか

○十一月二日

★伝え聞く、頼朝、去る五月五日、鎌倉城を出でぬ、すでに京に上り、旅館に宿す、三ヶ夜に及ぶ、しかして、頼盛卿、行き向い議定す〔ここ、読み方が難しい。原文は《而頼盛卿行向議定》とあるのだが、返り点などなく、上のように読むしかないか〕。粮料〔食料〕、蒭〔まぐさ〕など叶うべからずに依り、忽ち上洛を停止し、本城に帰り入りおわんぬ、其に替わりて、九郎御曹司〔誰人か、尋ね聞くべし〕、出で立たす、已に上洛せしむ、云々、

●頼朝が鎌倉城を出て、すでに京に入って三夜が過ぎたとあるのだが、このとき、頼盛が頼朝を尋ね、いろいろと話し合った、と解するべきか。しかし、食糧や馬のまぐさが用意できないので、頼朝はすぐに上洛をやめ、鎌倉城に戻った、というのだろうか。なんだかおかしいが、うまく読解できないのだ。当時の情報のあまりの不確かさが再認識させられる。頼盛は平の頼盛（清盛の弟）で、平治の乱のあと、頼朝を死罪から救ったとされる池の禅尼の息子。頼朝はその恩義を忘れず、幕府成立後も頼盛を優遇したと

「吾妻鏡」には書かれている。頼盛は戦争があまり好きでない貴族そのものになってしまったせいか、宗盛以下の平家軍の西海への移動ないし逃走に加わらなかったのである。そして、先日、突然、京都から姿を消したと記事があったのだが、鎌倉に下向していた。この項、やはりよく理解できない。

●頼盛卿が鎌倉にゆき、頼朝に会って上洛中止を聞いたというなら理解できるのだが。しかしのちに代官と書かれる義経は、「吾妻鏡」が書いている通りの「九郎御曹司」とよばれているのも不思議である。義経という本名より、たぶん関東勢の間で流通していた九郎の呼称、九郎御曹司というあだ名のほうが先に京都貴族の耳に届いていたということになるが、情報の流通というものが、現代と違い、さまざまなルートを通って齎されるために、このような現象が起こっているのであろう。兼実が、この九郎がいったいだれか知っている者に糺すべきと書いているのが、情報の展開の遅速が現れていておもしろい。ちなみに頼朝たちの父義朝は、五味文彦氏の『平清盛』（前掲書）によれば、上総（千葉）で育ったので、「上総の曹司」と呼ばれていた、と書いているが、義経の曹司には、御、という字がついて、御曹司になっている。『広辞苑』は「曹司」を部屋住みの公達と解しているが、義経は青年になってから頼朝のもとに参上したと「吾妻鏡」などにはあるので、部屋住みの公達と呼ぶのも変である。曹司のまえに、御、がついているので血筋のいい公達とでも解しておこう。「玉葉」の表記は不思議だが、まあ、話の本筋から離れるので、これで詮索はやめる。御曹司はすでに京都に向かって出発したらしい。これも「吾妻鏡」の記述と違うところで、頼朝ないし関東勢の代官として、まず義経が京都に派遣されており、院や朝廷の動向を探っていたのではないだろうか。ありうる話である。一の谷を戦う関東軍の進発ではないような気がするのである。

◐-◐上洛できない理由が食料やまぐさの不足だというのは、先述したようにもっともな理由で、京都の食糧事情、道中の調達は難しかったでしょう。でもそれなら、義経の軍だって同様だったはずです。他に理由があったか、義経なら頼朝と違って追いはぎまがいのことをしても構わないとされたか、どちらかです。平泉の秀衡の不穏な動きを察知してのことだったのではないでしょうか。表向きの理由はともかく。ですから、義経に大した軍勢を付けてやることはしませんでした。また、私は『玉葉』を読んで、思ったより多くの情報が兼実にもたらされていたことに驚いています。官職に在る者の報告は当然として、九条家の家司、僧侶、名は明らかにされないけれど、「或る人」として登場しています。その中には鎌倉に下向し、文官となった中原親能も範季を通して、東国からの情報もあったに違いありません。

◑A◑義経なら追いはぎまがいのことも許されるというのはどういうことですか。そういう生活を送ってきたから？　あるいは、関東勢のなかで、下っ端だったからですか。一ノ谷の合戦のあと、九州まで赴いた範頼軍は、鎌倉に食糧不足を訴える手紙を出してましたね。これは関東勢の将軍だったからですか。それから、兼実が右大臣という官職の人であるのに、法皇の行動をすべて識っているわけではないんですね。法皇、上級貴族の間を弁と称する人たちが行き交い、たがいの情報を交換しあっているはずだ、と思うのですが、法皇の言動を把握していない例がときどき現れます。つまり、朝廷や院というのは、天皇、上皇、上級貴族たちが、「一体化」しているわけではないんですね、案外。なんだか政権を握っている一団の人たちとしては、少し変だなとも感じます。

○十一月三日

★伝え聞く、頼朝、上洛決定、延引おわんぬ、その弟、九郎冠者、五千騎勢をそえて上洛すべし、云々、

●御曹司は今度は、冠者になっている。御曹司とよんだのは、義経が頼朝の息子のように誤解されたのかもしれない。冠者(かんじゃ、かじゃ)は、狂言などによく現れる、当時の貴族や豪族や寺院の下っ端の青年の呼び名でもあるが、義仲も木曽の冠者とよばれ、京都貴族の意識のなかでは、幾分蔑みの要素が盛りこまれていないわけでもない。「御伽草子」の義経伝説を書いた「御曹司島渡り」の御曹司という用語は、逆に貴公子のような意味で使われていたに違いない。

◐I◐「御曹司」はそのまま「部屋住みの御子息」の意味で、頼朝の養子の意味で使われている(頼朝の子息の意味ではない)と、元木泰雄さんは言っています。この時はまだ頼家は生まれていませんでした。冠者も元服している若者、若輩者という感じだったのではないでしょうか。

●問題は、「吾妻鏡」では、のちに平家追討軍の大将

となったのは、頼朝の弟範頼で、義経は副将軍、すなわちナンバー2であったと書いている。この平家追討軍の大将の順位は、義経が頼朝から謀反人扱いにされ、奥州で自殺させられたずっとあとに書かれた『吾妻鏡』の作為ではないかと思うのだ。奥州藤原秀衡に軍事的に鍛えられたかもしれないと想像される義経は平家追討の大将軍であったのを、同書は副将軍に替えてしまった。などと書くのは、『玉葉』には、範頼の名まえが出るのはもっとあとであるからだ(この九郎冠者の上洛は、のちに解るが平家追討軍ではなく、朝廷や院の監視のためであったようだ)。これはべつに判官贔屓で言っているわけではない。京都貴族にまずは九郎の名がピックアップされているのは、九郎が大将軍だったからではないかと思うからだ。鎌倉幕府の成立と展開が、『吾妻鏡』においてはかなりの程度に造形、操作されているのではないかと考えられる。この点は『玉葉』を読み進めれば進むほど、明確になるのではないか。こんなことにこだわるのは、中世歴史研究者が義経の諜報活動をあまり指摘せず、『吾妻鏡』の記述どおりに理解していることに微力ながら異を唱えてみたいからである。

◐I◐平家追討軍の大将は誰かという点ですが、安達説の傍証になるかもしれませんが、範頼は『玉葉』によれば、範季、子として養育(元暦元年九月三日)とありますが、範季は兼実の家司でした。大将軍であれば、養育した範頼のことが真っ先に名前が挙がったはずですね。だから、この時は大将軍は義経であって、範頼は後から大将軍になったのかも。

◑A◑いやいや、ぼくの想像では、義経が大将軍だったのを(『玉葉』が書いてるように)、のちに、『吾妻鏡』の編纂時に、罪人になった義経を降格させたのではないかと、いうわけです。津田左右吉を読んでくると、古代のいろんな本が、いろいろな操作を編集時にやったのだな、という「懐疑論」的な疑問が出てきます。とくに『吾妻鏡』は、頼朝の死までは相当に作られているな、と感じます。まずは『平家物語』が作った平家滅亡の美学が、それ以降の本に大きな影響を与えたのではないだろうか、と。範頼軍の活躍が少ないのは、範頼個人のことより、戦争の当時的な近代化が、英雄を必要としなくなってきたのではないかな、と最近考えています。戦争というのは、英雄を作りだすより、団体戦で勝利すればいいのですから。ギリシア神話においても、まず、英雄ありき。アキレウスやオデュッセウスらが、トロイア軍とギリシア連合軍が闘ったときがそうでした〔「イーリアス」など〕。彼らが戦争を主導したのであって、戦争で活躍したから英雄になったのではなかったです。「平家物語」などでは、戦争を通じて英雄が現れます。これはやや古い段階の合戦記の特徴であった。しかし、しだいに、英雄を生み出すより、確実に勝利することが重要だったので、これをやや「近代的」と言っただけです。だから本当はだれでもいいんですよ、関東勢の進軍は事実であったと思うので。関東住人が武力をもって、畿内以西にもしだいにその影響力を発揮してきたという、新たな構造を、一ノ谷から壇ノ浦までの平家との戦争が、切り拓いてくれたのではなかったでしょうか。

○十一月四日

★伝え聞く、頼朝上洛の決定を止めおわんぬ〔中止した〕、代官〔が、頼朝に替わって〕、入京す、云々、今朝、布和関〔不破の関、岐阜県不破郡にあった三関のひとつ〕に着く、云々、まず、事の由を奏し〔関の守り手たちに？〕、御定めに随って参洛すべし、義仲、行家ら、相防ぐにおいては、法にまかせて合戦あるべし、しからざれば、過平の事〔？〕、これあるべからざるの由、仰せ合す、云々、

●代官すなわち九郎冠者は入京するという。不破の関に着いたと書いている。不破の関は岐阜県の関ヶ原のあたりの関所である。「玉葉」では頼朝関係の記事は風聞がほとんどで、記事のまえには、伝聞と、必ず断っている。やはり関東方面の確固とした情報が京都側には届いていなかったことはまちがいない。それはたぶん、関東の諸国衙が関東武士団との攻防で、その機能を著しく低下させていたからではないだろうか。

●上京する関東勢らは、関を通過するのに決まった方式を守り、礼儀正しく通過しろ、と言っている。これは頼朝の指令であったか。一方、義仲、行家らが頼朝の代官たちの入京を防ぐため合戦するさいは、こちらも遵奉精神で、戦うべきである、と言っているのは、法皇が言ったのだろうか。そうでなければ、過平の事〔行き過ぎた行動か〕はあってはならないと申しあったというのだが。そういう解釈でいいだろうか。つまり、もし、後者が後白河の命令だとすれば、義仲や行家らは、頼朝の代官を迎撃するというより、むしろ丁寧にお迎えしろ、とでも言っているようだ。

◐ー◐「過平」は確かに意味が分かりませんね。過差の誤記ではと思うのです。差のくずしは、平のくずしに似ています。

★(同日)また聞く、平氏、一定(必ず)、讃岐国にあり、云々、

●平家軍は讃岐にいるという。これは屋島のことだろうか。「平家物語」、「源平盛衰記」では屋島に行宮《あんぐう》(旅先などでの一時的な皇居)を作っていたのを、のちに大阪湾から豪雨のなかを強行して出発した義経軍が殲滅、破壊することになっている。ともかく平家一族は瀬戸内海域を自由に往来し、かつ味方する勢力(瀬戸水軍などとよばれた海賊たちや交易人)を集めていたのだろう。平家軍は伊勢湾のあたりの海民を動員していたと、なにかの本にあった。

○十一月五日

★伝え聞く、来る八日、行家、鎮西に下向し、一定〔必ず〕、義仲、下向すべからず、頼朝軍兵と雌雄を決すべし、云々、

●前日、平家が讃岐にいると書きながら、行家が鎮西すなわち九州に下向、というのも変だ。しかし、行家はついに義仲と袂を分かち、別行動に出ることにしたのであろうか。しかし、このあたりの決定は、行家自身が決めたわけではなく、法皇の決定ならば、法皇は、ふたりを別方向へと進発させようとしたのだ。そして義仲は下向するな、というなら、京都に残って、頼朝軍が来れば雌雄を決するべく戦闘を行えと言っていることになる。それは、さきほど、頼朝の代官らを法を破っての過激な戦争をするな、と法皇が言っていたと解釈したことはまちがっているのかな。雌雄を決すというのは、死力を尽くして戦闘しろ、というふうに聞こえる。

○十一月六日

★ある人云う、頼盛、すでに鎌倉に来着、唐綾の直垂、立烏帽子、侍二人、子息皆、悉く相具す、おのおの腰刀、剣などを持たず、云々、頼朝、白糸葛水干、立烏帽子にて対面、郎従五十人ばかり頼朝のうしろに群居す、云々、その後、頼盛、相模国府に宿す、頼朝城を去ること、一日の行程、云々、〔頼朝は〕目代を以て、後見をなす、云々、

●頼盛についてはすでに説明したが、清盛の弟であったが、都落ちした平家の公達たちとは別行動をとったのである。しかし、十一月二日の記事に、頼

盛卿が、旅費などがないため、上洛を延期したとあって、すでに鎌倉に着いていたはずなのだ。まあ、ガセネタであったのだろう。ただし、情報が飛脚や早馬のばあいと、駅を通過しながらふつうに往来するばあい、情報が錯綜することはしばしばあったであろう。であるから、それはさておく。頼盛が鎌倉に到着した。後白河の使者となって鎌倉に赴いたようだ。［鎌倉］が関東勢および頼朝の政治的拠点になっていたことが、院の側にも伝わったようだ。そして、「吾妻鏡」が書いているように、頼朝が鎌倉勢の中心人物になっていた。しかしどのような会談が行われたか不明であるが、頼盛が法皇の使者の役割をしていたのかどうかなどは、まったく解らない。法皇ら、京都勢にとっては、頼盛との交流の記述はあまりなく、やはり頼盛はどうでもいい存在であって、頼朝あるいは九郎冠者の上洛の時期などが話題になったであったろう。

相模の国府は現在の神奈川県の二宮か小田原のあたりにあった。地図で見ると、やはり、鎌倉から相当離れている。なぜ、鎌倉に泊めなかったのだろうか。国司のように扱って国府に置いたのか。この文章の後に、頼盛に同行したのか、《能保、悪禅師の家に宿す、頼朝の居〔城に同じか〕を去ること一町ばかり、云々》とあるので（『広辞苑』には一町は一〇九メートルとある）、頼朝の居所からすぐ近くにいたことになる。

〇十一月七日

★伝え聞く、義仲、征伐さるべきの由によって、ことに用心、鬱念のあまり、かくの如く、承り及ぶの由、院に申せしむ、云々、仍て、院中警護の武士に入れ申されおわんぬ、行家以下、皆悉くその宿直に勤仕す、しかるに義仲一人、その人数に漏るるの間、殊に奇なる上に、また、中言の者〔告げ口するような人〕あるか、

●これはどういうことか。頼朝代官軍の上洛によって、平家追討の最初の功績者義仲が今度は逆に追討される側の人物になったということか。たしかに後に義経らの追討軍によって義仲は滅ぼされることになるが、このような方針が頼朝らの決定であったのか。義仲は、ともかく、用心深くなり、苦しい思いでいるのだが、ともかくこんなふうに聞いたのだがと、後白河に申し出た。しかし、かと言って義仲は排斥されたわけではなく、院の警護の武士（北面や西

面の武士)らのひとりとしてこのグループに入れられた。そして行家らはその宿直のしごとについたが、義仲ひとり、その数に漏れた、というのはどういうことか。義仲は、北面の武士たちに捉えられているのだろうか。そうではなく、一応、宿直のようなしごとは与えられなかったということだろうか。

◎『綜覧』には、《義仲、院中警衛ニ候セズ》と書いているから、義仲はグループに入れられたが、その評価が下がったわけではなく、北面の武士らの一員になっただけであったのか。義仲は平家追討の指揮者として平家軍と戦いながら北陸道を南下してきて、京都から平家を西国へと追放し、現在の院政を復活させた功労者なのだから、特別扱いされて当然だ。

★(同日)行家、明夕、必定〔必ず〕、下向、云々、頼朝の代官、今日江州に着く、云々、その勢僅かに五、六百騎、云々、忽〔にわかの〕、合戦の儀は存ぜず〔ありえない〕、ただ、物〔頼朝ないし、関東勢からのみやげ類か〕を院に供するための使い〔が法皇のまえにやって来たということか〕、云々、次官親能〔頼朝の側近〕、頼朝の弟、〔九郎〕ら上洛、云々、

●行家はひとり、平家追討のため下向。一方、入京する頼朝の代官らの勢力は、近江に来たとあるが、総勢五、六百騎では戦争にもならないではないか。いや、関東やその他の地域においてはもっと少数での戦闘もふつうであった。しかし今度の上洛は戦闘のためではなかったということだろう。そのついでに法皇に土産物を届けに来たという。親能、九郎だけが京都に入って来たようだ。すなわち、わが九郎御曹司義経がついに京都に入ったというわけだ。もし、彼が鞍馬寺で育ったのだとすれば、故郷に戻ったということになる。

○十一月八日

★今日、備前守源行家、平氏追討のため進発、見物の者、語りて云う、その勢、二百七十余騎、云々、はなはだ少なしとなす、如何、々々〔どうか〕、今日、義仲、すでに打ち立つ〔出発した〕、ただ今、乱に逢うことのごとし、

●この辺、騎馬の武士の人数がリアルだが、これでは勢力を拡大しているという平家軍を追討することなど、できないであろう。そして、義仲も出立したというのだが、どこへ？ 近江に着いた頼朝の代官らを討つためか。なんだか変である。

★(同日)院中以下、京都諸人、家ごとに鼓騒〔騒ぎ立

ている」、そもそも、神鏡、剣璽を無事迎え取るの条、朝家第一の大事なり、しかるに君臣ども、この沙汰なし、よって、余〔兼実〕、密かにこの趣きを以て行家に含めおわんぬ、

●兼実は進軍しようとしている行家に、三種の神器の返還が一番大事である旨を伝える。やはり行家は、義仲とついに訣別することになったか。今回以降の平家追討は、単に追討するのみでなく、三種の神器を奪い返すことにあったと言える。つぎの天皇が決まった以上、安徳天皇にもはや用はない。冷徹な判断だが、京都上級貴族の本音であったろう。神器が無事であれば、きみたちがどうなろうと知ったことではないよ、と。

7――義経の京都への接近は、諜報活動だったのだろうか

○十一月十日

★伝え聞く、頼朝の使い、供物をば江州に着けおわんぬ、九郎、なお、近江にあり、云々、澄憲法印を以て御使いとなし、義仲のもとに遣わす、頼朝の使い入京、鬱存〔どう意訳すべきだろうか〕すべからざるの由、云々、悦《よろこ》ばざるの色あると雖も、（中略）あながちに、相防ぐべからずの由、申せしむ、云々、

●頼朝の使い九郎冠者は近江に来ている。澄憲法印を使いとして義仲に、あまりおもしろくないかもしれないが、戦争するのはやめたい旨を伝えさせたような書き方に思える。『綜覧』の理解によれば、この澄憲法印を使いに出し、義仲に九郎の情報を伝えたのは法皇だったということになっている。たしかにそのほうが解りやすいとは言える。法皇が義仲に、憂鬱になることはない、あまりおもしろくないかもしれないが、九郎〔『綜覧』は義経と書く〕らを迎え討つなよと、法皇は伝える、と解釈している。しかし、この辺、つまり九郎冠者が頼朝の代官として京都にやって来て、現在近江にいる、などという情報は「吾妻鏡」にはまったく書かれていない。義仲や平家との

本格的戦争のまえに、このような折衝があったことを、なぜ書かなかったのであろうか。そうではなく、九郎上京という情報はあるいはやはり、ガセネタであったのだろうか。しかし、九郎冠者代官の話は「玉葉」には何度も出ているのだ。

◐I◐澄憲を使いに出したのは法皇です。なぜなら、「御使いとなし」とあるからで、これを義経と読むことはできません。

◐A◐そうですね。澄憲法印という僧は、院に勤めるか、近い人物だったのでしょう。よく考えれば、義経ら関東勢が坊さんを連れて来ているはずがないですね。ただ、この辺の記事に関してぼくが考えたのは、義経らの動きは、のちの関東勢の平家追討の進軍と関係なく、近江にあって、京都の情勢を探らせていたのではないのか、ということです。法皇や義仲の行動への情報収集活動を、義経は担当していたのではないか。これは戦争時の諜報活動として、十分に考えられるのでは、と思うのです。

○十一月十二日

★伝え聞く、資盛〔清盛の孫、現在、西国にいる〕朝臣、大夫の尉、友康のもとへの使いを送り、君〔後白河〕に別れ奉る悲嘆、限りなし、今一度華洛に帰り、再び竜顔〔天子の尊顔〕を拝せんと欲す、云々、人々疑うところは、もしや神鏡剣爾を具し奉るか、云々、

●資盛は清盛の長男重盛（すでに逝去）の息子であったが、単に弱音というより、京都に帰り、天皇や院に仕えたいという願望を持つ平家の公達もいたであろう。しかし、これを聞いた人びとは、資盛が京に帰還したなら、鏡や剣爾を持って来るだろうか、と期待をこめて心配した、というのだろうか。もし、三種の神器が返還されるなら、平家の帰還をも許そうと……。

★また聞く、平氏、その勢数萬に及ぶ、追討、にわかに計るべからず、云々、

●聞くところによると、平家軍は数萬に膨れ上がっており、少数の行家軍では追討はもはや不可能ではないか、そんな大軍になっているなら、追討の計画も練りなおす必要がある。たぶん平家一族は、西国（兵庫県から北九州まで）に領地を多く持っていた（この一族が播磨の国あたりから、九州までの国司を務めていた）ので、地方官には余得がいろいろあり、裕福になれたのではないだろうか。奥州の国司になった人などは、馬や金、弓矢の羽根のための鷹の

羽などを、彼らの上司の上級貴族へのお土産として、献上していたという。平家の公達たちは、それらの地方との関係性を維持し、たちまちのうちに、経済的にも兵力的にも勢力を回復しているのだろう。そんな空気が京都や朝廷、院に瀰漫し始めたのかもしれない。

○十一月十三日

★季経朝臣、来たり語りて云う、院庁官泰貞、〔一〕昨日上洛す、云々、閭巷の説に云う、秀平〔秀衡〕、頼朝を追討すべきの由、院宣あり〔の〕旨、義仲、秀平のもとに示し遣わす、秀平くだんの證文を以て、康貞につけて、進覧〔御覧に入れる〕せられおわんぬ、但し、この状、定めて浮説か、云々、追って、これを尋ね聞くべし、今日、行家、鳥羽〔京都の南部、鴨川の西にある〕を起《た》ちおわんぬ、云々、

●世間では、院、すなわち後白河法皇は、奥州藤原の秀衡に、頼朝を追討するよう院宣（宣旨）を出しており、義仲がこれを、秀衡に届けたという。すると秀衡はそれを法皇のご覧にいれたというのだが、この辺、解りづらい。自分に出された院宣をなぜ法皇に見せたのか。それはともかく、頼朝と使者を通じての交通があったはずなのに、秀衡にも頼朝追討の宣旨を出していたのだろうか。関東を、東北と京都からの攻撃によって挟み撃ちにするという発想はまえからあったと思われるが。しかし、これも浮説か、と兼実は書いている。兼実は右大臣だったから、法皇と接していたはずである。だが、兼実は、法皇の動きを直截には把握していず、たいていは院の庁の官人や、弁官の報告であとから識ることになることが多いのだ。後白河は、兼実をたいして信用していなかったのかな。しかし、法皇を巡って彼ら上級貴族たちの権謀術策の日々は繰り返されていたのだ。ああ、たまげた、たまげた。兼実の口癖を真似ればこんなふうになるであろう。

◐I◐ここは義仲が、頼朝討伐の院宣があった旨を、秀衡に送った。秀衡が件の証文を、（平泉に行っていた）康貞に付けてよこし、皆に進め見せたということになると思うのですが。

◑A◑義仲が、頼朝追討の宣旨をもらったと考えるのですね。しかし、日記の原文を読むと、やはり、もとの考えに戻るんですよ。ここは、「玉葉」はこう書いています。漢文の表記ができないので面倒ですが、そのまま書くと、《秀平　可レ追二討頼朝一之由》とあ

ります。これを漢文式に読むと、「秀平、頼朝を追討すべきの由」となりませんか。頼朝は、追討の目的語として読むのが自然です。と、こだわりましたが、奥州の秀衡は、院に、頼朝追討の宣旨が欲しいと、どこかで言っていたと思います。後白河は、やはり頼朝との交流があるにも関わらず、奥州秀衡に頼朝追討の宣旨を出したのではないでしょうか。で、その院宣を、義仲は秀衡のもとに、示し遣わしたんですね。後白河という人物が、頼朝とは文書による交通があったのに、その頼朝を秀衡に討て、と言うのが凄いなと思ってしまったわけです。ただ、挟み撃ちにするという発想は、秀衡にも、院にも、そしてその対象となる頼朝も、持っていたのですね。頼朝が関東を容易に離れなかったのは、奥州、秀衡の攻撃に備える必要があったのだと思うのです。

○十一月十四日

★去る九月の比〔頃〕、前の内大臣〔平宗盛〕、書を法皇に上《のぼ》す、その状に云う、臣〔宗盛〕においては、まったく君〔法皇〕に背き奉るの意〔思い〕なし、事〔平家の院や朝廷からの離反〕、図《はか》らずも出できぬ、周章〔慌てている〕の間、旧主〔安徳天皇か〕においては、当時の乱から遁《に》げるため、ともない奉り、外土〔西国の地〕に、蒙塵《もうじん》〔天子が変事のために都の外に身をのがれること、と『広辞苑』にある〕しおわんぬ、

●西国にいる平家のリーダー宗盛から、後白河に手紙が届いた。その内容は、自分、宗盛にあっては、法皇に背こうという意志など、まったくなかったのです。たまたま、こんなぐあいに、天皇をお連れして、西国の地の塵を吸うようなことになってしまったのです、などとあった。そして、もし許されるなら、三種の神器をお返しするつもりです、と、和親の意を述べている。『綜覧』には、この日、法皇が、宗盛が三種の神器を返還するように議論しろと、摂政や左大臣、右大臣の兼実らに要請した、とあった。しかし、その結果についてはまだ、「玉葉」には記事がない。

○十一月十五日（宰相中将が来て、院のなかの話をする）

★頼朝代官の九郎、入洛あるべきや、否や、すこぶる予議あり、おおよそ、進むるところの物ならびに〔使者ら〕帰国すべき〔の様〕、その沙汰あり、然る間、また、儀、出で来たり、澄憲〔法印〕を以て、重ねて

義仲のもとに仰せ遣わさるのところ、その勢、いくばくならざれば、〔義経らの〕入京を許されべきの由、なまじいに、承り、伏す〔承諾した〕、云々、

●院ではまた頼朝の代官九郎の入京か鎌倉への帰還かを議論し、法皇はその旨を義仲に問い合わさせると、もし人数がそれほどでないなら、許せばよい、と答えている。

★（同日）只今、主典〔勘解由使の四等官〕代の景能、来たり入る、「頼朝のもとに遣わされるところの御使いなり」、この一両日、入洛〔義経が、か〕云々、仍《よ》って、頼朝の報せ奉じる趣きを問うところ、おおよそ、ご返事を申すに及ばざり、専《もっぱ》ら、悦ばすの色〔顔色〕あり、

●頼朝にこのことを知らせると、返事する必要もない、と言って機嫌がよくなかったという。まあ、頼朝としては源氏棟梁の自分の意見を尊重せず、義仲に訊くところが許せない、と怒ったようであったという。院の官人たちも右往左往というのか、ふたりの大将〔義仲と頼朝〕のあいだで苦労を重ねているという感じである。義仲も鷹揚そうに見えるが、やはり怒っていたのであろう。京都における武士の大将は自分だとばかりの行動に出る。

○十一月十七日〔院中の武士が群集し、京都の町も騒然としている。なにごとかと兼実が考えていると〕

★また人云う、義仲、院〔法皇〕の御所を襲うべきの由、院中に風聞す、

●ついに義仲が、これまである程度従ってきた院、後白河法皇を急襲するというのだ。後白河の、義仲と頼朝を両天秤にかけるやりかたに、義仲はもはや自分が院および京都を支配するしかないと決意したのであろう、と考えていると、

★（同日）院より、義仲を討たるべきの由、かの家〔義仲の家か〕に伝え聞こゆ、両方〔義仲と法皇か〕が偽詐〔偽り、欺く〕を以て、告げ言う者あるか、この如きの浮説〔根拠のない説〕に依り、かれこれ、鼓騒〔大騒ぎ〕す、敢えて、云うべからず、云々、

●義仲と後白河、児戯にも似たやりあいをしている。兼実は呆れて、ものも云えずにいるのだ。

★（同日、主典代、景宗が院の御使いになって、義仲のもとに遣わされた）その〔院の〕状に云う、〔義仲の〕謀叛の條、告言〔いろいろ言う人〕の人と諍《あらそ》い申すと雖も、その実〔正しいこと〕を称すれば、遁《に》げ申すに及ばず、もし事、無実たれば、すみやかに、勅命に

任せて、西国に赴き、平氏を討つべし、たとい、また、院宣に乖《そむ》きて、頼朝の使い〔九郎〕を防ぐべきと雖も、宣旨を〔院が出すことを〕申さず、一身、早く、向かうべきなり、

●ここで、告言の人というのは、義仲であった。使いの言葉を聞いた兼実は、その告言が無実なら、すぐに下向して平氏を討つべきだし、そうでなく、私〔法皇〕に背くというなら、頼朝の使いを阻止すればいいではないか、と憤っているのだ。そして兼実の文句は続く。

★（同日）〔義仲が〕洛中にありながら、動いて聖聴〔法皇の耳〕を驚かせ奉る、諸人を騒がせしむ、はなはだ、不当なり、

●兼実の不満はとどまるところを知らない。義仲批判に終始している。しかし、

★（同日、左少弁の光永が来て言う）この夜、八條院、八條殿に還御、云々、疑うらくは、明暁、義仲を攻めらるべきか、云々、左右《そう》する〔いろいろや〕能わず、義仲、その勢、いくばくならざると雖も、その衆〔義仲の配下〕、はなはだ、勇を〔なす〕、云々、京中の征伐、古来〔より〕聞かず、もし、不慮の恐れあれば、後悔、いかん、（中略）日本国の有無、一時に決すべきか、〔兼実は〕犯過なきの身、ただ、仏神に奉仕するのみ、

●八條院に住む人というのは誰だろう。後白河の愛人であろう。たぶん前に出ていると思う。ともかく、法皇の側が義仲を攻撃しようとしているようだ。義仲勢が少ないといっても、勇士が多い。京の街中での征伐というのも、古来、聞いたことがない、と兼実は呟く。しかし、自分には関係ない、自分はただ、神仏につかえるだけだ、と開きなおってもいる。『綜覧』を見ると、《法皇、兵ヲ法住寺殿ニ集メ、源義仲ニ備エ給ヒ、御使ヲ義仲ニ遣シテ、京師〔京都〕ヲ退去セシメラル、是夜、八條院、八條殿ニ還御アラセラレ、高倉宮、密カニ法住寺殿ヲ脱出シ給フ、（吉記、百錬抄）》とあり、「吉記」などの筆者が、兼実と少しだけ違う認識をしていることが解る。しかし、八條院はだれか書いていない。後白河の母とかになるのであろうか。皇太后になると、○○院という名をもらい、○○殿に住むことが多かったようだ。

●院のなかにも法皇に従おうとする者、義仲につこうとする者の両者があって、たがいに嘘をつきあっているとでもいうのだろうか（義仲派というのは考えられないが）。その風聞は京の町にも拡がって、騒

動は拡大する一方だ。収拾がつかない情況になってきたと言える。

8——追いつめられる義仲の幻想の世界は、なにを描いていたのだろう

○十一月十八日〔泰経卿、法皇の仰せを伝える〕

★世上の物騒、日を遂って倍増す、しかる間、浮言〔根拠なしの言説〕多く出で来る、御所の警護、法を過ぎぬ〔過剰な警護は、法を超えている〕、義仲また、命に伏すの意なし、事すでに大事に及ぶ、仍って、昨日、主典代、景宗を以て、御使となし、〔義仲に〕仰せられて云う、征伐をなす、西国に向かうべきの由、たびたび仰せ下さる、しかるに、今に、下向せず、また、頼朝の代官を攻めるべきの由、申せしむ、云々、しかれば、早く行き向かうべし、両方とも、首途〔出発〕せず、すでに君〔法皇〕に敵せんと欲す、その意趣、いかん、もし、謀叛の儀なければ、早く、西国に向かうべきの由、

●法皇は、もう何度も同じことを繰り返し、義仲に命じている。口を酸っぱくして、というやつだ。義仲はのらりくらりを続けている。

★早旦〔朝早く〕人告げて云う、義仲、すでに法皇の宮〔当時、法住寺に院の御所があった〕を襲わんと欲す、云々、（中略）しかして義仲の軍兵、已に三手に分け、必定〔必ず〕、寄せるの風聞〔義仲が法住寺を攻めるのという噂〕、なお、〔私、兼実が〕信用せざるのところ、事すでに実〔本当のできごと〕なり、余〔兼実〕の亭〔兼実邸〕、大路の頭〔かしら〕たるために依り〔大きな通りに面していた〕、大将〔義仲〕の居所に向かいおわんぬ、いくほどを経ずして黒煙、天に見る、これ、〔鴨川の〕河原の在家を焼き払う、云々、また、時を作りて、両度〔二度、黒煙が見えたか〕、時に、未の刻〔午前十時頃〕なり、あるいは云う、吉時〔よい時〕をなすか、云々、申の刻〔午後四時頃〕に及びて、官軍〔ここでは、法皇が組織した軍隊か〕、ことごとく、敗績す、法皇を取り奉りおわんぬ、義仲の士卒ら、歓喜、限りなし、即ち、法皇を五条の東洞院《ひがしのとういん》の

摂政の亭に渡し奉りおわんぬ、武士のほか、公卿、侍臣の矢に当りて死傷の者、十余人、

●じつは、後白河、高倉天皇らは、すでに法住寺を脱出していたのではなかったか。うかつにも義仲は気づいていなかったのだ。上の文に続いて、兼実は自分はこの情報を信用しない、と書いたすぐあとに、事件は起こっている。黒煙が天をこがした。河原、鴨川の河原の在家(民家など)が焼き払われたのだ。法住寺は七条の鴨川東部にあったのだが、その近辺の鴨川の河原、この辺は、被差別民や芸能民が集住していたのだが、だから、義仲らは気軽にこの辺の住宅を焼き払ったのであろうか。そして、間もなく、法皇は捕縛され、摂政(藤原基通)の邸宅に運ばれたという。巻き添えを食って、法皇といっしょにいた公卿や官人たちが、十余人、死んだという。

●義仲は法皇を拉致し、摂政の家に幽閉した。幽閉というほどハードでなかったのかもしれないが、法皇を拉致し、閉じこめたのは、かつて清盛も実行したことだ。武力というものが、朝廷や院のみならず、日本全国を統治していくための、文字通り武器になって来始めたようだ。清盛は武力を背景にしていたが、貴族化していたことが、義仲やのちの頼朝たちとおおいに異なる点である。

★(同日)夢か、夢にあらざるか、魂魄《れいこん》〔魂も魄もたましい、あるいは霊魂〕退散、万事不覚、およそ、漢家〔中国〕、本朝、天下の乱逆、その数あると雖も、今度の如きの乱、未だあらず、義仲は、是、天の、不徳の君〔法皇〕を誡《いましめ》る使いなり、

●兼実は嘆きの表現に富んでいた。というか類型的ではあるが、絶えず言葉を連ねて怨嗟の表現に自分の感想を託すしかなかったであろう。貴族は新興の武士たちの武力のまえでなんの力も持ってはいなかった。文字どおり、無力であった。兼実が書く通り、天下の乱逆は古代においてはそれほど珍しくなかったし、それは中国でも同じであったが、天皇自身が対象になるのが乱逆、謀反だとすれば、「日本書紀」を信用するなら、それほど多くはなかったとも言える(いや、日本古代史学批判の懐疑主義者の津田左右吉に従えば、「日本書紀」には信用できない部分も多いのである)。こうした乱逆の結果、後白河は拉致され皇居を摂政の家に移され、政治のヘゲモニーを義仲が握るようになったようだ。後白河自身も以後、いろいろと政治的発言をしているので、義仲がのちの織田信長や豊臣秀吉らのような天下人になったわ

けでもないらしい。しかし法皇としては、院政を再開するためには関東武士団の到着を待たねばならなかったが。かといって、彼ら関東勢を全面的に信用していたわけでないことはのちの記述にも現れる。
●兼実は嘆きつつも、義仲は天が不徳の君を罰する追討使だと言っている。後白河の、義仲、頼朝、両天秤の政治に兼実は内心不服であったのであろう。天皇を諫止できた人はいない。心の中で不徳の君！と喚くしかなかったのだ。しかし、義仲もたぶん、いつかばったりと死ぬであろうし、喧嘩両成敗という解りやすい答えも用意されている。その辺が兼実の、あるいは上級貴族たちの、巧みな天皇操縦術であったのだ。要領よく摂政は、戦闘の始まる前に宇治のほうに逃げていたという。無責任さも上級貴族の範疇にあったのであろう。法皇寄りの上級貴族は多く解任されたが、兼実は旗幟鮮明という領域から離れていたので無事だった。二十一日の記事のなかで、兼実はその幸運を、自分がのらりくらりして態度を明確化しなかったことを、仏神に謝しおわんぬ、言うなかれ、言うなかれ、などと書いている。前日の二十日の『綜覧』によれば、《義仲、伯耆守光長「姓ヲ欠ク」、以下百余人ノ首ヲ五条河原ニ梟ス、（吉記、ほか）》、と書いているので、殺され、頸を五条河原に梟首（さらし首）された、中・下級貴族が百余人もいたことが解る。研究者に言わせれば、貴族の世界には死刑はなかった。配流、流罪が一番重い刑であったことを考えると、貴族（というより中級官人）らも、武士と同様の辱めを受けてしまったことになる。ふと思いついたのだが、平家の都落ちというのも、このような恥辱を前もって忌避しようとした方法論だったのではないだろうか。

○十一月二十一日

★義仲、内々に示して云う、世間のこと、松殿（関白基房か）に申し合わせ、毎事、沙汰致すべし、云々、

●義仲は、まるで施政者になったように、ふるまうことになる。後白河を政治の第一線から引き下がらせた以上、義仲の天下になったというわけだ。その時間は長くは続かなかったのだとしても。

◎『綜覧』は、同日の記事に、つぎのように書いている。《源義仲、入道関白基房ト謀《はか》リ、法皇ニ要請シ奉リ、摂政基通、内大臣実定ヲ罷《や》メ、権大納言藤原師家ヲ内大臣、摂政ト為シ、自ら、院の御厩《みうまや》別当ト為ル、（吉記、百錬抄、ほか）》と書き、義仲が政治的ヘゲ

モニーを確立したかのようにふるまっている。しかし自分自身は御厩と言って、院や朝廷の馬を生育、管理する部門の別当になり、軍事担当者としてふさわしい官職だが、清盛一族のような、上級貴族への道を選ばなかったところに、義仲の、武士の貴族への身分的上下関係からの、ある種、謙虚な態度を髣髴とさせているようでもある。

○十一月二十七日

★伝え聞く、平氏、室泊〔あるいは、室の泊まり、と読むか〕につきおわんぬ、云々、実否を知らず、

●室泊は室の泊りであり、播磨の国の瀬戸内海の泊り、津であろう。現在の御津かもしれない。やや畿内に近づいたのであろうか。『綜覧』の二十九日の記事に、行家が、平の教盛、重衡らと、室山で闘い、敗戦したとあるので、この室山というところであろうか。

○十一月二十八日

★前摂政家領など、違乱あるべからずのよし、義仲、本所〔『広辞苑』を見ると、いろいろ意味があるが、荘園などの本拠地あるいは、蔵人所ともある〕に示す、云々、しかる間、新摂政、皆、ことごとく、下文〔上位から下位への公文書〕をなす、八十余所を義仲に賜う、云々、

○十一月二十九日

★〔後鳥羽天皇の〕御即位、来月二十二日に遂行さるべきなり、しかして、十八日に至って穢気〔穢れ〕のため、よって、その後二十二日、伊勢に幣を立てらる、

●後鳥羽の即位式の日が決まった。朝廷内になにか穢れが発生したため、伊勢神宮に幣（へい）を送っている。幣とは神前に垂らす布切れのことで、なにかあるごとに朝廷の重視する神社に幣帛を奉納するのが例である。朝廷、院では西海に連れ去られた安徳天皇のつぎの天皇を即位させることが急務であった。

●「穢れ観念」は、摂関政治時代までの上級貴族にとって、日常生活を規制する最大の要素であった。死体の穢れが、死体に触れた人からその周辺の人〔触穢〕まで、彼らの思念や行為を強く縛っていた。「玉葉」にも穢れはときどき現れて来る。穢れに関わると陰陽師をよんで、行動の是非を問わせ、神社に奉幣して穢れから遠ざかろうとした。しかし、武士の世

界が貴族の世界に大きく接近するようになると、彼らは人を殺し、頸を切りとるという、「穢れ観念」と無縁の生活を恥辱としていず、そのようなありようは貴族たちの世界にも浸透し始めていたようだ。ここでは天皇の即位の日が、穢れの解除《はらえ》（祓い浄め／清め）を経ないと実行できなかったことが、いわば穢れの忌避の、最後の落日のように、貴族の衰退の象徴のように働いている。武士時代になると、この観念はしだいに希薄になり、多くは消滅した。

○十二月一日

★伝え聞く、去る二十一日、院の北面にさぶろう下臈〔ここでは武官の官人〕二人〔公友なり〕、伊勢国に至る、乱逆の次第〔後白河の義仲による閉居のようす〕を頼朝の代官に告げ示す、〔（代官は）九郎、並びに次官親能らなり〕、飛脚をつかわして頼朝のもとに遣わす、

●北面の武士たちが伊勢にいる九郎義経ら、頼朝の代官に義仲の乱逆を知らせると、彼らは鎌倉の頼朝のもとに飛脚を送って知らせた。九郎たちは少数で伊勢に留まり、京都のできごとを頼朝に知らせていた。それが九郎たちの最初の使命であったと思われる。このような諜報活動の記事は「吾妻鏡」にはない。なぜか故意に隠蔽してしまったようだが、九郎がのちに謀反人扱いになったあとでの、「吾妻鏡」の編纂者たちの措置であろうが、それだけではない気がする。今のところ私にはその意味は解らない。私見では、できあがりつつある鎌倉幕府にとってリーダーはもはや頼朝ではなかったため、「吾妻鏡」の編纂者たちが頼朝の名の頻出する、兼実の日記の九郎に関する記事を採用しなかったのではないだろうか。編纂にあたって「玉葉」が援用されなかったはずはないのであって、頼朝、と明記されている部分をそのまま使えなかったに違いない。このわたしの考えが間違いかどうか、今後の記事に注目したいと思う。

★（同日）かの飯来〔頼朝からの返事〕を待ち、命に随って入京すべし、当時、九郎の勢、僅か五百騎、そのほか、伊勢の国人ら、多く、相従う、云々、

●この記述を見ても、義経は、軍隊として派遣されているのではなく、やはり諜報活動のため、京都近辺の伊勢に滞在していたのではないか、と感じさせる。

○十二月二日

★伝え聞く、義仲、使いを遣わし、平氏のもとに送る〔播磨国、室泊にあり、云々〕、和親を乞う、云々、また聞く、去る二十九日平氏、行家と合戦し、行家たちまち以て敗績す、家の子多く伐り取られおわんぬ、

●平家は播磨（摂津のすぐ西側、神戸のあたり）に陣取っている。畿内のすぐ近くである。彼ら平家の残党はすでに大阪すぐ近くに待機し、いつでも京都に攻めこむ体制を形成していたと思う。義仲は兵力を多く喪っており、戦闘が不可能と考えたか、平氏との戦争をやめ、仲直りしようとしているようだ。後白河の平家追討の宣旨はどこかに置き忘れられてしまった。また、一方、行家軍は平氏との戦闘に大敗し、多くの郎従を喪ったようだ。

○十二月四日

★昨日、義仲、院に奏して曰く、頼朝の代官、日ごろ伊勢国にあり、郎従を遣わし追い落としおわんぬ、その中の宗〔主要な配下たち〕をなす者一人を、生きながら搦め取りおわんぬ、云々、

●前日の記事に、九郎勢が五百騎ほどしかいなかったとあるので、義仲は思い切ってこれを攻め、伊勢以東に追い落とした、というのだ。この記事には、伝聞、と書かれていず、実説であったと考えられる。つまり関東勢の先鋒として、あるいは義仲軍の動向を監視するべく、九郎冠者を代表とする一軍が近江や伊勢にいたのは間違いない。そしてあえなく、義仲軍に追い落とされてしまったというのだ。「吾妻鏡」には義経たちがのちに京都で義仲軍を破った話しか載せていなかった。『綜覧』も三日の記事として、義仲の兵が頼朝勢を追いやったとしている。これは「玉葉」の記事を援用したもので、「吾妻鏡」はこの件を無視したのである。前にも書いたが、「吾妻鏡」はこのような義経の諜報活動を明記しなかった。まして敗戦だとすれば、この義経派遣の条項はすべて省略してしまったとみえる。

○十二月五日

★伝え聞く、平氏、なお室《むろ》（播磨の国の泊り）にあり、南海、山陽の両道、おおよそ平氏に同《とも》にす（同意した）、云々、また、頼朝、平氏と同意すべし、云々、平氏ひそかに院に奏し、可許〔許可か〕あり、云々、

●平氏の一軍は播磨、岡山県東部の室の泊りに留まっている。南海道（四国や瀬戸内海）、山陽道（兵庫、

岡山以西)の豪族、武士たちは多くが平氏に同意しているという。そこで義仲は平氏と同意し、頼朝もまた同意したという。後白河もこれを、「可許」したというが、許したということだろう。要するに、義仲、頼朝が平氏と戦争せず、平氏と源氏がもとどおり院に仕えることに同意した。そして後白河はそれを許した、ということだろう。

★(同日)また義仲、使いをつかわし、同意すべきの由を平氏に示す、云々、平氏、承引せず、云々、

●三方丸く治まり、もとの鞘に収まるのかと思ったところ、平氏は頼朝とは合意する旨、院には報告したのに、義仲との和平を承諾しなかったという。平家一族は瀬戸内海域の豪族、武士を味方につけたから、義仲と同格に戻るのには賛成できない、そう考えた。彼らは、清盛の時代、清盛が朝廷、院の政治指導者であった、そのような時代に戻るのが当然だと考えたのであろうか。三者が同格で並ぶというのは、平氏にとってみれば、それは彼らの降格を意味したのであり、後退であった。平氏は、頼朝と関東勢と同格になってもよいと考えた。関東勢の動向をちゃんと把握していたかどうかは不明だが、それほど脅威として考えていなかったのであろう。それは大いに考えられる。関東勢の多くは、源氏は少なく、じつは平氏の系統の豪族武士である(三浦氏、和田氏、千葉氏、上総の介氏らは、平氏の同族であった)。であるから、源氏の頼朝に過剰に親近感を持つはずはなかったろう、というのが私の基本見解である。安田元久氏など日本中世史学の諸氏は、東北蝦夷征討の将軍であった源頼義、義家父子の前九年、後三年の役を通して、関東豪族武士たちが源氏との強い絆を持つことになった、主従関係の基礎を築いたと書かれていて、一種の通説になっているようだが。最近読んだ元木泰雄氏の本では、この見解に疑問を呈されている(『武士の成立』、前掲書)。ただし、元木氏にすべて同意できるわけではない。あるいは、「扶桑略記」康平四年十二月のあたりに、前九年の役の話を書いているが、《奥州合戦記に云う。諸国の軍兵ら、しきりに官符を賜うと雖も、当国に越え来たらず、仍って将軍源朝臣頼義、しばしば甘言を以て》(原、漢文)出羽の俘囚の主、清原光頼や舎弟の武則を誘って、と書き、坂東とは書いていないが、諸国の武芸の者らが、朝廷から官符を貰いながら参加しなかったと書いている。ただし、前九年の役を描いた「陸奥話記」には、頼義の将軍らしい人格に、《坂東の武士、愉し

みに属《っ》く者多し》と慕われたように書いている。しかし、頼義の勝利は清原氏らの援護によっていた。関東の武士たちが、源頼義、義家のために力戦したかどうか、あるいは参加したかどうかさえ、おおいに疑問である(註❷)。

註❷——この前九年、後三年の役というのは、東北の異民族(もとの縄文人)の蝦夷を、源の頼義、義家父子を征討軍として奥州に派遣し、過酷な戦争のすえに蝦夷の長であった安倍貞任を討たせた戦争であった。あとから日本列島に現れた弥生人たちは、先住民であった縄文人(蝦夷や、南九州のクマソから琉球人ら)を駆逐するようにして、列島の全域に広がっていったのだ。さらに天皇族らが畿内に出現すると、彼らは先住の民族たちを「皇民化」つまり服属させていったのだった。そのひとつが奥州蝦夷たちの征討であった。のちに天皇を核とする日本という国を確立していったのだが、もと先住民の縄文人たち異人の蝦夷らを、日本国民化、皇民化するというのが、当時の朝廷の基本方針で、ヤマトタケルの熊襲との戦いや東北での戦いはそのような日本民族の内戦を象徴的に描いた伝説であり〈記号〉であった。古代以来、安倍の比羅夫や坂上田村麻呂らが征夷大将軍として、蝦夷征討のため、奥州に派遣された。このとき、坂東の武士たちをはじめとする諸国の兵士が動員されたとされる。そのため、中央の源氏一族と坂東の平氏系武士たちのあいだに濃い関係、主従関係が成立したというのが、安田氏ら、中世史学の研究者たちの定説になっていた。わたしはその点に疑問を持ったのだ。「陸奥話記」などでも、関東武士たちはあまり目立っていない。果たして、彼ら坂東武士らは、中央の貴族源氏たちに加担したのか。同様に、頼朝に坂東武士たちは協力したのだろうか、と。

●頼義、義家の後継者義朝が関わった保元の乱のとき、義朝を慕った(?)坂東の武士たちが参加したと、「保元物語」には書かれている。慶長の古活字本「保元物語」によると、千葉の上総の介広常や下総の千葉常胤ら、のちの鎌倉幕府開設時の重鎮らの名が羅列してある。しかし、物語としては強弓の持主源の為朝の活動などが主要なテーマで、坂東武者たちは添え物に過ぎなかったように感じられる。あくまで、わたしの思考はその領域から脱出できないでいるのである。関東武士らが、京都の源氏に、本当に協力したのかどうか、という。

●また、平家の都落ち、義仲の勝利後の時代、かつての清盛の時代のような指導者がもはやいなかったし、長男重盛が早死にしたため、清盛の次男の宗盛が平家の棟梁であったが、もはや清盛のような才覚はなかったという気がする。というのは清盛の前半生は戦士として、武家として生きてきたのにたいし、清盛の息子たち、孫たちの時代になると、もはや武士的性格より貴族的側面が大きくなっていた。ただ、清盛の父、忠盛、祖父正盛のあたりから、平氏は西国諸国の受領（国司）になり、経済力を大いに培ったとされるので、主従関係は解らないが、少なくとも親近感は形成されていたと想像される。だが、かつての貴族平氏の平家勢は、関東の田舎平氏たちの集合（鎌倉幕府）に脅威など抱いたことはなく、宗盛旗下の平家の公達たちの頭は戦争時の清盛ほどには働いていなかったに違いない。もし彼らが有能であったなら、のちの足利尊氏のごとく、九州・中国地方から武士たちを動員し、手薄の京都にどどっと押し寄せたに違いない。そしてかつての平家王国を再興できたろう。いや、「玉葉」を読み進めると、そのような可能性もあったことが示唆されていないでもない。

○十二月七日（仏厳聖人や、範季朝臣らが来て、世間のことを語った）

★〔伝聞の語なしで始まる!〕平氏、一定〔必ず〕入洛すべきの由、能円法眼告げ送りぬ、云々、義仲と和平か否か、事いまだ、切れず〔急ぐほどではない?〕、云々、

●平家は入京しそうだが、義仲と和平するのかそうでないのか、事はまだまだよく解らない。武士たちの戦闘の背景に、上級貴族たちのあいだに確執や共闘などの政治的闘争が渦巻いており、武士の活動を統括していたのは、保元、平治の乱あたりまでであって、いまや貴族たちは武士たちの武力のまえにまったくの無力であり、最終的には彼らに任せるしかない。日本中世社会はそんな時代に、つき進んでいたのだ。最近とみに、〔武力〕という存在の意味や地平がしっかり分析できないと、武士の世界と貴族の世界の構造は正しく把握できないなと、思うようになってきたのである。

◎本郷和人氏の本（『新・中世王権論――武門の覇者の系譜』新人物往来社、二〇〇四年、およびほかの著書）を読んで、初めて黒田俊雄説で有名な「権門体制論」という考えを知ったのだが、それは、天皇、上級貴族、大寺社などの諸権門に、鎌倉幕府という武力権門が加わったのであって、それらの権門はたがいに補完しあうことで成立している、といった理論であったが、「権門体制論」に対して、鎌倉幕府の成立を重視する「東国国家論」が提唱されているという。武力でもっ

て日本国家を支配するという古代以来かつてなかった時代がすでに始まっているのだ。ただ、初期天皇時代は、周辺の国々を武力的に征服する時代であり、それは初代の天皇とされる神武の活動に象徴されていると思うのだが。「権門体制論」の、たがいに補完、などという思想は、清盛不在の現在はまったくの無効論ではないかと、わたしなどは考える。鎌倉幕府が始まり、頼朝の柔軟というのか優柔不断というのか、京都との交渉をみていると、しだいに権門論的要素が復活しているような気もするのだが。つまり頼朝は日本列島全体に、強引に武力政権を実現していくというより、朝廷や天皇のある種の権威は残したまま、じわじわと要求をつきつけていくという、そんなふうだったのであり、幕府が京都をも支配すると言う完全武力体制などは採用しなかったのである。このポリシーは三代めの実朝になると、歌人でもあり文化人であった彼は、京都を支えて来たいわゆる[日本的文化]のようなものへの重視と傾倒が強まり、親朝廷・天皇・貴族体制といったイメージがいっそう強まるのである。この時代以降を牛耳ってきたのは北条氏であり、彼らにとって、もはや、源氏の棟梁、征夷大将軍は必要ないのであって、彼ら頼朝、息子頼家、実朝らは過去の〈記号〉に過ぎなかった。と書いたが、この点に関しては私はまだまだ勉強不足で、本当にそうであるかないか、今後、じっくり勉強していくしかないのだが。

○十二月九日

★伝え聞く、義仲、申して云う、西国を討つため、罷り向かうべきなり、しかして、法皇御在京、不審〔心配〕なきにあらず、山門〔比叡山の大衆〕騒動の由、風聞〔世間の評判〕、仍って、法皇を具し奉りて下向せんと欲す、と言えり、此の事如何（いかん?）、

●伊勢にいた九郎たちを追い落としたため、また、西国にいる平氏を討とうという気になったのだろうか、義仲は。先の情報とちぐはぐしている。それで院において卜占をやったところ、よくないと出たのだが、義仲に提案されて、左大臣らは義仲の言っていることはしかるべしで、法皇をお連れ申すべきだと。こんな、上皇をともなっての追討など考えられないのだが(以下の日記を読み進めると、義仲は西国に下向して平家一族と戦闘することと、法皇をともない、北陸道のほうに逃走しようという、ふたつの考えの両方を画策していたようだ)。義仲は後白河を握ってい

ることが、身の安全を保障するキイであると知っていたのであろう。法皇を戴いた義仲軍は容易に攻められないはずだ、と。義仲はこの日の除目で左馬の守を辞退している。これもなぜか、よく解らない。そのような大したことのない官職にあっても意味がない。行くてに、「義仲王」となる視野も開けるはずであるから。

◎『綜覧』の三十日には、《源頼朝、弟範頼、義経ヲ遣ワシ、兵六万ヲ率イテ、源義仲ヲ討タシム、義経ラ、海道〔東海道〕ヲ経テ、京師ニ向フ》とあり、「玉葉」も援用書のひとつになっているが、「玉葉」にこんな重要な記事は見当たらない。「玉葉」の世界では義仲と法皇は仲良く(?)交流しているのである。

●はたしてこの義経らの遠征は、やがて有名な一ノ谷や屋島、壇ノ浦の闘いに展開するのであろうか。

◆寿永三年

○正月四日

★伝え聞く、頼朝、今日出門、決定す、入洛あるべし云々、虚言か、人云う、平氏来る八日、入洛あるべし、この事、信用すべからざる事か、

●突然、頼朝の名が出てくるが、京都方面に来ているという情報はなかったので、鎌倉を出る、ということか。そしてこの頼朝という名は、例によって関東武士集団や頼朝派遣の軍の〈記号〉であって、関東武士勢の上京ということだろう。何日か後には入洛するだろう。「玉葉」の頼朝情報はほとんどあてにならないというのが、現在までの正直な感想だ。この頼朝が上洛するとかやめたという風聞が続いているのは、

①頼朝が、もっとも効果的な上洛の日を選んでいる。

②関東勢の結集のなかで、富士川合戦のあとの上洛を、三浦氏や和田氏に諫止されたように、自分でしゃきっと決められないでいる。

このふたつの理由のどちらかによると考えられる。わたしの説では後者の②ということになるが、確信があるわけではまったくない。史料的になんの証拠もなく、根拠がないのだから。

●むしろ平家の宗盛たちが再び入京して来るというニュースのほうがリアリティがあるが、この年もまた、朝廷、院、上級貴族および京都人たちは、このような不確かな情報のまえであれこれ画策を続けねばならないのだろうか。

○正月五日（恒例の弥勒講の日、先の源の少納言が言うには）

★頼朝の軍兵、墨俣にあり、今月中、入洛あるべきの由、聞くところなり、

●墨俣といえば、ずっと後に秀吉が一夜にして城を築いたとかいう、岐阜県の大垣市のあたりの河川の合流地帯で、頼朝派遣軍はここまで来ているというのである。真偽は不明であるが。兼実ら上級貴族を驚かせるに充分な情報であったろう。同日の記事には、平家軍が京に帰還するというものもあり、三種の神器が無事に戻って来るかどうかがまた話題になっている。

★（同日）およそ、武士ら、滅亡すべきの期なり、天下を乱さんと欲するの意趣において、思いのごとく、遂げおわんぬ、（中略）義仲久しからず〔長くはもつまい〕、頼朝またしかるべし、平氏もしや運、あるか、

●この武士の呼称は、源氏か平宗盛か義仲か、あるいは頼朝を入れた三者か、ともかく頼朝と平氏がぶつかればまさに死闘となって、全員が滅びるに違いない、という、法皇や貴族たちの願望が、滅亡すべきの期なり、と言わせているのだろうか。そのなかでは軍兵が少数になっている義仲が一番先に敗北するか。しかし平家の軍が盛り返しているというので、頼朝も同じ運命を辿るのだろうか。

★（同日）ある人云う、坂東武士、すでに墨俣を越え、美乃〔美濃〕に入りおわんぬ、義仲、畏怖を抱く云々、

●この記事のなかでの表記は頼朝軍でなく、坂東武士軍になっている。さきに義経を大将として、とあったので、頼朝でなく義経が率いた坂東すなわち関東勢の上京かもしれない。

○正月九日

★伝え聞く、義仲、平氏と和平の事、既に一定〔確実〕、この事、去年秋頃より連連〔つらつら〕、謳歌す、様々な異説あり、にわかに以て一定〔決め〕おわんぬ、

●義仲が平氏と和平したこと、去年秋から交渉が成立しており、これは確実だ、とあるが伝聞ともあるので、やはり明確ではない。例によって異説が飛び交っている。去年、義仲は一尺の鏡を作り、石清水八幡宮あるいは熊野大社に貢納しているという。その裏面に和平のことが記されているというのである。今日、これを見たという叙述も知らないし、また本当だとすれば、貴重な史料ということになるが、私としてはともかく、「玉葉」の記事を書き出していく

しかない。つぎの記事もまた去年から語られている
のだが。

○正月十日

★義仲、法皇を具し奉り、決定〔必ず〕、北陸に向か
うべし、公卿、多く相具す、これ浮説に非ざるか、

●義仲が平家と和平を結ぶというなら、両者が並ん
で院や京都を守護するということになるのではない
のか。しかし、後白河をともなって北陸に下向する
という計画、これは敗北とも詭計ともよく解らない
が、平家や頼朝らが後白河の拉致を許すわけもない
だろう。翌十一日の記事には、義仲が法皇を伴なっ
ての下向を急に停止し、法皇を平家に託して、自ら
は近江に下ろうと言う、と書かれている。これらの
義仲、平家の交渉は実際に行われてきたように思わ
れる。要するに勢いを盛り返している平家に京都を
明け渡そうと、義仲は計画しているに違いない。た
ぶん戦闘は兵力の違いが歴然としていて、もはや無
理だ、と、義仲が冷静なら判断したようだ。そして、
むしろ平家軍と関東軍が戦ってくれればいい。漁夫
の利を期待できる。しかし、つぎの十三日の記事で
は、平家は使いを義仲に送って、法皇を伴なっての
下向とは、〔謀反〕であると警告している。

●しかし、こんな繰り返しの記事を毎日几帳面に書
き続けている九条兼実もよく、いやになって筆を投
げ出さなかったものだ。まあ、自分では語って、だ
れかがそれを日記帳に書いていたのかもしれないが。
つまり書記がいたかもしれないという気はするが。
しかし日記くらい自分で書くか。いやにならないと
ころが、執念深く、偉い! というしかない。

○正月十二日

★伝え聞く、平氏、この両三日以前、使いを義仲の
もとに送りて云う、再三の起請〔義仲の依頼というこ
とか〕に依り、和平の義〔こと〕、存ず〔義仲からの要
請がある〕のところ、なお、法皇を伴い奉りて、北陸
に向かうの由、これを聞く、すでに謀叛の儀のため
に、しかれば同意の儀、用意すべし、云々、依って、
十一日の下向、にわかに停止す、今夕、明旦、の間、
第一の郎従を遣わすべし、即ち、院中守護の兵士ら
を召し返しおわんぬ、

●平家の宗盛から、義仲と和平することを了解する
余地がある、と使いが言ってきた。そこで、義仲も
法皇を伴い、北陸道に下る件は、早速中止したとい

う。そして、義仲が院を守らせるために置いている武士たちを呼び返したという。ここまで読むと、義仲と宗盛らの和平はすぐに成立しそうである。

○正月十三日

★今日、払暁より未の刻〔午後二時頃〕に至り、義仲、東国に向かって下向の事、有無の間〔本当かどうか〕、変変〔方針が何度も変わったことか〕、七、八度、遂に下向せず、これ、近江に遣わす郎従、飛脚を以て申して云う、九郎の勢、僅か千余騎云々、敢えて、義仲の勢に敵対すべからず、仍って、にわかに御下向あるべからず、云々、

●この文章の「東国」は、京都から東の国という意味だと考えられる。必ずしも関東ではない。しかし、北陸道なら東国とは言えない。やはり伊勢かどこかにいる九郎義経の率いる関東勢が千余騎で少ないというなら（義経軍の騎馬数は絶えず変動がある。確かな情報を朝廷や院が把握できていないということだ）、義仲はなぜ、下向して、去年のように九郎軍を関東に追い返さなかったのか。長い逡巡の後、下向をやめたというのだが。つぎに平家軍が今日入京するはずだが、それが平家にとってうまくない理由が書かれている。

◐I◐十二月十六日の状に、《数万に及び、あえて敵対に及ぶべからず》として、義仲軍が逃げ帰っている。伊勢、美濃で徴募して軍勢が増えていたようです（数万は大げさにしても）。関東に追い返すどころではなかったのでしょう。

◑A◑ぼくは、この時代の合戦記の兵力の表記は、ひとけた下げて考えればいいのでは、と勝手に考えています。たとえば、一万騎とあるのは千騎ですね。そのあたりが実数ではないか、と。研究者は、騎馬のばあい、一人の武将に三、四人の郎党が騎馬で参加し、彼らはそれぞれ何人かの農民を兵士として連れているので、人数が多くなるのだと説明しています。それが当時の武将の軍団の基本だと思いますが、合戦記の筆者が、なるべく多めに書いたのではないでしょうかね。

★（同日）一ハ義仲、院を奉り、北陸に向かうべきの由の風聞のゆえ、二ハ平氏、武士を丹波国に遣わし、郎従らを催しめて〔催促して〕、義仲、また軍兵を遣わして相防がしむ、しかる間、平氏、和平を一定〔決める〕しおわんぬ、〔以下に、和平するまえに平氏の郎従十三人を殺して梟首した、などと書かれてい

る」、三ハ行家、渡野陪（大阪の渡辺か）に出逢いテ、一箭〔矢〕射るべきの由、称せしむ云々、
●と、いろいろ書かれているが、平家軍は京都侵略と和平の両方を考えているのだろうか。義仲はそのため、丹波（京都のすぐ、西側）に兵を派遣し、侵略をくい止めようとして、闘争も起こって、平家の兵士たちを殺して梟首したという。平氏の両面作戦ははたして事実であったのだろうか。これでは義仲も方針を決定できなかったろう。義仲も単純な戦士ではなく、院や朝廷や関東や平家のことを念頭に、取るべきもっともよい方向を模索せざるを得なかったのであろう。
◎『綜覧』は十三日の記録として、《源範頼、義経ノ軍、美濃、伊勢ニ達スルノ報ニ依リ、義仲、兵ヲ遣ワシテ、之ヲ禦《ふせ》ガシム、（玉葉、百錬抄、ほか）と書いているが、「玉葉」には書かれていない。「百錬抄」の正月八日の記事に《坂東武士、美濃、伊勢らの国に超え来たしむ。義仲、相禦《ふせ》ぐために、軍兵らを差し遣わす》とあった。情報は錯綜していて、伝聞でなく、兼実自身が見聞した記事が出現するまで、〈歴史的事実〉というものに直面することはできないのであるが、それはわたしが他の「日記」類をあまり参照していないせいでもある。しかし『綜覧』の記述によると、関東軍は源の範頼や義経らの義仲、平家追討軍を出発させたようだ。

9——関東に飢饉が起こっている？　社会の不安は政治的混乱を齎す

●ここで結論を出すのは早過ぎるかもしれないが、関東の豪族武士たちが結集し、伊豆に配流されていた源氏の嫡流の男、頼朝を将軍に戴いて、武力政権を形成していった過程を、「玉葉」から望見するのはかなり困難だということはしだいに解ってきたことである。京都側にとっては、かつての東北の蝦夷の反乱、百年くらい前の平将門の乱、平忠常の乱などを除いて、押領使（古代以来、地方の乱の鎮圧を担当

した人たち)を派遣するという真剣に対応した乱や謀反はほかになかった(元木泰雄氏や野口実氏などはいろいろあったと書いているのだが。「続日本紀」などは昔読んだのだが、藤原仲麻呂などは記憶していても、細かな戦争についてはあまり憶えていないのである。残念ながら)。朝廷の古代以来の関心事は、東北の異民族、蝦夷対策であり、奥州藤原氏が、これら蝦夷たちの首領となり、京都朝廷は鎮守府将軍という官職を授与してからは、朝廷自身は奥州藤原氏の政治にすべて任せてしまったという感じがする。そして蝦夷対策をほとんど重要視していなかった。蝦夷懐柔は秀衡に任せたよ、と。それは「玉葉」の記事に蝦夷関係の記事がほとんど出現しないことからもよく解るのだ。京都、関東という、早馬で八日間という「時空」は、古代末期のこの時期、非常に大きかったということだろう。現代思潮社刊の『将門記』(一九七五年)には、京都方面(朝廷など)に残った将門関係文書が多くあげられているが、その記事は四、五年に渡っている。上級貴族たちの耳に、直截に届く情報はなく、疑心暗鬼の状態が、さまざまな風聞を生み出し、その風聞は意外に長生きで、いつまでも朝廷、京都において蠢いているのである。将門の時は追討使を決定するのに時間がかかり、その間、朝廷は大寺社に幣帛などを寄進し、祈禱を依頼しており、追討軍がまだ出発していなかったころ、もはや地元のすなわち坂東の武士平の貞盛(事件の当事者であった)と、むかで退治で有名な田原の藤太こと藤原秀郷が率先して、将門を討っている。現在起こっているできごとは、それらの乱とは少々違っており、地方武士たちが京都方面に集中しようとしており、押領使や追討使を派遣するという、そんな感じでもない。上洛する地方武士たちを京都で迎え撃つといっても、朝廷や院に国軍があったわけでもないし、戦争を経験していない北面の武士や西面の武士らでは力がなさ過ぎよう。この辺、京都在住の武士を京武者とよぶ研究者もいるが、その実態は明確ではない。だいたい、北面や西面の武士とはどういう出自の武士だったのだろうか。元木泰雄氏は『武士の成立』(前掲書)で、関東などの地方武士がそうだったと書いているが、地方武士たちはそれぞれの地方に私営殿や私有地を持っていたので、そんなに長く京都に逗留できなかったのではないだろうか。まあ、朝廷、院の対応はあまりにゆっくりしていて、しかも法皇の決断もいつでも揺れている。しかし、そんなふうに結論を急がず、「玉葉」記事を詳細に眺める作業が、まだまだ続くことになるであろう。

○正月十四日

★ある人云う、関東、飢饉の間、上洛の勢、いくばくならず、云々、実否知りがたきか、

●関東でも飢饉が起こっていたようだ。実否知りがたし、とあるのは、朝廷や院の情報収集能力がいかにだめだったかを証明していると思う。

★(同日)申の刻〔午後四時頃〕、人、伝えて云う、明後日、義仲、法皇を具し奉り、近江国に向かうべし、云々、事、すでに一定なり〔決定した〕、云々、

●義仲は、法皇をともない、近江の国に往こうと決めたという。これは、法皇を楯にして、関東軍を委縮させようという作戦だろうか。

○正月十五日(後白河法皇は赤痢になったらしい。だが)

★義仲、征東大将軍にするべきの由、宣旨下されおわんぬ、義仲、独りで向かうべし、云々、あるいは云う、向かうべからず、云々、

★(同日)隆職来たり語りて云う、(中略)義仲を征東大将軍になすべきの由、宣下くだされおわんぬ、

●法皇は赤痢になったので、法皇を連れて近江に行くという、義仲の計画は頓挫した。かつての東北の蝦夷征討のおりには「征夷大将軍」と言っていたので、東国征討の義仲は「征東大将軍」、東夷である関東勢を追討する大将軍にするという宣旨が後白河から出たようだ。頼朝と交通しているようにみえる後白河は相変らず、関東勢を謀反の徒として捉えているのだろうか。あるいはこれもガセネタか。

○正月十六日

★去る夜より、京中、鼓騒〔騒がしかった〕、義仲、近江の国に遣わすところの郎従ら、ならびに以て帰洛す〔京都に帰ってきた〕、敵勢、数万に及ぶ、敢えて敵対に及ぶべからずのゆえ、云々、今日、法皇を伴い奉り、義仲、勢多〔琵琶湖の南部〕に向かうべきの由、風聞、その儀、たちまち変改し、ただ、郎従らを遣わし、もとのごとく、警護す、(中略)また、軍兵を行家のもとに、分け遣わし、追伐すべし、云々、(中略)関東武士、少々、勢多に付く、云々、

●義仲の派遣した郎党たちが、敵が数万に及ぶと知って引きあげてきたとあるのに、義仲は相変わら

ず、病気の法皇をともなって、また近江に向かおうとしているのだ。と思っていると、すぐに変更され、郎党たちを警護に向かわせたという。しかし、関東の武士団は着々と進軍し、勢多に着いたという。他方、義仲は行家と別行動になったのか、あるいははっきり離反したのか、これを討とうとしている。

◐I◐義仲と行家の関係ですが、行家は院と親密な関係でした。十一月八日に、行家が平家の討伐へと出京したため、院の警護が手薄になり、院が幽閉される事態となったようです。出京も義仲というより、院の意向を受けてのことだったのでは。義仲とはすでに袂を分っていたと考えられます。

◑A◑ただ、京都からの平家追放のとき、勲功で義仲に差をつけられた行家が、怒って蟄居したとありましたね。しかし、その後、行家は後白河のために活動していたようではありますが。十九日の日記に、行家を追討すべく、武士たちが西に向かって進軍したとありますね。

◐I◐この武士たちは、義仲の配下の人たちだったのでしょう。この行家と義仲の関係は叔父、甥になるのですが、ただ、反平家という地平でしか、共闘できなかったのですね。

10——義経軍、京都に到着。義仲を討つ！

○正月二十日

★人告げて云う、東軍、すでに勢多につき、未だ西地に渡らず、相次いで人云う、田原手（田原のあたりの土着勢力か）すでに宇治に着く、云々、

●東軍はやはり範頼、義経主導の鎌倉勢だったのであろう。前日、義仲軍は西に向かった行家軍を追っているとあるので、義仲は三手に分かれて、行家軍、関東軍と田原手（これはよく解らない）を相手に西国と勢多と宇治で戦っているわけだ。しかしこのあとの記事は衝撃的であった。

◐I◐田原手ですが、地名かもしれないと思って、吉田東伍の『大日本地名辞書』を引いてみました。昔の

綴喜《つつき》郡に田原郷というのがあり、《宇治の郡の東にして東は近江栗太郡に接し、北は宇治河に臨む。綴喜郡と雖も、宇治郡に続きて、牛末二里に在り、故に土俗、宇治田原という》とあり、《山城近江伊賀の国界にして》ともあって、戦さにおける要衝の地とも思われます。その方面の軍勢ということなのでしょうか。だとすると、『源平盛衰記』では、宇治からの進軍は義経の率いていた軍勢でした。勢多は範頼でした。

◑A◑この「牛末二里」の「牛末」とはなんでしょうかね。地名？　『倭名類聚抄郷名考証』を見ると、山城の国の宇治の近くに田原郷だの、田原のつく地名はいくつかありますね。ぼくは、田原手の「手」は、手勢といったときの人のことかな、と思ったのですが。

★（同日）人告げて云う、東軍、すでに勢多に着く、いまだ、西の地に渡らず、云々、相ついで、人云う、田原手、すでに宇治に着く、云々、詞〔ことば〕いまだ終わらぬに、六条河原の武士ら〔義仲軍か〕馳せ走る、云々、依って、人を遣わして見せしむのところ、事、すでに実なり、義仲方の軍兵、昨日より、宇治にあり、大将軍、美乃守〔美濃の守〕義広云々、しかるに、くだんの手〔兵〕、敵軍のために、打ち敗られおわんぬ、東西南北に散りおわんぬ、すなわち、東軍ら追い来る、大和大路より京に入る〔九条河原辺においては一切狼藉なし、最も冥加なり〕、踵《きびす》を代えさずして、六条の末に到りおわんぬ、

●ついに義経たち東軍はまず、勢多から宇治のあたりに到着、宇治にいた義仲軍の義広大将軍の兵はあっけなく敗れて東西南北に四散したという。東軍は続いて京都南から市街に入って来た。六条の南（六条の東側、鴨川を越えたあたりに、平家の本拠地の六波羅があった）に関東軍はいるが、乱暴狼藉はしていない。冥加である、と兼実は書く。七条はＪＲ京都駅のあたりだから、そこから少し北に向かった六条あたりにたむろしているという。狼藉を働いていないので朝廷や院ではほっとしている。関東の武士たちは大番といって、京都守護のために上洛し、特定の上級貴族に奉仕して、官職をもらったりしながら、一、二年を京都で過ごしていた。そのような武士らは京都という大都会に少しは慣れていたのだろうか。大番に来ない武士もいるが、ともかく今日のごとく、大挙して入洛してきたのは初めてだ。

★（同日）義仲勢、元より、いくばくならず、しかして、勢多、田原と二手に分かれ、そのうえ、行家を

討つために、また、勢を分く、〔義仲〕独りの身で在京の間にこの殃〔災い〕にあう、まず、院中に参り、〔法皇に〕御幸あるべきの由〔どこかに行くべきだと告げた〕、すでに御輿〔こし、天皇の乗る輿を鳳輦ともいう〕を寄せんと欲するの間、敵軍、すでに襲来、依って義仲、院を弃《す》て〔捨て〕奉り、周章〔慌てて〕、対戦の間、相従うところの軍、わずか、三、四十騎、敵対するに及ばず、一矢をも射ず、落ちおわんぬ、〔中略〕東に赴くの間、阿波津野辺において伐り取られおわんぬ、云々、

●義仲は法皇に逃げるように言ったが、敵軍が押し寄せるので法皇をそのまま放置して逃走した。少数の軍を三手に分かって戦ったため、東軍にたいしてなすすべなく、一矢を射ることさえできず、ついに阿波津野〔『綜覧』では粟津とある〕で敢えなく斬られたというのだ。まことに残念な結果が待っていたというわけだ。

◎義仲と頼朝はなぜ、共闘しなかったのだろう。頼朝の偏狭な性格は、のちに弟義経や範頼、重要御家人らを、次々と排除していったのだが、そのため、鎌倉幕府における源氏は三代で終焉し、北条氏の支配する領域になってしまったのだ。義仲とはいいとこであったのだが。この辺の頼朝の精神構造はなかなか理解できないのだ。山本幸司氏の『頼朝の精神史』〔講談社選書メチエ、一九九八年〕という本があるが、最初の何ページか読んで、本棚に突っ込んでしまったので、もう一度、読み返してみなければならない。

★〔同日〕東軍の一番手、九郎〔および、その〕軍兵、加千波羅〔梶原〕平三云々、その後、手〔多か、と横に小字の註あり〕、〔註に従えば、多く、〕以て、院の御所辺に群参す、法皇、及び伺候の輩、虎口〔危険〕を免《まぬ》がる、じつに三宝〔仏、法、僧〕の冥助なり、

●関東勢は義経を先頭に、梶原景時が続いた。「吾妻鏡」に見える範頼についてはなにも書かれていない。梶原景時の名は識られていず、苗字のみ、当て字で書かれている。彼らは法皇を守るように、院庁のあたりに群参している。本当に危ないところだった。すべて、日ごろ信仰している仏教のおかげだ、と兼実は言っているが、決してそうではない。義経ら関東軍のおかげだったのだ。まあしかし、義仲勢も、法皇以下の上級貴族や官人たちを粗略に扱ったわけではないのだが。

★〔同日〕およそ、日ごろ、義仲、あらかじめ、京中を焼き払い、北陸道に落ちるべし〔と考えていたよう

だが」、しかして、また、〔民家の〕一家〔一軒〕も焼かず、一人も損なわず、独りの身を梟首されおわんぬ、天の、逆賊を罰しぬ、宜《よろし》きか、宜しきか、

●義仲は、京都の街を焼き払って、北陸道に落ちようとしていたのだが、この度は、一軒の家も焼かず、一人も殺すことなく、一人で梟首された。こんなにめでたいことがあろうか。兼実は喜びの声をあげている。入京の一番手は、九郎であり、ついで加千波羅すなわち梶原景時であった。景時はすでに登場しているが、梶原の名がかつての万葉仮名のような当て字表記に戻っている。それは関東勢に関する情報がいまだにそれほど明確化していないということだ。景時はいわば義経の顧問格で同軍に所属しているのだが、豪傑でもあり、鎌倉幕府の完成期には、讒言癖が災いして結局、幕府所属の御家人たちから排除されている。ふつう頼朝と義経の不和の原因のひとつに景時の讒言があげられている。「平家物語」においては、嫌われ者の第一人者であろう。

◉義仲の悲劇はこうして幕を閉じることになる。関東勢に先立って平家と戦闘し、彼らを西国へと追いやった功労者も、変転する武士台頭の世のなかの確執から、あえない短い一生を終えることになったが、だれからも義仲への哀悼の言葉はなく、それは「平家物語」に任せるべきである。乳母子で忠臣の今井史郎と別れてただ一騎、粟津の松原のあたりで、《これ見給へ、東国の殿ばら、日本一の剛の者の、自害する手本よとて、太刀の鋒《きっさき》を口に含み、馬よりさかさまに飛び落ち、貫かってぞ失せにける》(『平家物語』角川文庫、一九五九年)とあって、自害したとされる。合掌。風雲児ともいうべき地方武者の最後の華はこうして無残な死であった。

◎『綜覧』を参照すると、東軍は「吾妻鏡」が書くように、範頼を先に(大将軍)、義経をあとにしている(副将軍)。「玉葉」にはこの辺では範頼の名は一切出ていず、ずっと九郎軍でとおして来た。むしろ、東軍の一番手は、九郎と加千波羅(梶原)平三と書いている。「玉葉」の記述によるなら、九郎義経は義仲追討の第一人者であり、梶原景時がこれを補助したように受けとれる。だが、「吾妻鏡」はあくまで範頼を義経の先に書いている。これは頼朝の義経排除方針が、義仲追討や、のちの平家との戦争説話にも反映されたのであろう。「玉葉」の「九郎」が関東軍の〈記号〉とし

て使われたのか、実際の武将として使われたのか。わたしは後者のような気がする。前者の〈記号〉は「頼朝」であった。

●加千波羅は関東勢の主力であった梶原景時であった。戦闘の先頭に立って戦った。この武将は「吾妻鏡」では、頼朝の命により、義経を牽制・監視する役割を与えられていたようだ。「吾妻鏡」は北条氏執権時代の編集による本であり、その内容をそのまま受け取るのは、前書きで触れた通り問題がある。それはともかく、関東勢として朝廷や院や兼実に認識された武将の梶原景時は、土肥二郎實平とともに、頼朝、義経、範頼らにつぐ男ということになる。ただし、『綜覧』は、この日の記事に、梶原景時の名は出してない。これは「吾妻鏡」によっているのであろう。代わりに、景時の息子の景季の名を戦士のひとりとして出している。同書では、範頼は勢多から、義経は宇治路より参洛したと書く。彼らの軍に属した梶原の名を出しているが、梶原源太景季としている。前述したように景季は、景時の息子であった。どちらが本当だったのか解らない。やはり「玉葉」は梶原平三とある、景時であったのではないだろうか。『綜覧』は、この源氏の大軍のリーダーを、範頼、義経と併記しているのは、「吾妻鏡」に依っているせいだろう。「玉葉」では、義経の名まえはまだ解っていず、九郎冠者などと記されているのだ。

●義仲は、たった二か月、天下を取ったが、あえなく世を去ることになった。兼実が、この越後か信濃出身の源氏の武将があっけなく殺されたか自害し、梟首されたとき、例によって宜しきかな、宜しきかな、と哀悼の言葉ひとつかけるわけでもなく、むしろ、「よかった、よかった」と書いたことは、当時の上級貴族の酷薄さ、そしてわれわれは田舎武士とは違うんだよという、いつから始まったのか解らないが、文官の武官への優越意識が始まったように思われるのだ。その根源を探るとたぶん、前九年・後三年の役の終了あたりから、蝦夷という夷賊征討の時代の終焉から、たとえば「今昔物語集」に顕われる武士たちにとっても、固有の現実的な活動の話はなくなり、源頼光の酒呑童子退治などの伝説的なできごとだけが語られるようになった時代から、始まったのだろうか。そして、京都の上級貴族たちの共同幻想のなかでは、武官、武士たちの野蛮な行動はしだいに姿を消して説話化し、文官政治が盛り返してきたのだ。しかるに、今度の関東武士たちの活動が始まったあとでも、驚愕はあっても、彼らの武力活動に、いつでも、野蛮なやつらだという、蔑みの感情のほうが優位にたっていたのだろう。そこに、上級貴族たちの本質を見る思いがする。しかしながら、「平家物語」などが必要以上に田舎武士であることを強調していた源義仲の諸活動は、兼実の冷静な観察のなかでは、田舎武士の素朴さ、滑稽さ、などはまだ強調されていなかった。しかし、平家一族が西国に逃避し、義仲や、関東勢の登場が、上皇の気持ちにさえ、影響力を持ち始めると、しだいに、変化していったのではないだろうか。「玉葉」においても、武士の台頭の初期には、田舎武士たちへの侮蔑もないかわりに、同情などもまったく表現されなかった。このことは、〔武士〕という観念が貴族社会においてはやはり、まだ未知数で、中・下級の官人や地方の豪族たちに属するものと考えていた彼らのふつうの感覚であったろうことは容易に想像できる。少なくとも「玉葉」は、義仲を無能の武士のようには描かなかったことが救いである。私は大江山の酒呑童子を討ったとされる源頼光やその父、多田満仲、西行（佐藤義清）らを分析した研究者の本（高橋昌明『酒呑童子の誕生』中公新書、一九九二年など）を参照して、貴族と京都武士の関係を探ろうとしたことがあるが、はっきり言ってよく解らなかった。

◎余談であるが、正月二十一日の記事に、《前摂政を、還補〔かんぷ、と読むか。元の官職に戻そうということだろう〕すべきの由、云々、法皇の愛婦（横に小字で、物か、とある）なり、先の摂政を復活させる、法皇の愛婦なり》とあって、愛婦は女性でなく愛物すなわち愛する男、であったと思われる。摂政に女性がなったことはなかったであろうから。「愛婦」ではなく「愛物」は、たぶんこの摂政（基通か）はゲイであり、法皇の衆道の相手ということなのであろう。日本国は古代以来、ヨーロッパ近代に負けないくらい、この手の同性愛は盛んだったのである。

○正月二十二日（法皇あるいは左大臣などから訊かれたことが五項目並べて書いてあり、それぞれに兼実の法皇への答えが書かれている）

★一、左右《そう》なく、平氏を討たるべきのところ、三神〔三種の神器か〕、彼の手にいます、この状、如何〔いかが？〕、云々、

★（同日）〔兼実〕申して云う、もしくは、神鏡、剣爾の安全の謀《はかりごと》あるべくんば、忽《にわか》に追討、しかるべから

ず、別に御使いを遣わして、語り誘うべきか、また、頼朝のもとに御使いを遣わしてこの子細を仰せ合すべきか、

●とあるが、三神とはなんだろうか。これは単に武士や源氏が崇拝したとされる八幡神や天皇家が崇拝していた伊勢神宮や鴨神社の神ではなく、三種の神器のことだろう。三種の神器が平家軍にある以上、平家と話し合うべきか。あるいは頼朝に知らせて、意見を訊こうか。後白河の気持ちも揺れている。

◐I◐ここは、三種の神器の安全を謀るのでなければ、追討すべきでない。別に平家に使いを派遣して語り誘ったらどうか、もしくは頼朝のもとに使いを遣わして配慮するように子細を仰せ合わせたらどうか……という文章です。

●兼実の返事は、急いで詮索するべきでない、できれば頼朝のもとに連絡して聞いてみたらどうですか。べつに頼朝に訊き合わせる必要もないと思うのだが。

★(同日)一、義仲の首、渡されるべきや否や、いかん、

申して云う、(中略)渡さるるべきか、

●義仲の頸を差し出すべきか否か。これってだれに渡そうというのだろうか。義経に命じて院に渡せと言っているようだ。首を渡せというのは、死の確認であろうか。

◐I◐渡すというのは首を渡すという意味ですが、首級を取ってきて都大路を渡すという意味だと思います。

◑A◑そうですか。おかげで「渡す」という動詞の意味が解りました。切り取った頸を後白河に渡すというのはどういうことかと、解らなかったのです。そうすると、朱雀通りなどの大路を渡したあと、内裏の門に晒したんでしょうね。『伴大納言絵詞』かなにかの絵巻にありました。

★(同日)一、頼朝の賞、いかん?

●兼実は頼朝の報償の事に関しては、頼朝の請いによるべきだ、と答えている。そしてこの答えの後半、《その官位などの事に於いては、愚案の及ぶところに非ず》と、兼実は逃げている。頼朝は十三歳で平治の乱に参戦したとされ、「吾妻鏡」では前の右兵衛の佐と名乗っているが、官位はどうだったのだろうか(「尊卑分脈」の源氏系図では、頼朝は平治元年当時、従五位下だったようだ)。

◐I◐『公卿補任』では、保元三年二月三日、皇后宮少進(上西門院、立后。歳十二)。同四年正月二十九日、

兼、右近将監。同二月十三日、少進を止む。上西門院蔵人に補す(本宮、院號日)。同、三月一日服解(母)。同、六月二十八日、蔵人に補す。同、十二月十四日、右兵衛権佐に任ず。同、二十八日解官。永暦元年三月十一日伊豆国に配流。寿永二年十月九日、本位に復す。同三年三月二十七日、正四位下(元従五位下、前伊予守源義仲追討、賞。其の身上洛せず。猶、相模国鎌倉に在り)。配流の当時は従五位下だったようです。

◐A◐従五位下というと、国司クラスですね。十三歳くらいで、まだまだ若いのにそんな官位を貰っていたのは、保元の乱のときの父義朝の活躍にたいする報償だったのでしょうか。

★(同日)一、頼朝、上洛あるべきか否かの事、
申して云う、早く上洛せしむべし、殊に〔法皇が〕仰せ下さるべし、

●兼実は、今後の政治的な展開を考えると、弟の義経らでなく頼朝自身が早く上洛するべきだと答え、法皇に早く院宣を下したらどうか、と進言している。

11――日本中世の武士たちは〈首狩り族〉であったのだろうか

◉現在私が取り組んでいるこの「玉葉」を読む作業とあまり関係はないが、「平家物語」以下の合戦記において、武士たちの戦闘は、取得した首(首実検、人物の判名、あるいは殺した相手の数などを計算する、また梟首する)によって賞罰が決定されたためか、勝利のあとは本人か、ついている郎従下人などが殺された敵の首を即座に切り取っている。一ノ谷の合戦のさいの熊谷二郎直実が、涙しながら平家の公達の美少年敦盛の首を切る場面が想起されるが、これは、民族学などで、いわゆる「首狩り族」とかつて言われた人たちの習俗ではないか。日本人の先祖である縄文人にも弥生人にもそのような習俗はなかったように思われるが、それは首の骨だけが発掘された人骨というものが少なかったからではなかろうか。それに、

死体は穢れを発生させるものとして忌避される時代が、武士時代以前(とりわけ貴族社会)にはあった。武士という新たな存在が生まれたとき、いつ首狩り族の後裔になったのだろうか。これはたぶん、武士の源流のひとつに狩猟民族だった過去があり、狩猟による獲物の首を神に捧げたといった習俗があったのであろう。武士の発生によって穢れ観念は相当に薄まったのではないか。「日本書紀」の天武天皇の死の直前に、《大友の皇子を誅《ころ》して、首《かうべ》を伝えて不破の宮に詣《まう》づ》とあった。これは切り取った首を不破宮に持っていったということだろう(『日本書紀』岩波古典文学大系、持統天皇、称制前期)。

◐I◐そのような首を斬るという習俗はなかったということですが、弥生時代はともかく、すでに将門の首は京にもたらされ、大路を渡されました。古事記、日本書紀のヤマトタケルなどの頃はどうだったのですか? どのように書かれているのですか。興味あります。

◐A◐縄文時代や弥生時代、頸だけの骨が出土したことはあまりないように思うのですが、しっかり調べたわけではないです。ただ、弥生時代から戦争が始まった、あるいは多くなったとされ、鏃の突き刺さった人骨は発見されています。記憶が定かでないので断言できませんが、ヤマトタケルは斬殺はしているが、頸を取ったりはしていないように思われます。首切りの習俗がどのようにして誕生したのか、自分にとっても今後の課題です。源の満仲は「今昔物語集」では、「殺生の徒」と書かれていますが(「本朝仏法の部」の記事なので、とりわけ狩猟が嫌われていたのであろう)、それはもっぱら狩猟の時の殺生で、獣も頸だけ落とすという習慣は、千葉徳爾氏の『狩猟伝承研究』(前掲書)にありました。ぼくは子どものころ、わが家で、すき焼きにするための鶏を殺す役目を与えられていましたが、首を切り、天井などからぶら下げておき、血を抜いたものですが。

　電子辞書に入っている『ブリタニカ国際大百科事典』の「首狩り」の項にはつぎのようにあります。《他集団員の首を狩り、保持する習俗のこと。採集狩猟民にはまれで、ある程度発達した農耕を行う諸民族間にみられるところから、農耕との関連で起った宗教儀礼から発生したものと考えられる。首狩りによって武勇を実証すると刺青を施され、それによって成人としての資格を得ることができるとする例(台湾のタイヤル族など)や、社会的な尊敬を得るための首狩り、あるいは身のあかしを立てるための神判としての首狩りなどもあるが、それらはいずれも派生的なものと考えられている》。これを読むと、台湾のタイヤル族なんかでは、首狩りはイニシエーション、つまり成人式のための試練のひとつであったようですね。日本列島の古い狩猟民族でもあった縄文人にはこの風習はなく、農耕時代というと弥生以降ということになりますが、戦争は行われたらしいのですが、律令制度の時代が過ぎて土地の私有が盛んになったころから、首狩りは始まっていると思われます。いわば突然変異であって、なんか説明がつきにくく、頸実験のためだったと言うしかないようです。現在のぼくの拙い知見では。

◎勝田至『死者たちの中世』(吉川弘文館、二〇〇三年)など、古代末期から中世にかけての死者の処置についての考察をみると、民衆は多く、死体は街や河原や山野に捨てていたのであり、「穢れ」観念はもっぱら貴族のあいだで、過剰に濃密に機能していたという気もするが、ともかく、武士たちは新たな首狩り族であったのである。剣道の居合抜きに、竹を藁で捲き、これを一刀のもとに切るというのがあるが、これは首を斬る作業のための練習で、頸のまわりには比較的軟らかい皮や肉があり、中央に硬い骨がある。人間の首を切り落とすなんて、ふつうの人にはできない作業である。中世武士や郎従、下人も日ごろ、首を一気に切り落とす練習をしていたとでもいうのだろうか。豊臣秀吉の朝鮮侵攻のときは捕虜の耳を切りとって数珠つなぎにして持ち帰り、殺した人数の確認に使ったとされる。義経は奥州藤原氏のもとで自害したあと首を斬られ、この首は腐敗しないように酒で満たした樽に入れて鎌倉まで運ばれた、と「吾妻鏡」にある。武士とよばれる人びとはなぜこんな気味悪いことができたのだろうか。三島由紀夫が市ヶ谷の自衛隊基地で割腹自殺したとき、翌朝の新聞に介添えの森田氏だったかに斬られた三島の頸が暗い部屋の片隅に置かれている写真が載せられたことがあった。不気味というしかない。死んだあと、首を切らせたというのは、ナルシズムというよりマゾヒズムと言っていい。

○正月二十四日(義仲という、あるいは武士という貴族社会にとっての異人、異族が現在、いなくなった。そこで兼実の思考、現在展開している政治的情況への批判や嗟嘆が長々と述べられているあとに続く)

★法皇、また、禁固のごとし、なんぞ政事の沙汰に及ばん、ただ、偏に義仲一人の最〔第一〕なり、あに、木曽〔義仲〕の下知〔決定や命令〕を以て、専ら竹帛〔歴史的展開〕の証拠に備うるか、この状、君〔法皇〕もっとも御存知あるべきなり、しかして、一切思召さず、人また申し行わず、

●義仲が君臨した僅か二か月のあいだ、法皇は義仲の支配下にあり、すべてが義仲の考えにそって展開していたかのように感じられる。しかし法皇はあまり深く考えているようには見えず、人また諫言も助言もしない。《甚だもって奇怪》と兼実は嘆く。しかし、武力による政治の時代はもはや始まっているといううしかない。後白河は巧みに鎌倉幕府と渡り合っているように見えるが、実際はそうではない。じわじわと武士社会の要求が制度化されていく時代に突入したと言うべきだ。とりわけ、後鳥羽上皇の起こした承久の乱以降は、天皇と朝廷は社会的存在として、完全に無力、無菌、無能状態に陥っていく。ここでは義仲が鎌倉幕府の先蹤となり(それ以前には これも短期間だが、清盛政権があったのだが)、朝廷や院の未来を告知していた。それを杞憂する上級貴族たち、とりわけこの日記の筆者九条兼実の連日の嗟嘆の言葉となって、日記の行を埋めていく。二十七日の記事では、院の庁から、京都滞在の武士たちの居住する場が足りないので、兼実の家も使わせて欲しいと言ってくる。いやいやながら承服するしかない右大臣兼実。同様の悲しい怒りに満ちた報告が届く。

◎この辺、貴族政治末期の実際を知るための重要な史料と言える。たとえば「太平記」は、後鳥羽のあと、「親政」を標榜して、世間を驚かせた後醍醐天皇らを描いているが、このふたりの天皇だけが、武士の君臨する社会に名乗りをあげたのだが、この時代、まだ、天皇や上皇を崇敬する武士たちもかなりの程度にいたことが解る。しかし、網野善彦氏の本を読むと、後醍醐を援護した楠正成などは、ちゃんとした武士ではなく野盗のような存在であった。そして、もっとも大きな問題は、後白河法皇の時代に現れた清盛、義仲という武士政権の先蹤は、本格的に武士たちの形成した鎌倉幕府の成立とどのように連動するのか、ということではないだろうか。初期の武士たちは、とくに朝廷の官人であり、武装をした朝廷の下っ端であり、五位の蔵人とかいった人たちが内裏や天皇を警護していた人たちであり、他方、地方

から起こってきた豪族武士たちに二分される。しかしながら、時代の政権を担当するのは、地方出身の武士たちであった。武士成立期の時代の地方武士、とりわけ関東武士たちが現れなかったら、天皇政権はずっと無傷で続いたのだろうか。武士の登場と貴族政治の衰退は関係があるんだろうか。それとも歴史上の偶然の産物か。彼ら武士政治家たちは、法皇を上級純粋貴族たちから隔離し、意のままに操ろうとしていた。政治は法皇の名で展開しているが、その背後には、義仲、頼朝らの武士の思想や構想があった。とりわけまだ、しっかりとは登場していない頼朝の映像は、手紙などを通じて、法皇や少数の上級貴族の瞼の奥にくっきりと可視化され始めているはずだ。

◎これは江戸時代の天皇をモデルに考察した本だが、法制史の石井良助氏の『天皇――天皇の生成および不親政の伝統』（山川出版社、一九八二年、講談社学術文庫、二〇一一年）によると、江戸時代の天皇に政治的権能がまったくなかったことを説明し、《天皇に統治的権能が全然なかったかというとそうではなかった》《これを大体三つに分けることができる。その一は官位の授与であり、その二は暦の制定であり、その三は元号の制定である》と書かれているが、この規定は中世末の天皇の権能とほとんど変わりないであろう。近世になると天皇のできることはもはや三つしかなかったのだ。暦については不勉強で、暦の制定というのが、もうひとつよく解らないが、あとの二つのうちその三は、現代もまだ残存している権能であろう。

◐I◐その一は官位の授与……、今も叙勲という形で残っていますね。勲一等は正三位、勲十二等は従八位に相当するとされているのでは。また、暦の制定は和暦を指し、元号の変更によって年を表記していくこととされているようです。でもそれが元号の制定とどこが違うのか分かりませんね。その三は、現代もとありますが、元号は天皇の死をもって変わり、天皇が勝手に変更することはできないはずです。

◑A◑暦はもともと中国から輸入されていましたが、いろんな暦があって〇〇暦のように名まえがついています。そのどれを使うのかを決めたのかな、天皇が。あるいは太陰暦でやっていたころは閏月を決め、同じ月がふたつあったりしたんですね。それを今年は何月にするか、陰陽寮とかと相談して決めたのかなとも思いますが、よく解りません。上記の石井良助先生の説は天皇の権限がいかに弱まったかということなんですが、院政の時代は太政天皇、つまり院がかなり発言力を持っていたな、と、「玉葉」読んでると感じますね。でも、摂関政治のころはたぶん、現在と同じく象徴天皇で、天皇は宗教（神道）専門ですね。だから、「扶桑略記」前半の天皇の記事に仏教関係が多いのは、天皇はほかにすることがまったくないので、仏教の経典の模写とか、熊野や高野山にしばしば出かけていたんですね。あとは貴族たちを集めての宴会です。歌や管弦の豪華な宴会をしばしば開いていた。そういう意味では鎌倉幕府以前、後鳥羽上皇の承久の乱以前の天皇はけっこう金持ちだったのですね。織田信長を書いた本によると、信長は、天皇にたいして年にどのくらいお金をあげるか考えていたようです。つまり、武士社会のおこぼれで、天皇一族は生計を立てていたわけです。江戸時代もまったく同じで、江戸幕府が何十万石か提出していたんですよ。

○正月二十六日

★去る夜より、閭巷〔世間〕、平氏入洛の由を謳哥〔歌〕す〔褒めたたえる〕、〔兼実〕は信受〔信じる〕せずのところ、果たして以て、虚言、云々、あるいは云う、なお、平氏追討をとどめらるの議、静賢法印、御使いとなり、子細を仰せ含めらる、云々、この儀、愚心〔わたしの心のなかには〕、庶幾〔願うこと〕するところなり、これまた、平氏を引級〔支援する〕に非ず、神鏡、剣爾の安全を思うによるなり、

●世間では、平家が京都に戻って来るという噂がとびかっているという。関東田舎源氏でなく、貴族武士であった平家に戻って欲しいという願望が、京都の町人にはあったのだろうか。また、後白河は平家追討をやめるよう、兼実らに言ったのだろうか。兼実はそれを望んでいたという。ひとえに、三種の神器が安全に御所に戻って来ることを願っているからだという。

○正月二十八日

★大夫の史《さかん》〔第四等官〕の隆職〔「尊卑分脈」によると、たかもと、と読んでいいようだ〕、使者を進じて云う、たちまち追捕さる、家中、恥辱に及ぶ、これを為す、いかん？　九郎の従類の所為〔義経の郎党たちのやったことである〕、云々、人の滅亡を思召すに依り、使いを九郎のもとに遣わし、子細を相触る〔告げ〕、た

といその身、罪科あると雖も〔こちらに罪科があると雖も〕、当時の〔現在の〕狼藉を停止すべきの由なり、

●九郎義経が京都に滞在し、その郎党たちが、現代の地方から来た修学旅行の高校生たちみたいな気分の坂東武士たちが、乱暴狼藉を働いたという。ここ、『綜覧』を参照すると、つぎのようにあった。《源義経ノ郎従、大夫史小槻隆職ノ第〔邸宅〕ヲ犯シ、文庫ヲ壊《やぶ》ル》。すなわち、義経の郎従たちが、隆職の家を襲って、文庫〔書庫や蔵書〕を壊して、いろいろと盗んだのかもしれない。隆職になにか、罪科といったことがあったのだろうか。そこで、彼らの主の義経に訴えたというわけだ。例によって兼実は嘆く。

★およそ、官中の文書は、古来、一本の書なり〔一冊だけ存在する本である〕、しかるを肝心〔重要な〕〔本〕を失わば、即ち、我が朝の滅亡なり、誠に天下の運、滅し尽きる期か〔時か〕、悲しむべき、悲しむべき。

●宮中に保管された文書は一本しかない本であり、これを喪ったら、国家が滅亡する、と兼実は言うのだが、隆職がこの文書を預かっていたのだろうか。たしかに国家に関する本は、物語のようにどんどん写本が作られたわけではないかもしれない。しかし、国家の滅亡という兼実の判断は、幾分、言い過ぎではないであろうか。国家の秘密を書いた本などが失われれば、それは確かに痛手であったろうが。いつも想起されるのであるが、天智天皇が中の大兄と言っていたころ、蘇我の蝦夷を殺したことがあったが、そのとき、蘇我蝦夷が所有していた天皇記や国記や珍宝を焼いたというのだが、なぜ自分たちが持っていた本を焼却しようとしたのか。疑問であったが、たぶん、蘇我氏が天皇だったように書いた本ではなかったろうか。日本軍がアメリカに敗戦したときも、軍部は毎日、公文書を焼いていた、そんなドラマを見たことがある。まあ、施政者でもあった上級貴族の兼実にとっても、国家文書は最も重要な書類であったのだろう。

12――義経ら、平家征討の戦争を開始す！

○二月一日
★雅頼卿、来たりて、世上のことを談ず、斎院〔上、下加茂神社に奉仕した皇女〕の次官、親能は、〔前の明法博士広季の子〕、頼朝の近習〔側近の文官〕と云えり、また、雅頼卿の門人なり、今度、陣の行事のため、上洛をなす、去る、二十一日、くだんの卿に謁すのついで〔なり〕、
●大江廣元のように、朝廷や院の文官が、関東に下り、鎌倉幕府に仕えた者も何人かいたのである。親能はそのひとりで、このたび、陣の行事のために上洛したという。
★（同日）昨今、追討使ら、皆悉く下向云々、まず、〔平家軍を〕山陽道へと追い落とすの後、漸く沙汰あるべきか、云々、
●正月二十九日の記事に、《西国の事、追討使を遣わさること、一定〔決定〕なり》とあったのだが、追討使は死んだ義仲に替わって、義経らであったろう。この日、追討使らは出発したという。義経らの関東軍は、西国へと、平家追討のため旅立って行った。先にあった追討軍の兵力はそれほど多くはなく、平家軍は相当に膨れ上がっていたというのだが、だいじょうぶなのかな。

○二月二日
★伝え聞く、伯耆の国〔山陰の国〕、美徳山に、院〔法皇〕の御子と称す人あり、生年、二十歳、未だ、元服せず、
●ここ、『綜覧』を見ると、《伯耆ニ法皇ノ御子ト称スル者アリ、兵ヲ聚《あつ》メテ、伯耆、美作ヲ掠取ス、この日、ソノ使者、入京シ、平氏ヲ討タンコトヲ請エリトノ説アリ》、とあった。ときどき、天皇の子だと名乗る人が現れる。彼は武士のように育ったのか、伯者の半国を伐り取るとある。そして、関東軍とともに平家軍と戦いたいと言っている。その後、どうなったのか、記事があったら少し追いかけてみよう。
★（同日）ある人云う、西国に向かう追討使ら、しばし、前途を遂げず〔進軍できなかった〕、なお、大江山辺に逗留す、云々、平氏その勢、尩弱〔か弱いこ

と」にあらず、（中略）下向の武士、ことに合戦を好まず、云々、土肥二郎實平、次官親佳〔この両人、頼朝の代官なり、武士らに相副う、上洛せしむるところ也」、

●この追討軍に関して、だれが大将軍として兵を率いているのか、兼実の記述は詳細を欠いている。追討軍の武士たちは合戦を好まずとあるが、関東勢の意気がなぜ盛り上がっていないのか。平家を追討すべく、派遣された人たちであろう。つぎの文章に、関東武士として初出に近い武士の名が出ている。九郎の名に代わって、土肥二郎實平が現れた。この實平は、最初期の鎌倉御家人のひとりで、「吾妻鏡」にも早くから登場している。しかし一軍を率いるような武士として描かれてはいない。西伊豆の土肥の人と思うが、豪族ではなかったようだ。土肥實平は頼朝の代官であり、武士らに相副うという註記を読むと、この「武士ら」が義経軍であったとすれば、やはり頼朝ないし、関東勢のお目付け役で、義経・範頼軍と行動を共にしながら、その動静を監視し、鎌倉に伝えるのであろう。

○二月三日

★今日、行家入洛、その勢僅か七、〔八〕十騎云々、院の召しに依るなり、頼朝また、勘気〔勘当〕を免ず〔許した〕、

●行家軍がどこかから戻って来て、少数で九郎たちの西国下向のあとに入洛した。法皇が呼んだとあり、かつ、頼朝の行家にたいする勘当も解けたようだ。義経らに替わって京都守護に廻ったのか。あるいは、義経軍を追って西国に下ろうとしているのだろうか。それにしてはあまりに少数だ。それにたいして、平家軍は強大になっているようだ。

○二月四日

★源納言〔この名まえ、時どき出るのだが、だれか解らない〕示し送りて云う、平氏、主上〔安徳天皇〕を具して、福原に着きおわんぬ、九国〔九州〕いまだ付かず〔平家の味方にならない、ということか〕、四国、紀伊国らの勢、数萬、云々、来る十三日一定〔必ず〕入洛あるべし、云々、官軍ら〔九郎軍か〕、手を分くるの間、一方、僅か一、二千騎に過ぎず、云々、天下の大事、おおよそ分明なり、

●平家は、安徳天皇らを伴い、福原に着いたという。九州勢は味方していないが、四国や紀伊の武士たち

が加担し、彼らは京都の官軍を襲おうとしているようだ。一方官軍(かつては平家軍であったのに、つぎには義仲軍になり、現在は関東・鎌倉幕府軍。有為転変の世と言えよう)は、京都守護軍を京都に残し、「吾妻鏡」によると範頼の率いる追手、九郎の搦め手に分けて進軍したようだ。鎌倉幕府軍と書いたが、この時期、幕府がしっかりと形成されていたのかは不明である。歴史学的に鎌倉幕府の成立時を、どの段階にするか、議論があるようだが、要するに関東豪族武士たちの集団が、ある確かな構成(命令系統や統治機構など)をもって全体で一個の大規模なまとまりとして行動していたかどうかであるが、さまざまな統制機構が完成するのは北条氏が執権になってからであろうし、始まりがいつだったかは、兼実の日記だけを参照しているとほとんどよく解らないということになる。以下、そのような未成熟かもしれない関東勢を幕府軍とよぶことにする、と考えたが、いいのかどうか。

○二月六日

★ある人云う、平氏、一谷に引き退く、伊南野に赴く、云々、但しその勢、二萬騎云々、官軍、僅か二、三千騎云々、依って、加勢さるべき〔味方されるべき〕の由、申し上ぐ、(中略)平氏の引き退くのこと、謬説〔誤った説〕、云々、その勢、幾千万をしらず、云々、

●平家は福原からやや西に移動して一ノ谷に陣を構えたようだ、と読んだが、最後の記事にそれは誤りだったとある。京都側では、平家の動きを把握できていなかったようだ。それはともかく、一ノ谷はかつて清盛が遷都した福原の西側の谷のようだ。「平家物語」によれば平家は西側と東側に門を築いて守っていた。北は六甲山などの山岳地帯で堅固であり、南は瀬戸内海に面している。もし敗れたら、海へと逃げようと考えていたのだろう。いよいよ、「平家物語」が描く源平合戦の第一の見せ場、一ノ谷の合戦になる。私見では、以降の合戦はいわゆる「源平合戦」ではない。「平平合戦」というべき戦争であった。これは前に述べた拙文に書いたのだが、都落ちした平家軍と戦ったのは、関東平氏軍団であって、源氏軍団ではなかったのだ。当時、鎌倉幕府の成立に関わった関東の有力豪族武士たち、千葉氏、三浦氏、和田氏、北条氏などほとんどが平氏であった。この平氏の一団が一ノ谷合戦以降、屋島、壇ノ浦の戦いまで、

主力部隊となったことはまちがいない。源氏では甲斐源氏、近江源氏、下野、上野の源氏らが、源氏の主力であるが、主体は平氏であったと思う。そうすると、源平の戦いという、あまりにも人口に膾炙した語句も訂正せざるを得ないと思う。そこで武士源氏の嫡流という頼朝が平氏武士団の棟梁（リーダー）に、はたして本当になれたのだろうか、というのが私の根本的な疑問だったのである。

◎この「源平合戦」という用語への疑問に同意される研究者もいた。たとえば、本郷和人氏の『新・中世王権論――武門の覇者の系譜』（前掲書）には、《先に源平の戦いと書いたが、この内乱を源氏と平氏の戦いと限定的に解釈するのは正確ではない》、《鎌倉幕府を生み出した源平の戦い、学術的にいう「治承・寿永の内乱」の主役は、各地の武士＝在地領主たちであった》と書いている。「各地の武士・在地領主たち」と書かれているが、主役はやはり、関東の平氏たちであったと考えざるをえないと思う。以仁王の令旨なるものが、各地の源氏らを鼓舞し、頼朝や義仲をはじめとして多くの豪族武士たちが異議申したての活動を始めたことはまちがいないと思うが。

◎また、この平家との闘争の前後から、頼朝は源氏の血縁的、地縁的集合をまったく考えなかったようにみえる。頼朝の家系は、その子、頼家と実朝で終焉したのである。しかし「玉葉」を読んできた限りでは、最初は関東武士団の〈記号〉として、頼朝の名が何度か現れてきたが、そのリーダーとしての活動は頼朝の実際の言動として理解せざるを得ないなという気もしないではない。河内源氏の棟梁としての頼朝という存在が、院や朝廷とのパイプになっているようだが、パイプ自身の発言もあったかもしれない。関東武士の総意を頼朝の言動が記号論的に伝えてきたと考えてきたのではあるが、いまのところ、この発想を超える記述が「玉葉」では発見できていないと言うしかないのである。

◐I◐「主力部隊がどういう人々なのか」ということですが、京都近郊の貴族武士たちが、義経らの入京に関しても、一ノ谷の合戦に関しても主力になったと言われている説に対してはどう考えられますか。そもそも関東から派遣された武士や家臣たちは少数でした。伊勢、美濃で徴募して更に一ノ谷の合戦を前に大江山に留まり、多田源氏らの軍を集めて戦いに臨んでいます。

◑A◑おっしゃるように、義経らが京都でも兵を募ったことが、なにかの本にありましたが、あまり集まらなかったと書いていました。最近読みだした元木泰雄氏の『武士の成立』(前掲書)は、前九年、後三年の役のあたりから、関東の武士たちが動員され、源氏の一族とのあいだに、強い主従関係が生まれたという説に批判的で、我が意を得たりと思って読んでいるのですが、現在とりくんでいるこの作業は情報源を「玉葉」に絞っているので、上記のような発言しかできないというわけです。「平家物語」や「源平盛衰記」などを援用すればだいぶ違ってくるかもしれないですね。そして、貴族たちの日記類ですが、これは恥ずかしながらあまり読んでいません。中世研究者たちにとって、貴族たちの日記がそうとう重要な役割を果たしたことはよく解ります。『綜覧』のばあいは「平家」をはじめとする物語群は排除しており、その辺は、物語の記述を事実としてどのくらい評価するかにかかっていると思います。一ノ谷合戦のなかの、鹿が降りれる崖なら馬も可能であろうといった話や、馬を担いで崖を降りたとか、通りがかりの人がめったにない情報を齎してくれるとか、物語でないと書けない話が多いですよね。確かに近江源氏、美濃源氏から甲斐源氏あたりまで、土着した源氏諸族も多かった。以仁王の令旨なるものが全国に伝えられ、各地の源氏がそれぞれ蜂起し、平家追討軍に加わったんですかね。元木氏の本は、Iさんの文章にもよく現れますが、実例なしに理論を組み立てている部分が多すぎるように最近は感じています。頼朝を論じたところでは、《治承四年の暮れには坂東における平氏勢力をほぼ一掃し》と書いていますが、この一掃された平氏というのは土着の平氏たちではなく、国衙に来ている京都貴族としての平氏たちだと思いますが、幕府成立時の重要な構成は、坂東の平氏たち、三浦氏、和田氏、千葉氏、北条氏ら平氏であり、と書くと、「吾妻鏡」を援用していることが明らかになってしまって、自分でもルール違反を犯しているんですがね。元木氏の例証なしの理論はあまり信用しません。自分は「くそリアリズム主義」者ですから、実例をあげてくれないと納得できないんですよ。

●「平家物語」の最大の見せ場である一ノ谷の合戦が終わった。勢力を盛り返していたはずの平家一族もあっというまに敗戦した。その記事は以下に紹介するが、一ノ谷の合戦後、生き残った平家の公達たちは山陽道や瀬戸内海を西に向かって下っていったのであろう。源氏の軍はその後を追っている。しかし、情報は決してストレートに平家の西国行を描いてはいない。

◎先に紹介したのだが、二月二日の記事には、この「玉葉」研究と関係のない不思議な話が載っていた。伯耆の国に院(後白河であろう)の御子と称する人が出て来た。生年二十歳で元服も終わっていない。資隆卿の外孫で、十五歳のとき行方不明になり、あちこち放浪し、伯耆の国につき、国の半分を占領したという。《事の次第奇異なり、仍って後のためにこれを記す、とあるのだが、のちになんらかの話の次があるのか。昭和天皇の時代、熊沢天皇という人が現れ、南朝(後醍醐帝の王朝)の正当な後継者であると宣言したようだが、その後どうなったのか。あまり意味のない挿話を紹介してしまったのかもしれない。

◐I◐「不思議な話」ですが、保立道久さんの『義経登場——王権論の視座から』(NHKブックス、二〇〇四年)に詳しいです。資隆卿(娘が八條院女房)の外孫で、後白河のご落胤という女も平泉にいて、秀衡に大切にされていた(建久元年六月二十三日、吾妻鏡)ことと合わせて彼は重視していました。またこのご落胤を名乗る男は海陸業戌《あまくのなりもり》と共同して伯耆の国の半分を征服しており、海陸は『源平盛衰記』の「一ノ谷城構事」に出てくる義経らに動員された伯耆の国の武士として出てくることは興味深いですね。領土を確保する目的でもあったのでしょうか。

◑A◑ぼくも、保立さんのお名まえをIさんから教えていただき、中世史学者なのに、現代思想まで勉強してるかたなので、凄いなと思って、『義経の登場』は読みました。感想は先に少し述べたのですが、彼は、義経の係累を、さまざまな系図などをさかんに読みながら、いろんな人物を引っぱり出し、彼らのことを調べつくして、その関係者たちの群像のなかでの義経像を構築してるんですね。でも、ぼくなどと違って、義経の母親とされる常盤御前を初めとして、登場人物たちを疑問なく受容しています。たとえば、義経の母親が再婚した一条長成は、なぜ、義経を引き取って自分のもとで養育し続けなかったのか。平家の追及を避けるために、鞍馬寺に入れて出家させようとしたのでしょうか。だいたい、貴族であったであろう長成が、子連れの九条院の雑士女などと結婚できたのだろうか。ぼくは、その辺の感受性が、ほかの人と違っているのでしょうか。その点、保立さんは素直過ぎるのではないかな、と逆に疑問を感じました。

○二月八日

★式部の権の少輔、範季朝臣のもとより、申して云う、この夜半ばかり、梶原平三景時のもとより飛脚を進め、申して云う、平氏皆、悉く伐り取りおわんぬ、（中略）定能卿来る、合戦の子細を語る、一番に九郎のもとより告げ申す、〔搦手《からめて》なり、まず、丹波城を落とし、ついで一谷を落とす〕、云々、次いで、加羽冠者〔蒲の冠者範頼〕案内を申す、〔大手（敵の正面を攻める軍勢）なり、浜地より、福原に寄せる、云々〕、辰の刻〔午前八時〕より、巳の刻〔午後二時〕に至る、なお一時に及ばず、程なく責め落しおわんぬ、多田行綱、山の方より寄せ、最前〔一番先〕に山の手を落とさる、云々、

●「平家物語」だと九郎義経は福原の北側の内陸部をぐるっと廻って三草山などで合戦し、鵯越えという有名シーンを展開し、西の門に至った。他方、追手（大手）の範頼軍は海岸沿いに摂津のあたりから一ノ谷の東の門に辿りついている。加羽の冠者、のかば、は当て字になっており、正確な名が京都側でまだ把握されていないことが解る。しかし、頼朝が義経たちの監視役として随行させた梶原景時が、幕府軍の背後におり、この名まえはまえに当て字で出ていたが、ここでは正確に表記されている。もっとも、この記事は、鎌倉幕府軍が一ノ谷を完全制圧したあと、梶原景時自身が報告したものなので、その報せの文書には署名もしてあったのだろう。しかし第一番に報告してきた実戦の武士は九郎であったのだが、文書でなく伝言だったのだろうか。しかし、源義経と名乗りをあげていたに違いないので、法皇から兼実まで、実名が届かなかったのであろう。蒲の冠者はまだ当て字だが、報告書を届けていて、やはり実名は伝わっていたに違いない。そして三番目が多田行綱で、彼の名まえはしっかり伝わっていた。だが、この範頼と義経両軍のメンバーを詳しく書いた「吾妻鏡」によれば、秩父武者四郎行綱とあり、多田行綱とは違う人物だと思われる。なぜ、この人の名が残ったのか。しかし、この記事を読む限り、義経も範頼も戦果を法皇に報告している。

◐-◐先にも書いたとおり、範季は範頼の養い親にして九条家の家司でした。後白河の近臣でもあり、い

ち早く情報に接することができ、兼実にも知らせるにふさわしい立場でした。北関東にも所領があり、梶原と直接の知り合いだったのか、院への知らせを更に兼実に知らせたのか分かりませんが、そういう文面だと思います。午後になって定能卿が来て詳しい情勢を語った。この情報が梶原からの飛脚に依るものなのか、別個に定能が得たものなのかわかりませんが、一番に……告げ申すとあるので、彼のもとにもたらされたもののような気もします。

★おおよそ、籠城中の者一人を残さず、但し、素〔もとより〕乗船の人々、四、五十艘ばかり、島の辺にあり、云々、しかして廻り得るべからざるに依り、火を放ちて焼死おわんぬ、（中略）切り取るところの輩の交名、未だ注進せず、依って、参らず、云々、剣爾、内侍所の安否、同じく以て未だ聞かず、

●このような記述だと一ノ谷にいた、平家の貴族武士たちをはじめ、多くの兵士らも、船上の兵士らも全滅、という感じだし、たしかに大勢の平家武士が殺されているが、天皇を戴いて、西国に向かって逃亡した武士や女官らも少なくなかった。天皇や三種の神器は、屋島の御所にいたのだろうか。しかし、関東軍の勝利であったことはまちがいない。斬殺された武士たちの交名（死んだ武士たちの名まえを書いた書状）が届いていないと書かれている。かつて上洛したことのなかった多くの関東武士には、平家の公達や武士たちの死に顔を見ても、それがだれか解らなかったであろう。少なからぬ関東武士たちが、大番といって何年かごとに京都守護のため上洛していたから、上洛したことのある武士たちは平家の人びとを把握できた者もいたであろうが、多くは解からなかったに違いない。かつ、三種の神器の安否も解らなかった。

13――敗者平家軍の公達武士たちの京都への帰還

○二月九日

★今日、三位中将重衡入京、褐《かちん》の直垂に小袴を着る、

云々、即ち、土肥二郎實平〔頼朝郎従、宗たる者なり〕のもとに、禁固す、云々、

●平重衡は清盛の息子の一人で、南都の東大寺と興福寺を焼いた人物であった。そして生きながら捕虜になったのである。のちに鎌倉や京を引き回されたあと斬殺され、梟首されている。平家の公達のなかで、貴族化が進んで厭戦的になっている武将も少なからずいたであろう。その代表は後に出てくるが平維盛で、彼は戦線を途中で離脱し、摂津か和歌山のあたりに逃亡してきて高野山に登り、座禅を組んだままミイラになっている弘法大師空海だったかに対面する話は、「平家物語」のなかで最も印象的なシーンのひとつであった。

○二月十日（斬殺された平家の武将たちの首が院に届いていないことが問題になっている）

★院宣に云う、平氏の首ら、〔大路を〕渡さるべからずの旨、〔法皇が〕思召す、しかして九郎義経、加羽の範頼ら申して云う、義仲の首は〔大路を〕渡されたのに、平氏の首渡されざるの条、はなはだ、その謂われなし、何ゆえ平氏を渡さざるかの由、ことに鬱し申す〔いろいろ考えざるをえません〕、云々、この條、いかに計り〔考えるべきか〕申すべき、

●法皇は、敗れた平氏の頸を大路を渡すべきじゃないと考えているようだ。なぜだろう。彼らが貴族化していたから、貴族をそのような目に合わせてはいけないというのだろうか。

★（同日）〔義経らは〕申して云う、その罪科を論ずるに、義仲と齊《ひと》しからず、また、帝の外戚等たり、その身、あるいは卿相に昇る〔昇進した〕、あるいは近臣たり、〔平家一族を〕誅伐を遂げらると雖も、首を渡さるの条、不義というべきか、

●法皇に、一の谷合戦の勝利を北国した義経（ここで初めて、義経の名が出たのである！ つぎの範頼も同じ）らは、法皇が、誅殺された平家一族の頸を、大路を渡すことに反対していることを知り、思い切り反論を開始する。義仲は渡したというのに、彼らが渡されることを反対されるのは、彼らが皇族の外戚であったり、近臣であったからですか、納得できません、と。

★（同日、ここからの文章の主語は兼実であろうか。冷静な判断が示されている）近則、信頼卿の頸、渡さざるところなり、しかのみならず、神爾宝剣なお、残りの賊手のもとにあり、無為帰来の條〔なにもなさず

帰還したこと〕第一の大事なり〔失敗であった〕、もし、この首を渡されるれば、かの賊ら、いよいよ、怨心〔怨みの心、復讐心を〕励ませしむ、旁〔かたがた〕、その首をわたさるべからず、将軍ら、ただ、いったん、所存を申すか〔不服の意を述べているか〕、子細を仰せらるのうえ、なんぞ、強く執し申さるか〔どうして、そんなにこだわっておられるのか〕、頼朝、定めてこの旨を承り申さざるか、このうえは左右〔いろいろと〕勅諚あるべし、

●兼実は、法皇の判断が正しいと考えるが、しかし、鎌倉の頼朝ははたして、同意するだろうか。それなら、ここで、明確に勅諚(天皇、上皇の命令)を出すべきだと結論する。

★(同日、報告者の定長が言う)〔捕虜の〕重衡、申して云う、書札を使者、〔重衡の郎従、云々〕、に副えて、前の内府〔宗盛〕のもとに遣わし、剣爾を乞い取りて進上すべし、云々、この事、叶うべからずと雖も、試みに、申し請うに任せて、ご覧あるべき〔やってみる価値はあるのでは〕、云々、

●捕虜になっていた重衡がこんなことを言ってました。実現するかどうかはべつにして、試みる価値はあるんじゃないですか、と。たぶん、後白河はどうするべきかを問うために、手紙を頼朝のもとに送ったに違いない。

◐I◐院のもとに平氏の首が届いていないのではなく、院が平氏の首を大路を渡さないようにと、言ったのです。それに対して、義経と範頼が反発して平氏の首を大路を渡さないということには謂われがない。義仲は渡されたのに、どうして平氏の首を渡さないのか、とことに不満であった。このことについて、兼実はどう思うかと定長が聞いたので、答えて言うに罪科を問うに義仲と平氏は同じでない。平氏は天皇の外戚でもあるし、身分も昇殿してうんぬんとなっています。ですから二月十二日の記事も渡すべきでないという、院や公家の意向に対して義経らは反発して、敢行したととるべきです。

◑A◑おっしゃる通りでしたね。ここんところは、読みながら、なにを言ってるのかな、と理解できないでいたところです。中世史の本郷和人氏の本だったか、貴族には死刑という罪科が科されなかったとありました。重刑は流罪で、後鳥羽上皇も後醍醐天皇も隠岐に流されています。多くの平家の人びとは殺されたんだけど、その後、貴族たちが死刑を免れたということは、大路を渡して梟首されるという従来

の恥辱が免除されたことになります。平家の人たち

は貴族と同じ待遇を受けたことになりますね。ただ

しそれは少数で、多くの平氏の武士たちはやはり、梟

首されたと思いますが。

●ここで、範頼と義経という、頼朝の弟にして代官

であるた彼らの名が初めて「玉葉」に登場した。もちろ

ん、彼ら自身が義仲、平家追討軍として上洛し、後

白河法皇の前にあいさつに来たであろうから、名ま

えが明白になって当然であるが、関東武士集団の実

態が朝廷や院に少しずつではあるが、明確化するの

に随分時間がかかったのであった。それだけ、朝廷

や院は、関東勢の研究、把握に関する努力をおおい

に怠っていたかが明確になる。それは日本の次代の

覇者になるかもしれない新勢力としての武士団をあ

まりに軽視していたことにならないだろうか。それ

だけ、貴族中心の一見平和な時代があまりにも長く

続いてきたのだと言うしかないのであるが。

●京都、関東は駅鈴を使って駅ごとに馬を乗り換え

ながらの便で八日、早馬だと三日かかったという。も

ちろん当時の歩行での移動では一ヵ月近くかかって

いた。律令政府が作った駅鈴制度（東海道などの各地

に駅を置き、馬を用意して、鈴を持参した役人たち

が馬を乗り替えて進むことができた制度）が、関東武

士集団の結成の頃は、かなりの程度に分断されてい

たのであろう。それは各国にあった国衙が武士集団

などによって破壊されたり、本来の重要な機能のひ

とつ（京都に、関東の、あるいは諸国の情報を齎すと

いう）が奪われていたからであろう。

◎『綜覧』の七日の記事には、平氏の戦死者が羅列さ

れている。平通盛（清盛から言えば、甥）、忠度（弟）、

経俊（甥）、知章（孫）、敦盛（甥）、業盛（甥）以下、盛

俊、経正、師盛、らである。頼朝らと違って、平家

一族は系図を見ても充実している。わたしはふつう、

「尊卑分脈」などを参照する以前は、新人物往来社の

『日本姓氏家系総覧』（歴史読本特別増刊、事典シリーズ、

一九九一年）所収の簡便で詳細な系図類を見ていたの

だが、平家一族の系図も、そのような系図を利用し

ている。それを見ても、一の谷合戦で死んだのは清

盛一族のごく一部だったことが解る。一の谷の陣に

は、平家一族の一部が参陣していたのであり、屋島

など、瀬戸内海のあちこちに、平家一族は分散して

拠点を作っていたのではないだろうか。

◉「平家物語」において、筆を尽くし、武将たちのさ

まざまな珍奇な物語を創出し（馬をかついで急な坂を降ったとか）、義経を初めとする鎌倉武士たちの勇敢さ、智謀を過剰に記述した（あるいは語った）一の谷の合戦も、兼実の筆にかかると、二、三百字の記述で終わっている。「平家物語」を読むと、日本の、武士や僧や貴族や民衆の物語を生み出すその創造性には舌を巻くしかないな、と改めて感じさせられる。将門の乱のときなども合戦記者のような人びとが存在していたらしいので、義経たちの行動や戦闘を書いた合戦記の文書もあったと思うが、それらをもとにして、そこに過剰な物語群が集積され、この「平平」合戦には盛りこまれていたのに較べると、兼実の記述は淡々として抑揚もなく、なんの面白みもない。「物語」と「日記」と機能が違うのだから、当然だとは言えるが。しかし清盛が生きていたころ、朝廷や院や京都を席巻していた平家が、坂東の田舎武士たち集団にあっけなく敗北したというのに、兼実の筆致には感動も悲嘆もなにも表れていないのである。兼実に倣って言えば、ああ、無情、ああ、無情。

○二月十三日

★この日、平氏の首、〔大路を〕渡さる、〔それ、数十、云々〕、〔公卿の頭〔首か〕、渡さるべからずの由、その議ありと雖も、武士〔関東勢であろう〕、なお、鬱し申す云々、いかん、通盛卿の首、同じく渡されおわんぬ、弾指〔許諾、歓喜、警告のため、指をはじいて音を出すこと、と『広辞苑』にある〕すべきの世なり、

●平家勢の斬られた首は、数十個であった。この註記は、じつは、その数、十、とも読めるので、実数はどうだったのか。関東武士たちは、法皇の希望にそって貴族化した平家一族の首を、大路を渡すことを断念したようだが、トップクラスの平通盛（清盛の甥）の首だけが、なぜか渡されていた。それはなぜだったのか。兼実は、おおいに抗議すべきと書いているようだが。

○二月十六日（源中納言雅頼卿が来て言うには）

★頼朝、四月上洛あるべし、云々、次官親能、院のお使いとして東国に下向し、仰せて云う、頼朝もし上洛せずば、東国に臨幸あるべきの由、〔法皇の〕仰せあり、云々、この事、殆ど、物狂い、およそ左右（あれこれ言うこと）する能わず、云々、

●後白河法皇は頼朝の上洛を促し、もし来ないなら、自分が東国に行くしかないと言っているようだ。呆

れた、呆れた、法皇にはなんだかんだ言っても無意味だ、と兼実は嘆いているのであろう。後白河の要望ももうひとつ理解できない。関東軍の首領である頼朝の判断をいろいろと仰ぎたいから来てくれ、と言っているのだろう。まるで、今後の政治に関東武士を積極的に参加させたいと言っているように聞こえる。もし今後武士勢力が政治に容喙するのであれば、早いほうがいいと。しかし後白河がこちらから東国に行くとすれば、これは物笑いの種であると兼実は嘆く。のちに内覧になり摂政になる兼実だが、現在は万年右大臣で、しょっちゅう法皇のお供をしてるわけでもないから、被害は少ないが、後白河のように定見がない上司に仕える人びとはいやになったろうな。後白河法皇は「梁塵秘抄」のような世界をともに遊ぶにはもっともふさわしい人物だと思われるが。

◐I◐頼朝の上洛は、朝廷の臣下として従うことを意味していたはずです。秀吉が家康を名古屋だか、大阪だかに呼びつけるのに腐心したのはそういうことだと思います。呼びつけるというか、ご挨拶に伺うということのはずなのに、院自ら東国に下向するなんて、兼実でなくても物申したくなりますよね。

◑A◑うーむ、そうですか。頼朝上洛は後白河ないし院や朝廷への帰服という意味があったと。だから、何度も何度も、頼朝の上洛を予想した文言が現れているんですね。ただ、ぼくなんかは、頼朝やそれ以前の将門、平忠常らは反国衙闘争の意味を持っていたに違いない、最初から謀反人とよばれてますから、そんなふうに理解していました。それが、後白河への私信を見ていると、平氏と源氏と並んで、天皇なり上皇に奉仕する、というような雰囲気が漂っており、頼朝なり幕府側の思想は、決して反国家的な、革命的なものではなかったのだな、とだんだん残念に思うようになったわけです。だから「上洛」という用語には、どこか反国家的言動が背景にあるものとばかり考えてきました。単なる思いこみだったですね。それは以下の記述にしっかり現れていました。

〇二月十九日

★また聞く、重衡卿〔卿とよばれている!〕、万事を尋問さる間、下官〔自分たちは〕天下を知ろしめすべきの由、平氏、議定の間、申せしむ、云々、

●捕虜になった重衡は尋問されて答える。自分たち平家一族は、政権を確立して日本の政治を行なって

いこうと、一族が論議して言っていたのであると。さきに引用した本郷和人氏の本によって、黒田俊雄の「権門体制論」というものを知ったのだが、その用語を識ってからいろいろと読んだ研究書の多くが、権門体制論を擁護しているように感じたのだが、本郷氏は武士政権を重く受け取るべきだという説で、鎌倉の武士政権に先立って、清盛の平氏政権が成立していたのだ、と『武士から王へ――お上の物語』（ちくま新書、二〇〇七年）に書いていた。先の、重衡の発言はまさしく、そんな平家、清盛の思想を語っている。

○二月二十日

★去る月、二十一日、頼朝のもとに遣わすところの飛脚、帰参す、頼朝申して云う、勧賞の事、ただ、上の御計らいにあり、過分の事、欲するところにあらず、云々、

●法皇の期待に反して、頼朝の返事はまことにあっさりしているというか、ここでは自己主張しないでおこうというのか、平家追討の功にたいする報償などは、法皇がかつてに決めてくれればいい、なにも高望みはしません。頼朝の以後の政治方針がちらっと覗いているようだ。頼朝あるいは関東勢は、初期の活動はいざ知らず、のちには朝廷転覆を狙ったわけではまったくなく、ある意味で、朝廷と幕府と両立していけばいい、そんな発想が見えている。両立とさえ言えない、むしろ恭順であったとすれば、本郷和人氏の幕府論には問題もあったということになる。頼朝は基本方針をその辺に設定しているようだが、しかし守護、地頭設置など、朝廷や院に武士政権としての要求を強制してくることはのちのち明白になるであろう。

○二月二十三日（大夫の史、隆職が伝えに来た）

★近日下される宣旨等、これを注進す、仍ってこれを続いて加え、施行す、さらに以て、叶うべからざる事か、法ありて、行わず、法、無きにしかず、

まさに散位源頼朝をして、前の内大臣〔宗盛〕平朝臣以下の党類を追討せしむべき事、

前の内大臣以下の党類、近年以降、もっぱら、邦〔郡か、の註記あり〕国の政〔政治〕を乱す、皆、これ、氏族〔平家一族〕のためなり、遂《つい》に、王城を出で、早く西海に赴く、なかんずく、山陰、山陽、南海、西海道の諸国を掠領す、（中略）よろしく、かの頼朝をして、くだんの輩を追討せしむべし、

●法皇の言っていることは今までと別に変わりはない。しかし、ここに重要な用語が現れていた！　散位の頼朝と書かれているが、その［散位］である。頼朝は「吾妻鏡」のなかでは、前《さき》の右兵衛の佐《すけ》と官職名が最初から登場している。律令制下の官職に（令外の官とされるが）、軍事や内裏の警護などを統括した左右の兵衛府というのがあった。頼朝の称号には、前の、とついているので、頼朝が父義朝について戦った平治の乱のとき、右兵衛府の佐（次官）であったということになる。また、兵衛府の唐名である武衛、という用語も「吾妻鏡」では頼朝に冠されていた。頼朝が文字の世界に登場するのは、父義朝のクーデタとも言うべき平治の乱のときで、このころ十三歳くらいであったというから、わたしはかねがね、そんな若さでこんな官職につけていたのだろうか、と疑問に思っていたのである。河内源氏の嫡流とはいえ、彼らは中・下級出身貴族に過ぎなかった。父義朝も、保元の乱の行賞とし左馬の頭《かみ》という、たいした地位でもない官職を与えられ（馬寮の守であるから、軍事的領域ではトップであったが）、太政大臣となった清盛とのあいだに大きな差がついたのであった（ただし元木前掲書では、義朝の官職はもとの位を考えればそのような差異ではない。《源義朝も清盛を凌ぐ活躍によって、伝統的な重職で官牧を支配する佐馬頭に任じられた上》と書き、義朝がここで不満を持つのは間違いだというふうに述べている）。しかし、まあ、保元の乱で功のあった義朝の息子だから、そんな優遇もあったかもしれない、とも思っていた。しかし、ここで散位とあるではないか。『ブリタニカ国際大百科事典』には、散位とは、官位はあるが官職についていない、と書かれているので、官位はあった、しかし流罪になったときから頼朝は官職も剥奪され、現在は無官であった。「吾妻鏡」の頼朝は自らを詐称していたことになる。あるいは「吾妻鏡」を書いた後の鎌倉幕府の人たちが、頼朝を一介の流人でないということを示すために、偽称していたのであろう。しかし、この記事を読むかぎり、頼朝は朝廷からみれば無官の関東武士に過ぎなかったと言える。

●と考えたが、ここで「尊卑分脈」を覗いてみた。河内源氏と呼ばれる源氏の一族の書かれたところで、保元の乱の敗戦で息子義朝に殺される為義から始まっている「第二義家五男為義嫡男義朝流」の系図を見ると、頼朝という名まえの右横に小字で官職経歴が書いてあるが、そこには右兵衛佐と明記してあった。すなわち「吾妻鏡」の前右兵衛佐という名乗りは詐称ではなかったのである。しかし欄外の人物経歴には、頼朝が十二歳のころ、皇后宮の少進《さかん》という官職につき、その後、一、二年のあいだにいくつかの官職につき、平治十年二月十四日、従五位下の官位をもらい、同日、右兵衛権佐と書かれている。この文では兵衛佐に「権」、とつけられていて、系図のほうの小字には「権」はなく、どちらが正しいのか解らない。「権」がつく官職は、実際の職ではなく仮の、とか、名目だけの、といった形容で、実際の右兵衛の佐であったわけではない。しかし、系図中の頼朝のほうを重視すれば、右兵衛の佐だったことになる。

●しかしいずれにしろ、自分はひとり相撲をとっていたのかもしれない。頼朝は伊豆に配流される前、すでに官位、官職を与えられていたのであった。そしてさらに、説明文には、平治元年十二月、平治の乱に敗れた父義朝に縁坐したため、解官、と書いてある。つまり、伊豆に配流になる直前に、この官職は取り上げられていた。そうすると、この後白河の宣旨に戻るなら、散位と書かれていても少しもおかしくないことになる。「尊卑分脈」には、室町時代以降、多くの増補、訂正などがある、とされているので、この系図の官職も「吾妻鏡」を援用したのかもしれない、とも考えられる。が、こんな考証はもうやめることにしよう。そして「玉葉」の宣旨の続きを読んでみよう。以下の宣旨にも、頼朝は散位と書かれている。

★(同日)まさに、散位源朝臣頼朝をして、その身〔とはなにか?〕、源義仲の余党を召しまいらせしむべき事、

●先に平家追討を命じられ、今度は、義仲軍の生き残りの連中を頼朝に捕えさせるべし、とあり、謀反の主、義仲の余党が都鄙に逃亡しているから、これをなんとかさせようと言っている。後白河もしつこい男だな、と思わざるをえない。つぎに第三番めの宣旨が続く。

★(同日)まさに、散位源朝臣頼朝をして、武勇の輩の神社、仏寺、ならびに院の宮、諸司、及び人の領などへの押妨〔乱入、狼藉〕を停止させ、言上を経て、子細を尋ね捜せしむべし、

●関東武士たちによる京都その他の地域の寺社や院や人びとへの無理やりの乱入や強盗まがいの行為を停止させ、子細を尋ねさせようというわけだ。これは最近、京都に滞在する関東勢の勝手気ままな行動がとみに目立ち始めたことが咎められており、その

説明が書かれている。そして四番めの宣旨が続くが、これは武士たちによる、公田、荘園から兵糧米などの徴収をやめさせろ、というもので、全体に、関東勢には平家追討と義仲残党ら追討を遂行させ、かつ、関東武士たちの放埒さを訴えて、頼朝の冷静な判断と指揮を促そうとしている。平家が西国に去ったことまではよかったが、関東からの武士たちの乱暴な動向が、今度は朝廷や院や京都周辺に及ぼす影響が濃厚になってきたということだろう。法皇が頼朝の上洛を催促したのは、これらの宣旨の内容を克明に伝えたかったのであろう。

●『綜覧』の二月二十七日の記事に、《平宗盛、同、時忠ら、院旨ノ返状ヲ上リ〔上せのまちがいか〕、神器ノ還京ヲ拒ム》（玉葉、ほか）とあるのだが、「玉葉」にはこんな記事はなかった。しかし、宗盛たちは、三種の神器の返還を拒絶してきたようだ。

●二十七日の「玉葉」の記事には、また、頼朝の上洛の記事がある。しかし、上洛したことは当分ないのであり、もっぱら、手紙が院と頼朝の間を往復していたらしい。兼実の批評に、《頼朝、もし賢哲の性あらば、天下の滅亡、いよいよ増すか》、とあるが、これはどういうことか。後白河がなにかと頼朝に命令したり相談したりしている。頼朝が賢い男であったら、後白河の心を篭絡し、日本国を左右できるのではないか、と兼実は心配しているのかもしれない。平家の、朝廷内での上級貴族化が進み、清盛が太政大臣にもなって政治的支配を確立した、と思っていると、信濃源氏の義仲が北陸道を通って上洛し、しだいに政治に口出しするようになった。平家は西国に逃亡し、ともに連れ去られた安徳天皇のかわりの天皇を立てようとしたときは、義仲は以仁王の息子の北陸の宮を推薦した。これはなんとか避けられたものの、後白河院政は危うい地平に立っていた。そこで、法皇は、関東武士団の首領らしい頼朝を自分の味方にし、関東武士の武力を背景に院政を確立しようと、頼朝の方に摺り寄っていくという、方法論を採用したのかもしれない。つぎの記事がそうだ。

○二月二十八日

★摂政〔兼実〕、外記の大夫、信成を使いとなし、頼朝のもとに、通わさる、人、何事か知らず、今旦〔今朝〕、首途〔出発〕しおわんぬ、云々、

●兼実は、頼朝の援護によって摂政になったとされるのだが、その頼朝をむしろ、うまく操縦しようと

考えたのかもしれない。使いを送ったという。

14――義経たちの平家追討、第二弾が放たれた！

○二月二十九日

★九郎、平氏追討のため、来月一日、西国に向かうべきの由、議〔院の庁の論議〕あり、しかして忽ち、延引云々、何ゆえか知らず、ある人云う、重衡、前の内大臣〔宗盛〕のもとに遣わすところの使者、この両三日、帰参、大臣申して云う、畏まり承りおわんぬ、三ヶ宝物〔三種の神器〕ならびに主上〔安徳天皇〕、女院八條〔院〕殿〔建礼門院〕、仰せのごとく、入洛せしむべし、宗盛においてハ参入する能わず、讃岐国を賜り、安堵すべし、

●先に『綜覧』で見た記述と正反対のことが書かれている。後白河あるいは側近たちは、頼朝に摺り寄る一方で、捕まっている平重衡を仲介にして、平家の宗盛〔清盛亡きあとの指導者〕とも連絡しあい、三種の神器や天皇たちを京都に帰還させようとしている。そのためだったかどうか不明だが、九郎義経軍は平家追討のための西国下向をストップしている。「吾妻鏡」では、頼朝は平家追討軍の指揮を範頼にとらせて、なぜか義経は京都に待機させていた。義経はたぶんいらいらしながら、出発の命令を心待ちに日を送っていたのであろう。三十日の記事には、平家が和平を請う申し入れを院にしているとある。三種の神器や天皇やその母、建礼門院らを京都に返すと。

◉ここで、第2部を終えることにする。関東勢の平家追討は、よく知られたように、一の谷の合戦のあと、屋島の戦い、壇ノ浦の戦いで終了し、勝利者の側の頼朝と、後白河院との政治的な折衝が始まるのだが、これは第3部で検証していくつもりである。というのは、範頼を大将軍とする関東軍は山陽道を西国へと辿るのだが、戦果はおもわしくなく、「吾妻鏡」に

よると、絶えず兵糧の不足を鎌倉に訴えるのみ。ついに頼朝が義経の参戦を促した屋島の戦いはずっとあと、ほぼ一年後になるので、朝廷、院にとってこの一年間は関東勢からの接触もあまりなく、久々に朝廷・院・貴族政治がゆったりと展開する。義経、頼朝も静謐を維持している、まことに幸福な日々であった。しかし、頼朝がすぐに平家を追討し、西国をも鎌倉幕府の支配圏内に収束するための戦闘を、「吾妻鏡」によれば、範頼軍だけを山陽道に送り、義経を送らなかったのはどうしてだったのか。義経が、頼朝の了解なしに法皇から検非違使の尉に指名されて不和になったのはもっとあとであったし、その辺はよく解らないのであるが、頼朝が義経の活躍を好まなかったのだとすれば、そんな幼稚なことは、政治的人間のすることではないし、平家追討に全力を投入するというわけでなかったのだとすると、その理由もよく解らないが、ともかく、平家一族と雌雄を決するといった発想が頼朝になかったのかもしれない、という気はする。その辺は以下の「玉葉」精読のなかに答えが眠っているかもしれない。

●とりあえず、その一年の間に記述された関東勢に関する記事を少しだけ覗いておこう。

○四月十一日。★ある人云う、前の内大臣宗盛、八島〔屋島〕において、薨逝〔死んだ〕、云々、三月十七日、病を受け、二十四日入没おわんぬ、

●実否知り難し、と続けて書かれているが、なぜだか、平家のリーダー宗盛が死んだというニュースが流れたようだ。

○六月十六日。★あるいは云う、平氏の党類、備後国〔岡山県〕に在る官兵〔範頼軍か〕を、追い散らす、云々、土肥二郎實平、「頼朝の郎従なり」、の息男、早川太郎、云々、仍って播磨国〔兵庫県〕にある梶原平三景時、〔同、郎従〕、備前国を超えおわんぬ、

●土肥、梶原の名はすでに出ている。範頼軍に在籍しているのか。いや梶原はのちに義経軍に配され、義経の監視役になっていたのだが、義経の戦法に批判的で範頼軍に参戦したのであり（梶原景時はそのくらい、頼朝麾下の武士として上位にあり、わがままが通せたのであろう）、ここでは範頼軍の監視役としてどこかで待機していたのであろう。そのことは次の行に書かれている。

◐―◐平氏の党類が備後の国にいる官兵を追い散らしたのではないですか。その担当武者は土肥二郎實

平の息男早川太郎と云々。だから播磨の国にいた大将の梶原が備前の国を越えて備後の国まで行った、あるいは行こうとしているということなのではないかと思います。以下の、泥（でい）のごとし、とは怠惰な様をいうようです。

○同日。★およそ、追討の間、沙汰、はなはだ泥のごとし、大将軍、遠境にあり、公家の事、沙汰する人なし、ただ、天狗、万事を奉行せる頃なり、

●違った。遠境にあったのは京都貴族にとってであり、義仲が京都で行ったような政治への参加を、今度の関東軍はやらなかった、と言っている。大将軍が範頼だとすれば、彼は備後から西に向かっているはずだ。しかし、泥のごとし、とはなんだろう（前記◐－◐を参照）。だらだらしているということか。天狗が奉行する。のちに頼朝は後白河法皇のことを大天狗（いろいろ画策する油断ならない人）と呼んだとされるが、関東勢の武力が朝廷・院の貴族政治に関わっていないことを言ったのだろうか。あるいは兼実が後白河のことを、わけの分からぬ上皇だと言う意味で、天狗、と書いたのであろうか。頼朝の、大天狗という言葉は兼実の語をさらに揶揄したものだろうか。

○八月六日。★（源中納言が来て云うには）去る頃、頼朝を納言に還すべきの由、推挙〔推薦〕、泰経に付けて申しあぐ、云々、定めて不快のことあるか、恐れをなす、（二字空白）また云う、明日、除書〔除目の名簿を書くことか〕あるべし、九郎、任官あるべし、と云えり、

●源中納言が頼朝を納言に還そうと提言したようだ。「納言に還す」が、納言という上級貴族に戻す、ということだとすると、頼朝は納言になった過去はない。貴族の地位を与えたらどうかと、上皇に申し上げたと解しておこう。しかしつぎの義経に官職を与えるべし、という提言はよく解る。現在、義経は無冠であろう。しかし、この任官が叶うとすると、それはのちに頼朝の機嫌を大きく悪くさせることになったとされているから、問題ありだ。法皇は、義経を検非違使の尉《じょう》（厳密に言うと、義経は検非違使であり、かつ左衛門の尉であった）、頼朝の承認なしに官職を貰うことを、彼は鎌倉幕府の御家人たちに厳禁したという。朝廷から官職を貰うことは、朝廷に奉仕することになるから、と本郷和人氏か誰かの本にあった。まあ、ここではまだ提言だけでなにも始まっていないのであるが。

○八月十八日。★また云う、義朝〔頼朝や義経の父、平治の乱のとき平家に殺された〕の首、今に、囚闈〔牢獄〕にあり、しかして罪を免ぜらるべし、その間の事、勘《かんが》え申すべきの由、泰経を奉行となし、仰せ下されおわんぬ、橘逸勢など、この例あり、云々、
●不思議な話だが、「平家物語」に僧の文覚が義朝の頭骨を頼朝のもとに齎したという話がある。ある本では、被差別民であった紺掻き（染物業）が、地中に埋められた義朝の頭蓋骨を掘り出し、文覚に渡したとあった。文覚は二十年余、この骨を抱いて修行したという。「闈」という字は難しいが、門の内、皇妃のいる御殿などの意味がある。まあ、どこかに仕舞ってあったということか。頼朝が今後、院に関わってきそうなので、今頃になって父義朝を無罪にしようというのである。朝廷政治という領域は本当にめんどくさい世界であるな、ほんとに。前記の文には続きがあった。
◐I◐義朝の首のみならず、犯罪人の首はさらされた後、そのままになっているのでしょうか。そうだとすると、さらし首でいっぱいになってしまいそうですね。

◐A◐さらし首になったあとの処理は、いわゆる被差別民が行なったであろう。そして焼かれた後の骨は河原などに捨てられたのでは。というのは一般民衆同様、首を街なかに捨てれば、異臭紛々となったでしょうからね。しかし、だれかの本でそんな処理のことを書いたのを見たことがないような気もします。日本の中世においては、一般の死体そのものが、路や河原に投棄されていたと勝田至氏の前掲書に書いていますが、さらし首のことまで、書いていなかったような気がします。ただ、頭部の骸骨へのフェティシズムのようなことは起こっていて、頭蓋骨の上部を切取り、これに漆を塗ったり、金箔を貼って、酒杯にした話は読んだことがあります。おもしろいですね。
○同日。★或る人云う、文覚上人、上洛、在獄の義朝の首を取り、鎌倉に向かうべし、云々、
●やはり文覚という鎌倉幕府ないし頼朝に関係した怪僧が、義朝の首を鎌倉に届けたという。平治の乱から二十年近くたっているのだ、まことにあほくさい話である。しかし文覚は頼朝にとって大切な人物になったようだ。のち、頼朝の息子の頼家が将軍になったが、遊び好きで蹴鞠に夢中になって政治を怠った。そのとき、文覚は幕府に頼まれて、お説教

の手紙を頼家に送っており、「吾妻鏡」は全文を掲載している。平凡な説教ではあったが。
○八月二十一日。★伝え聞く、頼朝、鎌倉城を出で、木瀬川〔黄瀬川〕、〔伊豆と駿河の間なり〕、に来たり着く、暫く逗留、飛脚を進めて申して云う、すでに上洛つかまつる所なり、但し、ひきはりても(?)上洛せず、先ず、参河守範頼、〔蒲の冠者、これなり〕、数多の勢を相具せしめ、参洛せしむ所なり、一日と雖も京都に逗留すべからず、直ちに四国に向かうべきの由、仰せ含む所なり、云々、
◐—◐ひきはりて、引き張りて、は無理に連れて行くことです。
●鎌倉幕府は範頼を将軍として四国(屋島)に侵攻させようとしている。京都には一日たりとも留まらないよう申しつけた、と喜瀬川まで範頼軍を送ってきたのか、頼朝から言ってきた。「吾妻鏡」では範頼軍は四国を通り越して北九州まで進軍したことになっているが、「玉葉」が今後、どう書いていくのか注目したい。
○八月二十三日。★伝え聞く、摂政〔基通か〕、頼朝の婿となすべし、云々、是、法皇仰す、云々、仍って五条亭を修理し、移住せらる、頼朝上洛の時、新妻を迎えるため、云々、
●摂政は九条兼実の兄であるが、頼朝の娘大姫を息子の妻にする。頼朝もけっこう、京都の上級貴族との関係性を濃くしようとしているのだ。頼朝の政治的姿勢と背反しない方法論であろう。武士である頼朝が、京都貴族から蔑みの眼で見られないための方策のひとつだったに違いない。
○十一月二十三日。★少納言入道、(割書き、略)、去る夜、坂東より上洛、言語のついでに〔話のついでに〕申して云う、頼朝云う〔に〕、右府〔右大臣、兼実のこと〕の御事を、京下りの輩に問う所、人別に〔人ごとに〕その美〔徳?〕を称う、いまだ、その悪〔徳〕を聞かず、ここに知る、社稷の臣〔国家的に立派な臣だ、か?〕云々、その気色を見るに、深く甘心の色〔立派な人格だ、か?〕あり、かつ、これ、音信を通ぜざるのゆえ、云々、
●頼朝が兼実に親愛の気持ちを伝えているのであろう。鎌倉幕府が完成し、後白河が亡くなると、彼らは急接近し、長いあいだ右大臣だった兼実は摂政になるし、頼朝は征夷大将軍になった。たがいに補完しあおうという、頼朝の姑息な手法だったに違いない。

◆元暦二年(一一八五)

○正月一日。★四方拝、(割書き、略)、例の如し、但し、大臣を辞すにより、剣を帯せざるなり、

●兼実は長いあいだ右大臣を務めたが、さすがに厭になったらしく、大臣を辞めることになったようだ。この辞表が受理されたかどうか、不明である。しかし彼はあくまで、院においての高級官僚であった。のちについに摂政になれたのだから。

◐-◐『公卿補任』では、元暦二年十二月二十八日に、内覧の宣旨を蒙り、その時も右大臣の職にあり、翌三年三月十二日、摂政ならびに氏の長者になっています。官職のない空白があったということでしょうか。

●頼朝と義経の不和という問題は、のちの義経の悲劇の大きな原因だったとされる。この問題は、第3部で展開されることになろうが、その原因のなかに、義経が後白河から官職を貰い、それが頼朝の承認なしに行われたことが、研究書などにも決まってあげられている。そこで、『綜覧』をざっと眺めながら、義経の叙任の様相を見てみよう。

☆六月五日、一の谷の合戦で勝利したのちの報償では、兄の範頼は参河守に、甲斐源氏の武田義信は武蔵守になっているが、不思議なことに義経の名は出ていない(一代要記、公卿補任、ほか)。

☆八月十二日、左衛門少尉、源義経(山塊記、参考源平盛衰記)。いきなり左衛門の少尉という官職が出ているが、それ以前の叙任の記事がないのだ。

☆九月三日、検非違使、左衛門少尉の源義経は、従五位下に叙された(大夫尉義経畏申記)。またいきなり、検非違使の官職が兼任として出ている。これも、最初に検非違使の叙任があったか、記事が出ていない。

☆九月十八日、除目、源義経叙留(同じ官職を継承したということか)。

☆寿永四・文治元年、正月十日、左衛門尉、源義経(吉記、百錬抄、ほか)とある。ここでは検非違使の尉が消え、左衛門の少尉が尉になっているので、少しだけ官職が上になったのか。この経緯についての記事はない。尉は、単に小尉の小を略したものかもしれない。この日、平氏を討たしむ、とあり、義経は京都を出発したとある。三月十七日には、義経が渡部(大阪湾の港)から、阿波(四国)に向かったとある。いよいよ、屋島の戦いになるのであろう。

●「尊卑分脈」ではどうか。義経の項にある系図には

検非違使の語はなく、伊予守、西国成敗京都守護、左衛門大尉、とあって、左衛門の尉が大尉になっている。これらは壇ノ浦合戦のあとの官職だろう。人物経歴のなかでは、義経を伊予守検非違使五位尉に補す、とある。官位が五位になり、検非違使の尉であるとされる。元暦元年(文治一年)二月とあるので、一ノ谷合戦後の叙任とみられるが、『綜覧』の記事と少し違っている。あまりに細かい違いだが、頼朝の機嫌を損ねたとしても、血を分けた兄弟であったことを考えると、兄弟不和の原因説はあとからの牽強付会ではないかという気がしないでもない。なにか公けになっていない原因があったのではないだろうか。などと詮索してももはやどうしようもないのであるが。

●『綜覧』の義経に関わるほかの記事ではただ、義経、と表記され、官職名は省略されている。また、頼朝がこの、朝廷ないし院からの官位、官職叙任を怒ったという記事も見当たらない。四月十五日の記事に、頼朝が家人などの幕府の承認なく叙任する者を咎めて、墨俣以東に帰還させないと、書かれている。これが上記の不和説の根拠であろうが、まあ、わけのわからん頼朝の心情ではあるな。

◐I◐義経の任官記事(八月六日)をもって検非違使になったと年譜にあるのは、「吾妻鏡」元暦元年八月十七日の、義経が左衛門少尉への任官を頼朝に報告した後、次に出て来る義経の記事(八月二十六日)で彼のことを「源廷尉」と書いています(廷尉とは、検非違使の中国での言い方である、◑A◑)。このことによるのでしょうか。兼実は頼朝のことは気にしていても、義経のごとき下っ端の事は興味もないし、詳しく書いていませんね。

●以上、空白の一年あまりのできごとを紹介してみた。先述したように、朝廷や院にとって平和な時間、空間が過ぎていった。第3部に、義経の屋島や壇ノ浦での戦いとそれ以降の鎌倉幕府の動向を探ってみたい。「権門体制論」か「武士国家論」か。「玉葉」著者兼実の、ときに冷徹な、ときに檄しやすい性格がどのように展開するか。そして、その背景にある朝廷、院側と鎌倉幕府側のふたつの世界の交錯を眺めてみたいと考える。

◉関東における武士集団が、平家追討の戦争を継続しながら、天皇・貴族国家であった日本に、鎌倉幕府という新たな政権の地平を切り拓いていった、その過程がどの程度正確に記録されていたのかを、「玉葉」という、幕府成立時代と同時代の一級史料を読んでいくという作業は、ときに刺激的であり、ときに幾分退屈せざるを得ない。いわば車の両輪を同時に観察するという作業が延々と続いたのであって、「吾妻鏡」のように、幕府成立以後半世紀以降に編纂された史書を読むより、刺激的であり、武士社会のみならず、貴族社会という存在をもまた改めて考える機会になった。

基本的にまちがえていたのは、源頼朝が「謀反人」として現れ、反国家的な英断から、武士の世界を展開する、未曾有の世界が描かれているのだろうと思って、読み始めたことだ。平将門、平忠常の乱のあとに展開された関東武士たちの動向は、それほどハードに新世界を現出するのだ、というほど意志的ではなく、源氏と平氏があらたな武力を背景に、朝廷や院の政治支配体制をバックアップしていた、保元、平治の乱の時代を再構築するような作業であったと思う。しかし、彼らの武力は、武装していない貴族たちを操縦できるくらいに大きな力になっていた。貴族も武士もそのことに改めて気づかされたに違いない。以上の「玉葉」を読むという手探りの作業は、まだ平家追討の最初の戦いであった一の谷の戦争のところでひと区切りとし、次に、院(上皇による政治)や貴族政治と、新勢力として現れた鎌倉幕府政権とのさまざまな交渉が始まるのであるが、謀反人として登場した関東勢の平家追討の戦争の最初までを、ともかくも俯瞰することで、関東から畿内にかけて起っていた出来事や思考を、「玉葉」から拾えるだけ拾ってみたい。いまのところ、日本政治史の展開がどうなっていくか、まではなにも言えない情況であるが、その前段階を抉りだすことには成功しているのではないかと思う。しかしそれは兼実の記録のなかでのできごとに終始しているのであって、筆者としての卓見や知見を提出し得たとはまったく思っていない。

並行して進めて来た作業は、とりわけ関東を中心とする地方武士たちの活動と、一方、京武者とよばれて、もうひとつ実態が明確でない京都、畿内の武士たちを研究した本をさまざまに読んできたことである。

第3部──

源義経、その悲劇の開始と不幸な終焉

●京都王権と鎌倉幕府

◉平家追討の有名な合戦である一の谷合戦が終わった。捕虜や死者も多かったが、さらに西国に逃れた平家の公達や郎党たちも決して少なくなかったが、頼朝および関東勢はすぐに追撃せず、範頼を将軍として追討派遣が決行されたのは一の谷合戦からほぼ半年後であり、義経軍の出動はほぼ一年後であった。なぜ、もっと早急に追討を開始しなかったのか、やはり一の谷の合戦までに相当な戦費が費消されたため、回復を待っていたせいだろうか。あるいは関東軍の死者数は不明だが、関東勢の損傷も決して少なくなかったのかもしれない。やはり第二次遠征のための準備が必要だったのであろう。追討を命じている後白河法皇の院庁が豊富な資金を提供した、という記事も「玉葉」にはなかった。これらの「戦争の経済学」はどのように展開していたのだろうか。研究書にもそのような論究はあまり見かけなかった。律令の時代から、地方からの兵士の参戦の旅費などは基本的に手弁当であったようだし、各地から兵糧米が徴収されていたので、第一次「平平戦争」の経済的費消の度合いは関東のみならず、諸国においてもやはり大きかったのであろう。そのような、経済的背景のうえに第二次遠征ともよべる平家との戦争が再開されたのであった。

1——義経の屋島の戦いと壇ノ浦の戦い

◆元暦二年(一一八五)

○二月二日(源中納言雅頼が来て雑談する)

★かの納言、ある僧を使いとして、雑事を頼朝のもとに示し遣わす、頼朝、彼の僧に示して云う、右大臣〔筆者の兼実〕、京下りの人、皆、称美す、しかして土肥二郎實平を以て折り紙〔半紙をふたつに折った形式の手紙であろう〕を遣わす、

●頼朝は、朝廷、院の代表として兼実を選んだのか、いろいろと褒め言葉を送ってくるのだ(折り紙とは、江戸時代にも使われた手紙の形式で、半紙を二枚に

折り、表の面に手紙の文章を書き、注記のようなことはその折った反対側に書きこむのである)。ともかく、あまり褒めて来るので、《この事、蒼穹を頂にす》と天にも昇ったようだと素直な感想を書いている。現実に、頼朝との交流がのちに展開するのである。

○二月十六日

★伝聞す、泰経卿をお使いとして、渡辺〔大阪湾に面した津のあたり〕に向かう、これ、義経の発向を制止するためなり、云々、これ、京中の武士、無くなるによる、ご用心のためなり、云々、しかれども承引せず、云々、

●現在、義経軍が京都を守護しているようだ。義経は渡辺からたぶん平家のいる屋島のほうに向かおうとしている。しかし、京都の守護がいなくなるのは不安であるから、止めようとしているという。義経の発向に関して頼朝からの指令が出ているのかどうか。その辺、不明である。余談だが、明治時代の被差別社会を描いた住井すゑさんの『橋のない川』の舞台は大阪の渡辺村であったのだが、この渡辺の地は関係あるのかどうか。大阪湾に面した村かどうか、思い出せないのだ。義経らと被差別民に関係があるとすれば、それは、義経の検非違使時代、処刑された死体の後始末から被差別民と関係があったに違いない。しかし、このような発言は見たことがないので、まあ、無関係の思いつきであろう。

●「風聞」という熟語があるので、「伝聞」も熟語として流通していたかもしれない。これ以降は「伝聞す」と読み下すことにする。

○二月二十日(頼季朝臣が言ってきた)

★住吉社より奏状〔院への報告文〕を進めて云う、去る十六日、宝殿より、鏑《かぶらや》、西方を指して飛び去りおわんぬ、実に稀有の事なり、昔、将門征討の時、住吉大明神、合力の由、証拠あり、今また、かくの如く、神明未だ、国を棄てざるか、

●住吉社は古代においては海民の神であったが、現在は海洋の神であり、一般的な神であるが、その宝殿から、鏑矢が西に向かって飛んで行ったという。西国の平家追討を暗示しており、住吉社は将門の乱のときも合力という。神仏は、朝廷や院にとって、現実の追討使以上に意味のあるものであった。古代以来、あらゆる困難時において、神仏の加護を最優先

するのが日本社会の方法論であった。社会という存在にとっての最大の守護者は神であったのだ。そのようなありようは、武力の主、武士の社会にも引き継がれていく。そして神の加護の小さな表徴が一喜一憂の原因になるのだ。日本というのは変な国であると言わざるを得ない。もちろん、日本だけではなかったろうが。

○二月二十七日

★伝聞す、九郎、去る十六日、解纜《かいらん》、纜《ともづな》を解き、出航〔した〕、無為に〔問題なく〕阿波国に着きおわんぬ、件の日、住吉神の鏑鳴る日なり、厳重と謂うべし、うんぬん、

●いよいよ、義経の参戦ということになった。「平家物語」などでは豪風のなかの出発で勢揃えした船が浜辺で転覆した。このとき梶原景時が「逆櫓」ということを言いだし論争になった。逆櫓とは船の舳先につけた櫓で、後ろに向かって漕ぐことができる、というのだが、そんな船は見たこともないし、ナンセンス挿話というしかない。しかるに、住吉社の鏑矢の表徴は、義経の成功を予告している。

○三月四日

★隆職、〔義経の〕追討の間の事、注送す、義経のもとより、状を申上ぐ、云々、去る月解纜、十七日阿波国に着き、十八日、屋島に寄せる、凶党を追い落としおわんぬ、しかれども未だ、平家を伐り取らず、云々、

●あっという間に屋島に着き、平家を討ち取るが、まだ、平家の人びとを惨死せしめるところまではいっていない、という。平家一族は船の人になったかのように、多くの大型の船に乗りこみ、海上を逃走したのである。

○三月十六日

★伝聞す、平家、讃岐国シハク庄〔塩飽の荘〕にあり、しかして九郎襲い攻めるの間、〔平家は〕合戦に及ばずして引き退がる、安芸、厳島に着きおわんぬ、云々、その時、僅か百艘ばかり、云々、神鏡、剣爾、帰来の事、公家、殊に祈禱す、

●平家軍は屋島を棄て、安芸の国の厳島に着いたという。厳島神社は平家一族の守護神であった。船は百艘くらいになっており、京都では三種の神器の無事が祈禱された。同月二十四日の記事にも、神器の

帰還が祈禱されているが、実際に戻って来るかどうか、危ぶまれてもいる。

○三月二十七日／二十八日

★伝聞す、平氏、長門国において、伐られおわんぬ、九郎の功、云々、実否、未だ聞かず、これを尋ぬべし、

★（同日）（右少弁、定長が来ていろいろ報告し）また云う、平氏伐られおわんぬの由、この間の風聞、これ、佐々木三郎ト申す武士、説く云々、しかるに義経、未だ飛脚を進めず、不審なお残る、云々、

●ついに、いわゆる壇ノ浦の合戦が終り、平家が討滅された、らしい。まだ情報としては不確実だが、佐々木三郎（盛綱。「平家物語」などで有名な近江源氏の佐々木四郎高綱の兄）が言ったというので、情報に真実味が加わっている。この一大決戦の報告として、記述はあまりにシンプルで、よくぞ平家を討ってくれました、といった感嘆の言葉もなければ、戦勝を祝う言葉も皆無である。後白河や兼実の、この関東軍の勝利への感懐はどうだったのか。つぎの報告には出てくるであろうか。しかし義経からの飛脚はまだ来ていない。

○四月四日（朝早く、人告げて言う）

★長門国において平氏らを誅伐しおわんぬ、未〔ひつじ〕の刻、大蔵卿泰経奉行をなし、義経、平家を伐るの由、言上す、（中略）院宣に云う、追討大将軍義経、去る夜飛脚を進めて申して云う、長門国、団〔壇ノ浦〕において合戦、〔海上において合戦云々〕、午正より晡の時〔申《さる》の時、午後四時ころ〕に至って、伐り取りの者を云い、生け取りの輩を云う、その数を知らず〔言うこともできないくらい多かった〕、この中、前の内大臣〔宗盛〕、右衛門督清宗〈内府の子〉〔宗盛の息子〕、平大納言時忠、全真僧都ら、生虜となす、云々、また宝物ら御座の由、同じく申しあぐ所なり、但し、旧主〔安徳天皇〕の御事、分明ならず、云々、次第かくの如し、

●義経ら関東勢と平家との最後の戦い、壇ノ浦合戦があっさりと終了し、義経が飛脚をもって法皇に報告した。死者の数は、数え切れぬほど多かった。生け捕りの者には、総大将の宗盛、息子清宗、大納言平の時忠ら。三種の神器については無事であり、安徳天皇については生死が解らない。あの清盛を頂点とする平家一族の栄華はこの長門の海にはかなくも

消えて行ったのである。義経は大将軍とよばれている。当時、「吾妻鏡」が大将軍としている範頼は九州の地にあった、と同書は書いていた。その意味が解らなかったが、平家がさらに逃げて九州に上陸したとき、これを迎え討とうとしたのであろうか。

★（同日）余〔兼実〕申して云う、生虜らの事、短慮及び難し、ただ、叡慮あり〔法皇の判断があるのみだ〕、三種の宝物帰来の事、戦場より帰洛の間の事、偏に武士の沙汰となす、公家、知ろしめすべからず、

●兼実の頭脳はもう冷静になっている。壇ノ浦合戦の生者や死者や、三種の神器の帰還のこと、すべて武士たちのすることであり、公卿らの知ったことではない。そして、結果については法皇がいろいろと判断し処理するであろう。

○四月二十日（平家追討の後、朝廷、院では幼い天皇のことよりも三種の神器の帰還が絶えず問題になっている）

★この日、賀茂の祭りなり、（中略）午《うま》の刻、頭中将通資、院の御使いとなって来たる、問うて云う、神鏡らすでに渡辺〔前出、大阪湾の港のある村〕に着御の由、義経、路より飛脚を進む〔去る夜、到来、云々〕、御入洛の日、日次〔日がら〕を選ばるるべし、仍って陰陽家に問われるところ、

●義経から飛脚で生虜や神鏡らの到着を知らせて来た。ご入洛、とあるのは神器の帰還にたいしての丁寧語になったのかな。ともかく吉日を選んで、というので陰陽師に占わせている。面倒なことである。しかし、朝廷側では万全を期したかったのであろう。

○四月二十一日（神鏡や剣爾の入洛の日が毎日議論されている。内大臣が言うには）

★当時〔現在〕、内裏の内侍所にある御辛櫃《からびつ》を鳥羽〔離宮〕に遷《おく》り、神剣を奉納、暫く武士を以て、これを守護し、吉日を待って閑院〔藤原冬嗣の邸宅〕に入御すべし、大内〔皇居、内裏〕然るべからず、また内侍所の御神楽召人、御祈りの時、御神楽所の作人を用いらるべし、云々、

●現在、内裏は里内裏と言って、もとの場所でなく、貴族の邸宅などに置かれているので、帰還した剣は、もとの内侍所〔内裏にあった部屋で、鏡や剣爾などを置いた場所〕にあった唐櫃が鳥羽院に置かれている。そこに運び、その後、閑院に収めよう。閑院が里内裏になっていたのだろうか。さしあたって武士に守

護させよう。彼らが運んできたのだから。など、議論しきりである。三種の神器は天皇の即位や儀礼のためにもっとも重要なものなのだ。

★（同日）余〔兼実〕云う、（中略）武士の沙汰となして諸司に入御の条、凡そ以てしかるべからず、はなはだ便なかるべきか、その後、吉日をもって里内〔裏〕で受け取り奉るべきの儀、しかるべからず、

●兼実は有職故実の家であったと、ミネルヴァ日本評伝選の『九条兼実』（加納重文著、ミネルヴァ書房、二〇一六年）と書いているので、故実に則って収納すべきことを力説している。建礼門院〔安徳天皇の母、清盛の娘〕の処置も問題になっている。

★（同日）〔院が〕泰経卿を以って密々に尋問さる、一、建礼門院の御事、如何、その御所、京中か、城外か、（中略）ただ、武士の家となすべきか、

●兼実は答える。安徳天皇の母、建礼門院（清盛の娘、徳子）を武士の家などに預けるなんて、もってのほかです。古来、女房の罪咎、あまり聞いたことがないです。片山のほとりにいてもらうのがいいでしょう。中世貴族社会においては、夫や息子が逮捕されても、その妻子や母親などは罪に問われなかった。これは女性差別になるであろうか。あるいは女性尊重になるのだろうか。義経の母が常盤であったかどうかは別にして、彼ら母子は咎めを受けることなく逃亡していたようだ。貴族社会と武士社会の倫理観はかなり違っていたと思われる。

★（同日）一、前の内府〔宗盛〕の事、如何、義経申して云う、相具して京に入るべきか、（中略）死生の間の事、頼朝に仰せ合さるべきか、

●兼実答える。《この事、思し召し煩うべからず》。梟首されること間違いないが、生虜として差し出すべきです。というのは《我が朝〔貴人を〕死罪を行わざるの故なり》。そうだ、前出の本郷和人氏に従えば、天皇や皇族ら高級貴族は殺さないことになっていたのだ。宗盛は内大臣になっていたのだから、貴族に準ずるべきである、と。

★（同日）一、頼朝の賞の事、請いに依るの由、仰せらるべし、まさに暗に〔ひそかに、そっと、か?〕行われるべきか、その賞、如何、

●兼実は仰せの通り、そっと行うのがいいと思います。彼の要望がよく解らないですし。兼実の態度は、博愛主義的というわけではまったくなく、自分としてはあまり関わりたくない、という考えであったのではないか。自分はニュートラルな人間であると。

○四月二十六日

★この日、前の内府、時忠卿〔桓武平氏別系統、清盛の妻時子の兄、平氏に非ざれば人に非ず、と言ったことで有名な人物である〕以下、入洛、云々、各々乗車〔車に乗せられていた〕、車の簾を上ぐるに、浄衣を着す、云々、清宗卿〔清盛孫〕、前の内府に同車す、隆盛、末貞〔清宗の郎党か〕以下、生虜、並びに帰降の輩〔降伏した平家がた武士たち〕、騎馬にて車の後にあり、〔関東軍の〕武士ら圍繞〔取り囲む〕す、云々、両人〔宗盛と時忠か〕共、義経の家に安置す、来月四日、義経相具して頼朝のもとに赴くべし、

●壇ノ浦の合戦が終り、捕虜たちが京都に送還されて来た。筆頭は総大将の宗盛で、同じ桓武平氏ではあるが貴族の時忠とともに、車に乗せられて運ばれて来た。車の簾は巻き上げられ、見物人たち、京都の人びとの衆目に曝される二人は、死に装束ともいえる白無垢で、もはや二、三年前の優雅な上級貴族の威厳を喪失していた。そして生き残った平氏の武士たちもいずれは一々、首実検をされるのであろう。そしてその後、頸は四方に飛び出す血しぶきもろとも無惨に刎ねられ、六条河原に梟首される運命が待ち構えている。勝者と敗者、それがこれらの敗北した貴族を待っている、ふたつの道であった。

★（同日）光雅仰せて云う、頼朝の賞の事、官〔官職〕においては、（中略）請いに依るべきの由、仰せ遣わせらるべきなり、位〔官位〕においては、かつ、これを受けらるべし、しかして、殊に功においては、越階の恩あり〔順番を飛び越えて与えられるばあいがある〕、よって正三位に叙すべきの所、清盛の例、快からず〔清盛同様に正三位では不平があるだろう。清盛はのち、従一位太政大臣になる〕、従三位においては頗る無念か、

●官職は頼朝の請いにまかせよう。しかし官位はどうしようか。清盛のように飛び越えた例もあるが、正三位ではどうだろう。従三位では悔しいか。などと詮索を重ねている。朝廷から官位をもらうということは、とりもなおさず朝廷の麾下に入ることでもあり、関東武士たちが朝廷支配から自由になろうという発想だったら、当然、官位など無関係であると主張したに違いない。しかし、そうは反応せず、むしろ官位、官職を貰うことを拒絶などしていなかった。これはある意味では情けない心情と言わざるをえない。義経が一の谷の合戦で勝利したとき、後白河法

皇から、検非違使と左衛門の尉の官職を貰ったとき、頼朝は自分に断ることなく、受任したことに立腹したとされ、それ以降、この兄弟の関係は悪化していったと考えられている。そして、同様に叙任したほかも関東武士たちへも懲罰を与えている。頼朝自身、この、天皇や上皇らとの関係を対等にするという発想をまったく持てなかったと言っていい。
★（同日）よって従二位に叙さる、如何、
●兼実は答える。正三位の清盛、従三位の源頼政の例など、頼朝といえども嫌い申すべからず、しかし、心配なら、二位というのはどうか、と。こんなふうに官位の上下があれこれと論議されていたのだが、頼朝が今後、朝廷や院に関わっていくとすれば、この官位は大きな意味を持っていたのであろう。
★（同日）泰経卿、御行書をもって問うて云う、明日、女院〔建礼門院、安徳天皇の母、生き残った〕入洛あり、其の儀、如何、
●兼実言う。《さらに威儀に及ぶべからず、しかるべき人、一人仰せつけて、内々にその沙汰あるべし》。べつに飾り立ててお迎えすることもないのでは。そこには、建礼門院徳子が清盛の娘であり、武士階級の出身で、貴族出身でなかったことへの差別感が働いているようにも感じられるが、どうだろう。天皇の母になった皇后は、のちに生まれた息子が次の天皇になった場合「国母」とよばれて、天皇の后のなかでは第一人者になるのだ。

2——戦後処理始まる。勝者頼朝と敗者平家一族への賞と罰

○四月二十七日
★この日、神鏡、神爾、朝の所〔朝、置いた所？〕より、内裏に入御、先ず、行幸あり、云々、子細はこれを尋ね記すべし、今夜より、即ち、内侍所において御神楽あり、云々、
●壇ノ浦から戻って来た神器の鏡や爾〔天皇の印となるなにか〕がついに内裏へと齎される。それに先立って天皇が入御、そして神に感謝するお神楽が催

される。

○四月二十八日

★昨日、頼朝の賞、宣下さる、従二位に叙す、云々、

●頼朝の官職は書いてない。官位は従二位に決まったとある。頼朝にとって、まだ、出世は始まったばかりである。そして、頼朝の政治的展開は、朝廷や院との関係をどう構築するかにあり、官位や官職はそれほど欲望をそそらなかったように感じられるのだが、現実にはどうだったのか。ある意味では、頼朝は鎌倉にいて、大まかな指揮はとっていたのかもしれないが、現実の戦争には参加していない。実戦の勇、義経らこそ、称揚され高位を与えられるべきであろう。しかしいつの間にか、関東勢の代表として、頼朝は京都側では捉えていたのだ。やはり、義家や義朝という河内源氏の嫡流である、という、京都側でも認識されている出自が大きな意味を持っていたのであろう。中世社会は貴族社会も武士社会も儒教的な身分の上下関係が大きな要素を持っていたのだ。摂関家などは京都藤原氏の頂点にあるのであり、正一位から三位くらいまでは彼らがこれを独占し、五位あたりの官人たちはそれ以上に躍進するのが困難な時代であった。

○五月三日(頭の弁、光雅朝臣、院の使いとして来る、二か条の事を問う)

★(同日)一、時忠卿、申して云う、賊〔清盛一族〕を伴って、西海に赴くの条、遁れがたき懈怠〔失策〕をなすといえども、神鏡の安全においては、時忠の殊功〔功績〕なり、たとえ、重科あるとも、この功に依って流刑をまぬがれ、京都に安堵〔身分や土地を保証する〕せんことを欲するなり、即ち首〔頭〕を剃り、衣を染めて〔出家して〕、深山に隠居すべきなり、

●貴族の平時忠は、神器の鏡が無事だったのは自分の功績である、流刑を逃れて、たとえ深山で遁世するとしても京都にいたい、と言っているがどうか。この「安堵」という言葉は鎌倉幕府の御家人制にとって大きな意味を持っていたことは周知の通りで、幕府なり頼朝が、主従関係を結ぶことによって、領地を確保できる、というような意味である。しかしここでは流罪を免れて京都にいたいという事だった。そしてこの切ない願いを聞き届けて欲しいと嘆願している。京都貴族として安穏な日々を送ってきた過去が忘れられないのであろう。しかし、そこには上級

貴族の一員になった男の甘えや媚がいやというほど、現れている。清盛の息子のひとり頼盛は、軍事的なことが好きでなく、宗盛たちといっしょに西海に遁走するのを途中で放棄し、京都に留まった。頼盛の母、池の禅尼という女性の助言で命を助かったとされている頼朝は、この戦争のあと、頼盛を優遇し、鎌倉に亡命させたりしている。頼盛と時忠の人格的な差異がしっかりと出ていておもしろい、と言うしかない。このあたりのできごとは、角田文衛氏の『平家後抄』(上下、朝日新聞社、一九八一年)に詳しい。

●兼実は、時忠の嘆願にたいして、そういうことは法皇が決めることで、我われがあれこれする問題じゃない、と冷静に答えている。

★(同日)一、前の内大臣〔宗盛〕は未だ、除名〔官位、官職の剥奪〕の宣旨、下されず、罪名を勘がえらる時、除名されおわんぬ、配流の官符に載せる時、左遷の条、如何、大臣の配流、太宰の権の帥に補さる、常例なり、

●西海に遁走する平家一族のリーダーであった清盛の息子の宗盛についてはまだ、処置が決まっていなかった。内大臣〔上級貴族〕であったのだから、死罪にはできないし、ふつうはかつての菅原道真がそうだったように、太宰の権の帥にして左遷されるのがふつうだが、どうか。しかも関東に連れていかれるのだから、こちらでは決め難い。しかし兼実は広言する。

★(同日)権の帥においては、一切、しかるべからず、権の守〔帥〕の条、また謂われなし、

●源高明や藤原伊周(ともに政争に敗れて大宰府に左遷)の例になぞらえるべきでない。この兼実の答えには、宗盛は〈武士〉ではないか、〈貴族〉とは違うのだ、という貴族としての差別観が明確に現れている、のではないだろうか。兼実は今まで、義経や頼朝にたいして、このような差別意識を露わにしたことはなかった。しかし、平家の横暴を体験してきた上級貴族兼実の心情の根底には、やはり、そのような差別意識が働いていたのだ。というか、このような、貴族の、武士への差別観のような視点は、ほかの研究書にもあまり見いだせないものなので、わたしの想像に過ぎないかもしれないのだが。中級貴族から武士へと転身した人びと、東北蝦夷と戦った坂上田村麻呂や、源頼義、義家父子らは、戦争が終わり、鎮守府将軍や東北の国々の守(長官)をやめて京都に戻ると、広く民衆的領域からはファンが輩出し、「今昔

物語集」などにはしばしば登場したが、現実には官位の位が一段階くらいはあがったものの、それほど優遇されたわけでは決してなかった。結局は儒教的身分制がやはりしっかりと社会の共同幻想となっていたのだ。

○五月六日

★この日二十二社に奉幣を発遣さる、（割書き、略）追討の成功の由を報じ報賽〔神のおかげとお礼し報告することとか〕さる、兼ねてまた、宝剣出で来るべきの由、〔被という字がかっこに入って原文にあるが、うまく読めない〕同じく謝し申さらるなり、

●この最後の文言はいったいなにか。宝剣は壇ノ浦の海底に沈んだはずだ。剣が出てきたからとお礼しているのか、出てきますようにと願っていることなのか、わたしにはうまく読めないのだ。しかし、さきに発見されたとしたら、剣を閑院に奉納しようという議論はあったが、実際にどうしたのか、どこに奉納したのか、の記事が今後出て来るのかどうかに注目しよう。のちの話であるが、「太平記」であったか、神剣が伊勢の海に浮かんで来たという記述があったという、不思議な話があった。壇ノ浦で海底の藻屑になった剣が伊勢湾の海で発見されるとは。刀という存在はある霊性のために伝承性を強くもつものが時に現れる。神剣そのものが、スサノオの尊が出雲のほうで殺したというヤマタのおろちという巨大な蛇の尻尾から発見されたもので、これがやはり伝承的な人物であるヤマトタケルも東征したとき草原の火事のなかで草を薙ぎ払ったことから、草薙の剣の名がつき、熱田神宮に奉納されたという。

●朝廷にとって、武力闘争のさいにまずできることは大寺社への奉幣や祈願であり、それは将門の乱のときも同様であったのだが、今回は、平家追討の成功への御礼である。このことから、わたしは朝廷が確固とした軍隊のようなものを持っていなかったのではないかと考え、笹山晴生『古代国家と軍隊——皇軍と私兵の系譜』（中公新書、一九七五年）などの研究書を読んでみたのだが、軍隊はあるようなのだが、しかし、現実の歴史のなかではそれほど明確ではなかったという気がしてならない。しかし前日の記事に、右大将がこの奉幣の上卿を務めたとあるのだが、その右大将がだれか、よく解らない。義経だとすれば、名まえで書かれていると思うので、これは貴族のだれかと思われるが。まあ、剣に関する次なる情

報を待ってみよう。

○五月七日（資隆入道来る）

★今暁、左馬の頭能保、大夫の尉義経ら、東国に下向、前内大臣父子、ならびに郎従十余人、相具す、云々、これ、配流の儀に非ず、云々、

●義経たちが、宗盛、清宗父子や郎従ら、捕虜を護送して鎌倉に下るという。義経にとって、これは将軍としての凱旋であり、晴れがましい行軍であったはずだ。しかし、悲劇の幕はこの日から始まった。義経はもちろん、まだそのことに気づいていないのだ。義経の官職の大夫というのは、ふつうは五位以上の官人たちの総称であるが、義経はもう、検非違使、左衛門の尉という官職を受けていたのだろうか。まだそんな記事に出遇っていないのだが。しかし従五位下の官位も貰っていたのであろう。「尊卑分脈」には、その官位官職と、「九郎大夫判官」と号す、という記述がある。判官は尉という三等官の別名である。勘解由使という官職の三等官を判官と言っていたようだ。検非違使の尉が、後白河法皇からもらった官職とされているが、それはいつのことであったか。「玉葉」にはまだ書かれていない。

○五月二十日

★伝聞す、頼朝申し給う所の国々、多く以て返上すべし、云々、徳化を施さるべきの由、仮名状を以て定能卿につけて、院に奏さる、偏に天下を思うに依り、時議を顧みず、ただ、愚志存するのみ、

●頼朝は義仲追討が終ったとき、平家が奪った、貴族や大寺社の持っていた荘園などの私有地を、もとの領主に戻すよう、提言していた。この法皇への奏状は、そのことを推進せよ、徳化（なんらかの善政？）を行うべしと言っているのだろうか。頼朝は最近の情況をあまり深く考えず、法皇に直接奏上している、兼実が「愚志」と言っているのは、自分にも意見がある、と言いつつ、あとを書いてないということなのかな。

◎壇ノ浦合戦のあとは、京都も急に静かになる。そのうち、宗盛父子や重衡ら、頼朝の命令で殺されるはずの死者たちの頸も帰ってくるころになると、後白河と関東勢の交渉が本格化するであろう。束の間の平安が、彼らを包んでいる。少しだけ記事を拾っておこう。

○五月二十一日
★昨日、流罪に行わる、僧、俗併せて九人、云々、(中略)時忠卿、[能登]、(以下の貴族、僧を略す)
●平時忠は、武士でなく貴族であり、貴族は殺さないと、多くの研究書が言っているが、死罪でなく、流罪が適用された。能登に流されたのだが、これは、遠流よりやや近い国へ配流であったが、この時代は能登は遠流の地であったかもしれない。先に時忠自身から、京都の土地を安堵して欲しいという要望があったが、聞き入れられなかったようだ。時忠は、妹三人を、清盛、その息子重盛、宗盛に嫁がせ、一人、滋子は後白河の后、賢俊門院であり、娘のひとりは義経の側室としている。たぶん、鎌倉幕府のほうに転身したかったのであろう。

○六月十四日(大外記、頼業が来て言った)
★この間、尋問さる事など有り、宝剣を求めらるべきの間の事、(中略)明後日、[十六日]閑院に還幸[院が帰られる]あるべし、その後、杖儀[上級貴族たちの論議]あるべし、云々、今旦[今日]、光雅朝臣、書を以て問うて云う、宝剣の帰来以前に、行幸の儀、いかん、
●剣やその他の宝器がそろっていないまえに、法皇が閑院に行幸されるというのはどうか。こんな細かいことが論議されているのだ。有職故実家の兼実が、「宝剣帰来以前の行幸の儀の事」とあり、兼実はそれ以前の朝廷の慣習を並べていろいろと言っている。ともかく、宝剣は戻って来るはずはないのだが、京都貴族たちは実態を識らないため、論議が続いているのだろう。

○六月二十二日
★大蔵卿泰恒、院宣を伝えて云う、前内府[内大臣宗盛]、ならびに息、清宗、三位中将重衡ら、義経相具して参洛する所なり、しかして、生きながらの入洛、無骨[礼儀があまりない]、近江の辺にてその首を梟首するべきか、使庁に渡されべきか、はたまた、捨て置くべきや、院宣にしたがうべきの由、頼朝卿、申せしむの旨、義経申す所なり、
●宗盛父子や重衡が義経に伴われて京都に戻って来た。本当なら、途中で梟首してくれるかなんか、して欲しかった。しかし、義経は頼朝に言われたままに連れて来たのだと、言っている。これでは、彼ら

の処置を院で考えざるを得ない。彼らは貴族であり、武士であったから、死罪と流罪と両方考えられたのである。
◎ここには書かれていないが、この義経の京への帰還は傷心の旅であったのだ。頼朝は、宗盛たちだけ、鎌倉に引っ張って来させ、義経には鎌倉に入ってはならぬと厳命したというのだ。『吾妻鏡』によると。その理由のひとつは、義経が頼朝の許可なく後白河から官位、官職を与えられたからだ、というのだ。ここで、義経は二心なき自分の気持ちを伝える手紙、「腰越状」と言われている文章を書いたと『吾妻鏡』にある。頼朝の感慨は書かれていない。『平家物語』も同様の話を伝えるが、ここではさらに讒言の人、梶原景時が義経批判を語っており、頼朝の心はかたくなになって、以後ほどけることはなかったのだ。そんな頼朝とのやり取りを抱えて京に戻って来た義経の心中や、いかに。
●私はこのような兄弟の不和という物語は、あとで修飾が重なったもので、もっと理解しやすい政策的な理由があったのではと、考えているが、まだ、ちゃんとした解答は発見できないでいる。この点、もっともっと考えてみたいのである。たとえば、頼朝は征夷大将軍の官職を息子に譲りたかったのだが、息子の頼家はまだ幼い少年であり、義経が存命であれば、頼朝の将軍職を継ぐことになったかもしれない。それを、頼朝は選ばず、長子相続という武士たちの流儀を通そうとして、義経を排除したのではないか、とか。

○六月二十三日
★伝聞す、重衡の首、泉木津の辺において、これを切り、奈良坂に懸けしむ、云々、前の内府父子においては、晩に及び使庁に渡されおわんぬ、院、御見物あり、云々、
●重衡は南都を焼いたことがあり、東大寺、興福寺から憎しみを買っており、罪人として渡すよう、要求されていたのだが、この兼実の記述だと、奈良に着く少し前の奈良坂という所で斬殺されて、梟首されたようだ。しかしそのあと、宗盛父子は、彼らを斬首するべく、役所に渡されたが、後白河はそれを見物していたという。一、二年前までは、後白河は彼らと組んで政治を行っていたのだ。この傍観は許されない。高級貴族や皇族や天皇、上皇たちの酷薄さが、明瞭に現れているシーンである。

○六月三十日

★聞き書きを見るに、頼盛入道は備前、播磨を給い、院の分□とす、九郎、賞なし、如何、定めて不快由緒あるか、凡そ、これを悟りえず、

●すでに述べたのだが、頼朝は平治の乱後、頼盛の母、池の禅尼の助言で命を助かり、死罪から配流になったため、頼盛にはある種の親近感を持っていたのだろう。備前や播磨という豊かな国を知行国としてもらった。頼朝の助言があったのであろう。それに対し、この平家追討戦争の勲功の中心者義経には報償はなにもなかった。これも頼朝の示唆があったのだろう、兼実は何かを感じているが、わけがわからん、と呟くに留めている。このニュースを聞いた京都の人たち、いや日本のあちこちで、頼朝への不信感、憎悪の感情が芽生え始めたであろう。義経を支持する人びとのあいだで、いわゆる「判官びいき」が始まりつつあったのだろう。頼朝は世に喧伝されているような優秀な知能の持主などではまったくなく、むしろ愚鈍で、気の利かない、近未来を少しも予想できない朴念仁であったのではないだろうか。関東武士たちのシンボルにはなったために、のちの政治家頼朝が成立していったのであろう。もし、頼朝が広い心の持ち主で、武将としての義経を持ち上げておき、自分は背後の知者として政治家として位置づけておけば、鎌倉幕府の人気はぐっと上昇したであろう。足利尊氏は軍事を、弟の直義が政治的な分野を、というふうに、この兄弟は権力を二分することで将軍家の相続に成功したという論説を読んだことがある。

●重衡の焼いた東大寺の大仏が鋳造され、開眼の儀式が行われる。朝廷では管弦の遊びなども復活し、貴族生活が旧に復している。貴族たちは喜んでいるだろう。

○八月十六日

★今夜、除目あり、頼朝申すに依るなり、受領六ヶ国、皆源氏なり、このなかに義経、伊予守、兼ねるに、大夫の尉を帯びるの条、未曾有、未曾有、

●受領すなわち国司は六つの国で源氏が独占したという。のちに全国に守護を配置し、かつ各荘園には地頭を置き、全国を把握するというのが、頼朝、鎌倉勢の方法論で、まずは平家の荘園や領地を鎌倉幕府のものとした。

●ここで、義経に伊予の守(国司)があてられたのだが(これは院が決めたことであろう)、それ以前の検非違使、左衛門の尉も兼任で、未曾有のことだ、と兼実は嗟嘆している。これはなぜだったのか。義経の功労から言えば完全に物足りない処置であった。国司と検非違使を兼任する例がなかったのだろうか。鎌倉幕府は義経を副将軍にしてもよかったのだ。兼実の嗟嘆は頼朝の今後の動向が少し、見えて来たに違いない。しかし、頼朝が、義経の鎌倉への帰還を峻拒したという情報は、京都には届いていないのであるが、この「吾妻鏡」の記事通りなら、なぜ、頼朝は義経に、伊予守を推薦したのだろうか。義経を京都からはるか以西に追いやりたかったのであろうか。

◎この頃、後白河は頼朝のもとに使いをしばしば送って、些細な決定の意見を聞いたりしている。金持ちけんかせず、穏便に政治を続けるためには頼朝側ともうまくやろうと法皇は考えたのであろうか。

しかし、関東勢のリーダー頼朝と、義経の争いは、京都の貴族を静謐のうちに過ごすことを許さなかった。むしろ、武士同士の政治抗争が、朝廷や院を安閑とさせておかない情況が目前に迫って来たのだ。そしてそれは晴天の霹靂にも似た、暗雲と豪雨を伴ない始めることだろう。

3——突如始まった義経の悲劇、頼朝はなぜ義経を排除したのか？

○十月十三日(季長朝臣来りて申して云う)

★義経、行家、同心して鎌倉に反す〔頼朝の冷たい反応についに堪忍袋の緒が切れたのか、鎌倉幕府に反旗を翻した」、日ごろ、内儀あり、昨今、既に露顕す、云々、(中略)頼朝、義経の勲功を失う〔真剣に考えなかった」、帰りて、渇絶の気あり〔むしろ、関係を断とうとするような動きがあったか」、義経の心の中に、怨みを結ぶ間、

●頼朝の義経排除が、明確化してきた、というのだろうか。一連の平家との戦争の第一功労者であった

義経の功績を、頼朝ないし関東勢は本来なら大いに評価したはずだ。「吾妻鏡」では讒言の人として評判高い梶原景時が、義経の戦闘方法を批判する手紙を頼朝に送っていたが、頼朝は義経に非常に冷たい態度を取るようになったようだ。義経が、頼朝の推薦によらずに検非違使になったことを非難したと言われているのだが、実は、先に書いた、義経の鎌倉への帰還を拒絶する頼朝の行為を知らなかったであろうし、梶原景時の讒言も知らなかったと思う。しかし、ふたりの武士たちのあいだに暗雲が立ちこめたことを、さすがに察したのであったろう。

★また、鎌倉の辺、郎従親族ら、頼朝のために生涯を失う、宿意を結ぶ輩、漸く以て数績す〔反頼朝の郎従たちが増えてきた〕、彼らは内内に義経、行家らのもとに通ぜしむ、

●鎌倉の頼朝やその他の武士たちの郎従や親族にも、義経、行家に味方しようとする輩が増えてきた。彼らは、平家追討の戦陣に加わり、義経軍の活躍をまのあたりにしてきた連中であり、頼朝のあまりに冷徹な態度にさすがに反感を持ったのであろう。しかしそれはやはり少数者であったに違いない。和田義盛、三浦一族、千葉氏、上総の介氏らは、やはり幕府形成の中心メンバーであったし、促進者であったと考えられる。

★しかのみならず、頼朝の法皇の叡慮からはなれること、はなはだ多し、云々、仍って、事の形勢を見て、義経、密かに事の趣を〔院に〕奏す、頗る許容あり、仍って、たちまち、この大事に及ぶ、云々、

●彼ら鎌倉武士たちの郎従らさえ、頼朝が法皇の考えから離れることが多くなったと感じている。この辺は、京都貴族の眼に映っている頼朝が、法皇に必ずしも従順でなかったことがしだいにほの見えてきたのであろう。しかし、このような展開は「吾妻鏡」には書かれていないので、どのように法皇に背いたのかはよく解らない。頼朝ないし関東武士勢の方法論は、最初から院や朝廷に真っ向から敵対することではまったくなく、法皇の機嫌をとるような方向性を持っていたのだ。それは、頼朝から院への最初の手紙、奏状に現れていた。しかし、この辺はまだ前哨戦であって、幕府側の態度が明確化されていたわけでもない。

★或は云う、秀衡〔奥州の〕また、与力す、云々、子細においては実説、定めざると雖も、蜂起においては既に露顕なり、

●突然、奥州の秀衡の名が登場したのだが、この「与力した」の対象が、法皇か、義経か、あるいは頼朝かどちらに与力したのか、この文章では明確に解らない。「蜂起においては既に露顕なり」という文章もはっきりしない。が、もし義経が少、青年時代を奥州秀衡のもとに育ったという伝承が確かであるなら、やはり義経の置かれた立場に、秀衡はいたく同情したであろう。蜂起という言葉も義経たちが、反頼朝の狼煙をあげたと言っているのであろう。義仲存命のころ、後白河に、秀衡から頼朝征討の宣旨を求める請状が提出されていたと思うが、それはどうなったのか。秀衡はやはり東国を牛耳っている頼朝や関東武士たちを敵対視していたと思われるし(これは、のちに秀衡が死ぬときの遺言にもはっきりと表れていたのだが)、現在は頼朝時代が幕を開けているから、反頼朝的な発想が強まったとしても不思議ではない。長い物には巻かれろ、とは、奥州秀衡の独立心は言わなかったと思われる。『綜覧』では、頼朝、義経の不和について述べるが、十四日の記事に、《義経、行家、頼朝ニ反キシタメニ、京師騒擾ス》、とあるのみである。秀衡には後白河から、頼朝討滅の宣旨がかつて出ていたと思われるが、その後の記事はない。秀衡が、もし少年、青年時代の義経を養育したというなら、心情は義経びいきであったろう。

○十月十四日(夜、貞能卿が手紙を送ってきた。法皇が機嫌がよかったと喜んでいるが、その情報は決して明るくはなかった)

★世情、騒動、昨今殊に甚だしく、京中の諸人、雑物を運ぶ、必ず、近年の流れの例をなす[であろう]、悲しむべし、云々、平氏誅伐の後、頼朝在世の間、たちまち大乱におよぶべし、万人存ぜぬ事か[いや知っている]、過酷の法、ほとんど、秦の皇帝に過ぎるか、

●京都人たちが家の雑器などを地方に運び始めたのは、大乱が起こると予想しているのだ。木曽義仲が追討されたときは、京都の街が戦場になり、大混乱に陥ったのだった。武士的な世界では平家は誅伐され、頼朝の時代になったが、頼朝に反旗を翻した義経とのあいだに戦争が起こると、京都町民たちは考えたのであろう。関東武士団による苛斂誅求の政治が展開されるに違いない。秦の始皇帝の政治にも過ぎるのではないか。そんな予感が、京都人たちを襲っているのだろう。しかし、頼朝時代の展開はじつは急に別の方向に動き出していたのだ。

○十月十七日（朝早く、大蔵卿泰経、院の御使いとして来る）

★去る十一日、義経奏聞して云う、行家すでに頼朝に反しおわんぬ、制止を加うと雖も、叶うべからず、（中略）行家の謀反、制止を加うと雖も、敢えて承引せず〔承知しない〕、仍って義経同意しおわんぬ、身命を君〔法皇か〕に奉り、大功を成すこと再三に及べど、皆これ、頼朝の代官なり、殊に賞翫すべきの由、存ぜしむのところ〔頼朝の代官に過ぎないのだから、頼朝に従うべきと解ってはいるのだが〕、たまたま、恩に浴すの所〔報償された〕の伊予国、皆、地頭を補し〔自分でなく御家人を地頭となし〕、〔自分は〕国務に携わる能わず、

●義経が法皇に言うには、行家が頼朝に背いたので、止めたがかなわず、自分、義経も同意した。というのは、このたびの平家追討の大功への報償は、伊予の守であったのだが、頼朝は地頭を送りこみ、自分が主体的に存分に政治を行うことができない。一般に地頭は、鎌倉幕府によって各地の荘園や公領に配置され、その地の警察、裁判権を与えられ、しだいに在地領主になったと考えられているのだが、『広辞苑』を見ると、頼朝が義経らを捕えるという名目で置いた、と書かれており、まさしく、義経の反乱を契機として始めた体制であったのかもしれない。頼朝は、伊予の国全体を公領と捉え、ここに地頭を配置することで、義経からその政治権を奪ったのだとも解される。しかし、京都にいた義経にはその辺はよく把握できなかった。当然、一国の知行主となれば、その国を所有したことになる。幕府はそのような、個人の支配を否定し、幕府が統括することにしたのだ。この辺の自分の理解はまだ勉強不足で、正しいかどうか、理解に従ってまた書き加えることになるだろう。ただ、いくつかの義経論では、義経は軍事的才能に恵まれていたが、政治的能力はあまりなかったとされる。ともかく、義経排除は、頼朝および鎌倉幕府によって、じわじわと首を絞めるように展開しているのだった。

★（同日）また、没官《もっかん》〔重罪の犯罪者が受ける罰で、家人や所領地などを没収され国衙の所領とされること〕の所々二十余ヶ所、先日頼朝から分賜さる、しかるに今度の勲功の後、皆取り返し、郎従らに宛て給いおわんぬ、

●平家のもっていた荘園、領地が没官され、二十余ヶ

所を自分、義経が貰ったが、すぐに取り返され、郎従(頼朝の郎従か)らに下されたではないか、と義経は怒る。研究書では頼朝と義経の不和、のような用語が使われることが多いが、不和という以上に、頼朝の義経排除、が、先の腰越状のあたりから明確に開始されていると言うべきだろう。そしてふつうに説明されているように、義経が頼朝の承認なくして、後白河から検非違使、左衛門の尉の官職を貰ったこと、あるいは梶原景時の讒言、などのよく知られた理由を超えた地平で、過剰な排除が、弟義経にたいして行われているような気がしてならない。

★(同日)今においては、生涯、まったく以て、執思すべからず、なんぞ、いわんや郎従に遣わす〔というのか?〕、〔頼朝から〕義経を誅すべきの由、慥かにその告〔宣告〕を得たり〔貰った〕、逃げんと欲すると雖も叶うべからず、仍って墨俣辺に向かって一箭〔一矢〕を射かけ〔墨俣にはまだ梶原景時とか土肥二郎らが駐在していたのだろうか〕、死生を決せんの由の所存なり、

●義経の言い分は、自分が読み違えていなければ、しだいに敵愾心から悲痛の思いへと移行しつつあるようだ。逃げようとしてもたぶん、かなわないであろうし、それなら墨俣のあたりに矢を放ち、押し寄せて戦闘すべきか、ともかく死生を決しようという気持ちになっています、と。

★(同日)仰せて云う〔法皇がか〕、殊に驚き思召す、なお、行家を制止すべし、と、

●この日の最初に義経が奏聞して言う、とあるので、この言葉を聞いた法皇がちらっと感想を述べたというのだろうか。

★(同日)去る夜、〔泰経〕重ねて申して云う、なお、〔義経が〕行家に同意しおわんぬ、(中略)今においては、頼朝を追討すべきの由、宣旨を賜らんと欲す、もし勅許なければ、身の暇《いとま》をたまい、鎮西に向かうべし、云々、その気色を見て、主上、法皇以下、臣下上官、皆、ことごとく、相率いて、下向〔鎮西へ〕すべしのおもむきなり、

●義経が法皇に、頼朝追討の宣旨を賜るよう、申し入れたのだ。この申し入れは有名で、義経の、頼朝からの離反が明確化した最初であった。義経は、壇ノ浦で捕虜になった宗盛父子を連れて鎌倉に下ったが、鎌倉に入ることを拒絶され、傷心の思いで再び京都に戻ったのだが、その間、ずっとこの離反を頭のなかで反芻し続けたのだろうか。もし宣旨が出な

いようなら、鎮西に落ちのびようと言う。

★(同日)その気色を見るに、主上、法皇以下、臣下の上官〔上級貴族ら〕、皆悉く率いて下向するべき趣なり、

●義仲が、関東勢の上洛を知り、法皇を連れて北陸道に逃れようとしたように、義経もまた、天皇、上皇、上級貴族らを引き連れて、九州に行こうと決意していたようであった。

★(同日)予、申していわく、追討宣旨を下さることは、罪、八虐《ぎゃく》〔八逆罪か〕を犯し、国家を敵となすもの、この宣旨を下さるべくんば、何の異議に及ばんや、

◎八逆罪はすべて儒教的な身分制への罪であり、頼朝追討の宣旨を出しても問題ない、と兼実は述べている。八逆とは、律令が定めた罪で、逆、という文字に象徴されるように、ある決められた身分の上下という順位を逆転するような犯罪、上官やあるいは父母を殺すようなそのような罪である。近代では、社会主義者の幸徳秋水が大逆罪に問われて、死刑となったが、大逆罪は八逆のなかでも最悪の、天皇への叛逆罪であった。頼朝を追討するというなら、そのような順位はないのだから(弟の、兄への叛逆ではあるが)、兼実は比喩的に言っているのだろう。しかし有職故実家の思いついたもっともやばい罪に当たると言ったわけだ。しかし宣旨を出すのは上皇なのだから、八逆に当たるということはない。まあ、鎌倉幕府を牛耳っているかのような頼朝追討の宣旨を出すとなれば、と兼実の驚倒している感情が言葉に現れたのであろう。兼実の言葉は続く。

★(同日)、頼朝、過怠〔失敗ややり過ぎ〕、全く、候わず〔何もない〕、追討の條、思しめしよらず、しかるに義経の結構の趣〔考えること〕、もちろんと言うべし、

●兼実の言葉は、頼朝も義経も肯定しているようでおかしい。混乱しているというしかない。

★(同日)頼朝、もし重科あれば、宣旨下さるべし、なんぞ異議に及ばん、もしまた指すべき重科なければ、追討さるべきの由、更に以て図り申し難し、

●頼朝に罪があるというなら、追討の宣旨が下されても異議はない。しかし、罪がないとしたら、どうするのか。平家や義仲のときは追討の宣旨が出された。天下の乱逆にあたったからだ。以下に泰経と兼実の宣旨をめぐる議論が続くのだが、割愛する。兼実は頼朝を悪くは思っていないのだが、この件に関

して頼朝にも子細を聞くべきだ、義経にはたびたびの勲功があり、かつ、頼朝の代官として働き続けている、なにか義経に対する誹謗中傷があったというのか、そのため頼朝は弟義経に復讐のための私刑を加えようとするのか、その点はまことに不憫である、と。そのうえ、武士を京都に送って義経を殺そうとしたという風聞もある（「吾妻鏡」ほか、「尊卑分脈」にもその記事があった）。この時点においては、兼実は容易に宣旨を出すことを否定しているが、義経に対する同情の念は隠していない。「吾妻鏡」によれば、頼朝は土佐坊昌俊という者を京都に派遣し、義経暗殺を謀ったが失敗した、とされている。刺客として、なぜこのような、坊主を思わせる名まえの男を京に送ったのか。『綜覧』によれば、ほかに八十余人の武士らがついて行ったというのだが。兼実が風聞として、この暗殺未遂事件をほのめかしているのは、このできごとが事実であったのであろう。

●兼実の主張はともかく、子細を頼朝に確認するまで、宣旨を出すべきではない、というものであった。そして使者泰経が帰ったあと、独白は続く。

★（同日）余、この事を聞き、神心惘然〔呆然とした〕、天下の滅亡、結句、この時に在るか、頼朝、義経の勲功を失う〔知っているのに無視した〕、殆ど、命を害するに及ぶの状、事もし実ならば、義経、逆心を起こすの状、いったんしかるべし、頼朝の心操〔心構え〕、これを以て察すべき事か、但し、また義経、頼朝においては、ひとえに父子の義なり、

●兼実の表現は例によって例のごとし、と言うべきだが、頼朝が土佐の坊という刺客を送ったのが事実なら、義経が逆心を起こすのも当然だ。その辺で頼朝の心象を計るべきか。しかし、幼少時に父親を喪った義経にとっては、頼朝は父のような存在か。ある研究書には、頼朝と義経が父子の繋がりを結んだ、とあった。

★（同日）にわかに、追討の宣旨を申しくだす、頼朝を誅せんと欲するの状、大逆罪なり、

●義経が頼朝を父とも思っているなら、頼朝を誅せんとす、これは大逆罪にあたろう。兼実の日記はこの日、延々と書かれている。兄弟間の過剰な確執は天下の滅亡をイメージさせる。そう、兼実は呟く。

★（同日）自他ともに道理を失う、天魔あに〔どうして〕便を得ざるや〔天魔はなんでもできるのだろう、今なら〕

●兼実、とくいの嗟嘆の言葉は続く。天魔の活躍が

始まるか。

●つぎに範頼軍が北九州の宇佐神宮で乱暴、狼藉を働いている様子を宇佐神宮からの訴えをもとに綴っている。

4——義経の頼朝への反撃、しかし……

○十月十八日／十九日

★天晴る、伝聞す、頼朝追討の宣旨下さる、云々、

★〔同日〕隆職、追討の宣旨を注送す、その状に云う、従二位源頼朝卿、ひとえに武威に輝き、すでに朝憲を忽諸す〔軽んずること〕、宜しく、前備前守、源行家朝臣、左衛門の少尉、同朝臣源義経らにかの卿を追討せよ、

●後白河はついに、頼朝追討の宣旨を行家と義経に下した。頼朝追討の宣旨が出せる根拠は何だったのだろうか。頼朝の挙兵や蜂起以降、とくに罪とされるような問題は起こして来なかった。この日、参院した内大臣、左大臣はふたりともこの宣旨に賛成している。現在、京都や院を守護しているのは義経ではないか。代官の義経らに任せて一度も上洛していない頼朝への不満と非難の声が聞こえて来るようでもある。しかし、ここで注意されるのは、大夫の尉〔「尊卑分脈」では従五位下の検非違使の大尉と書かれている〕だった義経を、左衛門の少尉ということ。衛門府の少尉に格下げ(?)されているのであろうか。そんな記事には出遇った憶えはないのだが。むしろ義経と後白河とのあいだに、緊密な接触があったらしいことが推測させられる。しかしまた、翌日の記事を見ると、追討の宣旨は無化されたように、義経の西国行が描かれようとしている。

★〔同日〕伝聞す、一昨日、左内両府〔左大臣と右大臣〕参院〔院に参らる〕、内大臣まず、参上、追討の事、仰せ合わせらる、内大臣申して云う、此の事、一身に〔自分一人では〕定め申し難し、左大臣の参るを待たれるべし、と言えり、即ち、左大臣参上、申されて云う、およそ、異議に及ぶべからず、早々、宣旨

を下さるべきなり、その故は、当時〔現在〕在京の武士〔関東勢か〕、ただ、義経一人なり、かの奏上にそむかる、もし大事、出来の時、誰人、敵対すべきか、しかれば、申請に任せて、沙汰あるべきなり、さらに議定に及ぶべからず、云々、内府、これに同じゅうす、云々、

●左大臣や内大臣らが集まって論議したが、左大臣は、義経の請いにまかせて宣旨を出すしかない、と。内大臣も賛成した。と思っていたところ、翌日のことだ。

○十月二十一日

★伝聞す、法皇、鎮西への臨幸〔九州に行くこと〕の儀、都〔? なんと読むべきか。ああ、という読みもあるが〕許容なし、云々、仍って義経、行家ら、たちまち件の儀を変ず、云々、

●頼朝追討の宣旨の出た翌日である。義経の、法皇らを伴なって鎮西に落ちようという情報はすでに現れていたが、頼朝追討ならまず兵士を募り、頼朝のいる鎌倉、すなわち東に向かって進軍するべきでないのか。突然、東への進軍から、西への逃走に変っているではないか。これは、記事にはないが、法皇が朝令暮改、宣旨を出しながら、すぐに変身したのだろうか。かつ、法皇が鎮西には行かない、と言う。そこで『綜覧』を参照すると、《二十一日、義経、法皇ヲ奉ジテ鎮西ニ奔ラントス、許サズ》、とあった。方針の急変についてはなにも書かれていない。続いて二十二日の記事は、義経、行家、兵を近畿ニ募ル、応ズルモノナシ、とあった。

●十月二十二／二十三日の記事には、義経、行家の呼びかけに武士が集まらなかったこと、近江の武士（近江源氏か）らも、義経に与しなかったとある。

◎このあたりの記事、編集の段階で齟齬があり、日にちが入れかわったのであろうか。義経らが兵を募ったが集まらなかった、という記事のまえに、後白河が鎮西に同行しないという記述が来てしまったのだ。

●ともかく、宣旨を貰った義経らであったが、冷静に考えると、関東軍が背後にある頼朝を討つことは困難だと考えたのであろうか。そして法皇らを拉致するように西国に落ちようとしたのだろうか。これは、平家の宗盛のとった方法論と同じで、彼らは幼い安徳天皇や建礼門院ら女性陣や貴族たちを伴い、西国に逃れたのだったが、発想が同じである。結局、

頼朝に反旗を翻そうとした義経らの考えは夢まぼろしと消えたのであった。

○十月二十五日(大蔵卿泰経が来て、院の宣旨について報告する。法皇が言うには)

★使いを頼朝のもとに遣わして、子細を陳べしらせるべきか、しかるに隠れてこれを遣わせば義経らが伝え聞く恐れあり、仍って、只、両将に仰せきかせん、

●後白河は一旦、宣旨を下したが、これを頼朝にも見せて意見を聞くべきか、と煩悶し始めたようだ。

★(同日)余、申して云う、事、既に発覚しぬ、追討の宣旨を下されおわんぬ、

●義経らの反頼朝・関東勢の行動はもう、鎌倉側に発覚しているであろう。後白河法皇さま、もうすでに頼朝追討の宣旨は出されています、と兼実は後白河の弱気な態度に厳しい返事を返している。今ごろになって、頼朝と義経の和平を計っても無駄ではないか。法皇、上級貴族たちの周章狼狽のようすがさまざまに描かれる。

○十月三十日

★天晴る、義経ら、明暁、決定す、下向すべし云々、或は云う、摂州武士太田太郎以下、城郭を構えて、九郎、十郎〔行家〕ら、もし西海に赴くならば、射るべきの由、結構ならば、また九郎の所従、紀伊の権の守兼資、船を点定し〔船の位置などを決めて、か〕、まず以て、件の男〔だれか〕を下し遣わす、太田らのために打たれおわんぬ、この如きことにより、北陸に引き退くべきの由、

●義経たちが明日朝、西国に落ちようと決めたようだ。摂州(大阪湾のあたり)の太田某という武士が、城郭を構えて義経らを討とうと待っているという。義経の郎党の紀伊の権守の兼資という者が船を用意しており、件の男(これは誰だろう?)を斥候として送り出したところ、太田らのためにすでに討たれたという。しかし風聞はさまざまに飛び交い、真相は解らない。義経たちが頼朝追討のため、関東に向かったという情報は流れていない。

★(同日)伝聞す、去る夜、法皇、他所に臨幸さるべきの議〔論議〕有り、この事を聞き、摂政、左右なく逐電し、あとをくらます、

●法皇は院を離れてどこかに移り、それを聞いた摂政も難を懼れて、いずこかに逐電したようだ。さす

であろうか。

が法皇も貴族たちも素早い。そしてたぶん自分たちの言動に責任を取ろうとしない。これぞ〈貴族の鑑〉であろうか。

○十一月一日

★今暁、九郎らの下向、延引す、或は云う、西海の議を変じて〔西海への逃走という論議を辞め〕、北陸に赴くべし、路地での狼藉によるか、この夜、定能卿、告げ送りて云う、(割書き、省略)義経らの、法皇を相具し奉るの儀、都〔すべて〕さぶらうべからずの由、再三申し上ぐ、

●この、「都」の読みは難しい。しかし、義経らが法皇を伴なって西国に落る案はやめになり、北陸道に逃げるという代案が議論されているようだ。定能卿が、法皇を伴うのはいかん、と再三、義経に言っている。

○十一月二日(右少弁定長、法皇の使いとなって来て後白河の言葉を伝える)

★義経、明暁、鎮西に向かうべし、その間、いささか申し請くる旨あり、その状に云う、君を動かし奉るべきの由、天聴に達す〔天皇の耳に届いている〕、その恐れあり、起請〔文〕を書きまいらす、まずおわんぬ、(中略)院中に伺候のやから、なお、発向の用意を致す、云々、この事、すべてさぶらうべからざる事なり、郎従ら、先途を遂げ難し、なお、臨幸、よろしかるべきの由、申せしめがたし、義経の内心においては、更に叡慮にそむくべからず〔義経の郎従たちと違い、義経自身は、法皇のお心に背いてはいかん、と思っている〕、

●法皇は使いをよこして、義経は鎮西に逃れんと言っているようだが、言いたいことがある、あなたが、天皇や自分を伴おうとしていることが、天皇の耳にも届いている、そんな惧れがある、だからこうして言っているのだ。院のなかでも義経に加担する人びとがいて、義経の出発に賛成し協力しようとしている。しかし、こんなことはあってはならない。あなたの郎従たちも行き先に迷っているだろうが、あなたに法皇をお連れするべきじゃないと、なかなか言いにくい。しかし、義経自身は後白河のお気持ちに背いてはいかんと思っていたのだ。

●しかし山陽や西海の荘園主たちは、義経の行動によって租税や年貢が滞ることがないよう、義経に言ってくださいと院庁に申しこんでいるようだ。し

かし豊後の武士らは義経、行家らの行動をゆるしてやっていただきたいと願い出ているようだ。これらの意見に応えるべきかどうか、どう思うかと、兼実に尋ねている。

★（同日）余、申して云う、頼朝追討すべきの由、宣旨下さる上は、この如き細かい事など、さらに議定に及ぶべからず、今においては、ただ、申請にまかせ、その沙汰あれば、さっそく、〔義経たちを〕洛陽〔京都〕を出でさせられべきか、

●兼実は、義経を励ましているのか、京都から早く追い出すべきだとしているのか、ともかく逡巡するなと、法皇に答えている。義経がどんなに頑張っても、関東勢をバックにしている頼朝にかなうわけはない。京都で戦乱が開かれる前に、京都から出て行って欲しい、というのがやはり、本音であったろう、兼実にとっては。しかし、京都公家のあいだに、義経びいき、判官びいきの人たちがいたことは、のちの記事からうかがえる。これは、義経が、五位の検非違使の尉として、長く京都に留まっていたこともあったが、関東武士集団の今後の動向に、公家たちが決して安閑としていたわけではない、という感情の表れであったに違いない。

★（同日）晩に及びて、大夫の史、隆職来る、いささか申す旨あり、夜に入りて、〔法皇〕院宣を義経らに賜う、云々、

●こうして義経たちに頼朝追討の院宣は正式に下ったのだ。

〇十一月三日

★去る夜より、洛中の貴賤、多く以て、逃げ隠る、今晩九郎下向の間の狼藉を疑うためなり、余、猶、敢えて動揺せず、只、太神宮〔伊勢神宮〕、春日大明神〔藤原氏の帰依している神社〕に念じ奉るのほか、更にほかの計なし、

●武士たちの活動が始まると、京都市民たちは財物を抱えて逃げ惑うのが、習慣になっていた。兼実は、もはや、日ごろ信じている神々に祈るしか方法なし、と幾分落ち着いている。

★（同日）辰の刻、前備前守の源行家、伊予守兼左衛門尉〔大夫の尉也、従五位下〕同〔源の〕義経ら、おのおの身の暇を申し、西海に赴きおわんぬ、これすなわち、指すべき懈怠なくして〔とくに怠慢もないのに〕、頼朝のために誅伐されんと欲するか、〔そうではなく〕かの害を免れんため、下向するところなり、

●行家と義経らは西海に出発した。頼朝を討つべき宣旨を貰ったが、法皇の叡慮から起こったのでないという風聞もあり、近国の武士らが自分に従わず、却って義経らを謀反の者であり、しかのみならず、法皇らを引率しての鎮西行が明らかになり、義経への人望も離れて、遂には味方の者もなくなり、京都で関東勢を迎え撃つことも困難になるだろう。義経らはそう考え、少数の武士らを伴なって出発したのではないか。

●義経伝承は「平家物語」などに描かれた〈現実〉のなかで解消されたわけではなく、義経にはほかの武士たちのように、信頼できる郎従という存在があまりなかった。関東武士たちはそれぞれの根拠地を持つ地方豪族的存在であり、領主であって、そのもとで働いている郎従や下人たちが大勢でグループを作っていたが、関東に根拠地を持たない義経にはなにもなかった。藤原秀衡がつけてくれたという部下たち佐藤継信・忠信兄弟や、伝承的な経歴の武蔵坊弁慶や常陸坊海尊らの寄せ集めグループがくっついていただけである。「平家物語」の華々しい合戦においても、活躍した同志はほとんどいず、弁慶がわずかに顔を出しただけである。あくまで、義経は伝承的人物であったとわたしなどは考えていたのだが、京都での検非違使時代は短い期間ではあったが、法皇を初め、右大臣でもある九条兼実を初めとする上級貴族たちとの交際もあった。のちに京都貴族たちが、逃亡する義経を秘かに援助していたらしい痕跡もある。義経の鎮西落ちのようすが、兼実の筆によってもリアルに描かれていた。京都にいた武士たちも、義経を追って行ったとあるが、京都は一時の静謐を取り戻した。

★（同日、法皇から）頼朝を討つべきの宣旨、申し下さるといえども、事、叡慮によって起きざる〔この宣旨が法皇の心からのものではなかった〕の由、あまねく以て風聞の間、近国の武士、将師〔義経〕の下知に従わず、返りて義経らをもって謀反の者と決め、しかのみならず、法皇以下、然るべきの臣下らを引率し、鎮西に向かうべきの由、披露〔知らされて〕の間、いよいよ、人望にそむく、その勢、日をおって減少し、あえて与力の者、なし、よって、京都において、関東武士を支えがたく〔対抗できず〕、これ以て下向す、云々、院中以下の諸家、京中、ことごとく以て安穏、義経らの所行〔所業〕、実に以て、義士と謂うべきか、洛中の尊卑〔身分の上下の〕、随喜せずなし

〔随喜した〕、〔中略〕悦ぶべし、悦ぶべし、
●頼朝追討の宣旨が出たが、法皇の叡慮によって成立したのではない、という風聞が拡がり、近国の武士たちに義経の招きに応じる者はなく、かえって義経を謀反人としたのだ。さらに法皇以下を引き連れて九州に向かうというので、いよいよ、人望をなくし、義経勢も少なくなり、その傘下に入ろうという武士たちもいなかったため、京都で押し寄せて来る関東武士たちを遮ることは不可能となり、九州へと下向したのだ。しかし、義経たちがいなくなることで、京都の身分の上下の人びと貴族から庶民まで安堵した。義経は〈義士〉ではないかとまで、兼実は書いている。そしてまた例のごとく、悦ぶべし、悦ぶべし、と。

○十一月四／五日

★今日また、〔京都付近の〕武士ら、義経を追い行く、云々、昨日、川尻辺において、太田〔前出、この太田というのは地名だが、ここに太田太郎すなわち、源頼基という武士が義経らを迎撃しようとしていたのだ。後述、角田文衛氏の論文による〕と合戦す、義経、利を得て、打ち破って通りおわんぬ、
●太田というのは、角田氏によると反義経派であったのか、義経の下向を待って討とうとしたのだが、返り討ちにあったようだ。この武士を破って通って行ったという。川尻というのは、淀川の下流域の地名であろうか。つぎに出る、室からの出航という室という地名も（室津と言ったかもしれないが）、『日本史年表・地図』（児玉幸多編、吉川弘文館）を捜したが確認できなかった。ごく小さな港だったのだろうか。淀川のあたりは、上流から運ばれた泥土による砂州がたくさんあったようだ。

5——義経の西国への逃亡が始まった。しかるに……

★（同日）九郎ら、室において乗船おわんぬ、云々、
●前述したように、川尻から室という地名がはっき

りは解らないが、摂津のどこかの港から、船に乗ったのであろうか。しかし、義経の西国行の情報も、さまざまに乱れ飛んでいたようだ。

○十一月七日

★夜に入りて人云う、九郎義経、十郎行家ら、豊後の国の武士のために、誅伐されおわんぬ、云々、或は云う、逆風のため、海に入る、両説詳らかならずといえども、解纜するも〔纜《ともづな》は、船の艫《とも》、後部にあって船を港に繋ぎとめる縄を解いて、出航した〕、安穏ならずか、

●夜、兼実のもとに、頼朝側についた神戸や岡山あたりの武士たちが義経を殺した、というニュースが入ってきた。文中の豊後の国は備後の国の誤りではないかと思ったのだが（大阪湾から船を出してすぐ、豊後に到着するはずはないのだから）、しかしそうではなく、文意は、義経たちが出向して間もなくではなく、九州に到着したとき、豊後の武士によって誅殺された、という情報だったのだろう。義経らの大物浦からの出航が、逆風によって、船が四散し、岸に引き返したというのが定説になっているのだが。しかし、ここでは、逆風によって出航したと書かれているのは少しおかしい。屋島の戦いのときは、義経は関東勢の将軍として、豪風、豪雨をついて出発したことになっている。兼実も、この義経たちの出航時の誅殺か出航かの、実否を知ることができない。そこで、成功したばあいと、失敗のばあいの両方の未来を空想している。

★（同日）事、もし実ならば、仁義の感報〔よくぞやったという感慨か〕すでに空し、遺恨に似るといえども、天下大慶のためとなり、彼らもし、鎮西に籠れば、追討の武士らのために順路の国、いよいよ滅亡すべし、（中略）義経、大功を成すも、その詮無しと雖も、武勇と仁義においては後代に佳名を胎す者か〔佳名を残す者になるか〕、嘆美すべし、嘆美すべし、

●義経の敗北や成功を予想し、しかしどちらのばあいも、世に、武勇と仁義に関して名を遺すだろう、と、兼実は感嘆しきりである。しかし、嘆息はまだ終わらない。

★（同日）ただし、もし頼朝において謀反の心あれば、すでに是、大逆罪なり、これに因って、天、この災〔災の異体字、わざわい〕を与えるか、〔およそ〕五濁悪世、闘諍堅固の世、この如く乱逆の踵を継いで絶えざるか、（中略）悲しむべし、悲しむべし、

●兼実は頼朝の好意は感じているが、頼朝の反朝廷的謀反である可能性も捨てきれない。この汚れた、悪いことの多い、かつ戦争の多い世の中、乱逆があとを絶たないのだろうか。悲しむべし、と、また嘆息を繰り返している。

○十一月八日

★伝聞す、義経、行家ら、去る五日夜、乗船、大物辺〔大物浦〕に宿す、追い行く武士ら、近辺の在家に寄宿す、〔割書き、略。義経らを追う武士の大将軍は蒲の冠者範頼の知己で、京にいた範頼の郎従を連れていったとある〕、未だ合戦なき間に、夜半より大風吹き来る、九郎ら乗る所の船、併せて損亡、一艘として全き〔船〕なし、船、過半、海に入る、その中、義経、行家ら、小船一艘、和泉の浦を指して、逃げ去りおわんぬ、(中略)豊後の武士ら義経らを伐り取るの由という風聞は謬説なり、

●通説になっている義経らの大物浦(淀川の下流域は、この大河が流れこむとき大量の泥を運んでくるために大小の島々ができているのだが、このあたり一帯を大物浦とよんでいたようだ)からの出航は大風のため纜を解くと同時につぎつぎに難破していったようだ。辛くも、義経と行家は小舟で和泉の浦(大物浦を南下して堺をすぎたあたりを和泉と言っている)あたりに逃げ去ったとある。この記事の最後に、義経らを追討した手島の冠者範資が今日上洛しての談話だから、上記の義経らの悲惨な成り行きは実説である。聞いたままに記録した、と兼実は書いている。翌日の記事には、義経ら、淡路の国に渡りおわんぬ、但し、実説を聞かず、とあるので、この大物浦での難破ののち、義経らが対岸の淡路島に辿りつけたのかどうか、解らないとしている。この義経たちの悲惨な難破事件は通説になっているが、その後、忽然として、義経たちの逃亡は闇のなかに茫洋として消えていったのである。その辺を、兼実はどう捉え、どのように記述しているであろうか。

○十一月九日

★伝聞す、義経ら、淡路の国に渡りおわんぬ、云々、但し、いまだ実説を聞かず、

★(同日)院より、頼朝のもとにお使いを遣わさるるの由、

●義経たちが、大阪湾を西に向かい、淡路島に渡ったという情報があったが、事実かどうか、疑っても

いる。そして、後白河はこの情報を鎌倉の頼朝のもとに報せたという。

○十一月十日

★夜に入りて範季来たりて、日来〔日ごろ〕畏怖〔懼れる〕をなすの間のこと、ならびに、その息、範資〔義経を追討した男〕、九郎の党類を追い戦うの間の事を語る、愚父〔範資の父〕、一切知らざるの由、誓言を立て〔息子のやったことは知らなかったと誓って言う〕、（中略）また云う、頼朝追討の宣旨を下さるの間、余〔兼実〕の申し状、道理の存するの由、世人謳歌、云々、

●鎮西に向かった義経を追討した範資の父親が来て、息子のやったことはまったく識らなかったと誓った。父子で、義経への思いが違っていたのだろう。そして後白河の頼朝追討の宣旨に関しての兼実の、そんな宣旨は八逆罪にもあたるから、やめるべきだと言った申し状は正しかったと、世間では評判しています、と言った。すべて、宣旨から始まった悲劇であろうと、義経に幾分同情的な、その父は力なく告げたのだった。

○十一月十一日

★晩頭〔夕方〕、雅頼卿来る、余〔兼実〕、三位中将、改名の間の事を示し合う、中将の名、良経、九郎の名、義経なり、良と義と訓、これ同じ、義経すべからく改名すべし、しこうして以て改めず、しかる間に忽ち、刑人にたぐいし、滅亡せん、今においては、中将の改名、異議に及ばざるべきか、

●藤原良経の名は、「尊卑分脈」によれば五人ほどいるのだが（現に、兼実の息子にも良経がいる）、良経と義経は訓読みが同じ音である。これをほっておくと、良経は、刑人（犯罪者）と同じになり、滅亡するかもしれない、と兼実が言い出したのか。「吾妻鏡」に義経が逃亡者になってから義行と改名させられた話があったが、兼実が言い出しっぺだったことは、初めて識った。めんどくさいことを言い出す老貴族であったな、兼実は。

○十一月十二日

★義経、行家ら、召し奉るべきの由、院宣、くださる云々、その状に云う、院宣さるに、源義経、同行家、叛逆をたくらみ、西海に赴くの間、去る六日、大物浜においてにわかに逆風に逢い、云々、

●なんという豹変か、後白河は先だって頼朝追討の宣旨を下したばかりなのに、たちまち逆転して、義経を召し出せと言う。義経や行家らは反逆者である。大物浜から船に乗った義経が逆風に逢い、沈没したというではないかと。

★(同日)漂没の由、風聞あるといえども、亡命の状、狐疑〔疑い〕なきに非ず、早く有勢、武勇の輩に仰せて、山林、川澤の間を尋ね捜し、不日〔時間をおかず〕、その身を召しまいらせしむべし、当国の中、国領に至れば、この状に任せて遵行せしめ〔この状を遵守して出頭させる〕、庄園においては、本所〔庄園領主〕に触れ〔報せ〕、沙汰いたす事、これ厳密なり、

●義経の乗った船が難破したという風聞もあるが、ともかく朝廷や院の武士たちを出させて、山や林や川やなんかを徹底的に捜索しろと。国領(院などの私有地か)や庄園ではこの状を見せ、ともかく召し出してくるように。後白河は、たぶんに、自分の出した頼朝追討の宣旨を頼朝側に知られないうちに、義経たちを捕縛したかったのかもしれない。いや、宣旨が伝わっていたとしても、早くこの難問を切り抜けねばと焦っていたのであろう。

★(同日)件の両将〔義経と行家〕、昨日は頼朝を討つべきの宣旨を蒙り、今日ハまた、この院宣に預かり、世間の転変、朝務の軽忽〔朝廷で行われる政治のいい加減さ〕、これを以て察するべし、弾指すべし、々々々、

●朝令暮改の典型のような後白河法皇の宣旨を、兼実はさすがに苦々しく指弾すべし、と嗟嘆している。しかし、この朝令暮改の根源は、後白河というより、頼朝にあったとせねばなるまい。一般に兄弟の不和と言われているこの残酷な展開は、たぶんに鎌倉幕府なるものの〈創建神話〉のなかで、もっと政治的な理由があって形成されたに違いない。考えられるのは、のちに幕府の総攻撃を受けることになる奥州藤原氏のもとに、謀反人義経を匿ったという嫌疑が推しつけられたように、政治的背景があったに違いないと、わたしなどは考えるのであるが。

○十一月十三日

★関東武士、多く以て入洛す、云々、参河守範頼、大将軍となし、上洛すべし、云々、あるいは云う、奥の疑い〔この奥、意味が解らない〕のために、坂東を留め置く、実説、いまだ聞かず、

●義経の逃亡を確認するため、関東武士が多く派遣

されて上洛して来た。あるいは(関東では)範頼を大将軍として上洛させようとしている。しかし、奥の疑いのために範頼の出発をとどめたという、この「奥の疑い」とはなんだろう。奥州藤原氏が関与しているので慎重にいこうというのだろうか。あるいは、頼朝が、義経の行動が明確でないという疑問があり、関東勢の出動を止めているというのだろうか。兼実も疑心暗鬼で、事実を知りたいと焦っているようだ。しかし同日の記事に、頼朝自身が上京するという風聞もあった。すでに足柄を超えたとも。頼朝の上洛に関してはずうーっと前から何度も噂されたが、慎重というのか用心深いというのか、頼朝はなかなか上洛して来ないのである。

○十一月十四日(まえの中納言が言ってきた)

★頼朝、一定〔確実なこと〕、京上りすべきの由、風聞、すでに足柄の関を超ゆるの由、路頭において、承るところなり、先々の如くに非ず、決定、上洛すべきの由、郎従らに下知す、云々、

★(同日。今日の夕暮れ、前出の範季が来て言う)入洛の武士らの気色、大いに恐れ有り、云々、おおよそ、天下大いに乱るべし、法皇の御辺の事、極めて以て不吉、云々、梶原代官〔頼朝の代官梶原景時〕、播磨国に下向、小目代の男を追い出し、倉々ニ封をつけおわんぬ〔米を蓄える倉に封印した〕、くだんの国、院〔後白河〕の分国〔直轄の国〕なり、

●頼朝が上京してくるらしい。すでに足柄山の関所を通過したという。入洛した関東田舎武士たちの京都での行動が野蛮であったというのだが、これは単なる噂ばなしであったろう。法皇の周辺も危うい空気が漂っている。そして頼朝の代官として梶原景時が播磨の国に下ったという。播磨の国は、後白河の直轄地であったのだが、勝手に米蔵に封印してしまったというのである。後白河のみならず、京都人もご苦労なことである。少しでも関東武士の入洛の噂が流れると、何度も家財を町の外に運び出さねばならない。彼らの不安幻想がまた脅かされている。

★(同日)帝王と雖も、執柄〔摂政、関白ら〕と雖も、更に耻〔恥〕辱を遁るべからず、このたびの怖畏〔畏怖〕、つらつら次第を案ずるに、偏に朕〔法皇〕の運報の尽くるなり、なんぞいわんや、頼朝の憤怒の由、その聞こえあり、

●法皇が頼朝追討の宣旨を義経に与えたのが元凶のひとつであった。京都市民以上に、院の周辺もどん

な恥を蒙るか知れたものではない。頼朝が頼朝追討の宣旨のことを聞き、激怒しているという。相手は野蛮な武士である。そんな思いが、法皇や上級貴族たちを襲い始めたのかもしれない。

★（同日）三條宮〔以仁王〕の息〔息子〕、北陸にいませらる宮［生年十九、元服の時のごとしと雖も、未だ名字あらず］、一昨日入洛、頼朝の沙汰なり、云々、

●未だ名字あらず、とあるのは、この北陸の宮は臣下に下されようとしているのだろうか。父、以仁王の罪を背負って。頼朝らの挙兵の主因となったとされる以仁王のクーデタや令旨があったことに起因するのであるが、今、以仁王の息子（北陸の宮とよばれる）を、京都に連れて来てなにをしようというのだろうか、頼朝は。この北陸の宮の面倒をみていたのはかつては、頼朝と同時期に、以仁王の令旨によって挙兵して上洛した義仲であった。義仲は義経ら関東軍によって殺されたのだが、その後は、頼朝が関係していたのであろうか。

○十一月十六日

★定能卿、云う、法皇、明後日、八幡〔石清水八幡宮、源氏の氏神〕に参るべし、また、日吉〔ひえ神社、朝廷が信奉した〕御幸〔天皇がどこかに赴くこと〕あるべし、云々、頼朝追討の宣旨を下さるるの間の事、余〔兼実〕の申し状、関東に達す、帰仗〔仗は兵器、帰り兵器とすると、報復という意味か〕あり、世間、謳歌す、この事、かえりて以て恐れあり、

★（同日）或る人云う、頼朝、決定、上洛あるべし、

●義経らに出した頼朝追討の宣旨が、鎌倉にも聞こえたようだ。そのためか、法皇は源氏が尊崇した石清水八幡宮や、朝廷が信奉していた日吉神社にお参りしたという。頼朝らの報復を懼れたためであろうか。そして、頼朝はいよいよ、上洛するという。恐怖心がつのったに違いない。

○十一月十八日

★伝聞す、頼朝卿、決定〔必ず〕国を出で、当時〔現在〕駿河国に就く、かの国より先に立って上洛の武士の説く〔言った〕、云々、

★（同日）ある説に、また九郎、十郎〔行家〕退散の由を聞き、路より帰国すべし、云々、しかして、たぶん上洛の由、謳歌するところなり、

●またまた、頼朝上洛のニュース。今度は、頼朝に先立って上洛した武士が言っているというから確か

だろう。しかし、このあとの文章、《また九郎、十郎退散の由を聞き、路より帰国すべし》の文章はなかなか読みにくい。読み方によって、二通りに解釈できる。「義経たちの京都からの退散(脱出)を聞いて、頼朝は上洛する必要はないと引き上げた」、もうひとつは「義経たちの退散(どこかでだれかとの戦いで敗れて引き揚げてきた)したと聞く、そのため義経らは途中から帰国し、京都に戻る」のふたつである。前者が正解であろうか。判断が難しい。ただ、頼朝の上洛はもっとあとなので、義経たちは京都から退散した、と考えておこう。あとの記述によって正解が出せるであろう。

◎『綜覧』に、十八日の記事に義経の名はない。しかし、十七日に、《義経、大和吉野山ニ遁竄(遁走して隠れた)ス、是日、其ノ妾、静御前、山僧ニ捕エラル》、とあり、援用書として「吾妻鏡」のほかに、「保暦間記」やいくつかの本があげてあるので、ほぼ、事実だと考えられる。すなわち、「玉葉」の記述はほとんどが、文字通り、伝聞に過ぎなかったであろうと思われる。

○十一月二十三日

★伝聞す、頼朝、義経、行家ら、退散の由を聞き、早く以て、帰国云々、

●前出、義経らの「退散」は、やはり京都からの脱出であった。頼朝は出陣したが、鎌倉に戻ったのであろう。

★(同日)この日、隆職、来る、頼朝、宣下の間の事、すこぶる、忿怒の気ありの由、上洛の武士、申すなり、云々、伝聞す、頼朝の妻の父、北条四郎時政、今日入洛、その勢、千騎云々、

●頼朝の忿怒は相当激しいらしい。上洛の武士らが話していたという。北条時政が、頼朝の代官として軍隊を率いて入洛したという。今後、時政が関東勢を代表して、院と鎌倉勢の直截の折衝の役を担うことになる。

○十一月二十六日(大夫の史《さかん》、隆職が来て言う)

★ある武士の語り示して云う、頼朝追討の宣旨を奉行せる人々、損亡すべし云々、

●法皇の命令で頼朝追討の宣旨を描いた上級貴族たちも、頼朝は許さないと上洛の武士たちが言っているという。もはや戦々恐々を超えて、恐怖のどん底に落とされそう。宣旨を書いた人自身は慌てて逐電

したという。法皇の使い定長が来て、頼朝からの書状を兼実に見せて言う。頼朝の書状を開いてみると、なかに大蔵卿の手紙が副えてあった。その手紙にはつぎのように書かれていた。

★（同日）〔手紙の文〕行家、義経謀反の事、天魔の所為をなすか、の由、仰せくださる、

★（同日）〔頼朝〕甚だ謂われ無き事に候、天魔は、仏法のために妨げを成す、人倫においては煩いを致すものなり、頼朝、数他の朝敵を降伏し、世務〔世のなかの仕事〕に任じ奉りぬ、君への忠において、何ぞ、忽ち叛逆に変じようか、指せる〔納得できる〕叡慮〔法皇の考え〕にあらずの院宣を下さるか、行家に云う、義経に云う、召し取らざるの間、諸国、衰弊〔疲れ切っている〕、人民滅亡か、日本国の第一の大天狗ハ更に他者に非ず候か、

●大蔵卿の手紙に、天魔の所為と書いてあったが、天魔とは仏法を妨げるものであり、人倫においては煩いをなすものだ。自分は数多くの朝敵を降伏させてきた。法皇への忠をどうして叛逆に変じようか。行家や義経、聞け。おまえたちを召し取らない間に、天下は衰微し、人民は滅亡しよう。日本国第一の大天狗とは、（名まえを書いていないが）後白河法皇、あなたである。頼朝の怒りは留まるところを知らず、法皇を（たぶん）日本一の大天狗だ、と叫んでいる。頼朝が自分で言っているほど朝敵を降伏したとは思えないが、というのは、それは木曽義仲であり、義経らであったのであるから。だが、自負心は燃えるように滾っている。すべては後白河の政策によっているのだ。

6――大物浦で難破したという義経はどこに行ったのだろうか？

○十一月二十八日

★また聞く、件の北条丸〔時政〕以下郎従ら、相分けて、五畿〔畿内の五つの国〕、山陰、山陽、南海、西海の諸国を〔法皇から〕賜る、庄公〔荘園や国領地〕を

論ぜず、兵糧を宛て催すべし、〔段別、五枡〕、

●北条時政が、丸と呼ばれているが、『広辞苑』によれば、丸は男を言う麻呂の転化であるが、まあ、ある種の親しみ、あるいは逆の軽い侮蔑の意味がこめられているのであろう。ともかく、畿内から西国の多くを所領として後白河から貰い、かつ荘園や国領に戦争時の食糧の補給を催促する権利を与えられたという。これはもちろん、鎌倉幕府の方針であった。壇ノ浦の合戦のときは、山陽道の大将軍範頼が、しきりに兵糧不足を鎌倉に訴えていた。兵糧米の確保は戦争の勝敗に大いに関係があった。関東から山陽道の西の果てまで、食料を運ぶことは不可能で、現地調達が基本であったのだ。

○十二月四日

★大外記頼業来る、公朝、頼朝の返礼を持参すの後、院中、頗る安堵す、その状、和顔の趣あり、

●頼朝の返事を読んで、院では皆が安堵したという。頼朝の様子にはなんだか、和やかな感じがあると。院や法皇のほっとした様子が眼にみえるようだ。関東武士たちをどんなに田舎者として馬鹿にしても、内心ではその武力に京の貴族たちは怯えているのだ。武士たちの集団的蜂起、あるいは幕府創立が武力を背景にしていたことがよく解る。そして、その武力が、朝廷や院に対しても、十分、威力たり得ていることを、武士団の人たちもしだいに理解し、これを折衝の背景に置いておくことを有効と考えるようになったであろう。

○十二月八日

★ある人云う、泰経、親宗らの所領、頼朝のもとより、注送すべきの由、北条のもとに仰せ遣わす、云々、両人の損亡〔損失〕決定か、云々、

●ここ、理解のやや難しいところである。平家の没官領はすべて頼朝ないし鎌倉幕府が手中にしたとされているのだが(これがいつのことだったか、確認してないのだが)、泰経や親宗らの所領は現在どうなっていたのだか。これが頼朝のものであるとしたら、それを彼らに返還することにしたと、読めるのだが、このふたりはのちに説明するが、義経に加担した人物であったから、返還はおかしいのだ。そこで、ふと思いついたのは、文中の《頼朝のもとより》をつぎの、《注送すべきの由》を入れ替えて読むのだ。そうすると、大意は、泰経と親宗の所領を(こちらに)注送す

るよう、頼朝のもとから、京都にいる北条に命令してきた、というふうに読める。このような恣意的な置き換えが許されるのかどうか、不安ではあるが、そう読んでおこう。そうすると、これ以降の文章がうまく接続できるのだ。
◎泰経は「尊卑分脈」によると高階氏であり、相当な位置にいる上級貴族である。角田文衞氏の『王朝の明暗』（東京堂出版、一九九七年）所収の「義経と刑部卿頼経」という文章のなかに、《文治元年における解官と配流は、頼朝の強硬な申入れの結果であって》とあり、《高階泰経以下が悉く後白河法皇の側近であった》と書いている。つまり、後白河自身に対する懲罰と言ってもよかったわけだ。
★（同日）両人〔親宗と泰経〕の損亡〔損失〕決定か、云々、
●院の貴族・官人たちの多くが、頼朝の告発によって解官され、追放されたのであろう。
◎ここでまた『綜覧』を参照すると、
☆十二月四日、頼朝、奏シテ〔法皇に言った〕、議奏公卿ヲ置キ、右大臣兼実ニ内覧ヲ命ジ、及ビ諸職ヲ替補シ〔替えたり、新たに任じたりした〕、平親宗以下、行家、義経ノ党與〔徒党〕ヲ処罰セシコトヲ請ヒ、兼実以下ノ領国ヲ定メ、（吾妻鏡、玉葉、ほか）
●義経や行家の仲間に加えて、平親宗ら貴族たちを処罰するよう、頼朝側は請うている。しかし幕府は、そのほか、院の人事にもさまざまに口を出した。たとえば、万年右大臣だった兼実を内覧といって、天皇への奏上文を読むような係に格上げし、あるいは上級貴族たちの領地の返還などを決めたりしていたようだ。
◎親宗は「尊卑分脈」によると、同名の人物が十一人もいるのだが、平氏だとすれば、平の時忠の弟であったから、壇ノ浦から捕虜となって帰還した人間であった。
○十二月十二日
★伝聞す、去る夜、使いを、頼朝のもとより、経房卿のもとに送りて（割書き、略）、頼朝を追討の宣旨を下さる間の事、鬱し申す、
●頼朝は、まだ、後白河の下した頼朝追討の宣旨のことをじくじくと考えて憂鬱になっていることを、京都側に書き送っている。なんだか陰険な性格のようでもある。いつまでもいじいじしている、といった性格だったのであろう。一度、追討を決めた義経

への血縁を越えた執念深さは、到底ついていけない男である。しかしだからといって後白河に対する態度はやはり別物で、流刑にするとか、そのような行動をとろうとはしていない。協調路線は守っている。しかし、後白河側では、新参の武士に馬鹿にされているような、そんな気分を味わっていることはつぎの記事からも覗えるところである。

○十二月十四日

★ある人云う、頼朝、物を法皇に貢ぐ、その物、甚だしく軽微、殆ど、軽慢〔失礼なような軽い贈り物〕を奉るに似たり、云々〔国絹八十疋、白布十段、馬引物廿具、云々〕〔国産の絹というのは、中国製などに較べて質がよくなかったのだろうか〕、

●頼朝側が法皇に贈り物をしたのだが、人にあげるには失礼過ぎる軽い品物であったという。馬鹿にしてる、と院の庁の人たちは思ったようだ。贈答品のなかに馬が入っていないが、これが贈答品を安っぽくみせていたのかもしれない。奥州の秀衡などは、馬を十四とか二十匹とか貢上している。まあ、こちらは名だたる馬の生産地であったのだが。

★後に聞く、頼朝の進物、秀平〔秀衡〕の進むる所、云々、しかして件の書札を取って、申して云う、日頃の風聞の事、すでにその実あり、仍って、證文となし、ここに留む、云々、

●秀衡なら馬を十二分に献上したであろうと書いたところ、頼朝の進物はもともと、その奥州秀衡から送られたものであるという。誰に？　頼朝にか。これは秀衡から後白河に贈ったものを、鎌倉側が途中でチェックしているのであろう。院側はなんとなく不愉快そうである。秀衡は富裕豪族であるから、彼が贈ったのだとすると、馬だの金だの、日本一の産地であり、浪費を惜しまず送ってくるはずなんだけどな。いろいろな研究書によると、秀衡からの貢納が鎌倉を経由して院か朝廷に贈られた、とあるので、頼朝が途中で猫糞したこともありうる。

○十二月十五日〔定能卿が来て言う〕

★北面の輩に勘当を下すの事、土肥、北条らの申し状による、更に免除す云々、勿論の事か、

●北面の輩とは、朝廷守護の北面の武士とよばれる人たちであるが、土肥二郎實平や北条時政らの命令で、首にしたという。すぐに、取りやめたようだが、勿論のことだ、と兼実は書いている。土肥や北条は

頼朝ないし鎌倉勢の代官であり、京都を守護し、院や法皇と折衝する役割であったと思うが、朝廷の構造に口を挟む、容喙するというのはやはり越権行為ということにもなろう。しかし、鎌倉側が法皇側をもっと強固に支配しようというのであったら、それは十分に可能であった。朝廷や院の僅かな武力を根こそぎ、無化しようというのであれば。しかしすぐにこの処置は取りやめになった。頼朝側は後白河の譲位や、朝廷支配を目論んではいなかったようだ。

○十二月十七日

★光長朝臣来たり、語りて云う、去る夜、経房卿に謁して、世上の事などを談語ス、云々、法皇、天下の事を知ろしめす〔政治を行う〕べからざるのさま、内々の御気色あり、云々、くだんの事を仰せられんがために経房、お使いとして関東に下向すべきの由、勅定あり、

●法皇が、もう、政治を行うことはやりたくない、あるいは自分がするべきではないと言ったのだろうか。そしてそれを関東に報せるべく、経房が使者になるよう、言われたのだと。そう解釈していいだろうか。ついに弱音を吐いたのか。兼実の研究書にも、こんなことは書かれていなかったような気がするのだが。使者を命ぜられた経房は固辞するが、結局、下向することになったとつぎの文章にある。

○十二月十八日

★大外記、頼業、注送して云う、昨日、解官を行なわる、(中略)

大蔵卿兼備後の権守、高階朝臣、泰経、

右馬の頭〔長官〕高階朝臣、経仲、

侍従、藤原朝臣、能成、

越前の守、高階朝臣、隆職、

少内記、中原の信康、

文治元年十二月十七日　大外記、中原の師尚、奉る

●この解官になった貴族たちに関して、まえに紹介した角田文衛氏の前掲論文に、つぎのようにあった。さきに引用した文章の続きである。《この時、処分された廷臣の歴名を一瞥して容易に気付くのは、義経の同母弟の侍従・藤原能成、祐筆を務めていた少内記・中原信康、頼朝追討の院宣をその職掌の上から起草した左大史・小槻隆職、および刑部卿・頼経の五名を別とすれば、ほかの人びとは高階泰経以下が悉く後白河法皇の側近であったと言うことである》。

後半は先に引用したのだが、「玉葉」にない人物もあるのは、この角田氏の文章が、ほかに「吉記」という日記や「吾妻鏡」も参照しているからだ。義経の同母弟の藤原能成というのは、義経の母とされる常盤御前の再再婚の藤原長成の息子だから、父親は違うが同母の弟になるのだ。頼朝はこのような血縁的な関係も見逃さなかったのだ。義経の関係した貴族たちに関して、またのちに、角田文衛氏を参照することになる。

○十二月二十日(この日大きな地震があった)

★この地震、他の武士、諸国押領の徴〔きざし、兆候〕に非ずや、日本国の有無、只、この冬、明春にあるか、既に獲麟〔終末、臨終〕に及ぶか、

●自然の脅威である地震さえ、武士たちの非倫理的な行動のしるしではないか、貴族たちの脅威への素朴な感覚がこんなことを言わせている。頼朝たちの出方しだいで、千年に及んだ天皇制の、藤原氏による貴族支配体制が崩壊しかけている。このような兼実らの感覚、嗅覚は決して浮薄なものではなかったと思われる。

7――頼朝の院への容喙と院の混乱

○十二月二十七日

★右中弁光長朝臣、頼朝の書札と折紙〔手紙〕等を持ち来る、夢の如し、幻の如し、珍事をなすにより、後鑑〔あとで視たり考える〕ため、これを書き加う。

●頼朝の書状を視た兼実は、夢のごとし、まぼろしのごとし、と例によって連句しながら、地方の武士が朝廷に出す書状としては異例であり、こんな事態が起きるとは夢のようだ、と慨嘆している。必ずしも、自分が内覧になったことを歓んで言っているのではあるまい。武士社会の急成長に驚喜しているように思われる。そして朝廷や院が敗北しつつあると感じているのではないか。以下に、頼朝から法皇へ

の奏上の文章が続く。

★（同日）頼朝の書状、言上

右、日来〔日ごろ〕の次第を言上〔申上げ〕候えば、（中略）平家〔清盛一族〕の、君〔天皇や上皇〕に背き奉る、かたわら遺恨を結び奉る、偏に濫吹〔秩序を乱すこと、乱暴狼藉〕を企て候、世、以て隠れなし〔世のなかの皆が知っている〕、（中略）しかして頼朝、伊豆国の流人となり、指すべき御定を蒙《こうむ》らずと雖も〔ちゃんとした宣旨を受けたわけではないが〕、たちまち、籌策〔計略〕を廻らし、御敵を追討すべきの由、結構せしめ候間〔平家一族の追討を成就した〕、御運しからしめ〔院の無事を保ち〕、勲功空しからず〔勲功があったはずだ〕、

●頼朝の書状は、みずからの功績を誇示するものであった。頼朝は言う。平家の一族は天皇や法皇に背いて、ほしいままにふるまってきました。それに引きかえ私は伊豆に配流となり、以後、ちゃんとした命令も頂かなかったのですが、挙兵し、平家追討を成し遂げた勲功は、なかなかのものではなかったでしょうか。

★（同日）始終、討ち平らげ候らいて、敵に誅を伏せ〔敵を誅殺し〕、世を君に奉りぬ〔天皇や上皇の世を再現しました〕、日頃の本意、相叶い、公私、依って悦び思い給い候、先ず、平家追討の左右〔いろいろなこと〕を待たず、近国十一ヶ国の武士の狼藉を留めしむ、

●頼朝の口上や意識は、もはや、天皇たちと対等になっているかのように感じられる。平家を追討し、世を法皇に差し上げました。平家追討に先がけて、畿内や近国十一か国の武士の狼藉を留めさせました。

★（同日）義経を九国の地頭に補《ぶ》し、行家を以て四国の地頭に補せられ候の状、前後の間、事、心に相違し、彼の輩、各々、その柄〔血筋や血統〕を相たのみ、非分の謀〔はかりごと〕をたくらみ、下向せしめ候の刻《とき》、指し寄せ攻める敵なしと雖も、天譴〔天の咎め〕遁れがたく、船に乗り、纜《ともづな》を解く時、海に入り、波に浮かぶ、郎従、眷属、即時に滅亡せしめ候の状、誠に人力の及ぶ所にあらず、すでに、是、神明の御計らいなり、彼の両人〔義経と行家〕、その身、未だ出で来ず、後を晦《くら》まし、逐電す〔姿を消した〕、

●頼朝の手紙に、院や朝廷は、義経を九国（九つの国ということか、九州を言っているのか）の地頭にし、行家を四国（これも同、四つの国あるいは四国か）の地頭にしたとあるのは多分間違いで、それぞれ伊予（義経は伊予の国の国司）と、備前の国司（行家）に補

任したのだが、正確な情報が鎌倉に届いていなかったのだろうか。それはともかく、頼朝は言う。院は私の意に反して義経と行家を厚遇されました。あいつらはいろいろと悪だくみしたのですが、結局、京都から地方へと追放されるように逃亡したとき、海に浮かんだと同時に郎従や眷属を全員喪いました。そして自分たちだけ姿を晦ましたのです。

★(同日)かたがた、手を分け、尋ね求むべく候あいだ、国々、荘々、門々、戸々、山々、寺々、定めて、〔義経らの〕狼藉のことなど候か、召し取り候ののち、なんぞ、あい鎮《しず》め候わずや、ただし、今においては、諸国や荘園、平均して、地頭職を尋ね沙汰すべく候なり、そのゆえはこれ、まったく、〔私の〕身の利潤を思い候にあらず、土民〔各地の人びと〕、あるいは、梟悪〔凶悪〕の意を含み、謀反のやからに値遇〔知遇か〕し候、あるいは脇々の〔地方の〕武士については、事を左右〔あれこれと〕に寄せ、動〔乱れて、か〕れて、奇恠〔奇怪なことを〕を現し候〔いろいろと思いがけないようなことをやるものだ〕、その用意を致しそうらわずば、向後〔今後〕定めて、四度の計〔成功することか〕なく候か、〔などなど、頼朝の義経捕縛の計略が続く〕、

●頼朝は続ける。その後、全国を国ごとに、荘園ごとに、あるいは知人たちの家や、寺院神社などをくまなく、尋ねて捜しております。見つからないわけがありません。きゃつらが何を企むか、頼朝の義経憎し、の感情が吐露されているのだが、なにゆえに、そこまで、義経を嫌ったのだろうか。理解できない。しかし、本当の要求はつぎに詳述される。

★(同日)謀反人行家、義経に同意の輩〔京都の貴族たち〕、先ず、解官、追却さるべし〔義経らに同意し、協力している連中を解任し追放すべきである〕、交名〔彼らの名まえを一覧表にしたもの〕を折り紙に注し、謹んで以てこれを進覧す、(中略)民部卿成範卿は、彼の輩に同意候の由、承り及び候と雖も、御縁人たるにより、たやすく、左右〔あれこれ〕申さず候、定めて御計らい候か、恐惶謹言、

●院のなかで義経らに同意し、協力した貴族たちは即刻、首にして追放されたい。幕府で作った彼らの交名を提出しますから、実施してください。ただし、民部卿の成範卿は、御縁の人とあるのだが(「尊卑分脈」では桜町中納言とよばれ、下野の国に配流された権中納言の成範がもっとも有名である)、わたしには御縁人の意味がよく解らない。ともかく以下に細か

く、院で上位に上るべき人たち、院から追放すべき官人たちのことが何か条に渡って書かれている。

★（同日）折紙の条、云う、御沙汰あるべき事、

一、議奏公卿〔公卿に関して〕

右大臣、〔内覧の宣旨、下さるべし〕〔右大臣、すなわち兼実の内覧への就任、以下略、官職などを上昇させろという公卿の名が羅列されている〕

一、摂籙の事、

内覧宣旨を右大臣〔兼実〕に下さるべきなり、但し、氏の長者においては本人相違あるべからざるなり、

●頼朝は今後、院との折衝を右大臣の兼実としたいと考えており、彼を内覧（下からの奏状を天皇に替わってまず読む役）にしろ。ただし、氏の長者（ある一族の長）に関しては本人に相違ないであろう。兼実はあくまで重用されている。以下、院や朝廷の人事に容喙する態度は、やはり、政治権力において、同等以上に、上位にある者の言説であった。

★（同日）一、蔵人頭、一、院御厩別当、一、大蔵卿、一、…………、

●と注文は続く。

★（同日）一、国々の事、

●国司などの補任をいろいろ命令している。最後に頼朝の言葉がある。

★（同日）頼朝、申し給わんと欲す、その故は、国司と云い、国人と云い、行家、義経の謀反に同意す、仍ってその党類を尋ね沙汰せしむため、国務を知行せしめんと欲す、なり、

●これらの介入は、あくまで国司らのなかから義経らへの同意者を見つけ出して、処罰を加えようというものである。それだけ、義経らに同情し、反頼朝的傾向の国司も多かったのであろう。しかし、この補任や解官に関して、すべて、義経と行家への憎しみが根幹になっており、ここではもはや、頼朝がいつまでも血縁的怨恨を忘れない独裁者となっているのは間違いない。国政にここまで血縁的な怨念を持ちこむのはどうかしていると、言わざるをえないのだ。

●兼実に関しては、頼朝側は兼実を懐柔し、鎌倉側の傀儡にさせようとしているのではないか、とさえ感じられる。それは兼実も気づいていたのではないだろうか。兼実自身、上級貴族の弱さを持っているので、つまり出世はしたいという、だから頼朝側に立つようになるだろうと頼朝は考えている。これは実は、しだいに裏切られていくのであるが。義経一

行への呪詛はまだまだ続く。

★(同日)一、解官の事

参議、親宗、大蔵卿泰経、〔以下、解官すなわち、解任するべき貴族たちの名と官職が羅列してある。そして、その理由を述べている〕

★(同日)行家、義経に同意し、天下を乱さんと欲す所の凶臣なり、早く見任を解官し、これを追却さるべし、兼ねてまたこのほか、行家、義経の家人、追従、勧誘の客、深浅を相尋ね、官位の輩をば、一々これを停廃し解官さるべし、

●解官の官人たちの名は「玉葉」におなじみの名まえだが、すべて、角田氏が言ったように、法皇の側近たちであろう。理由は同じく、義経らに同意したということだが、頼朝側の義経処罰には多くの貴族たちが同情したのであろう。大物浦から姿を消した義経たちをのちに多くの貴族が匿ったり、逃亡の手助けをしたのではないかと、想像される。このような頼朝の厳しい、酷薄な書状が届いたあとでさえ。客、と言っているのは一般貴族ということだろうか、ひとまとめにして口汚く罵っているように聞こえる。たぶん、後白河は気難しい苦衷の表情になりながらも、この頼朝、鎌倉勢の申し入れを受容したことであろう。

★(同日)〔兼実は考える〕この事、かたがた以て然るべからず、〔そこで、経房卿を呼び出して訊く〕消息、折紙〔手紙〕などを院に進む、その上、固辞の子細を申す、その状に云う、頼朝のもとより注し遣わす旨、この如し、すべからく却下すべきの所、近日武士の奏状の事、是非を論ぜず、施行あり、仍って、もし左右なく宣下さるれば、後悔、益なし〔後悔しても始まらなくなってしまいます〕、(中略)以て言上する所なり、

●側近たちは後白河法皇に、この頼朝の申し入れが理不尽であることを告げ、却下すべきと申し上げている、と経房は言う。以下に、貴族たちが頼朝のあまりの容喙に憤懣やるかたなし、といった感じで、こんな申し入れは聞くべきではないなど、不満を述べあっているようすが伝わる文章が続く。愚痴とも聞こえる過去の天皇の処置を告げる。醍醐天皇時代は我が朝無双の聖代であったが、讒言によって重臣の菅原道真を失うことになった(道真は九州の大宰府にとばされ、失意のうちに死んだとされる)。鳥羽法皇は末代の賢主であったが、凶悪の臣を寵賞したため、悪政を行ってしまった。だから、一度、頼朝に

却下の旨を伝えたら、もう後戻りできませんが、いいんですか、と兼実は法皇に言っているようだ。

★（同日）〔後白河法皇は言う〕先例の有無、議〔論議〕に及ぶべからず、関東より、ほしいままに任官、解官などを行う、言上〔頼朝からの要請〕の条、先例ある事か、万事、沙汰に及ぶべからず、ただ、かの申す旨に任せて、宣下さるべきなり、

●後白河も混乱しているが、先例の有無にかかわらず、もう論議しているばあいではない。頼朝の言う通り、宣下したほうがいいだろう、と匙を投げたように言う。

★（同日）〔後白河に答える兼実の言葉〕頼朝のもとより申すところの事、一事として違乱なし、沙汰いたさせしむべきなり、余〔兼実〕この仰せに所存を申しおわんぬ、

●兼実は、この頼朝の申し入れは正当で、それに従って沙汰すべきであると、法皇に答えている。内覧になるため、頼朝側に立ったのか、それとも気弱で、頼朝には反抗できないと考えたせいであろうか。たぶん、後者であろう。兼実は貴族としての意地も強い人間だが、情勢に対応する態度は案外、素早く決断している ようだ。夜遅くやって来た光長は反対派の代表なのか、言う。先例のあるかどうかを議論している必要はない。関東より、ほしいままに任官、解官のことを言っているが、先例などない。万事、沙汰に及ぶべきではないと。

●しかし法皇は弱気になっていたのか、頼朝側からの申し入れを受容するようだ。この夜は右大臣の兼実や摂政、法皇の間で議論が戦わされたようだ。

○十二月二十九日（親経が来て、院の言葉を伝える）

★任官、解官の事など、猶、子細を申すべし、是非、執行さるべきの儀、申す所、尤もその謂われあり、只、叡慮の決せざるによって、〔諸卿が〕仰せあわさる〔論議している〕所なり、云々、その子細などは、

★（同日）一、関東より、皆、悉く、任ずる人を注進す、〔以下に解任を免れた貴族の処置など、たとえば、参議の位が空いているので、ある貴族を任命したいが、鎌倉側は推薦していない。どうするべきか、相談してくれ。などと法皇の愚痴が続く〕

★（同日）一、弁官〔法皇や天皇と上級貴族のあいだを取次ぐ役〕転任の事、いかん、〔これもまた論議して欲しい〕、

★（同日）〔ここで兼実の個人的な悩みが語られる〕余、

去る年、〔内覧を辞めたいという〕辞表をのぼしおわんぬ、その後、返さるべきの由、院宣あり、しかるに余、再三、辞遁〔やめたい〕す、〔法皇はそれを〕返したまわず、

●兼実は長期にわたって右大臣を勤めてきたのだが、頼朝の推挙もあって内覧という重職につかされた。これを辞めたいと再三辞表を出したのだが、法皇は許さない。この、任官、解官の嵐の吹きまくる時期に、あわせて自分も辞めさせて欲しい、と訴えている。

★（同日）今夜、任官、解官など、行わる、云々、

●法皇はついに決断したようだ。頼朝からの要請に従って任官、解官を実行したようだ。

●そこで、兼実は言う。

★（同日）すでに解任の折紙に載せざる、ここに罪科なきを知るか、よってその職を奪わるの状、理においで然るべからず、すべからく、参議に任せらるべきの所、（以下略）

●兼実はこんなことは参議に任せるべきで、法皇の決めることではないと言う。そして、集まった側近たちに愚痴をこぼす。私は去年、辞表を出したはずだ。しかし、院はそれを返して来られた。再三にわたって辞退したのである、などといろいろ逃げ口上を言っているようだ。頼朝、この辺では、〈関東〉と呼ばれているが、その関東からの容喙に、多くの貴族たちが困惑し、混乱しているさまが解る。関東武力勢力の横槍はどこまで続くのだろうか。

●この日の記述で、頼朝でなく、〈関東〉と書かれているのは、私見では頼朝は関東勢の完全なリーダーになっていたのではなく、やはり関東武士たちのシンボル的存在だったからではないだろうか、ということになる。

○十二月三十日

★今日、関東より飛脚到来、その状に云う、大蔵卿泰経、刑部卿頼経らは、行家、義経に同意の者なり、早く、遠流に処せらるべし、一人は伊豆、一人は安房〔千葉県南部〕、云々、

●関東勢の辛辣な申し状はしつこく届いてきて、貴族たちを苦悩の日々に追いやっているのであろう。文中、遠流とあるのは、律令的流罪の一番重い流罪で、遠国に流されるものである。

◎ここで、また『綜覧』を参照しておこう。人名がた

くさん出てきて煩瑣ではあるが、どのような人事が行われたのかを見ておきたい。後白河法皇がいかに関東からの指示に従ったのかが、よく理解できるからだ。

☆十二月二十九日。臨時除目、蔵人頭源雅賢ヲ参議トナシ、右中弁藤原行隆等ノ官ヲ進メ、右大臣兼実以下十人ヲ議奏トナシ、兼実等六人ニ領国ヲ賜ヒ、参議平親宗、左大史小槻隆職等ノ官ヲ削リ、大蔵卿高階泰経、刑部卿藤原頼経ヲ流ス、（公卿補任、吉記、玉葉ほか）

●院は、宗親や隆職は解任、泰経らは一番重い流刑、というぐあいに関東側の指示を守っている。頼朝が院側の貴族として選んだ兼実は議奏（院に上奏する役）になったばかりか、領地も貰い、えこひいきが明確化されている。今後もこのような人事が続くのであろう。

◆文治二年（一一八六）

○正月五日（蔵人次官の定経来て言う）

★去る冬、発遣さる所の宇佐の和気使〔和気氏が北九州の宇佐神宮への使いとして、か〕、路頭において、狼藉の事、出来す、前途を遂げ難しの由〔宇佐まで行けるかどうか心配だ〕、申せしむに依り、内々、北条時政に仰せて、武士を差し遣わし、件の狼藉を鎮めんと欲するの間、重ねて、播磨国において、武士らのために濫吹〔乱暴、狼藉〕ある事、神馬、神宝などを路頭に棄て、逃げ上げおわんぬ、

●かつて、道鏡が皇位を望んだ時、和気の清麻呂が宇佐八幡宮への勅使となったことがあったのだが、それ以降、この勅使を和気使とでもよんだのだろうか。ともかく宇佐神宮への途次において、悪党たちの狼藉があった。そこで、北条時政も申しつけ、関東武士たちを播磨の国あたりに派遣したのだが、奉納するべき馬や神宝を、逆に彼ら関東武士たちによって奪われた、というふうに読める。あるいは、地方にも群立していた武士たちが、夜盗まがいのことをしていたのであろうか。瀬戸内海では、かつて乱を起こした藤原純友のような海賊的武士らが出現し、道路にも夜盗、強盗が出て、西国の治安はよくなかったようだ。もっと古く遡れば、紀貫之の「土佐日記」は主人公が国司の仕事を終え、四国の高知を出発して、四国の南、東側の沿岸沿いに航行したのだが、その途中で、この海域に出没する海賊たちの襲撃を懼れていたことを忠実に書いている。畿内から北九州

に向かい、さらに朝鮮半島などに行こうとする船たちにとって、瀬戸内海はもっとも便利な航路であったのだが、そこでは海賊も多く、難儀したようだ。瀬戸水軍のような、中世以降、軍事的勢力も活動していたが、彼らは海賊にもなるのであってある種両義的な海域でもあったのだ。宇佐八幡宮への奉納の話はまだ続く。

○正月十一日

★宇佐宮の黄金、八幡〔神、か〕に奉納さるべきあいだの事、同じく和気氏、使節を遂げず、武士らのため、濫行〔乱暴、狼藉〕あり、路頭〔より〕帰京あるのあいだの事、

●宇佐神宮への奉納物としての金は戻らなかったようで、武士たちの乱暴、狼藉が横行していたようだ。この〈武士〉が、瀬戸内海周辺の海賊的武士だったのか、京都から派遣された関東武士であったのか、その辺がよく解らない。両方の可能性がある。

●同月十五日の記事によると、この黄金は、宇佐八幡宮の神体が金で作られていたようだ。神社の御本尊が金の像であるのか、あるいは黄金そのものが神として崇められていたのか、その辺もよく解らない。だいたい、神社の御本尊のような像はあまり視たことがないような気もするが、一般には公開されないことが多いようだ。十七日の記事には、《かの黄金は宇佐宮の神宝なり、昔、聖武天皇、黄金三廷〔金の延べ棒のようなものか〕をかの宮に奉納さる、その一なり去々年、七月のころ、豊後の武士ら、宮の中に乱入し、薦御験〔宮に奉納したしるし、か〕より始めて、くだんの黄金以下、累代の霊宝、一物残らず、掠取〔強奪〕おわんぬ》とあり、黄金の話より、地方武士たちが、強盗のような活動をしていたことが解っておもしろい。

○正月十七日（蔵人の頭、右中弁の兼忠が、院の使いとして来て言う）

★前の少将平時実、平家滅亡の時、生虜〔生けどり〕となり、参洛す、所労により、罪科、配流に処されおわんぬ、しかるに配所に赴かず、賊徒を伴ない〔行家、義経〕、西海に赴くの間、彼等、逆風のため、退散、時実また生虜となり、不慮外〔思ってもいなかった、か〕に、関東に下向おわんぬ、しかるに源二品卿〔頼朝〕、件の時実を召しまいらせらる所なり、

●今頃になって、先の敗戦で捕虜になっていたのだ

が、病弱のためか流罪と決まっていた時実(「平家にあらざる者、人にあらず」とか言ったとされる平の時忠の息子)が、流罪に従わず、行家や義経たちに同行していた。しかし、逆風で退散し、京都に送りつけてきた、ときた。頼朝がこれを捕縛し、京都に送りつけてきた、というのであろうか。頼朝は官位がずっと上がって、二品、卿とよばれる貴族になっていた。頼朝は最終的に二位に上るのだが、〈品、ほん〉は、皇族の官位であったので、頼朝を二品とよぶのはどうしてだったか。この当時、北条時政が上洛していたのだが、頼朝からの使いは直接、後白河のもとに来ている。配流というのに流刑の地に行かなかったというのはどうしてか、と思われるが、源氏一族である義経たちに同行したという時実の行動も、義経を同情した京都貴族たちと同様の心情になっていたと言える。以下に、院の官人たちが、時実をどこに流すかをだらだらと議論を続けるようすが報告されている。時実は、清盛一族と違って、純粋な貴族として扱われ、死罪でなく流罪にされていることが注目される。律令制度の配流には遠流《おんる》といって日本国の端っこに流す刑と近場(近留、きんる、あるいはこんる)と、その中間(中流)の三種類あった。頼朝の流されたとされる伊豆は京都から言えば遠流の地であった。

●ここでの情報が確かならば、義経一行は、船で西海に逃走していたようだ。しかし逆風で押し戻され、難波の港に戻っていたようだ。彼らと同行していた時実だけ、なぜ捕まってしまったのだろう。義経たちが見放してしまったのだろうか。

◉文治二年の二月から四月にかけて、関東に関する情報はほとんどない。平家の清盛が後白河を幽閉して専ら政治を主導するようになる以前の、天皇、院、貴族らの政治情況が復活しているようだ。朝廷の儀式の記述は微に入り細に入る、という感じで、三月十六日の臨時祭のようすなどは、儀式の次第、参加した上卿の名まえなど、漏らさず克明に記されている。そして、伊勢神宮などの荘園が、武士らのために滅亡させられた、とか、網曳の御厨が、武士の濫行(乱暴、狼藉)を受けたなどの、たぶんに土着の武士たちが、貴族社会や民衆に暴力をふるっていたような記事がいくつかある。関東とのやりとりもなかったわけではないが、「吾妻鏡」が書いているような頼朝主導の鎌倉幕府政治に関しては、まったく触れられていない。まだ、関東勢の魔手は届いていないのだ。

◎おもしろい記事がひとつあった。対馬守の話である。対馬は朝鮮半島南部に最も近い島であり、中世、朝鮮半島とも固有の関係性を保ってきたのだが、その片鱗が覗いている。次に引用する二月二十四日の記事である。

○二月二十四日

★対馬の守、親光、還任すべきの由〔国司という任務を終えて帰国する〕の由、関東より申せしむ、云々、件のことは、治承三年の成功〔とは、何だろう。頼朝挙兵の前年のことなのだが〕によって当国〔対馬か〕の守に任じ、即ち、任国に赴くの間、平家の乱に遇い、高麗國に越え渡る、平氏滅亡の由を聞き、帰朝し在国する間、史大夫清業、巡年〔?・〕により、当国を拝しおわんぬ〔対馬か、関東の国を清業がもらった〕、しかして親光、関東に攀向〔頼って向かった〕し、この子細を、触れおわんぬ、よって頼朝卿、平氏の意趣に従わず、この旨を奏す、云々、

●平家が京都で、遷都だの、逃走だのがいろいろあり、対馬の守だった人物が朝鮮半島に逃れ、帰国したという。対馬は半島南部と交流があり、こんなことも起こっていたのだ。

◎対馬は山島のため米がとれず、朝鮮の釜山などとも大いに交通して、米の入手を諮ってきたのだが、中世には釜山やほかの港町に、日本人町ができていたという（村井章介『中世倭人伝』岩波新書、一九九三年）。古代以来、朝鮮の地図には対馬が、かの国の領土であるかのように描かれていたという。対馬の首長（宗氏といった）が、平家の乱（清盛が後白河を幽閉した事件）の頃、高麗（ここでは、朝鮮半島のどこか、釜山か新羅辺りを差していよう）国に逃亡し、平家の敗北を聞いて戻って来た、と書かれている。鎌倉幕府の展開とまでは言えないが、対馬の守が平家の横暴を聞いて高麗に逃走し、平家の滅亡とともに対馬に帰還したというのは、関東武士国の活動と大いに関係のある記事であろう。しかし、九州北部の対馬でのできごとを、関東の幕府が報告しているというのは、このころは、鎌倉幕府の情報収集能力が京都を上回っていたことを示しているようだ。つぎのような記事もあった。

★（同日）□云う、行家義経ら、猶尋ね捜すべきの由、同じく奏聞す、仍って、下知すべきの由、院宣あり、

宣旨を賜ふべきか、御教書を以て下知すべきか、ぅんぬん、

●□の記号は、原典において文字の判読不能か欠字という意味。だれが言ったのか解らないが、兼実に報告に来る連中のひとりであろう。その彼が言うには、行家や義経らの行方はいまだに不明という院の言葉があったが、鎌倉側としては宣旨を貰って捜すべきか、御教書(院の単なる命令書、あるいは鎌倉幕府が出すようになった命令書か)だけで、全国に知らせて捜索すべきだろうか、というのだ。ここで重要なことは、今まで、〈頼朝〉という記号で表現されていた関東勢が、〈関東〉と表記されるようになったことだ。院や朝廷の認識のなかで、頼朝が首長の関東勢力という考えが、彼らが集団で活動していることが明確化してきたことを、このことは物語っていよう。あるいは鎌倉幕府が成立しており、この幕府を関東とよんだのか。これはわたしの考えであるが、〈頼朝〉という記号は、関東勢の実質が理解されていなかった頃からの用語であり、頼朝の背後に多くの武将や人間がいることを漸く理解してきたのだ。北条時政の上京と京都の院や街の守護あるいは管理、それ以前の梶原景時や土肥二郎實平などの上洛や西国派遣なども、京都側のそんな認識を明確にしたであろう。

○二月二十六日

★(蔵人の弁の親経が来ていろいろ言ぅ。摂政の言葉も伝わってくる)余〔兼実〕の進退の間の事、法皇に奏す、々々〔法皇〕、仰せて云ぅ、辞退の由について、関東に仰せ遣わせらる事ハ、一切あるべからざる事なり、朕〔法皇〕、〔今後は〕天下を知ろしめすべからず、今に於いては、摂政と汝〔兼実〕と示し合わせて、万事を執行すべし、この旨、摂政に仰せられおわんぬ、

●蔵人の弁の親経が言ぅには、兼実の現在の官職からの辞退などについて、関東に言ってはならぬ。頼朝は兼実に好意的であったから、兼実の言葉を了承するかもしれない、と法皇は考えたのであろうか。そうである以上に、以下に述べるように、今後の政治を摂政や右大臣たちがやってくれと、言っているのだ。兼実は不健康のためか、老齢によるのか、右大臣の官職をやめたいと、法皇に言っていたのだ。法皇はそれを赦さなかった。関東との交渉に、頼朝から好意を示されている兼実を残しておきたかったのか。本心かどうか解らぬが、現在の情勢に鑑み、院

の後白河は政治をみるべきでない、摂政と兼実(内覧や議奏で右大臣)のふたりで協議して、政治を執行してくれ、と法皇は関東に、申し入れているというのだ。後白河は天皇になったときの経過も、偶然のようにお鉢が廻ってきたのであり、天皇になると思っていなかった後白河は、遊女たちを集めて今様(流行の歌謡)に夢中になり、「梁塵秘抄」という今様を集めたおもしろい本を編纂している。が、気がつくと天皇になっており、太政天皇(天皇高倉の父)になった後白河は、以仁王の令旨以降、全国的に展開してきた武士の参加する政治の中心にあって、おおいに努力してきたのだ。とんちんかんな判断や執行もあったが、台頭する関東勢とのらりくらりしながら、貴族世界の衰退をなんとか食い止めてきたと言える。

●関東と院の両立という新たな情況のなかで、辛くも朝廷は拮抗してきた。関東とのあいだに、いろいろ、交通があったようだが、あまり詳しく書いていない。

○三月十一日

★頼朝の申す所、頗る、不当の事など、相混じると雖も、また理〔ことわり〕あることにおいては、なんぞ、御承引なきか、およそ、万機を逃がす御こと、この大事に依るにあらず、年来の御蓄懐〔長いあいだに身についたお考え〕なり

●兼実は院の政治を見守り、文句を言ったりしながらも、貴族文化の衰退を身をもって体感し続けているといったところであろう。

○三月二十四日

★また、兼雅卿来る、余、これに謁す、北条時政〔頼朝妻の父、近日の珍物か〕来る、明暁、関東に下向す、云々、

●北条時政が京都守護をやめて関東に帰ることになった。割書きに、近日の珍物か、と書いているのは、日記の記事になっていないが、北条時政は、田舎者的言動が多かったという意味であろうか。あるいは、豪傑だ、といった褒め言葉であろうか。しかし、関東勢の代表である時政にたいする、ねぎらいの言葉もなく、院や朝廷にとって、関東勢の代弁を務めていたという印象以上のものがなかったのか。同記事の後に、《田舎の者、もっとももしかるべし、物體〔尊大な様〕はなはだ、尋常なり》、とあるのは、田舎節によくあるように、終始、尊大な態度をとって

いたと、言っている。しかし中世史家の安田元久氏などは、北条時政と息子義時らが、鎌倉幕府の構造や方向性を最初にデザインしたのだというふうに書き、大いに評価していた(『北条義時』吉川弘文館、人物叢書、一九六一年)。わたしなどはその意見に相当影響されている。頼朝の過大評価より、この北条氏親子らの政治方針が、頼朝をシンボルにすえた幕府の有りようの根底を構築したという考えに賛成である。安田氏への疑問のひとつは、前九年の役、後三年の役のとき、頼朝の曽祖父、祖父にあたる頼義や義家が、東北の蝦夷掃討作戦のため、関東の武士たちを動員し、以後、彼らのあいだに主従関係に展開する濃い契りができたのだ、という考えで、それはある種、通説化しているが、関東のほとんどの武士豪族らは平氏系統の人たちで、源氏とのあいだにそのような感情が芽生え定着したという考えである。平将門の乱の時代は、平氏と源氏の姻戚関係というものもあったようだが、ともかく主従関係の成立ということに関して、なかなか納得できない。戦前の天皇制のように強い圧力がさまざまに発動したときだけ、一般民衆が知らず、天皇にたいする儒教的な忠の観念を持ち得るのではないかと思うのだが。ただし、保元・平治の乱のときは、関東武士たちが動員されたのか、自発的にか、参戦して闘争したようだ。それは、中世初期から大番という制度があり(文字で書かれたような制度ではなかったと思われるが)、関東などの武士たちが上級貴族のもとにやって来て、この貴族の護衛役を務めたようなことはあり、これらの貴族たちの政争が引き起こした保元・平治の乱であったから、貴族への従属関係があって動員されたことは大いにあったであろう。これについては今後もしっかり考えていきたいと思っている。

8——行方不明の義経は、京都の街や近辺を彷徨していたのだろうか?

○四月二十五日

★義経、行家、徒党、京中にありの由、風聞あり、但

し、信用をなさざるものか

●義経たちが京都の公卿たちに匿われていたという臆測は「吾妻鏡」にもあり、一種の通説になっているようだが、武力をもたない京都貴族たちがはたして、義経たちを匿うことができたであろうか。ただ、彼が検非違使として院庁に出入りしていたあいだに、多くの貴族たちと知己になったとは考えられる。しかし、民間の人びとの家に隠れるということも困難であったろう。

◎義経と京都貴族たちの交友関係に関して、角田文衛氏の発言があった。少し長くなるが、引用してみたい（「義経と刑部卿頼経」『王朝の明暗』東京堂出版、一九七七年、所収）。《周知の通り、文治元年十二月における解官と配流は、頼朝の強硬な申し入れの結果であって、源義経に協力した廷臣たちに対してなされたものである。このとき処分された廷臣の歴名を一瞥して容易に気付くのは、義経の同母弟の侍従・藤原能成〔これは義経の母とされる常盤が、再再婚した相手、長成の息子で、母親が同じ兄弟ということになる。そして、頼朝は、この係累を許さなかったのだ〕、祐筆〔義経のか〕を勤めていた少内記・中原信康、頼朝追討の院宣をその職《もと》掌の上から起草した左大史・小槻隆職〔これは、法皇の使者として「玉葉」によく登場する人物である〕および刑部卿・頼経〔同じくよく見かける名まえだ〕の五名を別とすれば、他の人びとは高階泰経以下が悉く後白河法皇の側近であったと言うことである。そこで当然起こる疑問は、①これらの法皇の側近たちが極く短い期間にどのようにして政治的才能を欠いていた義経に籠絡され、その支持者に廻ったのか、（以下略）》。文衛氏もまた、彼ら上級貴族たちと義経が親しくなったのはなぜだったのか、という疑問を持ち、そこからこの論文の中核に入っていく。文中、義経が政治的才能のない男と書いているが、このような評価は文衛氏はほかでも書いていた。義経に政治的手腕がなかったのは、兄、頼朝とうまく友好関係を保つことができなかったことを指していると思うが、政治的世界に加わらなかっただけで、一の谷から壇ノ浦までの平家との戦争を視ていると、彼が知略の人であったことは明確ではないだろうか。

●続けて《泰経以下の廷臣たちが義経の側にのめり込んだ状態は、単なる政策上の粉飾、日和見主義による結果とは認めがたい節がある。因みに、義経の在京期間は、以下の通りである》と書き、その滞在の日数は、四九二日であったと割り出している。じつに細かい分析で、さすが、とも思うが、この日数は、たぶん、「吾妻鏡」の記述によっていると思われるので、それほど、信用できるのか、という疑問もないではない。しかし、角田氏の考えは、こんな短い京都滞在の間に、貴族たちと親しくなったのにはわけがあるに違いないと考え、また分析を始めている。わたしなどは、義経が検非違使を勤めていた時期に院や朝廷に出入りすることが多く、法皇をはじめ、上級貴族たちとの接触も多かったであろう、と漠然と考えていたのである。

●そして、文衛氏は、その娘が義経と結婚した政治家平時忠に注目する。時忠は、壇ノ浦からの生虜のひとりで、罪は遠流と決まっていたのに、なかなか、配流の地、能登のほうに行かなかったのは、義経との関係が濃かったからではないか、と推測する。そして、義経自身が京都朝廷や院との交流を強くするため、その媒介者として時忠を選んだのだと考える。《宮廷における親義経派形成の背後には、前大納言・平時忠〔年齢など略〕の必死の政治工作が想定されるのである》《義経が失意のうちに鎌倉より帰洛するとき〔義経が、平家のトップであった宗盛父子を鎌倉に届けたとき、頼朝は義経を鎌倉に入れなかったのだ。そこで義経は、有名な「腰越状」という文章を書いて頼朝に届けるがその後も無視され、空しく京都に戻って来たのだった〕、時忠は、天才的な戦略家である義経を関東に対立する勢力として擁立しようと意図するに至ったらしい。老練な政治家である時忠が必死になって策動すれば、法皇の周りに親義経派を形成さすことは、至難ではなかったはずである》と書く。時忠は戦略家としては義経を認めていたらしい。そして、この平時忠の尽力によって、院の側近たちが、義経支持派になったのだ、と結論している。この推測があたっていたかどうか、わたしには解らないが、ともかく義経支持派ができたことは間違いなく、彼らの援助で、義経は京都の町のなかでの逃走が可能になったのだとは思うのだ。

●角田氏の引用が長くなったが、この後の兼実の情報アンテナに注目し続けてみよう。五月以降も記事は多くないが、注意深く関東関係の記事を追ってみることにしたい。

○五月十日

★今日、定能、院の御使いとし来たり、状々の事、世上の物騒の事を仰す、世上、物騒の事、〔義行、々家〔行家〕ら、射山ならびに前の摂政〔藤原基通〕の家中に在り、よって捜し求むべきの由の事、また、余〔兼実〕、夜討ちを恐れ、九条亭に帰るのあいだの事、已上、たしかに尋ね沙汰すべし、云々」、

●院からの仰せがあった。割書きの註の部分に注目！　義行とあるのは義経のことで、院では、義経の名まえをある貴族の名まえと同じだという理由で、義行とかってに変更したのだ。『綜覧』によれば、六月六日の記事に、《義行、京都近傍ニ在リト伝フルヲ以テ、更ニ宣旨ヲ諸国ニ下シテ、之ヲ逮捕セシメ、義経ヲ義行ト更〔あらた〕ム、又、義行ノ母、常盤ヲ捕テ、其の所在ヲ問ヒ、仁和寺石蔵ニ捜索セシム、〔玉葉、吾妻鏡〕》とある。また「吾妻鏡」では、文治二年、閏七月十日の記事に、《亦、義経は、殿三位中将殿〈良経〉と同名たるに依りて、義行と改めらるの由と云々》とあり、六月十三日の記事に《予州〔伊予の守であった義経〕の母ならびに妹らを尋ね出して生虜〔いけど〕る》とあった。「吾妻鏡」では、京都からの知らせによると、義経の小舎人童の五郎丸を捉えたところ、義経が比叡山に隠れていると白状したので云々、とある。この名まえの変更も院の側で決めたようだ。兼実の記事を読み逃してしまったのかもしれないが、幕府にとって謀反人となった義経は、京都の側でも犯罪者になり、名まえがある貴族と同じ訓み（発音）なので、変更させたというのだ。義経が本当に比叡山に隠れていたかどうかは、記されていない。しかし、「吾妻鏡」は以後、義経を義行と書き、さらに十一月二十九日の記事には、《義行〈義顕〔よしあき〕と改む〉を捜し求むべき事》とあり、また今度は義顕と変更させられ、死に至るまで、義顕と表記されている。義行ではよく行く、よく逃げるという意味にもとれると考え、義顕は早く顕（あらわ）れるように、という意味をこめて、義顕としたというのだ。幕府と院の、かつての平家討滅の功労者義経へのこの掌を返したような仕打ちはいったい、どうだろうか。

◎『綜覧』の五月五日の記事には、《前摂政基通、義経、行家ニ党〔くみ〕シテ、摂政兼実ヲ襲ヒ、撃タントスト、兼実懼レテ、冷泉第〔てい〕ヨリ九条第ニ移ル、〔玉葉〕》とあり、兼実の九条亭に帰ったという「玉葉」の記事を詳しくフォローしている。しかし摂政のような上級貴族がこのような夜討ちをするだろうか。たとえ、配下の者たちにやらせたとしても。しかし、義経の動向は、このような境地に兼実を追いやって

いるし、母親の常盤や妹(これは、母親が再婚した長成の娘か。しかし「尊卑分脈」を視ると、長成にはふたりの息子しか出ていないので、「平家物語」の、清盛の娘(母、常盤)廊の御方ということになってしまう。少し変である)が逮捕され、尋問されるような事態を出現させていたのだ。

●義経が京都周辺を逃亡し続けていることは、真実は不明だが、噂として流れており、さらに前の摂政(現在は兼実が摂政になっていた)の家に匿われていたという情報が出現したようだ。たぶん、これは事実であったに違いない。だから、義経の長い逃走の帰還に京都の町をあちこち尋ねて身を隠していたこともおおいにあったのではないだろうか。

★前摂政の[が]夜打ちすべしとて、騒がるるところは聞しめしかと、云々、およそ、夢の如し、夢の如し、憖《なまじい》にこの事を聞く、悲しむべし、悲しむべし、

●兼実も前摂政が兼実を夜討ちにすべしと言っているという噂話を聞いて、夢のごとし、悲しむべし、と困惑し、本音を吐いているのは、その情報に確実性があったからに違いない。人ごととは言えない必死さが現れているではないか。

○五月十五日(光長朝臣が告げてきた)

★和泉国において、備前の前司(前期の国司、守)行家を搦《から》め得りおわんぬ、(中略)天下の運報、未だ尽きず、悦ぶべし、悦ぶべし、

●長く義経と行をともにしていた行家が和泉《いずみ》(大阪、南西部)の国でついに捕えられたという。「尊卑分脈」、ほかの文献によれば、行家は義経の父、義朝の兄弟なので、義経の叔父ということになる。以仁王がクーデタを起したとき、諸国の「牒使」となったとあるので、以仁王の令旨という諸国にばら撒かれた文書を書いたのであろうか。頼朝の挙兵後、暫くは行動をともにしたが、しだいに頼朝と離反し、義経が頼朝から排除されたあたりから、義経と行動をともにするようになり、義経が難波の大物浦から西海に向かおうとしたとき、豪風にあい、人びとはばらばらになってしまったのだが、それ以来、行家もまたやはり孤独な逃走を続けていたようだ。行家は木曽義仲とともに平家を西国に追いやった功労者であったはずなのに、ひとたび謀反人と規定されると、義経同様、兼実などはたちまち変貌し、国家側に立って彼らを犯罪者として排除する側に廻ったのだ。そして、行家が捕まったと知ると、口はばからず、天

下の運はまだ尽きていない。悦ぶべし、悦ぶべしと快哉を叫んでいるのだ。京都貴族の酷薄さがまた現れた。行家は気の毒だった、とでも言うしかないだろう。そして、

★能保朝臣、使いを送って申して云う、行家の首、大路を渡さる、

●そして行家は早くも殺され、その首が大路(烏丸通りか朱雀通りか)を通って運ばれたという。翌十七日の記事では、行家の首は関東に運ばれたとある。敗者の武士の頸は即座に斬られるという、武士社会が作ったこの首狩り族的蛮勇は一般化してしまったようだが、元木泰雄氏の『源満仲・頼光――殺生放逸朝家の守護』(ミネルヴァ日本評伝選、ミネルヴァ書房、二〇〇四年)は、《源満仲という畿内の武士について、『今昔物語集』に見える満仲の殺生は、むろん説話の世界であるから、そのまま全てを真実とすることは困難である。しかし先述の『小右記』に「殺生放逸の者」と記されていることから見ても、ある程度の事実を反映していると考えるべきであろう》と書いている。その殺生とは「夏の鷹飼」であるとし、貴族の遊びであった狩猟のための鷹を飼うために多くの鳥獣が餌として殺されていったとし、また武士たちの軍事訓練のひとつとして、山野での狩猟が指摘されている。そうだとすると、武士の殺生は、日本列島のあちこちにいた狩猟民の風習から始まったとも考えられる。これについては一言あるが、殺生の基本はそうかもしれないが、戦闘や合戦時に敗れた敵の武士たちの首が斬り取られ、これが首実検されたり、梟首といって、大内裏の門や大路のあちこちに曝されたのであったが、それは狩猟民の風俗であったのだろうか。たとえばイノシシやシカの首を切り落として戦果の証拠としたとか。狩猟民と武士と殺生の関係についてはしっかりと考察する必要がある。

●この、武士と狩猟民との関わりに関して、千葉徳爾氏の『狩猟伝承研究』『続狩猟伝承研究』(風間書房、一九六九年、一九七一年)という大部の著書が出ていて、狩の獲物の頸が山の神に捧げるべく曝されたなど、その習俗に多くの共通点があったことは疑いない。

●行家の斬殺の関連記事としては、行家の兄弟が出家していたのを捕縛したという記事だ。「尊卑分脈」によれば、行家の兄弟では、仙覚が僧都と書かれているから、捕縛されたのは仙覚だろうか。出家はある意味で、武士的社会からの脱出でもあった。西行こと佐藤義清なども武士から漂白する歌人になった

わけだが、院や関東勢は僧といえども許さなかったのだろうか。義経らの逃亡を助けた比叡山の僧など、関東武士によって捉えられていたが、罪としてはどのような宣告を受けたのだろうか。行家の兄弟たちの出家がどのように行われたのか不明だが、もし、幼児から寺に預けられていたとしたら、これは完全な僧であり、しかし僧だからといって許されるものではなかったのだ。

◎『綜覧』では、五月十二日の記事として、《北条時定、源行家父子ヲ和泉ニ捕テ、之ヲ誅シ、首ヲ鎌倉ニ致ス、院宣ヲ頼朝ニ賜ヒテ、之ヲ賞シ給フ、（吾妻鏡、玉葉、北条九代記、ほか）》とあり、捉えられたのは兄弟ではなく父子としている。北条時定に関しては、七月十九日の記事に、《小除目、北条時定ノ源行家ヲ誅セシ功ヲ賞シテ、佐兵衛尉ト為ス（玉葉、吾妻鏡）》とある。

○六月一日（夜、光長朝臣が来ていろいろ報告した）

★或る人云う、九郎、鞍馬に在り、云々、先日関東に遣わす所の書札の辺報到来、子細は使者を以て、追って申すべし、云々、

●義経の名はここでは義行ではなく、また九郎に戻っているが、それは兼実がずっと呼び慣れてきた名まえだったからであろう。義経は鞍馬に潜んでいるというニュースを関東に伝えると、その返報があり、子細は追って申しあげるとあった。「吾妻鏡」では義経の幼少時の伝承のひとつは、鞍馬寺に預けられていたというものだったから、逃亡を続ける義経がかつて知ったる鞍馬の地に隠れ潜んでいるとしても、それはおおいに頷ける。しかし私はそうではなく、この鞍馬への逃亡という情報が、のちに成立した「吾妻鏡」が、義経の幼少時の伝承にこの情報を採用し、鞍馬寺での修行という物語を創り出したのではないかとひそかに推測しているのだ。というのはつぎに義経が潜伏した奈良県の地名、宇陀郡が、義経の幼少時のもうひとつの伝承と重なっているのだ。

●つまり、頼朝の挙兵を聞いた義経が、奥州藤原氏、秀衡のもとから、平家との富士川決戦のとき、秀衡から猛反対されたにも拘わらず関東に向かい、黄瀬川のあたりに陣を構えていた頼朝のもとに駆けつけたという、それ以前の義経の生活はすべて、伝承的なものだったのではないか、とわたしは考えているのだ。たとえば、九条院雑仕女の常盤という女性が義経の母親として登場しているのだが、「尊卑分脈」などを参照し、あるいはいろいろな家系図を見ても、

一般社会においては女性名が明確に出て来る例は少なく、女子、あるいは、ただ女と記されることが多く、女、つまり娘とのみ書かれているばあいが多いのである。皇族や上級貴族と婚姻関係を結んだ女性などは例外的に名まえが書かれている。この問題は、「游魚」三号（木の聲舎、発売＝右文書院、二〇一五年）に載せた拙論「日本中世史のためのスケッチ◉愛発が関通信❶鎌倉幕府をつくったのは頼朝ではないよ！」に書いたのだが、義経の妻のひとり、白拍子の静御前などは職業名としての静御前、という名まえが現れているが、たとえば、木曽義仲が伴った巴御前などは、のちに鎌倉の頼朝のまえに呼び出されたとき、幕府の重臣和田義盛がこれを見初め、妻にしたという、伝承的な物語を持っている。常盤御前は両親も知れない低い身分の女であるのに、義朝と結ばれたあと、なんと清盛といっしょになり、さらに一条長成という貴族の妻か妾になっている。前にも書いたが、『義経の登場——王権論の視座から』（NHKブックス、二〇〇四年）の著者、保立道久氏などは、その低い身分のことはあまり問わずに、常盤が超美人であったことが、ひとつの身分であり、清盛や長成らとの関係が可能になった、というふうに書いているのだが、いかがなものか。「源氏物語」などを視ると、妻の身分的地位によって、生まれた息子の朝廷での官位や官職の高低が決まるので、妻や妾を選ぶときは慎重でなければならないと思う。しかし、それは上級貴族の世界の特徴であろうか。ちなみに、わたしのように「常盤」の存在を疑問視するような研究者は皆無なのであるが。もちろん、義経が実在したとすれば、母親がいたことはまちがいない。義経の実在性を疑う研究者もまた、ひとりもいないと思われる。

9——義経は、修行時代を過ごしたという鞍馬寺の周辺に戻ったか

○六月二日（蔵人の弁、親経が来て言う）★九郎義行、鞍馬に在るの由、能保朝臣申す所なり、

彼の山寺の僧、円豪、西塔の院主法印実詮のもとに告げ送る〔一昨日の事、云々〕、実詮、能保に告ぐ、々々〔能保〕、院に申す、しかれば、左右《そう》なく武士を遣わす。一寺の魔滅なり、かの寺の別当に仰せて、（割書き、略）搦めまいらせしむべきか、入道関白に仰せあわすべきなり、

●鞍馬への潜伏というのは、義経が幼少時、預けられていたとされる鞍馬寺のことであり、その寺の僧から知らせが届いたというから、これは義経の幼少時の伝承と関係なく、相当確かな情報であったように思われる。「玉葉」に書かれた義経の潜伏した寺院などは、のちの鎌倉幕府などの捜索によって、多くの関係者の実名が登場しているからだ。義経がこのような寺社や貴族社会を放浪していたらしいことは、以後、何度も出て来る記述だ。ただ、私の考えが正しいかどうか断言はできないが、中世史研究の基本的な史料とされる「吾妻鏡」編纂にあたっては、同時代史料のひとつであった「玉葉」が利用されたことは当然であろう。まあ、それは推測でしかないのだが。だから、「吾妻鏡」を、基本資料として研究者が使っているのだが、史実を正確に伝え、残しているばあいも少なくないであろう。わたしは、「吾妻鏡」の作為性の感じられる記述を一応、向こうに置いておいて、ひたすら「玉葉」の記事に依っているわけだが。

★（同日。兼実の能保への返事）使者を以て、能保のもとに遣わす、密々〔そっと言うということか〕、此の沙汰〔鞍馬寺の別当に義経を捕えさせることか〕の次第、はなはだ不当なり、踵を廻らさずして〔ゆっくりせず、すぐに、ということか〕、搦め取るべき子細、仰せ遣わすこと、和讒〔『広辞苑』に、一方でやわらぎ親しんで、他方でそしり陥れること、とある。兼実の文言が二通りあるということか〕と雖も、天下のためなり、

●ちょっと解りづらいが、兼実は義経捕縛の処置が、やや理不尽だと思いながらも、天下のためには義経を捕捉するために、鞍馬寺の別当に催促するより、北面の武士ないし関東武士たちをすぐ、派遣すべきではないか、と言っているのだろう。

○六月三日

★能保朝臣申して云う、鞍馬寺の別当の告げるに依り、官兵入るべき〔の由〕、本寺において、義行、跡を留めるべからず、この上の事、今においては、宣旨を諸国に下されべし、兼ねてまた彼の寺の土佐君

という僧、彼の寺の従侶、義行の知音なり、

●鞍馬寺の土佐の君という僧はかねてからの義行こと義経の知り合いである。この僧を呼び出して、この義経捕縛の武士の導入について相談すべきだ、と言っているようだ。土佐の君と呼ばれる坊主というのも変だが、ともかく鞍馬寺に官兵を派遣しても義経は逃亡するだろう。などとその後もやりとりがなされている。そして、院宣を出させようとするのだが、当の院、後白河はこの頃の愛人、丹後の局のところに行っていて、すぐにはことは運ばない、とある。

●そして宣旨は出される。

○六月六日

★会(相のまちがいか)い続いて光長参上、数か条の事を申す、その中に、義行を討つべきの宣旨の事、院〔後白河〕に申すところ、早く宣下すべきの由、仰せあり、云々、その宣旨の条、これを見せしむ、

文治二年六月六日　宣旨

謀反の首〔かしら、リーダー〕、前の備前守、源行家、前の伊予守、同義行〔義経〕、敗れ奔《に》ぐるの後、帰降〔降伏〕の思い〔気持ち〕にならず、殆ど、喁語〔たがいにかけあう声、頑張ろうのような声の事か〕の聞こえあり、広く都鄙〔まちや村など〕に仰せて、尋ね捜すの間、行家すでに誅に伏す(殺された)、義行ひとり逃げ脱す、(以下略)

●院の宣旨が出た。この院宣は、近江、丹波、伊賀、伊勢、若狭、越前、丹後、但馬、五畿内、播磨、備前、美作、淡路、美乃(濃)、尾張など、畿内を囲む全域の国司に配られた。これらの地名は、鎌倉幕府ができて以来の院、朝廷の支配領域であった。つまり幕府が統括できていなかった地域で、義経の逃亡先もこれらの国にあるだろう、というわけだ。功があった国には賞を出す、と最後に書かれている。かつての、平家との戦争の最大の功労者とされた義経の哀れな現在を明確化している。

★(同日)人、伝えて云う、義行〔義経〕を搦めるため、武士、東西馳走す、云々、能保に尋ね遣わすところ、申して云う、大内惟義、在所を聞き得たる由を申す、しかるに未だ実説を知らず、(中略)伝聞す、先に母ならびに妹らを搦め取り、在所の所を問うに、石倉にいる由と称す、武士を遣わすの所、義行逐電おわんぬ、房主の僧を捕えおわんぬ、その後の事、未だ聞かず、(中略)仰せを蒙り、鞍馬寺の住僧の事、既

に召し取りおわんぬ、何処へ遣わすべきや、云々、●ここにはかなり重要なことが書かれている。まず、大内惟義という人物が義経の居場所を聞き得た、という。大内惟義という名まえには聞き覚えがあるが、思い出せない。そこで「尊卑分脈」を辿ると、前九年、後三年の役の源頼義、義家の流れで、大内義信の長男が惟義で、大内冠者と号す、とあり、修理権大夫正四位下、とある人物がそうであろう。彼は義経のいる所を知っていた。しかしはっきりしないので、母ならびに妹らを捕えたとある。通説に従えばこの母は常盤という女性になるが、この「玉葉」の記事には名まえは書かれていない。私は、この当時、日記や系図やその他の資料に女性の名が出ることは、皇族などの例外を除けばあまりないので、この、常盤御前という女性も架空の存在ではないかと、考えてきた。まず「平治物語」に常盤、とあった。「吾妻鏡」には、六月十三日の記事として、《去る六日、一条川崎観音堂辺に於いて、与州〔義経〕の母ならびに妹らを尋ねだして生虜る、関東に召し進ず可きかの由、云々》とあるが、名まえは出ていないが、やはり義経の母および妹たちが生け捕りになったとしている。物語のなかでは常盤が義朝の子として産んだのは義経ほかふたりの男の子であったから、この妹は常盤がその後、別の貴族一条長成と再婚し、能成が生まれ、彼は義経と親しかったのか、まえに出た、頼朝による解官の対象となっていた。能成の妹であったか。常盤御前は美貌であったため、清盛の愛人になったともされるが、『日本架空・伝承人名事典』(平凡社、一九八六年)によれば、清盛の愛人となったあと、正四位下、大蔵卿、藤原長成に嫁して、侍従能成を生んだとあり、女の子を生んだとは伝承のなかでも書かれていないのだが。常盤御前の物語はさまざまに展開し、幸若舞曲では、奥州に下った義経を追って、盗賊に殺害されたとか、薄幸の美人は物語の世界ではなかなか解放されないのである。

●それはともかく、義経の母親が摑まった日が、「玉葉」より「吾妻鏡」のほうが遅いのも気にかかる。ニュースが関東に伝わるまで時間がかかったということか。しかし、「吾妻鏡」八月の三日の記事に、《去る月二〇日の頃、与州〔義経〕に同意する悪僧、仲教、及び承意の母女〔母と娘〕を生虜りぬ由、台嶺〔比叡山〕より言上す間に、(中略)猶、義行〔義経〕の在所を尋ねらる可きの旨、仰せ遣わさると云々》とあり、情報が二か月後であることや、隠れた山が鞍馬寺でなく、比叡山延暦寺であったという違いも気にかかる。義経逃亡の足跡が解らず、情報がさまざまに乱れ飛んでいたことはまちがいない。

◎もともと、この文章は「吾妻鏡」を離れて「玉葉」をもとに、京都貴族の眼に映った関東勢の叛乱と集合を視るという考えであったので、「吾妻鏡」からの引用は最小限にするつもりであるから、ここでやめるが、逃亡する義経＝義行＝義顕についての情報は同書に溢れかえっている。義経追討が関東勢にとって相当な重要性を帯びていたことを意味していると思うが、もし、北条時政や義時がイメージした鎌倉幕府体制のなかでは、将軍としての源氏の長者をもはや必要としていなかったことを示しているようにも思える。頼朝との確執がなく、義経が生き永らえていれば、頼朝が死んだあとは、征夷大将軍をたぶん義経が継承し、源氏一族が幕府のトップであり続けたのではないだろうか。それを北条氏は望んでいなかったのだ。

○六月十二日（光長朝臣が来て言う）／十三日

★義行の在所、聞き得りの由、方々よりその告げあり、北条時政代官時貞（割書き、略）、同じくこれを聞く、竊《ひそか》に搦め遣わさんと欲す、云々、大和国宇多（宇陀）郡の辺に在り、云々、

★今日〔十三日〕、時貞丸、光長のもとに来たりて、義行の事、重ねて申す事有り、「在所、一定、宇多（宇陀）郡、云々」、夜に入りて、月明し、

●義経の居場所は宇陀郡に変った。この「宇陀郡」がまた曲者である。義経が、壇ノ浦の戦いのあと、大将宗盛父子を連れて、鎌倉に下向したとき、頼朝は義経の鎌倉入りを拒絶したという。そのとき、義経が兄に向かって連綿と綴った手紙が「腰越状」と称されていることは前にも述べた。そのなかで、平治の乱で敗れた父が殺されたあと、幼少時の義経は、母（名まえの記述なし！）の胸に抱かれて諸国を放浪したという。《義経、身体髪膚を父母に受け、幾時節を経ずして、故、頭殿〔父、義朝〕他界の間、実無《みなし》之子と成りて、母の懐中に抱かれ、大和国宇多〔宇陀〕郡〔奈良県北東部〕龍門の牧〔官牧、朝廷の馬の放牧・生育の地〕に赴きて以来、一日片時も安堵の思いに任せず》（「吾妻鏡」文治元年五月二十日）とあり、宇陀郡に逼塞していたらしいことが書かれていた。そして、京都にも住めず、全国を放浪した、とあった。義経の逃亡先が、鞍馬、宇陀郡、のように書かれている「玉

葉」の記述から、義経の幼少時の伝承が逆に作られたのではないか、というのがわたしの考えである。ほかに明確な地名もあまりないのに、鞍馬(寺)と宇多郡がしっかりと書かれている。「吾妻鏡」の著者たちは、「玉葉」の記事を引用することで、義経の幼少時という歴史と無縁の時空を埋めようとし、かつリアリズム感を強調できたのである。うがった見方に過ぎないだろうか。

10——後世の研究者たちの捉えた義経の人物像とは……

◉ここで、伝承性の強い義経という存在を研究者たちがどう捉えてきたのか、触れてみたい。義経研究書は明治以降、相当にあったらしいが、最近は、その伝承の曖昧さから、義経論は表層的にはやや、少なくなっているのではないだろうか。そのような情況のなかで、わたしが最も同感できたのは、石母田正氏の『平家物語』(岩波新書、一九五七年)のなかで義経に触れた文章であった。《義経の物語は、彼が義仲を追って入京し、法皇(後白河)に対面するところからはじまり、最後に主従の都落ちをもって終っているが、特徴的なことは、平家物語では、義経の生立ちと末路についてはほとんど物語っていないという点であろう。彼の生立ちについては、屋島合戦でも平氏と源氏との「詞戦《ことばたたかい》」のなかで、平氏の侍、越中次郎兵衛盛次が、義経のことを、「一年《とせ》平治の合戦に、父討たれて孤《みなしご》にて有しが、鞍馬の児《ちご》にて、後には金商人《こがねあきうど》の所従になり、粮料《らうれう》背負《せおう》て奥州に落惑《まど》ひし小冠者《こくわんじゃ》が事か」と罵っているところや腰越状などに、断片的に見えているにすぎない》(嗣信最後・腰越)。とまず、書いている。この点については、わたしは某雑誌に書いたことがあるが、ジンギスハーンについて調べたとき、同時代の書記録のなかに彼の幼・少年時代の記録が欠落していることに気がついたのだが、ジンギスハーンは、モンゴル諸族のなかから突然のように現れた英雄であって、幼・少時の記録などなかったのだ。この構造は義経もまったく同じであり、「平家物語」が書かれた当初は、義経の幼・少年時代の記録などはたぶん、まったくなく、引用文中の「平家物語」のいう、父(義朝)の死や、孤児や、鞍馬寺での稚児さんだったという伝承が残っていただけだったのだと思う。あるいは平家との戦争以後の記述がないのも同様で、記録などほとんどなかったに違いない。それを補ったのが「義経記」で、この本は、義経像の「平家物語」に欠落している部分を、少ない伝承をもとに造形していったのだ。そう考えた。

◎石母田氏の文章は続く。《『義経記』は義経の伝記的な生涯を物語ったもので、ここでかれは物語の主人公であるから、その生立ちから末路にいたるまで詳細に叙述されなければならない。ここでは、平家物語にはまったく見られない物語が数多く増補されていて、平家物語とは質的にちがった新しい義経像が創りだされたのは当然である。これにたいして、平家物語は宇治川合戦に登場するまでの義経の前身については、ほとんど関心さえしめしていないことが注目される。(中略)かれの末路は、平家では都落ちまでの物語で終らせ、その死さえも語っていないほどである》《当時の記録によると、御室の守覚法親王が義経を召して合戦談を親しく聴いたというようなことがあり、後に義経が追及されたとき、この親王がかれをかくまっているのではないかと鎌倉方に疑われたくらい親密な関係にあったらしいから、このようなところにも義経物語の素材の一つがあったかもしれぬ》とあり、わたしの言いたいことを代弁してくれているかのようである。

◎さらに卓見だと感じるのは、つぎのような記述である。《義経が武将の理想像とされるためにはそれだけの歴史的根拠があったとしても、平家における義経は物語として創造された人物であって、歴史上の人物とは本質的に別個のものである。この点では、『吾妻鏡』における義経も同様である》。まさしく、一の谷や壇ノ浦での義経の戦争は完全に創られた表現で描かれているし、頼朝と義経の確執など、「吾妻鏡」が書いているような、義経が頼朝の許可なく朝廷や院から検非違使に任官されたことや、梶原景時の讒言によって展開した、のではなく、先に眺めてきた「玉葉」などに描かれる執拗な義経追討の執念は、もっと別な原因があったのでは、と考えざるをえないように思われるのだ。

◎石母田氏の文章は続く。《『吾妻鏡』も平家物語も、源平合戦の後、約半世紀のあいだに次第に形をなしていった義経伝承を基礎にして形づくられたものとみるべきであろう。平家物語は、おそらくそれ以前には断片的であったとみられる義経伝説を、物語として定型化したところにその意味があったのであろう》。ふつうは「平家物語」はある種の造形された義経像を伝えていると考えられているようだが、「吾妻鏡」のほうは、ともかくも鎌倉幕府の編纂した本であり、信憑性がかなり高いのではと考えられている。ところが、石母田氏はこのふたつの本をまったく等価な存在として規定している。これはおおいに参照すべき考えであると言わねばなるまい。わたしなどは、そう感じるのだ。もう少しあとで、義経像、常盤像などを疑問なくしっかりと描いている、保立道久氏の『義経の登場――王権論の視座から』(前掲)に言及したいと思う。

◎しかし、石母田氏のような論理は、現在の中世史研究者たちからは敬遠されているのではないだろうか。というのは、現在の中世史研究は史料重視主義であり、研究の背後に膨大な史料(貴族や寺院の日記や、「平安遺文」「鎌倉遺文」など。ちなみにわたしは古代史研究時代、基本史料は非常に少ないので、「寧楽(奈良のこと)遺文」上、下は読み、日本のもっとも古い戸籍帖である「庚午年籍」などは、この本で識ったのであるが)を読了していることが、ひとつの条件となっているからだが、これらの史料重視の研究書にも、「ではないだろうか」とか、「と推測される」「間違いないであろう」などの推測的な記述も実は相当あるのであるが。のちにまた、保立道久氏らの見解を紹介する。

◉七月から九月あたりまで、関東関係の記事は少なく、すべては義経改め義行追討の話に終始している。鎌倉幕府が成立しているのかどうか、明確ではないが、幕府から院へのさまざまな要求は、現在まだあまりなく、朝廷、院は〈平平戦争〉以前の日常に戻っている。恒例の儀式や除目の記事がほとんどだが、後白河法皇たちは、関東の動向を注意深く観察している日々が続いている。

○七月〔大〕三日

★親雅来たりて、宝剣、御祈りのあいだの事を申す、

●宮廷では、いまだに三種の神器の剣の捜索のための儀礼をやっているようだ。

★(同日)検非違使公朝、〈院の近臣、下北面にさぶら

う〉お使いとなり、関東に下向す、この両三日、帰参、頼朝の申し状を奏して云う、〔頼朝の言葉〕万事、君の御扆(持っている漢和辞典にないので意味が解らない)になすべきの由、云々、そのつぎに、摂籙〔摂政のことか、すなわち、兼実のことであろう〕の事など、あり、その条に云う、この事、全くかの懇望に非ず、また引級〔弁護したり支援すること〕の思いあるに非ず、身〔自分のことか〕のために、その益なし、ただ、衆口〔人びとの言葉〕の寄るところ、その仁〔人望のことか〕かの人〔兼実〕に在り、〔余(兼実)を指すなり〕」、

●要するに、頼朝は、摂政として「玉葉」の著者である兼実を推薦したのだが、それはえこひいきしているわけじゃない、彼にそういう人徳があるから推薦したのだ、と兼実を弁護しているのだ。このころ、頼朝は兼実になんだか、親近感を持って接していたようだ。以下に、まえの摂政が政治家としてだめだったとか、さまざまに言って兼実を応援しているのである。兼実も、頼朝の好意になんだかもじもじしているようだ。

○七月二十五日

★能保、示し送りて云う、九郎義行の郎徒〔郎従のことか〕」、伊勢三郎丸の梟首おわんぬ、云々、

●義経の逃亡は続いている。関東が京都に置いていった武士たちは義経のみならず、義経の数少ない郎従を毎日捜索している。そして、義経の数少ない郎党の伊勢三郎義盛が摑まり殺され、梟首されたという。伊勢三郎丸、とあるのは貴族が武士を軽んじてつけたのか、先に北条丸とあった。『綜覧』によると、七月二十五日、伊勢三郎が誅殺されたと書いている(平治物語、源平盛衰記が援用書としてあげられている)。翌日は兼実自身の官職について動きがあったことは個人史のひとつとして誇らしげに書かれている。

●前掲の石母田正『平家物語』にこんな記述があった。同感の思いがする。《「『平家物語』に書かれている」かれの風貌は、「色白うせい〔身長〕小《ちいさ》きが、向歯《むかは》の殊に差出《さしいで》」たるもので、けっして美丈夫には描かれていない(壇浦合戦)》。そして石母田氏は「平家物語」において、義経は「すすどき」人間として描かれていると言う。そしてこの平安文学に見いだせない形容詞は、敏捷で、鋭く、かつ抜目のない性格を指した言葉だろうと書き、さらに《これに関連しておもいおこされる

のは、義経の従者たちである佐藤嗣信〔継信。忠信と兄弟で、義経が兄、頼朝の挙兵を聞いて鎌倉に駈けつけようとしたとき、義経の擁護者であった奥州、藤原秀衡が従者として義経に与えたとされる〕をのぞけば、平家物語では、従者たちの話は、後代のようには物語としてあまり発展していないが、そこに共通している特徴は、身分の卑しいものであることと、出自、前身が特異なものが多いことである。黒ずくめの装束の大法師武蔵坊弁慶はいうまでもなく、『〔源平〕盛衰記』にみえる常陸坊海尊も旧大寺の悪僧だったらしく、屋島〔の戦い〕で異常な能力を発揮する伊勢三郎義盛は、平家物語においてすでにその前身が伊勢鈴鹿山の「山賊」であったといわれている（嗣信最期）。（中略）このように悪僧・山賊・商人等の従者が義経にむすびつくことは、この畳の下から今にも這い出るかもしれないと頼朝を恐怖せしめた「すすどき」義経の性格と関係があるようにおもわれる》と、書いている。

◎この点に関しては、わたしは、義経が配下を大勢抱えているほかの関東武士たちと違って、どこかの土着の武士ではなかったから、奥州下りの金売り吉次も含めて、義経伝承の形成時に、このような荒くれ人間たちが従者として配されていったのではないかと、考えている。弁慶には固有の伝承があって、「弁慶物語」などの本もあるが、「義経記」によれば、母の胎内に十八か月もいたため、生まれたときには髪は肩まで伸び、奥歯も前歯もしっかり生えていたという、異常生誕の過去を持っていたのだ。常陸坊海尊は、『日本架空・伝承人名事典』（前掲）によると、不老長寿で最後は仙人になったという、やはり固有の伝承を持っていた。そのようなわけの解らん人物たちが配されたのは、やはり義経自身が伝承性のなかで生きてきたからであろう。石母田氏は《義経伝説の成長の基盤の一つが、悪僧・山賊・商人等によって代表される畿内地方の一定の層にもあったようにみられる》と推測している。

○七月二十七日

★去る年、十二月二十八日、勅命を蒙る、宮中の雑事を先ず臣に触るる（ことを）奉行すべし、今年三月十二日、詔書〔天皇や上皇からの文書〕に曰く、累代の元功の胤〔たね〕をなすに依り、新たに万機を摂行〔摂政か〕の任を授かる、また同じく十六日、勅により〔天皇、院の言葉によって〕、左右の近衛府生各一

人を加え賜る、以て随身、兵仗となす、

●前者は内覧で、後者は摂政ということだろうか。しかし兼実が摂政になるのは後白河の死後とされているので（これはわたしの思い違いであったようだ）、摂行とはなんだろう。『広辞苑』には、事務などを代わって行うこと、とあるが、天皇のすることを代行する、やはり摂政と同じか。最後の近衛府の府生をふたり貰い随身とした、とあるのは上級貴族の護衛として朝廷から提供される武士的存在で、武装して兼実の移動のとき護衛したり、邸宅を護衛する存在であり、やはり兼実の出世を物語っているのだろう。私はこの随身という存在が北面の武士らと同様に、京武者と呼ばれる京都在住の武士のひとつの源流ではないかと考えているのだが。この栄誉を、兼実は《臣兼実、誠惶、誠恐、頓首、頓首、死罪、死罪》と悦んでいるのだ。最後の死罪、死罪、というのはなんだろう。ともかく謹んでお受けしますという表現であることはまちがいない。兼実は続けて、

★陛下、早く摂録〔摂政〕を停めて、随身、兵仗を本府〔本来の場所か〕につけしめ、上は妄りに授けるの謬りをなくし、下は諛居〔へつらっていること、か〕の咎をなくし、君のため、臣のため、またすべからず、（以下略）

●院への奏状にこのように書いている。摂政をやめ、随身ももとの位置に返したい、と言っている。そしてみだりに随身を出すものではない、天皇のためにも、臣下のためにもよくないことだ、と。倹約精神で無駄を省けと言っているのか。やはり、摂政の職を辞退します、と言っているのだろうか。そういえば、天皇の位を受ける時、三度辞退するという儀礼があったように思う。それを兼実は踏襲しようとしているのだろうか。兼実は心奥では摂政になることを懇望しているはずなのに、その気持ちをかくしているのだろうか。それとも、関東勢の勃興している現在は、摂政のような大役は勘弁して欲しいと言っているのか。『綜覧』の同日には、《摂政兼実、初度、上表、尋デ〔ひきついで、と読むのだろうか〕、再ビ上表ス》とある。やはり兼実は念願の（?）摂政になったのだ。しかし、〔上表〕は辞表をたてまつることと、『広辞苑』にあるので、摂政に任官され、そしてすぐに辞表を出したのだろうか。複雑な上級貴族の精神世界だ。「尊卑分脈」では文治二年三月十二日に摂政、氏の長者になったとある。「玉葉」の記事より四カ月早く摂政になったように書かれている。もとになっ

た史料が違っているのか、まあ、そんなにこだわることでもないのだが。

★(同日)今朝、能保朝臣、彼の法印のもとに参る、義行、山〔比叡山延暦寺〕の悪僧のもとに入る由、風聞あり、その間の事、よく沙汰致さるべし、云々、(中略)広元昨日、下向おわんぬ、云々、

●鞍馬にいたとされる義経(義行)が、宇陀郡から延暦寺の悪僧のもとへと移動したという風聞が兼実に伝えられた。義経はある貴族と名まえの訓みが同じという理由で「義行」と改名されているが、義経を匿った僧は、悪僧とされている。まだ、鞍馬や比叡山の山僧らがたぶんに義経にたいして同情的であるのに、兼実ら上級貴族は、義経を謀反人とする関東側の主張を受け入れるようになったのだろうが、そんなふうに変節したことにたいして、なんの痛痒も感じていないのだろうか。いや、上級貴族においても、義経同情者がいたことは、先の摂政基通の例もあり、現在は院関係の貴族たちが、関東の機嫌を損じないように、冷たく対処しているだけなのかもしれない。ただ、平安末期の政治的人間としての上級貴族、兼実など、到底好きになれない人物であることはたしかだ。中世史研究と登場人物の好き嫌いは、あまり関係ないと思うが。

●この当時、京都にいた関東勢の文官のトップとも言うべき大江広元が鎌倉に帰ったとある。関東側では絶えず、武士を京に滞在させて、後白河ら、院と院政を監視しているようだ。

11——関東武士たち、比叡山の森や谷を逃避行し続ける義経を追う

○閏七月二日

★早旦〔早朝〕法印来る、義行、台山辺〔比叡山延暦寺の辺り〕に在る由の事、語り示さる、(中略)摂政の沙汰のため、関東に示し遣わす、

●義行、つまり義経は比叡山にいるらしい。摂政の兼実はこれを関東に注進している。

○閏七月十一日
★能保朝臣、使者をもって申して云う、山の悪僧中厳ら、逃げ逃《のが》れおわんぬ、左右〔あれこれ〕申す能わず、云々、
●義経を匿った悪僧、中厳はすでに山すなわち比叡山ないし周辺を脱出したという。
○閏七月十五日
★左少弁、定長、院の御使いとして来りて曰く、前の摂政〔基通〕、日来〔毎日〕門戸を閉《と》じ、出仕を止む、この事然るべからずの由、頼朝卿申せしむ、然りと雖も、猶、恐れをなし、蟄居す、
●義経を匿ったと噂された前の摂政基通は閉門蟄居しているという。頼朝がそれはよくないと言っているようだ。惧れをなして蟄居しているというのだが、ひとえに関東側の武力が脅威となっているのだ。とりわけ、関東という〈東夷〉の武力は、平家を討滅した脅威の力であり、院や朝廷というかつての権力構造のなかにあぐらをかいていた上級貴族たちに対する力の誇示は、相当に効果があった。つぎの記事からも貴族たちが逃げ腰になっているさまが覗える。
○閏七月十六日
★この日、院の殿上において、義行、山門〔比叡山延暦寺〕に迯《に》げ隠るの事、定めらる（論議された）、上臈、座に参列されず、便宜なし、
●列席するはずの上級貴族たちは、逃亡する義経（義行）に関するこの会議を欠席している。だれがどんな発言をしたか、関東に伝わったのであろう。それを惧れてあまり発言しないよう、自粛しているのだろうか。
★（同日）定長を招いて、先ず座主《ざす》〔天台座主、比叡山延暦寺のトップ〕以下について問う、「其の趣、義行山門に逃げ隠るの由、風聞、是、悪僧両三人同意のゆえ、云々、仍って義行及び件の悪徒ら、搦め進むべきの由、院宣〔法皇の言葉〕を以て、仰せ下されおわんぬ、しかして、彼の悪僧ら、山上に住み、衆徒〔延暦寺の大衆〕、同心して逃げ去らせおわんぬ、日来〔日頃〕朝敵を隠し置き、露顕の時、早く以て逃げ脱す、所司、怠慢の沙汰、懈怠、何様の事か」、
●比叡山延暦寺に逃げこんだ義経らを匿った悪僧らに、全山の大衆（学問僧でなく、強訴などを行うために武装した僧たち。比叡山やその他の寺院では、こ

のような純粋な僧たちと強訴勢力である僧たちと二重構造になっていたようだ。この武力の僧たちはふだんなにをしていたんだろうか。比叡山のこの武力僧たちの実力は侮れない強さがあり、武士たちもある意味ではもてあましていたのだ）が応援して、義行や悪僧らを逃がしている。所司（別当、お寺全体を管理、統括している人）の怠慢であり、懈怠（失敗）でなくてなんであろう。論議は続く。

★おのおの申して云う、此の次第、遁《にげ》申す所なし、およそ、悪僧の習い、貫主〔天台座主か〕、長吏〔座主の下の管理者ら〕の下知に従わざらしむ、但し、此の状〔義経の比叡山への逃亡〕に於いては衆徒といえども、争って朝家〔国家〕の大事を顧みざるか、逐電の状〔義経の逐電のこと〕偏えに所司ら不覚の致す所なり、

●比叡山の大衆ら、いい気になっていろいろ言っている。彼ら悪僧らは天台座主にも従わない強気の男たちが多いのだが、さすがにこの義経の比叡山への逃亡については、ほっとくわけにはいかず、慌てふためいている、という。比叡山の頂上部に寺院群があるが、山の中復まで森林地帯が続き、ここに逃げ込めばかなり安全なのだ。

★（関東から来ている）武士ら、山門を襲い攻めるべきの由、風聞あり、この状においては、専ら、しかるべからざる事か、且つまた、義行の所従〔郎党たち〕、白状の趣、如何、

●関東武士たちが比叡山延暦寺を襲おうとしているという風聞が流れているが、さすがにこれはまずい。捕まった義行の郎党らの白状はどうなっているんだろう。能保が言うには、これらのことに口出しすることは不可能です。

★土肥二郎實平のごとき武士ら、偏に坂本〔比叡山からの近江、琵琶湖側の降り口の地〕を堅め、山上を捜すべきの由、申せしむと雖も、さまざまに計略を廻らし、制止を加うる所なり、（中略）山門の兇徒三人、義行を相具し、台嶽〔比叡山の山頂あたりか〕に隠れおるの由、あまねく以て風聞す、

●土肥二郎實平ら関東武士たちは坂本のあたりを固めて、義経らが逃亡できないようにして、山上を捜しているという。義経を匿った山僧らも義行とともに比叡山の奥深く隠れ潜んでいるらしい。かつて昭和の終わりごろだったか、女子大生が比叡山の山中で殺された事件があったが、比叡山という山並、山脈は奥深く潜りこめば、発見不可能に近い、深い山々の連なりが北へ北へと拡がっているのではないのだ

ろうか。

★(同日、兼実は言う)余、座主以下に仰せて云う一山の大事、これを過《あやま》つべからず、武士らの鬱する所の理〔ことわり〕の極みに至るなり、召さるる所の輩、例の悪僧に非ず、ひとえに是、朝敵なり、三人の兇徒に依り、一山の滅亡を忘るるの条、朝〔天下、朝廷〕のため、宗〔天台宗〕のため、仏法のため、衆徒のため、万代の恨みを胎す、一分の益もなし、

●兼実は、比叡山延暦寺の座主にたいして、義経を山に匿うことにもはや意味のないことを告げるが、多くの山岳宗教は、反国家と言わないまでも、国家や社会にたいして無我の境地とでも言うべき位相を持っていたのかもしれない。そもそも、中国や日本において、寺院は深い山中に築かれることが多かったが、それは世間離反とも言えるし、そこまでいかねばある〈悟り〉のような幻想が確立できなかったのはどうしてだったのか。貴族たちにとって、仏教の聖地である山は犯すべからざる領域であり、ただ武士たち、貴族でない者たちのみが、山を犯すことに痛痒を感じていなかったのだろうか。

★(同日)なお、武士の沙汰のために、なんぞ況やこの悪僧に於いては、朝敵の一党、謀反の同類なり、追討し奉る武士、もっとも沙汰を尋ぬべきなり、(中略)若し、件の犯人を使庁に給われば、何を以て武士ら、義行の在所を尋ね捜すべきや、(中略)流罪、徒《と》罪《ざい》〔懲役刑〕らに処さるべきの輩においては、使庁に給うべし、この犯人においては、その白状を以て、なお義行を尋ぬべし、よってもっとも武士の沙汰になすべきなり、

●悪僧らを捉えて、朝廷の省庁などに渡してしまったら、関東武士たちはどうして、義経を捕縛できるのだ。まあその辺は武士たちに任せるしかない。そんなふうに兼実は考えているようだが、だれでも、一旦悪人と決まると、捕まえるのが当然という、単純思考になってしまうのかな。

○閏七月十九日

★今日、延暦寺の所司〔事務所の人たち〕六人、大衆の使いとなりて来る、大蔵卿宗頼これを申し次ぐ、其の趣き、三人の悪僧搦めまいらすべき事、一山〔比叡山延暦寺〕の大事、尋ね沙汰する所なり、且つうは、種々の祈禱を始め、また、様々な計略を廻らすなり、武士ら、すでに山門を攻め寄せんと欲す、しかるに殿下〔大蔵卿か〕の御一言、山上の安穏、坂下の無為

〔無事〕、殊にことさら私の詞に非ず、院宣〔後白河の言葉〕を伝うばかりなり、
●延暦寺から所司の人たちが来て報告する。三人の、義経を匿おうとした悪僧を摑まえようと、山は一大事です。祈禱を始めました。関東の武士らは、彼らを摑まえようと比叡山延暦寺を攻めようとしています。しかし、摂政の御言葉で山上も坂本も安泰です。いやいやそれはわたしの言葉というより、法皇の御言葉が伝わったものです。兼実は謙遜しているが、関東武士らの勢いをとどめることができるのか、疑心暗鬼であろう。

○閏七月二十二日
★〔兼忠朝臣が来ていろいろ報告する。武士を比叡山に送りこむかどうかがいろいろ議論されているのだが〕武士の沙汰をなす、なんぞいわんや、この悪僧においては、朝敵の一党、謀反の同類なり、追討使を奉ずるの武士、もっとも尋ね沙汰すべきなり、〔中略〕もし件の犯人を使庁に給えば、なにを以て、武士ら、義行〔義経〕の在所〔居場所〕を尋ね捜すべきや、〔中略〕この犯人に於いては、其の白状を以て、なお、義行を尋ぬべき、よって、もっとも武士の沙汰になすべきなり、
●これらの悪僧や義経を摑まえるのはあくまで、関東武士ではないか。あとは彼らのしごとなのだ。と延暦寺の人たちを、兼実はなだめている。兼実のなかには、義経にたいする親愛感や同情などはもはやまったくないのだろうか。

◉八月中は、頼朝からの手紙によれば、平重衡によって焼かれた東大寺などの修復が話題になっている。そのための費用は頼朝の知行国に任せなさい。必要な品々はこちらから送ります、と。院や朝廷や大寺社の擁護者のような態度になっているのも、関東側の朝廷、院対策のひとつであったろう。
●ここで重要なことは、義経の捕縛を院に任せていた関東勢、鎌倉幕府が義経を謀叛の徒として、みずから、関東武士を派遣してきたことである。最初、平家の宗盛を伴って鎌倉に連行した義経を、単に頼朝の気まぐれな気質が、自分の言うことからはみ出して、後白河などと直接、関係することになった弟を、罰しようと考えたのか、と思っていたのだが、そうではなかったのだ。いわば、鎌倉国家に反逆する者として義経を捉え、捕縛して斬首しようとさえ、考

え始めたに違いない。単なる兄、弟の兄弟げんか、あるいは弟いじめなどといったレヴェルを超えていたのだ。頼朝は、そのため、配下の武士たちを義経追討に送り出したというわけだ。

○九月二十日

★伝聞す、九郎義行の郎従二人〔堀弥太郎景光、四郎兵衛尉〔佐藤〕忠信〕、搦め取りおわんぬ、忠信自殺、景光、捕えらる、云々、藤内朝宗〔『綜覧』には比企朝宗とある〕、之を搦むる、云々、

●義経＝義行の数少ない郎従のうちさらに二人が搦め取られた。忠信は兄の継信とともに、奥州秀衡が、義経が彼の反対を押し切って富士川の平家との合戦に参加すべく、頼朝のもとへと出奔したとき、ふたりを郎党として授けたというのだが(『吾妻鏡』)、継信は屋島の戦いのおり、義経をかばって死んでおり、今度捕縛された忠信は自殺したという。一般の関東武士たちは在地領主であり、領土を守り、主人を警護するような家人、郎党が生まれ、主人とのあいだに主従関係ができていったであろう。しかし義経はそのような領主としての過去があったようにはみえないので、郎党もいなかったであろう(そういう意味では、兄の頼朝もまったく同じ立場にあったといえる。あるいは、北条氏の娘を略奪結婚のようにして妻にし、父親の時政がこれを容認して以来、頼朝には下人ないし、郎党ができていったのであろうか)。もし、義経が長く秀衡のところに留まっていたのであれば(『吾妻鏡』によれば、富士川での平家との戦闘の場に駈けつけ、兄頼朝と出遇ったと、編者の文章にあった)、郎従の多くが、秀衡の援助によったであろうし、諸国を放浪していたのであれば(『吾妻鏡』、腰越状での義経自身の述懐)、郎従などできるわけがない。五条の橋で戦ったという弁慶にして然りだが、石母田氏も述べたのだが、義経の郎従たちは伝説的な存在であって、その実在性は非常に希薄なのだ。わたしなどは、義経を〈伝承〉と切り離して考えることはできないと思うのだが、研究者たちの誰もがそのような疑問を提出していないのも不思議だと言わざるを得ない。『日本架空・伝承人名事典』(平凡社)では、義経が衣川で秀衡の息子泰衡に殺されたときは、はるばると駆けつけてきた、鈴木三郎重家、その弟の亀井六郎重清ら七人の家人か郎党らが義経のために奮闘するが、常陸房海尊はその朝、逃亡したという(幸若舞「高館」など)。この常陸房は「清悦物語」では不老不

死で、いつまでも生き残ったという(同)。昔からの疑問ではあったが、義経なる人物は本当に実在した人物なのであろうか。まじめにそう思われてならないのだ。壇ノ浦の戦い以降の逃亡生活はすべて、伝承の彼方にあると言っても言い過ぎではないような気がする。一ノ谷から壇ノ浦までの義経の戦いも、当時の源平戦争的共同幻想が作り出した人物ではなかったろうか。吉田兼好の「徒然草」は「平家物語」の作者は信濃の前司行長だと言ったが、平家を追討し、その無常を慨嘆した行長の脳に描かれた大スクリーンのなかの絵だったのではないのか。こんな見解は、わたしの空想に近いのだが、信濃の前司、この人物が信濃あたりに住んでいたのなら、一の谷合戦などの日本の西国での闘争をリアルに書けるわけはない、と考えていたのだが、ある研究書によると、「前司」とは先の国司であり、「平家」を書いた頃は、京都に戻っており、源平戦争情報を容易に識ることができたであろうとあった。

●のちに『平安遺文』を読んだとき、義経の書いた文書が「九郎御曹司請文」などと題されていて載っていた。すなわち、「平家物語」に登場した時代、義経はしっかりと実在していた。わたしの空想も、この文書を否定することなど、到底できない。ただ伝承の多い人物だった、と言うしかないのである。

○九月二十一日

★伝聞す、昨日、比木藤内朝宗[頼朝卿、郎従]、義行郎従等[堀弥太郎、佐藤兵衛等、云々]、を搦め取る、

●比企(ここでは比木とある)朝宗は、頼朝の郎従であったとある。頼朝の郎従であれば、このふたりの義経の郎従らを見分けられたかもしれないが、幕府軍の多くが、義経の郎従など知らなかったに違いない。しかしこのふたり、とりわけ佐藤兵衛とあるのは忠信のことなので、この人物たちは、幕府軍もよく識っていたに違いないのだが。伊豆の流人であった頼朝の郎従というのは、どこで手に入れたのか。まあ、頼朝の配下と考えればよいか。「平家物語」「吾妻鏡」などを克明に読み返せば、出てくるであろうか。

○九月二十二日

★昨日、卯の刻、武士二、三百騎、観修房、得業聖弘房[放光房と称す、云々]、を打ち囲み、たちまち以て寺家を追捕す、何事か知らず、仍って、僧正、使

者を遣わして之を尋ねらる、〔武士ら〕申して云う、九郎判官義行、この家に在り、仍って、捕え取ることをなす也、云々、其の上は是非する〔あれこれ詮索する〕能わず、然る間、散々に追捕す、聖弘、逐電しおわんぬ、武士、なすことなく、即ち帰洛す、

●鎌倉幕府の武士たちが二、三百騎で観修房や聖弘房らを捕縛した。僧正（天台座主か）が問い合わせると、義経がこの房にいたはずだ、と。それでは仕方がないと言っているあいだに、どんどん、捕まったのだろうか。聖弘は逐電したというので、武士らは空しく京都に帰って行った、というのだが。幕府方の武士たちの追捕は遠慮もなにもあったものではなく、乱暴狼藉とも言うべき活動をおおっぴらに展開している。

★能保、人に使いせしめて云う、義行郎従、堀弥太郎景光、藤内朝宗のために搦め取られおわんぬ、即ち究問の処、白状の旨、顕然〔はっきりしていた〕、しこうして追捕する所なり、しこうして、房主〔聖弘〕ならびに義行、逐電おわんぬ、その間、下僧一人捕え取り、之を問う、申して云う、義行の隠居〔この房に隠れ潜んだこと、か〕の条、実説なり、只今、京都からの告げに依り、〔追っ手を〕遮り、以て逃げ去りおわんぬ、云々、しかれば、かれこれ已に符号す、

●この記事では、堀弥太郎だけが捕縛されており、佐藤忠信のことは出ていない。結局、義経には逃げられたが、義経がこの房に隠れていたことは間違いない。義経の逃亡の経路は、幕府方によって、ほぼ正確に把握されているようだ。郎従たちもしだいに捕えられ始めているが、現在、義経はどのように逃亡しているのだろうか。大物浦からの逃走のさい、つきそっていた郎従たちもかなりの程度に喪われてしまったのか。ともかく、幕府の眼をわずかにかすめながら、鞍馬寺や比叡山延暦寺周辺などを転々としているに違いない。

★（同日）定長、御教書〔院の文書か〕を送って云う、義行、南都〔奈良および東大寺などの大寺院〕に隠れ籠るの由。能保申すところなり、

●義経は今度は奈良方面に逃亡したようだ。兼実のもとには、きれぎれの情報が届けられている。兼実は、もはや謀反人たる義経が捉えられることを願っているのであろうか。同情のような言葉はほとんどないのだ。

○九月二十六日

★（宗頼朝臣、陰陽師を連れてやって来て平等院の怪異を占った話をする）その一は、去る十九日の巳の刻、烏、本堂の明障子をついばみ損なう、二は昨日午の刻、御仏、汗出でぬ、この両事なり、烏の怪、咎、祟りなし、御仏の汗怪し、火事、驚く事、病の事など、云々、聖弘の事、別当僧正の返事到来、申して云う、及ぶ所尋ねべし、但し武士、搦め失いおわんぬ、其の上定めてたやすからざるか、云々、と云えり、

●義経を匿ったとされる聖弘を、武士らは捕まえ損なったという。烏のこと、仏の汗かくことなど、怪異に続いて起こっていることが、凶兆は、必ず、のちの災害に結びつくのだ。宇治の平等院ではある種の恐怖を誘っているようすがよく解るが、聖弘か義経がこの地にも逃走していたのだろうか。

12——義経は、奈良の寺院の周辺を遁走していたのだろうか？

○九月二十八日

★（興福寺の所司二人来て言う）衆徒、聖弘追捕の事によって法華、維摩の両会を行われざるべからざるの状を申す、（中略）此の事、天下の大事なり、しこうして、にわかに憤怒して、大会を止む、寺のため、長者のため、はなはだ堪え難し、武士、また苦しみをなすべからずか、嗚呼、慥かに遂行すべきの由、仰せおわんぬ、

●摂政の兼実であるから、一々報告が来るのである。

聖弘を追捕する事件のため、お寺の法会ができないとこぼされる。構わず行うべきだ、と兼実は答えている。関東側の武士たちも報告に来ているようだ。義経の逃亡の追跡がしだいに執拗さを強めている。関係者のひとりも許さない。捉えて白状を強い、義経を捕縛しようというのだ。まえにも言ったのだが、頼朝のこの活動は、義経への私怨というより、幕府を成立させるためにはあらゆる謀反人を排除しなければならぬ、という、幕府草創期の基本体制であった

のかもしれない。

○九月三十日

★夜に入りて、覚乗法眼〔僧の位のひとつ、法印の下〕、義行、ならびに聖弘の間、〔○事恐脱〔間、のあとに事という字が欠けているということだろう〕〕、委しく示すため、僧正、召し寄す所なり、また、南都仏開眼の事、僧正のもとに問い送るの処、永承〔時代〕の東金堂仏、別当僧正、開眼の由、日記に見る、云々、仍って、その定、沙汰すべきの由、宗頼に仰せおわんぬ、

●重衡によって焼かれた南都、奈良の東大寺の修復、大仏開眼の日が迫っており、義行逃亡、聖弘逐電のことが、大仏開眼の報告とともに兼実に齎されている。義行〔義経〕のことはその逃亡生活が長引くとともに、鞍馬や比叡山を離れたころから、しだいに情報性を喪っていくようだ。すなわち、宮廷生活のほうが、院や朝廷の儀礼などのほうが、兼実を含む上級貴族たちにとっては重要なのであろう。ただし、関東派遣の武士たちは血眼になって、義経〔義行〕を追っているに違いない。

○十月十七日

★〔光長朝臣の処から報告あり〕山階寺〔奈良の興福寺〕の別当と僧正、先日、召さるる所の聖弘得業〈義行、縁者〉、召しまいらせらる、しこうして大衆、武士の家に遣わされるべからずの由を申す、〔中略〕余、即ち使者を以て先ず、聖弘参上の由を能保朝臣に触るる〔知らせた〕、明旦、遣わすべきの由、同じく、これを仰す、

●この情報によると、聖弘は逃走するのをやめて自分で申し出たようだ。聖弘は、義行＝義経の縁者と註がある。単なる知り合いという以上の関係だったのであろうか。この辺は兼実がもう少し、明確に書いてくれないと、はっきり解からないというしかない。読者のわたしとしては。

○十月十八日

★山階寺〔興福寺〕の所司二人、参り来ぬ、聖弘、召しまいらす、使いなり、〔中略〕光長朝臣の亭に於いて、聖弘を召し問う、〔中略〕聖弘を、能保朝臣のもとに遣わす、能保のもとより此木藤内朝宗〔頼朝の郎従〕のもとに遣わす、云々〔件の朝宗、彌太郎を搦め取る者なり〕、

●聖弘も摑まり、能保に渡された。この男は先に、(堀)弥太郎を捉えた関東武士である。義経の包囲網は狭まっているのだろうか。

○十月二十八日

★(前中納言が来て、左少弁の定長が来て言ったことを告げる)木工頭《もくのかみ》範季朝臣の罪科の間の事なり、頼朝卿の許より、件の朝臣、義行に同意の聞こえあり、奇怌〔怪〕の由、(中略)事体〔事態〕黙止難し、仍って召し問わるの所、義行に同意の条に於いては、無実となす、堀彌太郎景光に於いては一度謁し〔会って尋問した〕おわんぬ、云々、実隆、その科〔咎〕なし、〔といえども〕景光を謁しながら、搦め進ぜずの条、已に、懈怠〔怠慢〕となす、仍って、いささかその罪を行わるるべしか、

●義行の逃亡に手を貸した京都貴族にたいする幕府のほうの詮索も執拗で、頼朝は義経を真の謀反人にしなければ、兄弟間の抗争を過剰に逸脱しているみずからの行為を正当化できなかったのであろう、鎌倉御家人たちにたいしして。頼朝の義経にたいする確執に関して諫言した関東武士はいなかったようだが、たぶんに謀反人義経の捕縛は、先述したように頼朝の私怨を超えて、幕府全体の重要課題となっていたのだ。この課題に院を捲きこんで、犯罪者への追捕ということになっているのであろう。「吾妻鏡」によってみても、義経が〈謀反〉の徒となる要素はなかったと思う。後白河法皇に、頼朝追討の宣旨を出させたこと、これが謀反の最大原因であったと言える。そもそも、謀反人とは朝廷や天皇への反逆者の謂いであり、頼朝に叛逆したとしても、謀反人とは言えなかったのではないだろうか。頼朝が院や朝廷との協調路線に乗り換えたのであったとすれば、義経も同じであり、院や朝廷から見れば、その謀反は兄弟げんかに過ぎなかった。にもかかわらず、兼実など、すっかり頼朝に同調し、割って入ってふたりの確執を仲裁するような行動には出なかった。わたしの器量では兼実や後白河を容認することはできない。九百年まえのできごとではあったが。

★(同日。左少弁、定長の言葉が続く)兼ねてまた、義行、院宣に依って、夜討ちを企むべきの由〔頼朝を追討するということか。これは、後白河による頼朝追討の宣旨が、義経に出されたことを書いているのだろうか〕、承り及び、即ち、殿下〔兼実〕に申しおわんぬの由、範季、申す所なり、云々、(中略)余、申し

て云う、院宣に依って義行、夜討ちを企むべきの由、範季の申し状、全く承り及ばず、若し、謬言を〔間違ったことを〕奏すか、兼ねてまた、罪科の条、賊徒の縁者に謁しながら、其の身を搦めまいらさず、また、奏聞を経ざるの条、其の罪、遁れ難し、なんぞ況や、頼朝の素意〔考え〕に於いては、仍っていささか、その科〔咎、とが〕を行われ、関東に仰せ遣わさる、もっとも宜しきか、

●義行＝義経が、頼朝に叛逆するべく後白河に頼朝追討の宣旨を貰ったことがあった。しかし、頼朝を攻撃したとは聞いていませんと、兼実は答える。この頼朝追討の宣旨を、兼実が知らないはずがない。もちろん、この日記に書いていたのだから。そうして続けて、関東武士が賊徒義経の縁者である聖弘を尋問しながら捕まえなかったことを、頼朝に報告するのがいいかもしれない、と言っている。ここ、兼実が義経にいく分、同情して、頼朝追討の宣旨が出ているなら、義経もまちがっていない、と言っているのか、院側として自分たちに瑕疵のなかったことを関東に報告して、こちらは少しも悪くないのだ、と主張したいのか。たぶん、後者であろう。ここで、兼実は、幕府の記号としての〈頼朝〉という言葉と、関東に知らせるというふうに〈関東〉というふたつの用語を使っていることが注目される。兼実は、幕府の主体として頼朝を一見公認しているようだが、その背後にある関東勢の政治力をもちゃんと考慮に入れているのだ、とわたしは思う。関東において「幕府」という体制が成立していたかどうかも、まだ決して明確ではないのだ。

13——義経擁護派と幕府派に分かれた京都貴族たち

○十一月十六日

★（定長が院の御使いとしてやって来る）頼朝卿の申す旨、この如し〈書札を下さる〉、朝〔国家〕の大事のため、宜しき様に沙汰図るべし、と云えり、（中略、

兼実の返辞）頼朝の申す所、もっとも理りなり、力の及ぶ所、もっともご沙汰あるべし、（中略）頼朝の申し状が云う、義行の事、南北二京〔京都と奈良〕、在々所々〔諸国〕、多く、彼の男〔義経〕に与力〔味方〕す、々々尤も便ならず〔よくない〕、今に於いては若〔もし〕二、三万騎の武士を差しまいらせ、山々寺々を、〔今〕（すぐに、か。これは原注）捜し求めるべきなり、但し、事の定め、大事に及ぶか、仍って、先ず、公家の沙汰をなし〔公家関係を捜査・尋問し〕、召し取られべきなり、〔院の〕重き仰せに従い、武士を差し上ぐべきなり、兼ねて、仁和寺の宮〔後の高野御室の道法、これは原注である〕、始終、御芳志あるの由、承る所なり、この状に依り、定長、かの宮に参り、即ち退出させおわんぬ、（原注としたのは、わたしの読んでいる「玉葉」の校訂者黒板勝美氏が入れた註のことである）

●頼朝からの手紙がやってきたのだが、院も兼実ももっともだ、と納得している。京都、奈良の寺や人が義行の味方をして、匿ったり逃亡を援けたりしている。関東武士を大勢動員して捜索すべきなのだが、そうすれば、京都も大混乱に陥るでしょう。だからまずは義行を援助している公家を捜索したい。仁和寺の宮（後白河の皇子のひとりか）は、そんな援助の心があると、聞いております。定長はすぐ、その宮のもとにゆき、逃がしたという。密かに義経を援助した皇族や貴族が多くいたのだ（この点に関しては先に角田文衛氏の説を紹介した）。関東勢の院や朝廷との関わりは、まず、人事などへの政治的容喙であったのだが、その段階では義経と親しかった院の側近らの解官などであったのだが、今度の捜査はこれらの人びとの逮捕、尋問に及び始めているのだ。義経排除の問題が、鎌倉幕府にとっても最大課題となっていたのだと、考えられる。

○十一月十八日

★（この日、院の殿上で詮議があった）、義行を召し出さるべきの間の事、細々〔いろいろと、か〕相計る、人々に問うべし、と言えり、余〔兼実〕、奉行職事の親経を召し、諸卿に仰せて云う、義行、西に走るの後、所々に隠れ籠るの由の風聞、〔院が〕聞し食しに及ぶに従い、其の沙汰ありと雖も、今においても未だに尋ね出されず、一人の逃げ隠れに依って、万人の愁歎〔嘆き〕を為し、なんぞ、奇謀〔はかりごと〕を廻らし、其の身を召し出さるべきや、

●院の庁で、義経に関する詮議があった。ここで、義経が大阪湾の大物浜から船で逃げようとし、失敗して各地を逃亡していることを確認し、その義経を摑まえられないことを貴族たちはいろいろと討議しているのであろう。そして、そのことは院、後白河にも伝わっている。世の人たち全員が嘆いているのだ。奇計をもってしても義経を捕縛すべきである。

★（同日）且つまた頼朝卿、申し上ぐ旨あり、その条に云々、山門〔比叡山〕云う、南都〔奈良〕の僧徒、同心す〔心を同じくしている〕、吉野の多武峯〔とうのみね、藤原氏の崇拝する地であった〕、また、もって前に同じ、しかのみならず、しかるべき人々、多く以て同心の由、その聞こえあり、

●頼朝の言うには、比叡山延暦寺では奈良の寺院、吉野の多武峰ともども、義経に同情している。捜索に関して、公卿たちの判断は甘い。関東勢が数万の兵を出そうとしている。しかし、京都側で考えれば、関東武士たちは義仲のときと同様、京都の町で乱暴狼藉を繰り返すであろうと心配しているであろう。だが、とりあえず、武士を送りこむ。その準備をしているのだ、と頼朝は言っている。

★（同日）この状〔頼朝の書状〕申すところ、至極の理〔ことわり〕なり、また、朝家〔国家〕の大事なり、

●上卿たちは論議する。頼朝の言うことはもっともだ。義経問題は朝廷や日本国家にとっても現在、最大課題である。しっかりと結論を出そう。それにはいろいろ大変であるが、とりあえずなんとかせねば。もとを糺すと、義経の要請による院宣、頼朝追討の宣旨がまずかったのだが、だれもそれを出した後白河を責めるのではなく、とりあえず、関東の幕府との関係を良好なものにしておきたい。そんな議論が闘わされているのだ。決まったことは以下のようである。

★（同日）一、義行を召し取らるべきの間の事、一同、定めて申して云う、重ねて、宣旨を賜う、その条、殊功〔義経らの勲功かと思ったのだが、そうでなく、義経らを密告することか〕について、載せ、〔その功に〕不次〔異例ともいうべき〕恩賞あるべきの由、諸国七道、諸社諸寺らに下さるべきか、（中略）院庁の御下文下されべきの由、通親卿申して云う、京中および所々、在家の人数を〔住人の数を〕、注されべし〔書き記し〕其の中、若し、寄宿の旅客あれば、たしかにその姓名を注進すべく、仰せらるべきか、しかれば、凶党〔義経擁護の悪いやつら〕定めて、居〔い

る〕る所を失うか、なお、本名に還して〔戻して〕尋ねらるべきか、改名の条、その謂い〔いわれ〕なし〔根拠がなくなる〕、

●貴族たちはかなりの強硬的な判断をしたようだ。義経擁護派を発見するべく、人家を捜索し、住人の数を報告させ、住人以外の旅客などを徹底的に調べて、義経の縁者を出させようとしているのだ。一同は後白河に宣旨を出してもらい、密告者には特別の報償を出そう。諸国七道の諸社、諸寺に下知して、院庁の御下し文を下すべきである、と結論している。住民のなかに、寄宿の旅客があれば報告させれば、凶党もいる場所を失うであろう。その際、義経と、もとの名まえに返して言わないと、義行という改名した名では問題があろう。また、引用文に続けて経房が言うには、宣旨に書くべきこととして、義行の親族や郎従であっても、功があれば賞を出す旨を明記すべきである。また言う。京都の四方の関を固めて、京中をもっと捜すべきだ。この関は、近江の北部の愛発が関や、琵琶湖の湖南のあたりだったか、すでに関はあった。院庁の捜査も本格化しようとしているようだ。

★(同日)一、御祈りの事、

一同申して云う、神社や寺社の司らを召し、ことに仰せ含められべし、かねてまた、諸宗〔いろんな宗派の寺々〕に尋ねられ、申し状に従い、計り行なわるべきなり、

●これは、京都貴族たちにとっての常道である、寺社への祈誓を行い、同時に、それらの寺社に法皇の宣旨である、義経捜索の旨を認知させるべきである、と。摂政の兼実は言う。今出た結論では、今までやってきたことと変わらないではないか。以下、議論ははてしなく続くが、貴族たちに決め手はなにもない、というのが実情だ。院や貴族たちの無能さが明確になるだけである。しかし、院が決めなければならないことは、義経逃亡のことだけではない。テーマがいろいろ持ち出されて議論は終わらない。義経の逃亡など、院や朝廷や貴族たちにとって、じつは直截の利害と関係ないのである。新嘗祭のことや、崇徳上皇のこと(祟りが始まっているのか)、先帝(安徳天皇)のこと、問題はさまざまにあった。そのうえ、なんという面倒な問題を抱えてしまったのだろうか。もともと、義経排除の問題は頼朝ないし、関東勢、鎌倉幕府の問題であり、院、後白河法皇としては、義経の要請で、頼朝追討の宣旨を出してしまったこと

にあった。まわりの貴族や比叡山延暦寺、南都は巻き添えを食っただけなのである。

◎十二月以降、関東関係の記事はぐっと少なくなる。そして翌年は元号が変わる。

14——義経の存亡の風聞しきりなり、および三種の神器のことなど

◆文治三年（一一八七）

◉一月、二月、頼朝の顔色を窺う記事がときどき出て来るだけで、院の庁は例年通りの、大嘗会や正月除目などの記述が現れる。

〇三月十五日

★定経、神祇大輔〔神祇官に大輔という職はないのだが。大副の誤りか。それなら神祇官の第二等官になる〕ト部兼友を召し具して参り来る。宝剣を求め奉るの間の御卜〔占い〕の事、尋ね問うためなり、六月以前、出来の由、去年占い申しおわんぬ、即ち、件のト形を持ち参るなり、

●宝剣。これは壇ノ浦合戦のとき、海に沈んで以来発見されていない、天皇家の三種の神器のひとつである。発見されたという記事は現れず、時どき、宝剣のための祈禱の記事はみかけたことがあった。ト部という名字は、陰陽道などのト占を行う者の系譜に属すが、律令的体制のなかでは神祇官に配属された陰陽師もいたようだ。安徳天皇がなくなり、後鳥羽天皇の即位のためには、三種の神器のひとつ、草薙の剣《つるぎ》が必要なので、院や朝廷でも必死に捜していた。剣の沈んだ壇ノ浦での捜索ではらちが明かず、ト噬に頼ったのであろう。わたしの記憶が間違っていなければ、ずっと後に書かれた「太平記」に、伊勢湾の海の底から浮き上がってきたとあった。壇ノ浦で沈んだ剣が伊勢湾に出て来るというのはおもしろい、と感じた記憶がある。剣のみならず、三種の神器の鏡など、内裏の火事によって溶けてしまうこともあった。そっと補鋳（作り直し）していたのであろう。

●四月はたいした記事なし。五月もあまりないのだ

が、と考えていたところ、ややぎょっとする記事に出遇った。

○五月四日

★伝聞す、義顕、美作の国の山寺に於いて、斬られおわんぬ、其の次第は、〔義経が、か〕南都に逃げ去らんとして、美州〔美作（みまさか）州〕の山寺に移住す、しこうして、近辺の寺僧、関東に告達す〔報告した〕、〔頼朝卿、専一の郎従、加藤太光員、弟、加藤次光□、件の山寺の僧と知音をなす、仍って告げ遣わす、云々〕、件の加藤次丸〔弟のこと〕、猶、疑殆〔疑い〕を成し、自身、上洛せず、郎従五人を差し遣わし〔其の中の一人、義顕を見知る者なり〕、件の案内者を以て、示し承るため、件の山寺に入り、即ち、義顕の頭を梟《さら》し〔さらし首にし〕おわんぬ、

●義顕、つまり義経が岡山の山寺で斬られたというのだ！　これを関東に報告したところ、頼朝の郎従の加藤太（長男）光員と、弟の光□がこれを聞き、疑問を抱き、自分で上洛して真相を突き止めることとなく、岡山の山寺に行って、義経の頸を斬り、梟首したというのだ。ふつう、考えられないことである。当然、義経を発見したなら、これを捕縛して、京都や鎌倉へ連行するはずだ。そこでいきなり殺してしまうというのはおかしい。

★（同日。しかし兼実は単純にこの情報を信じたのか）〔この〕事、若し実ならば、天下の悦びなり、（中略）行家、〔すでに〕誅〔殺す〕にふくし、（中略）義顕、戮〔殺戮の戮という字で、殺された〕されおわんぬ、仏法の霊功〔功績〕仰すべし、信ずべし、天下の静謐、いよいよ以て、憑〔よりどころ、と読むか〕あり、ただ、恨むらくは君臣ともに、聖哲のうつわに非ず、悲しむべし、々々、

●兼実のこの思考の単純さはどうであろうか。疑問まったくなく、悦んでいる。そして、天皇を含めた貴族たち全員が、聖哲、すべてに優れているわけではない、悲しむべし、悲しむべしと、例によって嗟嘆の言葉を吐いている。重荷をおろした気分だったのかもしれないが、まず天下の悦びだというのはひどい。かつての英雄義経は、現在、厄介者なのである。しかし、これは当然、ガセネタであったろう。

●兼実の信仰を援けている僧のおかげで、行家は斬られるし、義経＝義顕もまた梟首された（ただしこの情報がガセネタであったことは周知の通りである。やはり院を初めとする上層貴族／政治家たちの願望

が、このような幻想情報となって現れたのであろう）。事実を知らない兼実は手放しで喜んでいるのだが。この記事が書かれて以来、関東勢との交渉などの話題はまったく出ていない。宝剣の出現を願う話だけがぽつんぽつんと現れているだけだ。

◎関東勢とあまり関係はないのだが、興味深い記述があった。

○六月十三日

★［一出挙の利、加増の事］

●出挙とは律令制下の班田制と関係があり、国家から貸与された土地の生産のために、国家や富裕層が稲を貧しい農民に貸し与え、収穫時に利息にあたる米を提出させるという制度で、こんな制度が同時に機能していたということは、律令制の口分田（農民に貸与された土地、田）という私有地を制限する制度が十分に機能していたということになる。中世において、班田制がどうなっていたのか、大いに興味のあるところだ。記事が単純で、これ以上の情報が得られないのは悔しいのだが。この班田制は一種の社会主義とも言えるが、大まかに言えば、荒地を開拓した私有地、あるいは大寺社、上級貴族の所有する私有地が拡大し、律令制度は崩壊したということになる。

◉六月、七月、八月も関係記事はほとんどなく、宝剣の行方に関する記事が少々あるのみだ。

○九月二十七日

★定経来て、宝剣使のうち、神祇官兼衡、帰り来て申す旨などを申す、卜《ぼく》形などを副えまいらす、

神祇官、

卜す　宝剣御在所の事、（中略）卜、曰く、以後五十か日の内、及び来る九月十二月、明年六月節中（節気のなかほどのころ）、庚申〔かのえさる〕の日、出来き給うべし、（中略）神祇大祐卜部兼衡、

●神祇官の卜部兼衡（神祇官の三等官）が、宝剣の発見される日を卜（占い）から予告している。この占いが外れたらどうするのだろう。しかし、何日ころに出現するという卜占はまえにも出ていたような気もする。

★（同日）

陰陽寮、

宝剣、未だ王府〔京都〕に帰り給わざる間、猶、海人

〔あま〕を入れて、之を索捜〔捜索〕すと雖も、更に見ず、若しくは竜宮に納まるか、はたまた、他州に流れ給うか、如何、

●卜占の専門集団でもある陰陽寮では、神祇官で行う卜占に疑問を持っているのか、卜占という儀礼を、このふたつの官が持っていたことは、卜占にはやはり神霊の籠っているという思考が健在であったのだろう。海女（男もいた）を潜水させて海底を捜しているようだ。もし、海に沈んだ宝剣が海底の竜宮にでも納入されたとすれば、海人（海女）を潜らせて捜索しても無駄であろう。しかし、まだ、海底捜索を続けていたんだな。海流がどこかに運んで行ってしまったのだろう。

★（同日）之を推す〔推理する〕に、竜宮に収まらず、他州に移らざるか、海底に投げ奉る、在処五町内より、之を求めれば、必ず出で来給うべきか、期は今日以後、三十五日の内、及び、来る十一月、十二月、明年二月節中、ただ、庚申の日なり、（中略）大蔵少輔安倍泰茂

●神祇省と陰陽寮がそれぞれ、宝剣発見の日を推理しているのだが、どうなるのか。宝剣の行方は院や貴族たちにとって大問題なのだ。天皇即位に三種の神器が必要であったから。しかしおとぎ話に出て来る竜宮城といった観念が、この当時、まだ実在性を保ちながら、共同幻想の一種として存在していたのだ。冗談を言ってるとは思えない。それだけ、天皇即位という儀礼にとって、神器の存在が、天皇の存在証明ともなるような、シンボリックなものだったのだろう。即位式に先だつ先帝の死による大嘗祭などは、秘祭なのであって、関係者や巫女〔シャーマン的な女性〕だけしか、立ちあうことはできなかったのだから、神器など、即位の式に臨んだ関係者も遠くからこれを観ていたわけだから、神器の有無など、だれも眼をこらして確認するようなものではなかったろう。ひとえに、天皇という存在の自己証明、アイデンティティの確認作業に必要だったのではないだろうか。

○九月二十九日

★（権の弁の定長が院の使いとしてやって来て言うには）頼朝卿の申す旨、かくの如し、いかように沙汰あるべきか、計り奏すべき〔議論をするべきだ〕といえり、〔頼朝の〕件の申し状は、御使いを奥州に遣わし、東大寺大仏の滅金〔メッキ〕の料〔材料〕の砂金を、

秀衡法師をまねくべきかの由なり、この事、去る四月頼朝卿、申して云う、

★（同日）この事、去る四月、頼朝卿申して云う、前の山城守基兼〔元、法皇の近臣、北面の下臈（下っ端）、凶悪の人なり〕、秀衡のもとに在り〔先年、平相国入道〔清盛〕、院の近臣らを誡めるのうち、基兼、其の随一となり、奥州に配流されおわんぬ、その後、秀衡に属し、今に、彼の国を経巡るなり〕、しこうして上洛の者あると雖も秀衡召し禁ず〔禁固している〕の間、素意を遂げざるの由、嘆き申すところなり、頼朝は言う。

●基兼という北面の武士が奥州に逃げこんだため、捕まえられないでいる。この際、捕まえるべきだ、と頼朝は言う。

●この配流された流人基兼の帰還に合わせて、秀衡に金を出させるべきだ、と頼朝は院に訴える。頼朝の申し状は言う。

★陸奥の貢金〔金の朝廷への献上〕、年を追って減少す、大仏の滅金〔メッキ〕、巨多〔たくさん〕まかりいるか、三万両ばかり、進ぜしむべきの由、召し仰せらるべきなり、くだんの両条〔貢金のほか、奥州に流人になっていた北面の武士の帰還の問題があった〕、別の御教書を賜り、秀衡のもとに仰せ遣わさんと欲す、といえり、

●平家の重衡が南都、すなわち奈良の東大寺や興福寺を焼いたとき、大仏が焼けただれたものの復元を頼朝は援助していたようなのだが、このメッキ用の金を、金の有数の産地である奥州の秀衡を召して三万両を出させようと、頼朝はもくろんでいるのだ。義顕（義経）捜索の途中であるが、ともかく頼朝や関東勢は東大寺や大仏、毘盧舎那仏の復元を支援しようとしているのだが、むしろ頼朝の狙いは、秀衡にありったけの金を放出させることで彼の弱体化を狙っていたのだろう。しかし、御教書を貰った秀衡は《院宣を重んぜず、殊に恐れの色もなく》、言うことを聞かなかった。

●当時の三万両がどの程度の価値があったのか、よく解らないのだが。その額が巨大なものであったとするなら、秀衡の経済力を弱体化させようという意味もあったに違いない。ともかく、以下を要約すると、頼朝は秀衡を催促する御教書を後白河から貰って、自分の手紙も添えて秀衡に届けた。協力はしたいが、最近、金商人が大勢入りこみ、金も掘りつくした状態である、とはいえ、なんとかしてみます、のような秀衡の返事でした、とあった。頼朝としては、

院と秀衡のあいだを自分が仲介することで、院に対する影響力を増したいということだったろうか。あるいは、なんとか、秀衡を関東勢の、鎌倉幕府の御家人なみに位置付けたいと思ったのかもしれない。今後、この問題はどのように展開するであろうか。

◆文治三年

◉文治二年は九月で終り、なぜか暦が変わって、三年は十月から始まるのだが（天皇が変わったか。しかし、後鳥羽天皇は文治一年即位だから、元号が変わったわけではない）、この間の記事を載せる「玉葉」の本文が散逸したのであろうか。十二月まで、たいした記事なし。しかし、例によって『史料綜覧』を参照すると、重要な記事があったのだ。そして、引用書に「玉葉」が載っているのだが、「玉葉」にその記事はない。鎌倉でのニュースは八日後くらいに京都に届くので、その辺の「玉葉」の記事を捜すのだが発見できないでいる。

◎以下、『綜覧』の記事である。

☆文治三年四月三日。法皇ノ御不予〔病気〕ニ依リ、詔〔みことのり、天皇の言葉〕シテ非常赦〔赦は許すこと、つまり、常の赦でなく、時どき行われた特別の赦〕ヲ行ハセ給フ、但シ、平宗盛、及ビ源義顕ノ党類ラハ、赦ノ限リニアラズ、（赦事詔書事、玉葉、吾妻鏡）とあった。敗戦した平家の棟梁と、義経はその非常の恩赦の時も許されなかったという。

☆四月四日、頼朝、鶴岡〔鶴岡八幡宮〕以下ノ社寺、及ビ、上野金剛寺ニ命ジテ、義顕ノ追捕ヲ祈ラシム、会〔偶然に、と手もとの漢和辞典にある〕、京都風聞アリ、義顕、美作ニ殺サルト、（吾妻鏡、玉葉）とある。

●朝廷、院においても、今や、かつての平家の棟梁、宗盛と、義経は同格の謀叛人になっていたのだ。そして、義顕＝義経が岡山で殺されたというニュースが鎌倉にも伝わっていた。これは京都にはすでに届いていたガセネタであったのだが。

☆九月四日。頼朝ノ請イニ依リ、院宣ヲ藤原秀衡ニ下シテ、義顕ヲ比護セルヲ責ム、是ニ至リテ、秀衡、異志〔反国家的志向〕キヲ陳謝ス〔反国家的意志はまったくないですと、釈明したのであろう〕、頼朝、使イヲ京都ニ遣ワシテ、之ヲ奏ス、（吾妻鏡、玉葉）とある。

●なんと、義経は、奥州の秀衡のもとに匿われているというのだ。いつの間に、義経は奥州に逃亡したのか。まあ、この義経の奥州行は「義経記」を初めとして周知の事件であったのだが。しかし、問題は、「玉葉」はなぜこれを書かなかったのか、という疑問である。頼朝は京都に、院に報告しているというのだ。そう考えると、やはり、この文治三年の一月から八月までの「玉葉」の記事はなにかの理由で紛失したのであろうと考えられる（「玉葉」の異本には記事があるかもしれないのだが）。しかし、頼朝ないし幕府、関東武士たちの情報網は、奥州をも捉えていたのだ。そして院宣を貰っているので、後白河法皇には報告していた。

☆九月二十二日。頼朝、中原信房ヲ鎮西ニ遣ワシ、天野遠景ト共ニ貴海島〔鬼界が島のことか〕ヲ撃チ、義顕ノ党類ヲ捜索セシム、（吾妻鏡、ほか）とあった。

●鬼界が島は流刑の地であったか、「平家物語」では俊寛僧都などが流されている。そこに、義経の関係者がいるという。こんな、日本列島の西の境と言われている島まで、幕府の役人を派遣したのであろうか。確かに、「吾妻鏡」の同日の記事に、義経に同意した者がいるというので、この地の果ての島に信房を送ったと書いている。天野遠景については、「尊卑分脈」を視たのだが、天野藤内遠景なる人物はみつかった。佐兵衛尉、法名蓮景であることは解ったが、事績が書いてなく、たぶん、「吾妻鏡」を読みなおさねば把握できないことが解った。しかしこれはパスすることにする。

☆十月二十九日。前ノ鎮守府将軍、陸奥守、従五位上、藤原秀衡卒す、子、泰衡ラニ遺命シテ、源義顕を翼戴セシム、

●とあり、「吾妻鏡」「玉葉」ほか、たくさんの資料が提示してある。しかし、「玉葉」の同日の記事に秀衡の死に触れた文章はまったくなかったのだ。

●あの秀衡が死んでいた！　奥州における最大の政治家として君臨していた秀衡もまた、死んでいくのは避けられなかったのもしようがない。秀衡は死に臨んで遺言した。息子の泰衡に義経を「翼戴」せしめたというのだ。この「翼戴」とは、「吾妻鏡」そのものにあたってみると、秀衡は、死ぬだいぶ前から、《伊予守、義顕を大将軍として国務せしむべきの由、男〔息子〕泰衡以下に遺言せしむと云々》とある。つまり、奥州では、この逃亡者義経をトップに戴き、泰衡ら、秀衡の息子たちは義経に従うように、というのだが、秀衡はなにゆえ、義経をこのように敬愛し、自分のいた位置を譲ろうというのだ。泰衡らにした

ら、なぜ、おれたちがこの逃亡者、頼朝から嫌われている人物の支配下に入らねばならないのか、とこの亡き父の言葉に反感を持ったであろう。この記述の「国務」の国は日本国の国ではなく、陸奥のほうの国ということだろうが、ともかく、逃亡してきた義経を頭に抱いて、奥州を統括させようと言っている。この辺は、「游魚」第三号に書いたのだが（前掲論文）、「吾妻鏡」をどの程度信用していいのか、この点を飛ばして言うなら、秀衡は少・青年時代の義経を奥州に匿い、義経が、兄頼朝が挙兵したことを識って、関東の兄のもとに駆けつけようとしたとき、これを厳しく止めている。それがなぜだったか、理解できなかったのだが、たぶんに、義経のなかに、奥州蝦夷を征討した義経の祖父、曽祖父らの血を引く義経に、ゆくゆく日本国家をも牛耳っていける才能を発見していたのかもしれない、という推測はできる。もっとも義経やあるいは頼朝を蝦夷と関係づけて論じた研究者はだれもいないのだが。秀衡がむりやりつけてくれた郎党（家人）佐藤嗣信が平家との戦いで死ぬとき、義経に日本の王になってくださいと最後の希望を託したようにもとれる、「平家物語」の記事があったのだ。義経は屋島の戦いのとき、自分の身代わりになって瀕死の状態にある嗣信に言う。《「この世に思ひ置くことはなきか」と宣はば、「君の御世《おんよ》に渡らせ給ふを見参らせずして、死に候ふこそ、心にかゝり候へ」》（流布本、角川文庫、一九五九年）。この御世に渡るというのが、出世して偉くなるともとれるが、この、世の中、つまり東国やあるいは日本を引っ張っていく英雄のようにもとれるのだ。その、義経の雄姿を見ずに死ぬのが苦しいです。嗣信はそんなふうに言っているように思える。しかしこの言葉は、のちの秀衡の遺言に連なり重なっていくのである。

●その点はぬきにしても、何度も書いてしまうが、なぜ、兼実は義経が奥州まで逃げ延びたこと、秀衡の死を書かなかったのであろうか。考えてみると、秀衡は陸奥守であり、鎮守府将軍という官職を貰っているのだから、後白河や「玉葉」の著者が秀衡の死を知らないわけはないし、いったいどういうことなのかな。ひとつは、関東の勢力が大きくなり、奥州の管理は頼朝側に任せてしまったという、経過も考えられる。坂上田村麻呂のあたりから、奥州蝦夷の皇民化、日本国への同化のための戦争や努力を、朝廷はやめたことはなく、拠点を少しずつ北へ北へと展開していた。ただ、それでは関東武士たちの動向に関心がなかったかというと、そうではあるまい。しかし「玉葉」においては、関東に関係する記述はしだいに薄くなってゆき、自分（兼実）は、関東武士らとはもう関わりたくない、といった感じの雰囲気になっていくのだ。「玉葉」に反映されている、この上級貴族の観念の世界は。

15——義経の人物像を解読する

◆文治四年

◎ここから、また、「玉葉」に戻って義経らの逃走のあとを追ってみることにしよう。

○正月九日

★或る人云う、去年九、十月のころ、義顕、奥州に在り、秀衡、隠してこれを置く、即ち、十月二十九日、秀衡死去の刻《とき》、兄弟〔秀衡の息子たち〕和融をなす〔兄弟間の争いをやめる〕、〔兄、他腹の嫡男なり、弟、当腹〔現在の秀衡の妻〕の太郎〔長男〕、云々〕、他腹の〔正妻の子でない〕嫡男を以て、当時〔現在〕の妻を娶《めと》らしむ、云々、各〔おのおの〕異心あるべからざるの由、祭文〔誓いの文章ということだろう〕を書かせしめおわんぬ、また、義顕〔にも〕同じく祭文を書かせしむ、義顕を以て、主君となし、両人〔兄泰衡と弟某〕仕えたもうべきの由、遺言あり、仍って三人〔義経、泰衡、某〕一味〔一致団結して〕し、頼朝を襲うべきの籌作〔計略〕を廻らせ、云々、

●ついに、義経（義顕）の逃亡先が解った。奥州の秀衡のもとであった。しかし、この記事は初めて秀衡の死のニュースと遺言をも報告している。ある人が、このことを兼実に語ったというのだが、それはだれだったのだろう。こんな、秀衡一族の秘密のような打ち合わせを、ほかの無関係の人間に漏らすだろうか。兼実が、こんな記事を作ったはずもないから、この点、非常に不思議でもある。頼朝が奥州で調べた情報を、兼実に伝えたのだろうか。残念ながら、この点、まったく不明である。もし、秀衡が義経を将

軍として頼朝を襲えと言ったのだとすれば、先に『綜覧』に見えた「国務」の範囲は東国全体に及ぶことになる。死のまぎわの嗣信の言葉も、示唆的であった。しかし、こんな情報がともかくも兼実に伝えられたのだ、というところで筆をとどめるしかない。

●秀衡は、義経を買っていて、泰衡兄弟に義経を主君としてつかえ、三人で心を合わせて、関東の頼朝を襲えと遺言したというのである。伊豆に流されていた頼朝が初めて、京都上級貴族の兼実の日記に登場したころから、どちらが言い出したのか、秀衡の娘と頼朝の結婚の話もあり、「吾妻鏡」も書かなかった頼朝と奥州秀衡のあいだにはなんらかの関係があったはずだ、とわたしは感じていたのだが。政治的に解釈すれば、奥州が関東との連合をめざしていた、とも、あるいは、関東武士団を結集してその棟梁となって、京都の院や朝廷と交渉を始めた頼朝を滅ぼして、奥州が中心となって京都政府と対抗する、その両方の分析が可能であった。その、矛盾を抱えたままの秀衡と頼朝の関係にはおおいなる興味を感じてきたのだ。

◎それとは別に、あるいは同根かもしれないが、幼少時の義経が奥州秀衡のもとに匿われていたという伝承が生まれたのはなぜだったのか。「吾妻鏡」に現れた義経の幼少時の伝承にはふたつの物語があり、一方のAは、頼朝の黄瀬川の陣を訪れた義経登場のおり、義経自身が語ったように思われる文章で、《この主〔義経〕は、去る平治二年正月、襁褓《むつき》の内に父の喪〔も〕に逢ふの後、継父一条大蔵卿〈長成〉、の扶持〔ふち〕に依り、出家となりて鞍馬に登山す、成人の時に至りて、頻りに会稽の思を催し〔中国の故事、会稽の恥を雪ぐ、というもの〕手自ら首服〔元服〕を加へ、秀衡の猛勢を恃みて奥州に下向し、多年を歴《ふる》なり》とあるもので、頼朝の挙兵を聞いて東国にやってきた、そして頼朝の配下についたというものであり、他の一方はいわゆる「腰越状」に書かれた文章で、B《義経、身体髪膚を父母に受け、幾時節を経ずして、故頭殿〔義朝〕ご他界の間、実無之子《みなし》と成り、母の懐中に抱かれ、大和国宇陀郡竜門牧〔馬の飼育場〕に赴きて以来、一日片時も安堵の思に住せず、甲斐無きの命許〔命ばかり〕を存《なが》らふと雖も、京都の経廻〔あちこち行くこと〕難治〔困難〕の間、諸国に流行〔放浪〕せしめ、身を在々所々に隠し、邊土遠国を栖《すみか》と為して、土民百姓らに服仕せらる》というものであった。このふたつの幼少時の経験ははっきりと違っていて、ふたりの人間の過去のように感じられるのだが、どうだろうか。保立道久氏は前掲『義経の登場』において、このふたつの伝承について違和感を持たなかったのか、《この二つの史料が語るのは、相互に大きな相違もなく、それ自体としては単純な事実であって、とくに史料批判を必要としないように思われる》と書いているのだが、Aにおいては、母常盤(『吾妻鏡』は常盤の名まえを一度も出していないのである)が再婚した相手の一条長成の助けで鞍馬寺に入った、とあるのにたいし、Bでは、父義朝が死んだあと、〈みなしご〉になった、と書き、母の懐中に抱かれ、すなわち幼児のとき、宇陀郡の竜門の牧に行ったとあるのだ。保立氏はこの引用文の中にある《実無之子《みなしご》と成り》を《ご他界の間、無実の子となり》と読み下しているのだが、〈無実の子〉では意味が解らないのではないだろうか。『広辞苑』は、「無実」を「誠実な心のないこと、実質のないこと、冤罪」と解説している。わたしの引用文は、岩波文庫の『吾妻鏡』(龍粛訳註)という本をそのまま書いているのだが、ここは〈みなしご〉と解釈していて父親のいない孤児であったことがすぐ解る。「実無之子」は「ミナシ子」とも読めるが、「実、無き子」とも読めそうだ。そうだとすると、「無実の子」のほうが、原文に忠実なような気もする。「実がない」、しっかりしたアイデンティティのようなものがない子ととれば、親がいない不遇の子どもとも理解できる。いずれにせよ、わたしは、保立氏の説を否定したいわけではない。さまざまな系図を参照して、史実に迫ろうとしている保立氏には感心しており、ほかの著書も愛読している。

●というわけで、このふたつの伝承は文献批判なしにそのまま受容できるであろうか。まず、Aは、この主は、と書いているので、「吾妻鏡」を編集していた人たちが、当時の義経に関する伝承をまとめたものであり、Bは「腰越状」なるものが本物か偽書か、不明であるとしても、一応義経自身が語ったというかたちになっており、明らかに相当な違いがあるのではないだろうか。平治の乱で敗れた義朝の九男となると、だれが彼の過去を探索したというのだろう。いつも考えるのだが、このような実質性の不確かな青年が現れたとき、自己証明ができたのだろうか、と不思議なのである。それは頼朝も同様であるが。流人として伊豆に現れ、その二十余年後に、彼はいかにして自分が平治の乱の直後に死んだ義朝の息子であることを説明できたのだろう。義経のばあいは、奥州藤原氏の秀衡が、義朝の息子であると太鼓判を押したとも考えられるが、そもそも、京都から流れてきた義経の出自を、奥州の藤原秀衡はなぜ確認できたのか。この点、保立氏は、義経の義父の一条長成の親縁者の基成という人物が秀衡の近辺におり、彼が保証したように書いている。

◎保立氏は続けて、いとも気軽に、《両者をまとめてみれば、「義父の一条大蔵卿長成の扶持によって、出家のために鞍馬にのぼった。しかし、成人の年に近づいたころから復讐心に燃え、（中略）奥州の藤原秀衡をたよって、陸奥に下向した。この間、諸国を放浪して身を隠し、その土地の土民や百姓の奉仕によってようやく生活を送ってきた」ということになろうか》と書いている。このようにふたつの伝承をいとも簡単に繋げ合わせたのは、まず、渡辺保氏『源義経』（人物叢書、吉川弘文館、一九六六年）がそうであり、やはり安易に過ぎるのでは、と読後に感じたのであった。保立氏は、「腰越状」の最後の、「土民、百姓に服仕せらる」という文章から、《服仕せらる》という表現にこだわり、義経が苦労に苦労を重ねて成長したという物語が生まれたのだが、じつは、単に土民たちから奉仕された、と読みなおしている。その点は、わたしも「服仕せらる」は服仕（農作業などに従事）させられたのか、義経が服仕された（義経を応援庇護した）と書かれたのか、暫く考えたものだった。しかし、わたしはふたつとも〈義経伝承〉のふたつのヴァリエーションであろう、くらいに考えてきた。繰り返しになるが、義経が奥州に辿り着いたとき、秀衡がなぜこの若い男が義朝の末の息子として容認できたのか、と本当に思う。義朝がいかに河内源氏の嫡流であるからといって、同時代にその末子までが系図的に纏められていたのか、そんなことはありえない、と思うのだ。とりわけ、義経の母親が身分の低い女性であったとすれば、義経のことなど、どこでもまったく問題になっていなかったのでは、と考えざるをえない。保立氏は、血縁や姻戚関係を微細な系図を参照して、必死に辿りながら、常盤の周辺の関係性のなかでの義経の位相、あるいは義経が奥州で受容された必然性を探ろうとしているのだが、五親等とか六親等の姻戚関係が人びとにとって有効であったろうか。頼朝は、平治の乱後、殺されそうになっていた彼を援助してくれた池の禅尼やその息子の頼盛を、幕府の成立以降、優しく対応してきたとされているが、義経と秀衡のあいだにそのような直截の関係性があったとは思われないのだ。保立氏は、ひたすら、そのような関係の円環を復元するような作業を、前掲書ではやっているのだが、おおいに疑問である、というしかないのである。

●義経や頼朝の祖父や曽祖父、頼義と義家は奥州人（蝦夷ないしアイヌ人）の敵であったのだから、なぜ、敵の孫義経を秀衡は匿い育てたのか。そこには当時の二つの民族、蝦夷と和人（日本人）の確執が背景にあり、一筋縄では解けない関係性があったのかもしれない。しかし、わたしは当時の日本人にとって奥州の地は、ある人物たちが朝廷から追われるような人物だったとすれば、一種の治外法権的なアジールであったのではないかと考えたこともある。だから、少数だが奥州に逃げこむ人びともあった。兄頼朝との確執から最後の逃亡先を奥州にした義経＝義顕の歴史が、前送りされて、幼少時代の奥州への逃亡という、物語を生んだのではないかとも、わたしは考えたのである。義経の最後の逃亡先が奥州であったとき、この反・頼朝の男を秀衡が受け入れたとしてもそれはおかしくないのだ。東大寺への貢金の強制や、奥州に権力を振りかざしてくる頼朝にたいして、秀衡は苦しく思っていたのは間違いない。

★（同日。この、義経の奥州への逃亡と秀衡の死を聞いた兼実の呟きは）今日、余〔兼実〕、お堂に参り、仏前にさぶろう間、信心にわかに発起し、天下大平〔泰平〕、家門の安全の事を祈請す、定めて感応あるか、悦ぶべし、悦ぶべし、

●秀衡の死。兼実にとって奥州秀衡の死はたいした衝撃でもなく、おかげさんで世のなか、安定しました、ですませて、むしろ家門の安全を祈願しているのである。悦ぶべし、と快哉を叫ぶようなできごとに過ぎなかったのだろうか。ただし、兼実の上級貴族としてのクールさ、冷徹さはもう何度か、この長編日記に現れている。しかし、秀衡は陸奥の守兼鎮守府将軍に任じられたとき、兼実は賛成しなかった。国司や鎮守府将軍は朝廷や院から派遣すべきなのであって、地元の有力者を任命すべきでない。しかも秀衡は蝦夷の長であり、許せなかったのだ（ただし、秀衡を蝦夷と位置付けた研究はなく、わたしの独断に過ぎないかもしれない）。だから、悦んでもしょうがないか。

16――義経は奥州秀衡のもとに逃走していた！

○二月八日

★二位大納言、書札を送って云う、出羽国に遣わすところの法師昌尊の申し状、かくの如し、即ち、件の状を送らる、委細ともに録すること能わずと雖も、只、義顕、奥州にあり、即ち件の昌尊出羽国より出ずるの間、かの軍兵〔奥州藤原氏の軍か〕と合戦し、稀有〔なことだが〕命を逃れて鎌倉に来たり着き、この子細を以て、頼朝に触れる〔告げる〕のところ、早く国司に申して、院奏〔院に報せる〕を経べしの由、なり、

●出羽の国に派遣されていた法師の昌尊という者が、義顕(義経)が奥州にいることを知り、秀衡の軍と戦い、命からがら鎌倉に辿り着いて頼朝に報告した、というのだ。頼朝は早く後白河に報せろと命じたという。鎌倉から飛脚をもって後白河にこのニュースは伝わったであろう。この情報を後白河法皇はどのように受け止めたであろうか。ニュースが院に伝えられたことが翌日の記事に出ている。

○二月九日

★盛隆朝臣を召す、昨日、権大納言の示し送るところの義顕の間の事を奏す〔院にであろう〕、夜に入りて帰り来る、仰せて云う、此の事、いかでか御信用なきか、但し御返事、只、其れより直に仰せらるべきなり、云々、余〔兼実〕申して云う、此の事、すでに大事なり、いかでか、私に返事を申さんか、猶、院に於いては議定あり、別の御使いを遣わさるべきか、

●少し解かりにくい文章だが、権大納言が院、後白河に義顕が奥州にいることを申し上げた。彼が言うには、どうしてこの事、信用されないことはなかろう。ただし、後白河には盛隆朝臣が直接言うべきだ、と。そこで兼実は言った。これは一大事であるから、私的に言うことではない。後白河には別のお使いをさし向けるべきか。

○二月十一日

★(兼実は)酉の刻〔夕方六時ころ〕、直衣〔のうし、貴族の平常の服〕を来て参内す〔内裏に出かけた〕、龍顔

〔天皇のお顔〕を拝し奉るのところ、御悩〔御病気〕すでに平癒、悦びをなすこと少なからず、即ち、参院す〔院に行った〕、(中略、院すなわち後白河)義顕の間の事、仰せ出さる、子細を申しおわんぬ、即ち召し有り、仍って御前に参る、主上〔後鳥羽天皇〕の御風気、無為〔無事〕の由、ならびに義顕、奥州に籠る間の事を申す、

●兼実はまず、病気の後鳥羽天皇を見舞い、その後、後白河のところに廻って、院に義経が奥州に逃れたことをしっかりと報告した。義経は遥かな奥州で生きていた。後白河はこの情報に接し、どう感じたであろうか。最近読んだ坂上康俊『律令国家の転換と「日本」』(講談社、「日本の歴史05」、二〇〇一年)によると、検非違使と勘解由使は、彼らの関係した犯罪などの報告を天皇もしくは院に直截に奏上したという。義経は一ノ谷の合戦後、検非違使の尉に任命されている。後白河が決めたことだろう。そのように検非違使であった義経は後白河と会うチャンスがかなりあったであろう。あるいは貴族世界の頂点にあった後白河と、その対極にあった武士の義経のあいだにある種の親しさが生まれたかもしれない。後白河は義経に請われて、頼朝追討の宣旨を出している。そんな後白河にとって、義経が奥州まで逃げ延びたことを密かに喜んだであろうか。そんなことを想像しても意味はあまりないのであるが。義経の奥州逃亡の情報を知った頼朝ないし関東勢は、すぐに義経追討の宣旨を後白河に要求している。宣旨はまだ出ていなかったのだ。

●しかし、現在読んでいる戸田芳実氏の『中右記——躍動する院政時代の群像』(そしえて、一九七九年)によると「中右記」の著者がある時期検非違使だったので、検非違使と犯罪について書いているところで、《事件の重要さによって、別当〔検非違使の長官〕または官人〔検非違使庁の役人か〕が勘問記〔犯罪取り調べの記録〕を持って院に参上し、院司のとりつぎで進覧することがあった》とあるので、院つまり上皇に面談するのは別当、つまり検非違使の長官らであったのかもしれない。そうすると、検非違使の尉(判官。正確には検非違使であり、左衛門の尉であったとする本もあるが)、つまり第三等官だったとすれば、義経がしばしば後白河に面会することはなかったかもしれない。だから先のわたしの想像はあまり意味がなかったのかもしれない。しかし、むしろつぎの頼朝に関する情報はおもしろい。

17――頼朝は英雄的武士などではなく、信心深い一介の男に過ぎなかった

○二月十三日

★盛隆朝臣御使いとして来たりて云う。追討宣旨〔奥州の義経追討ということか〕の事、人々一同、計り申す、(中略)刑部丞、成経上洛、頼朝卿、申し送りて云う、義顕、奥州に在る事、已に実なり、但し、頼朝、亡母のため、五重塔婆を造営す、今年、重き厄により、殺傷を禁断しおわんぬ、仍って、追討使を承ると雖も、私の宿意〔義経にたいする私怨〕を遂げるべきと雖も、今年においては、一切此の沙汰に及ぶべからず、もし、彼の輩〔義経もしくは奥州藤原氏一族であろうか〕の来襲においてはこの限りにあらず、

●なんと、厄のため(亡母のために五重の卒塔婆を造ったため、と言っても塔のような建築物か)、殺生を禁断しているという。わたしが言及した、武士とは狩猟民族とも関係があり、さらに首狩り族である、という武士のあり方や、武士の技芸(弓箭や騎馬の道)は狩猟訓練にあるという、そんな武士の棟梁とも言える頼朝が、殺生を禁断したというのだ。この頃

以降、「吾妻鏡」には、ぼつぼつと、死と穢れのような記述が見られるようになる。首狩り族と穢れについては「游魚」五号(二〇一七年十一月発行、西田書店)に書いた。

●義経追討(もちろん義経を殺すことである)は今年はできないというのだ。それは武士の論理/倫理を、仏教的理念がきつく縛っているということなのであろうが、なんだかちゃんちゃらおかしいぜ、と言うしかないのである。もっとも、十三、四歳のころの平治の乱で、頼朝が、清盛側の兵士を殺していたかどうかは不明だが、そののち、頼朝の殺生は「蘇我物語」の富士の巻狩りのような狩猟のとき、鹿やイノシシを弓で射殺していたか、これも不明だが、ともかく、大きな戦争の経験はなく、頼朝は人を殺したことがなかったかもしれない。そして、父義朝や親族の源氏たちへの回向のためであったか、仏教の熱心な信徒であったのかもしれないが、ともかく〈武士〉という範疇で捉えられるしかない頼朝が、義経追討を今年はあきらめると言っているのだ。「吾妻鏡」に

従えば、死んだ秀衡の息子の泰衡に自分の代わりに義経殺しを強要したのであるが（殺人、死、穢れ、などの京都貴族的観念が、じわじわっと関東にも伝染してきたのであった）。頼朝の言葉はさらに続く。

★（同日）（自分はそんなわけでなにもできないが）すなわち、公家より、じかに秀衡法師の子息に仰せて〔秀平においては、十月二十九日に、逝去しおわんぬ〕、かの義顕を召しまいらせるべきなり、且つうは、これ、かの子息ら、義顕〔等〕と同意の由の風聞、其の真偽を顕かにする〔べき〕なり、但し、この状、頼朝、故に〔右に書いた理由で〕奏達するあたわず、ただ、内々〔秘密裏に〕能保、相計るべき、云々、と言えり、〔已上、頼朝の詞〔ことば〕〕、能保申す旨、かくの如し、

●頼朝の申し状は、朝廷ないし院の公卿から、死んだ秀衡の息子に、義経を摑まえて差し出すよう、通告するべきだ、と言っていた。自分には今それはできないし、秀衡の息子泰衡に命ずることはできないのだ。頼朝の言葉はかなりの程度に居丈高であり、この辺に頼朝の京都の朝廷や院と同格であろうとする意志が覗いているように思われる。続く兼実の文言は、自分は頼朝の提案に反対する理由はない、であり、頼朝も不思議にそれ以上、院に捩じこんでいるわけではない。頼朝は忌があけた翌年、大々的に奥州を攻めることを思い描いているのかもしれない。翌日、兼実は、つぎのような院宣（後白河の宣旨、奥州への命令書）を出してもらえと、院の使いに言う。

○二月十四日

★文治四年二月十四日　宣旨

源義顕は、文治元年ころ、にわかに逆節を計る〔頼朝を討とうという計画を練った〕、みだりに憲状をはなる〔倫理にもとる〕、然る間、神明、力を合わせ〔神々の力添えで〕、賊徒〔義経ら〕敗れ、逃げる、仍って、五畿七道諸国に仰せて、〔義経の〕其の身をもとめ捕えるべきの由、宣下まずおわんぬ、ここに風聞のごとくば、かの義顕、偸〔盗むという字なのだが、そっと、あるいはひそかに、と読むか?〕、奥州に赴き、（中略）〔持っていた書状を〕院の勅命だと称し、かの義顕、辺民〔奥州の民、蝦夷ら〕をあい語らい、野戦を企てんと欲す、（中略）よろしく、前鎮守府将軍秀衡の子息ら、かの義顕ならびに同意の輩を追討せしむべし、もし、綸言〔院の言葉〕に背き、勲功〔義経を捕えるという〕存ぜずば、すべからく同罪として官軍

を遣わし征伐せしむべし、蔵人左衛門権佐　平棟範奉〔ず〕

●この勅命は、《口宣を以て、下さる所なり》とあるので、後白河が口で語ったということだろうか。後白河と義経の交流というわたしの想像のなかでは、後白河はこの最後通告のような勅命を下すことは本意ではなかったという気がする。しかし、こうして、義経＝義顕は完全な謀反人となったわけだ。もし、義経が本当に頼朝の弟であったなら、頼朝という人物は、腹違いだとはいえ、血縁的親近感というものを一切感じなかったのであろうか。それとも頼朝たちの目的が、関東に政権を築くことであり、そのためにはあらゆる謀反人を抹殺せざるをえないのだと、納得していたのであろうか。頼朝にとって血縁者の義経をどうのこうのすることなどはもはや、たいした意味がなかったのではないか。むしろ〈鎌倉軍事体制〉を確立するための障害はすべて排除するのだという、精神構造があったのか。奥州における真の脅威であった秀衡のほうが危険人物であったはずだが、彼はすでに死者となっており、義経がその代役、もしくは奥州のシンボルであったのだ。

○二月十七日〔盛隆朝臣が来て、院宣を伝えて言うには、頼朝の後白河への申し状についての説明があった。それから兼実への消息を二通、貰ってきたと。その一通は宇佐神宮の補修の件で、これは頼朝ないし、鎌倉勢が負担したのであろう。もう一通は義顕のことであったが、奥州の秀衡の息子に義経を擱まえて京都へ送れというもので、そこには、義経の義顕への改名はいかん、本名にすべきだというのであった〕

★義顕の間の事、改名の状〔義経から義顕への改名のことか〕、異義に及ぶべからず、早く宣旨を摺〔やぶ〕り改めらるべきか、秀衡法師の子息らをして、義顕を追討せしむべきの由、宣旨下さるの状、もし、頼朝の意趣に乗るか否か、いささか思慮あるべし、その故〔八〕今の申し状の如くば、件の泰衡〔季衡なり〕、義顕と同意し、すでに謀叛者となる由、言上、しかして、左右なく追討使の由、宣旨に載せらる、いかん、

●義経が頼朝から追われる立場になったとき、一度、義行と改名されたのだが、さらに義顕とされた。その理由は、顕という言葉が明らかになるということで、義経が早く現れ姿を現すように、という、冗談のような命名であったのだが、後白河は先に、改名

はよくないと言ったのに、ここでは異議に及ぶべからず、と言っているのはよく解らないが、ともかく、実名では殺さない、それでは殺されることはひとかどの人物として認められたことになる。だから、別人にして殺してしまおう、とでも言うのだろうか。ここはよく読めないでいる箇所である。むしろ大きな問題は、秀衡の長男で跡継ぎの泰衡が、父の遺言にあった、義経を大将として、関東を攻めよ、といった文言を守らないようにとでも言っているのだろうか。遺言に従って義経に同意し、ともに関東勢と戦おうとでもいうなら、そっちのほうが問題だ。だが、義顕追討の宣旨を貰ったからには、こちらで処理せねば、そんなふうに言っているようだ。ともかく、義経の死が刻々と迫っているのは間違いない。

18——後白河法皇とは、平気で義経追討の宣旨を出す無情の人物だった

○二月二十一日

★義経追討の宣旨を下さる、云々、院において、その趣きを定め仰せらる、

●ここでは、義顕でなく義経という文字を使いながら、奥州にたいし、義経追討の宣旨が院から下されたと言っているのであろう。院、すなわち後白河法皇にあっても、義経への同情も共感ももはやなく、鎌倉勢に任せるということになったのだろう。冷酷、酷薄な後白河であり、それを受容する兼実であった。

◉この、義経の奥州への逃亡と秀衡の死の記事以降、関東勢に関する情報、ニュースは「玉葉」から皆無になってしまうのである。頼朝グループの関東政権は、諸国に配備された守護や、各荘園などの私領地への地頭の派遣という制度の確立を院から獲得し、東国や平家没官領などの知行権というべきものを確立すると、それ以来、院や朝廷にそれほど、多くの要求を突きつけたわけではなかったようだ。あるいは兼実の記述に現れなかっただけだろうか。兼実は、京都からいなくなった義経にはもはやなんの興味もな

い、という感じで、貴族の武士へのある種の冷酷な蔑視の感情が現れているのかもしれない。義経についてなにも書かないぞ、というところに。しかし、日記「玉葉」はまだ七、八年は続くので、この「日記」解読作業もまだ終わることはできないのである。

●以下に、わずかな記事、と言ってもひとつしかないのだが、文治四年の記述を紹介する。

○九月十四日

★(棟範が来ていろいろ言う)頼朝の御請け文あり、先日、奥州に遣わす官使〔官の使いというからには、院からの使いであろう〕、ならびに両府〔院と幕府ということか〕の申請け文、泰衡〔死んだ秀衡の長男〕の申し状の返状を持参するなり、左右〔いろいろ言わず〕、ただ、勅定〔院の決定〕あるべし、云々、

●頼朝から、後白河が奥州に遣わした使いが、泰衡からのなにかの要請の手紙と、院や幕府からの言い文への返答を持ってきたという。泰衡がなにを要求しているのか、書かれていないので解らないが、ともかくも院の思い通りに運んでください、と泰衡は首を差し出したということか。

◆文治五年

◎やはり、義経や関東関係記事は少ない。それは冷淡な兼実の心情によるというより、京都の貴族や官人や町民たちの、やはり共同幻想であり、彼らは、奥州や鎌倉幕府や関東武士たちへの興味が全体として薄れてきた、ということだろう。

○正月十三日

★兵衛の尉時定参上して、申して云う、(中略)九郎、京都に還るの消息などあり、すなわちこれを持来る、まことに不思議の事なり、

●義経が、奥州から京都に帰ってきたという情報があるという。不思議なことだ、と兼実は呟くのみである。しかし、さすがに京都に帰還するという情報には驚いたことだろう。京都町民や貴族の幻想には義経の生還という希望か願望があったに違いない。関東の無礼で野蛮な武士たちに較べると、義経の登場が待たれたのであろう。やはり検非違使時代の義経が京都の街で、好感情を与える人物だったのではないのかな。京都町民たちは義経のことは多く伝聞であり、実像など識らなかったであろう。逃亡者が舞い戻るというのは、不思議なことではないかと思

うのだが。
○閏四月八日
★(五位の蔵人家実がやって来て院、後白河の言葉を言う)
　奥州、追討の事、仰せて云う、追討の事、もとより然るべき由、思召すの上、かくの如く申せしむ、もっとも神妙か、早く宣旨を成したまうべく思召す、来る六月、塔供養〔頼朝が鎌倉に建てた寺の塔か〕の由、聞こしめす、もしくはかの間を過ぎ、〔宣旨の使いを〕遣わすべきか、はたまた、今明〔今日の朝〕遣わすべきか、申せしむに従うべし、(後略)
●こうして、後白河法皇が奥州追討の宣旨を出そうとして、いろいろ思案していたのだが、しかし、事態は急転回していたのだ。それはあの義経のことであった。

19――義経、その悲劇的死を巡って……

○五月二十九日
★今日、能保朝臣、告げ送りて云う、九郎、泰衡〔秀衡の息子〕のために誅滅されおわんぬ、云々、天下の悦び、何事か、かくのごときか、まことに、仏神の助けなり、そもそも、また頼朝卿の運なり、言語の及ぶところに非ず〔なり〕、
●なんと、なんと逃亡者義経はすでに、殺されていたのだ！　奥州秀衡の息子泰衡の手で、斬殺されていた。泰衡は父秀衡の遺言を反故にし、頼朝の権勢を惧れて義経を殺した。そして兼実は、まさしく「ノー天気」に、この英雄の死をいとも簡単に、仏神の助けだと言って歓んでいるのだ。許せない。単純なわたしなどは、がっくりきてしまったのだった。この不意の報せを聞いて。そして兼実の態度には……。
●この義経の死の記事以降、関東に関する記事は、ぱったりと少なくなってしまう。頼朝の名がぽつん

ぽつんと出てくるが、兼実あるいは院、後白河上皇らは関東の動静に興味を失っていったと思われる。しかし、そんなことがあるのだろうか。

◎じつを言うと、わたしは「吾妻鏡」の記事はむかし読んでいたので、義経の死は当然、識っていた。そしてこの情報が本当かどうか、疑問を持ちつつ、鎌倉に送られたという義経の頸が実際に鎌倉に到着したかどうか、確かめるべく、「吾妻鏡」の記事をずっと追っていったのだ。義経の頸は、腐敗しないように美酒を入れた木の桶に納められ、鎌倉へと運ばれていったのだが、運んでゆく途中、途中の経過が少しだけ書かれており、やはり鎌倉に到着したようだったが、その後、頼朝がこれをどのように処置したのか、明確ではなかったという記憶がある。この義経の死はやはり同時代の多くの人たちの疑問の対象になり、義経延命の一種の共同幻想が生まれていたのだろう。生き延びた義経が、北海道から大陸に逃れてついにはジンギス・ハーンになったという説も大正時代だったか、現れたのだが、最近、その荒唐無稽ともされていたこの説を、大真面目な本に纏めた研究者もいた(山崎純醒『義経北紀行伝説』第一巻平泉篇、批評社、二〇一六年、前掲書)。義経の死に関して、この若き英雄は死ななかったのだ、という共同幻想が当時あったと言ったのは、「御曹司島渡り」という江戸初期前後の御伽草子である。この民間の物語本では、御曹司こと義経は、現在、北方領土と言われていた島々を経巡ったのだった。「渡り」とは当時、日本列島の本州から北海道に渡ることを意味していたと、わたしは考えている。「渡りの島」は北海道を指していたのだ。義経が若くと言っても中年だが、若い死を迎えたかつての英雄が彼を排除した世間に祟りをなすというので、菅原道真、崇徳天皇、平将門などの祟りを鎮めるべく「神社」が建立されていた(道真を祀る北野天満宮)ように、義経を祀る有名な神社がないのはどうしてかな、という疑問をわたしは感じていたのだ。この本の著者はどこかに義経を祀る白旗神社を発見している。たぶん、義経は死ななかったため、鎮魂の神社が残っていないのでは、と穿った考えを、わたしは最近思いついたのだ。

●むかし、「本の雑誌」という雑誌に、「空想の図書館」というページがあり、そこに執筆したことがあるのだが、義経＝ジンギス・ハーン説を書いてみたのだ。中国で、「続／元朝秘史」という本が発見され、その本をひも解いてみると、なんとこんな伝承が歴史として描かれていた、というものだ（拙著『日本文化論の方法』右文書院、二〇〇二年）。義経とジンギス・ハーンの生涯は構造的に似ているのだが、それは、成人してから彼らの歴史的事象が文字で記録されることになったということである。ジンギス・ハーンは、モンゴル諸部族を統一して、大族長になってから、初めて歴史的記述に登場した。だから幼・少時の記録はまったくなかったのだ。前述の在野の研究者氏はその不明の幼・少時から青年時代の空白の時間に、義経の北海道あるいは大陸への逃亡を埋めこんだのであった。そのように空想したのは、その著者にとどまらなかったのであり、大正時代だったか、このような文章が発表されていたようだ。

◉義経の死を確認すべく、『綜覧』を参照すると、義経が殺された話や奥州追討の記事があった。

☆文治五年閏四月三十日。泰衡〔秀衡の長男、義経を匿ったとして鎌倉幕府から追討の対象にされている〕、義顕〔義経〕ヲ衣川の舘ニ襲ヒテ、之ヲ殺シ、尋デ〔ついで〕、首ヲ鎌倉ニ致ス〔運ぼうとしている〕、頼朝、使ヲ遣ワシテ、之ヲ奏ス〔院に報せた〕、

●「玉葉」にはなぜか不思議だが、関東勢による奥州追討の記事が欠落しているのだ。書かれていた記事が散逸したのか、兼実が意識的に外したのか。（文治五年）八月十八日に、《追討の御祈りの事あり》、とあって、これはやはり、奥州征討関係の記事であろうか。当時〈征討〉と関わるようなできごとはほかに見当たらないのだ。後白河が追討の成功を神に願ったのであろうか。また、二十日の記事に《夜に入りて、宗頼来たりて云う、追討の御祈りのこと定長につけて、奏聞のところ、〔後白河が?〕仰せて云う、総じて、天下のため、もっとも御祈りあるべし》とある。これも奥州征討の祈禱であろうか。平将門の乱のときも、朝廷が最初にしたことは、社寺への祈禱であった。つまり、当時の朝廷は軍隊派遣になると異常に手間取り、祈禱から始めている。わたしは当時の朝廷は正規の軍隊を持っていなかったのではないか、と考えているのだ。地方からの農民を集めて作った寄せ集め軍隊しか。この徭役として集められた傭兵たちは、数年で帰国することになっていたので、恒常的な軍隊の存在が、想像できないのである。

20――頼朝の奥州藤原氏撃滅は、かっての朝廷の蝦夷討伐戦の掉尾を飾った？

◎さらに『綜覧』から続けて引用してみると……。

☆文治五年七月十七日。頼朝、泰衡追討ノ部署ヲ定メ、千葉常胤、八田知家ヲ東海道ノ将ト為シ、比企能員、宇佐美実政ヲ北陸道ノ将ト為シ、畠山重忠ヲ中軍の先鋒トナシ、三道並び進マシム、十九日、頼朝自ラ中軍ヲ率イテ、鎌倉ヲ発す、

●頼朝の奥州征討は「吾妻鏡」の記事によっているのだが、なぜか焦った頼朝軍は、法皇からの宣旨を待ちきれず、三手に分かれて奥州に旅立った。引用書として「吾妻鏡」「愚管抄」「北条九代記」などをあげている。「玉葉」はなかった。そして二日後の十九日には、院からの宣旨が鎌倉に届いたことも書かれている。関東からの情報は早馬だと三日、普通の駅馬を使用すれば、八日くらいで京都に齎されるとなにかの本にあったと思う。そこでその近辺の記事を眼を皿のようにして「玉葉」を捜してみるが、七月はなぜか、十日の一日分しか記事がないのだ。なにかの加減で脱落してしまったのだろうか。そして同年、八月二十五日には、《泰衡、書ヲ致シテ、降〔伏〕ヲ請フ、頼朝許さず》とある。泰衡は敗戦を覚悟して頼朝に請け文を送って命乞いをしたが、許さなかったとある。

☆九月三日。泰衡、蝦夷〔えぞ、と読んで、下北半島から北海道を指していると思う〕ニ逃レントシテ、比内郡、贄ノ柵ニ至ル、郎従河田次郎、之〔泰衡〕ヲ弑シ〔殺し〕、首ヲ頼朝ニ致ス、頼朝、次郎ヲ誅ス、

●この郎従というのは泰衡の郎党であり、自分の主人を裏切った郎党の河田次郎という者を頼朝は許さん、と言って殺させたのである。同月八日には、頼朝が使いを京都に送り、この追討の成功を知らせたとある。

☆九月二十七日。頼朝、衣川ニ臨ミテ、安倍氏〔曾祖父義家らに誅殺された安倍貞任〕ノ遺跡ヲ歴観シ、明日、帰路ニ就ク、

●安倍の貞任は戦場で源義家に「衣のたてはほころびにけり」と謳いかけられ、即座に「年を経し、糸のみだれの苦しさに」と上の句をつけたと「陸奥話記」にある。この安倍貞任の衣舘の遺跡を見学して、先祖の霊に挨拶したつもりで、鎌倉に引き上げたので

あろう。

◉「玉葉」では、兼実の感想として、《まことに天のしからしむるなり、言語の及ぶ所に非ず》、とそっけなく書かれている。そしてそれ以降、文治六年（建久元年）正月から十月まで、記事はない。

●二十一日には、後白河上皇から使いが来て、奥州の間の事を示す、とあるが、あっさりした書き様で、関心あまりなし、といった感じがする。殺された義経らに対する哀惜の情も表れていず、この結果は天の決めたことだと言って平然としている。京都貴族の冷徹さがここでも現れているというしかない。

●この辺の事情を、山本幸司氏は《後白河以外の貴族たちは、奥州合戦はおろか奥州そのものについても、ほとんど無関心だったようだ。例えば兼実は奥州合戦の勝利について、簡単に「天下の慶《よろこ》びなり」と記すのみだし》と書いている（『頼朝の天下草創』日本の歴史09、講談社、二〇〇一年）。また同書において、《後白河がなぜ奥州合戦に公戦としての承認を与えることをためらったかといえば、義経を比護したいのと同様、奥州藤原氏という頼朝の背後の勢力を温存し、頼朝を牽制することに狙いがあったに違いないが、それ以上に、頼朝によって奥州が征服されることは、日本全体を東と西とに大きく二分する体制が成立することを意味し、それは要するに国家の分裂にほかならないからである》とも書いて、後白河の宣旨の遅れた原因を、このように解釈している。

◎ミネルヴァ書房「ミネルヴァ日本評伝選」の『源義経——後代の佳名を胎す者か』（近藤好和著、二〇〇五年）をみると、官人に組みこまれた義経の位相がよく理解できる。義経の上皇からもらった検非違使左衛門尉という官職は六位に相当する。私見では五位以下は貴族とはよばれない。しかし義経はすぐ従五位下に昇進して、〈貴族〉の仲間入りをしたわけだ。そして義経は内裏と院への昇殿を許された。昇殿というのは天皇や上皇に直截接することができることを意味している。《昇殿とは、内裏内の天皇の私的な空間である清涼殿という殿舎（厳密にはその南廂殿上《みなみびさしてんじょう》の間）に上がることのできる権威をいう。これは五位以上のごく一部の者だけに許される特権である》と著者は書いている。《つまり義経に院の昇殿が許されたということは、義経が後白河の側近となったことを意味した》、《義経がいかに後白河の寵愛をうけていたかがわかるのである》と著者は続ける。義経と後白河のあいだには、皇族と武士という枠を超えたなにかの感情が生まれていたと思う。その後白河が義経の死という情報に接して、そんなに簡単な感慨ではすまなかったに違いない。ここでは九条兼実の冷徹な、武士へのある種の蔑視や軽視の感情は、後白河の感情表現には反映されていないのではと、わたしも思うのだ。わたしたちの日頃の友人の死への深い、何とも言えない空白感を、兼実は無視しているのか、なにかが欠落しているのではないかとさえ思われる。そういう意味では、後白河の本当の感懐を聞いてみたかったという気がしてならない。その辺は頼朝にも嘘のない心情を訊いてみたかった、というのがウエットなわたしの感傷である。

◎本来は、奥州は蝦夷(アイヌ人)という異民族の棲んでいた土地であり、朝廷は奥州鎮圧のために鎮守府を作り、大和朝廷の初期の段階から坂上田村麻呂や源氏の源頼義・義家父子など、鎮守府将軍に任命して蝦夷民族の日本国家への同化、皇民化に努めてきたのであった(同じ同化、皇民化については南九州のいわゆる熊襲や隼人たち〈縄文人の子孫であった〉の領域にも行なってきたのだが、九州の夷賊たちは早くから朝廷に服属するようになったのにたいして、奥州の異人たちは屈服しなかった。南九州の人びとが簡単に屈服したかどうか、たいして勉強していないので断言はできないが、服属した隼人とよばれた人たちが、朝廷の軍事などを受け持たせられていたのは間違いない)。そんな歴史を抱えてきた朝廷や京都貴族たちが東北地方への関心がなかったわけでは決してないであろう。また、秀衡が死に、頼朝ないし関東勢、鎌倉幕府を牽制する東北地方の役割が希薄になったことは、朝廷にとって確かに脅威の始まりであったに違いないが、関東勢が東北を牽制する役割を果たしてくれ、もはや奥州蝦夷のために頭とお金を使わなくてもよくなったことは事実だし、ある意味では兼実のように天下のしからしむるところだと、悦んだのではなかったのか。しかし、関東勢に関する記事が日記から消えたことはある意味で、怠慢だし、弱気でもあった。それは、頼朝ないし関東勢が、かつてのように朝廷や院の人事権に容喙したり、守護・地頭の全国的な配置を通しての幕府の態度は、ある種、安心感も抱いてきたとも言えると考える。つぎに、頼朝の上洛という記事が、出現するに違いない。

21——頼朝の異常な昇進と初めての上洛、清盛の後継者となったか

◉文治六年は途中で建久元年となった。その秋、日記に久しぶりの頼朝情報が現れた。頼朝に官位を与え、官職につかせることが、院においても緊急の課題となってきたようだ。

◆建久元年

○十一月四日

★午の刻、参院〔院に参った〕す、御湯のあいだにより〔後白河が入浴していたので〕、御前には参らず、（中略、右大臣らと会って話をした）余〔兼実〕また、頼朝卿に授官〔官位、官職を授ける〕さるべきの由を、〔院〕に奏す、しかるべしの由、〔院の〕仰せあり、その儀、人びとに問うべし〔議論するようにと〕。余、申して云う、広く問わるべからず、

●この議論は院の庁でずっと論議されてきたのであろう。頼朝は伊豆に配流されたとき、右兵衛の佐であったが、平治の乱で敗北した（殺された）父同様、官位・官職を剥奪されていたであろう。しかし義仲と平家の追討の功労者であったから、多くは復位したりあるいは官位が上がるのが通例であった。兼実は反対者も多かったためか、あまり広く論議せず、院の上部で決めるべきだと唱えていたようだ。上京の情報があったから急いだのだろう。

○十一月五日

★今日また、右大臣に触れあり、頼朝、もしくは大将に任じられるべし、

●この大将というのはふつう、近衛府や衛門府の長官を言うが、もし大将軍だとすれば、征夷大将軍という祖父や曽祖父の役職になる。

○十一月六日

★頼朝卿、今日、入洛、しかるに道虚〔この字が読めない。虚の異体字か。手もとの漢和事典には、虚と同じとあった〕、衰日〔陰陽道でよくない日ということか〕により、延引、明日云々、

●今日、頼朝の入洛の予定が、日が悪いので明日になったという。

○十一月七日

★この日、源二位、頼朝卿入洛、申の刻〔午後四時ころ〕、六波羅の新造の亭に着く、騎馬、弓箭を帯びるが、甲冑は着ず、云々、院〔後白河〕以下洛中の諸人見物、云々、余、これを見ず、日昼、騎馬での入洛、存ず旨〔知っていた〕云々、

●頼朝は、入洛にあたって甲冑は着ずに騎馬で、弓矢を負って入洛してきた。この服装は検非違使などがそうで、貴族の軽く武装した格好というところだろう。物見高い京都町民に交じって後白河法皇も見物している。兼実は見物しなかった。まあ、近日中に会うからということか。頼朝の風貌や何人くらいの郎党を連れて行進したのか、など書かれていない。六波羅は鴨川の六条河原の東に位置する平家の拠点の地域であったが、早々と頼朝用に新邸宅が建てられていたようだ。平治の乱後、流人になり京都を追われてからほぼ二十年以上になる。その感慨はどうであったか。兼実はその辺を想いやろうともしていない。冷徹な男だな。この六波羅には、頼朝の延命を清盛に請うたという池の禅尼の居宅もあったのだが、平家の没落以後はどうなっていたのだろうか。

○十一月八日

★院より、家実、奉行となし、頼朝の賞の間の事、仰せらる、〔私の〕所存を申しおわんぬ、大将に任ぜらるべきか、しかるにただちに沙汰なし、

●後白河は家実という側近を奉行とし、つまり実際の作業をしきらせ、頼朝の賞のことをいろいろ言われた。兼実は、大将にするべきだと申し上げたのだが、なかなか、決まらなかった。院の官人たちが、賛成する人と反対する人がいて議論が続いていたようだ。

○十一月九日

★（頼朝が上洛したというのに、この日は春日祭の日で、藤原氏の崇拝する春日神社への奉幣は行われている）今夜、頼朝卿、初参、先に院に参り、その後、参内す〔内裏に参った〕昼のおまし〔昼、天皇のいるところ〕において、召しあり、西の簀の子に円座一枚を給う、余、長押のうえにさぶらう、（中略）鬼の間〔清涼殿の南の部屋〕において頼朝卿と謁談〔天皇と面会したと思うが、たぶん、兼実も同席していたのであろう〕此の夜、小除目行なわる、頼朝卿、大納言に任

じらるなり、辞するといえどもおしてこれを任ず、云々、

●政治的な話題はなく、頼朝は天皇〔後鳥羽天皇〕や後白河法皇に会い、兼実とも歓談したようだ。頼朝は大納言に任じられている。一応、辞退するのが通例なのであろう。しかし、大納言の官職などたぶん、望んではいなかったに違いない。朝廷や院で官職をもらうことは、朝廷や院の官人になることでもあり、頼朝は義経をはじめとして、自分の了解なしに受官する御家人に厳しい態度をとったと「吾妻鏡」などは書いている。しかし、わたしの考えでは結局、平将門のように〈新皇〉を名乗ったりせず（わたしはこのことも本当だったか怪しいと考えているのだが、というのは、決定的な謀反人にしたてるためにこんないうことがあとで物語的に押しつけられたのだ）、頼朝や関東武士たちは、日本を二分して、関東を朝廷の権力から独立した領域にしようと考え始めていたのではないかと、最近考えるようになったのだ。そして建前は朝廷や院のほうを貴い存在としており、かつての平家、源氏のごとく、朝廷の武門を担えばいいと、考えていたのではなかろうか。この点は後述したい。鎌倉幕府への日本史的評価もだいぶ違ってくるだろう。

〇十一月九日に続いて、〔九日〕という項目があった。この〔　〕は、あとからの編者の補足ということだろうか。あるいは古い写本でも見つかったのか、よく解らないが、この日の日記を続けて読んでみよう。

★〔たぶん、兼実が〕頼朝卿に謁す〔会った〕、示すところの事など、八幡〔源氏の氏神ともいえる八幡神社の神〕の御託宣により、一向〔ひたすら〕君〔天皇や院〕に帰し奉ること〔天皇や院に所属する〕、百王〔百代にわたる天皇〕を守るべし〔守ります〕、云々、これ、帝王〔天皇や院〕を指すなり、よって、当今の御事〔現在の天皇〕、無双〔較べようのないほど〕之を仰ぎ奉りぬ〔天皇に奉仕します〕、しかれば、当時の〔現在の〕法皇、天下の政を執り給え、仍ってまず、法皇に帰し奉るなり、天子ハ春宮のごときなり〔現在の天皇は、院の皇太子のような感じである〕、法皇に御万歳の後、また主上〔天皇〕に帰り奉るべし、

●やはり、頼朝は、院、後白河に、謀反の意志などないこと、ひたすら、法皇のおっしゃる通りにします、と言っているように思える。兼実は頼朝と会い、頼朝の取るべき行動の指針を示した。八幡神宮の託

宣どおり、ひたすら恭順であるべきだ。兼実は続けて言う。あなたの父である義朝は平治の乱の敗戦で逆罪に問われ、死亡されたわけだが、義朝の忠義は正しかった。だからあなたは大将軍に推挙されたのである。しかし、頼朝が征夷大将軍になるのはもう少しあとで、兼実はなぜか間違えたのであろうか。現在天皇（後鳥羽天皇）は御幼少であるし、わたしはまず法皇の言う通り振舞うつもりだ。そしてその後に天皇にお仕えします。そんなことを言葉を連ねて訴えているようだ。

★（同日）また云う、〔亡き父〕義朝〔頼朝の父〕の逆罪〔律令のいわゆる八逆罪のひとつ〕、これ王命を恐れるによるなり、逆〔上位者に反逆すること〕によりその身を亡ぼすと雖も、かの忠〔義〕また空ならず、よって頼朝すでに朝〔朝廷〕の大将軍となる也、云々、

◎『綜覧』を参照しても、九日、《コノ日、頼朝ヲ権大納言ニ超任シテ帯剣ヲ許ス》、とあり、征夷大将軍になったとは書いてない。「玉葉」も十一日の記事に《この日、新大納言頼朝卿、八幡に参詣す、云々》、とあり、曽祖父の義家が八幡太郎義家と名乗って以来、源氏の氏神になった石清水八幡宮に参詣したことが書かれている。

○十一月二十一日

★頼朝卿、申して云う、近国の地頭、不当の輩は停止すべし、云々、

●頼朝はかつて全国の荘園に鎌倉幕府の御家人を派遣する旨、関東勢の全国的展開の核になる、守護・地頭制度を院に伝えていたが、ここでは不当な活動をする地頭はやめさせてよい、と言っている。全国に散らばった地頭たちの統制は、それなりに困難であったのだろう。

○十一月二十四日

★この夜、除目あり、頼朝卿、右大将に任ず、

●とあり、右近衛府の大将になったと書かれている。頼朝は辞退しているようだが、一応、ここではこの官職を受容したようだ。いずれ、征夷大将軍になるのだが、ここでは辞退せず、右大将になったようだ。

◎『綜覧』を参照すると、建久元年十二月四日の記事に、《頼朝、権大納言、右近衛大将ノ両職ヲ辞ス》、とあり、「公卿補任」や「愚管抄」などを援用書としてあげているが、「玉葉」には書かれていない。また同月

十四日には、《臨時除目ヲ行ヒ、頼朝ニ大巧田一百町ヲ賜ヒ、其ノ家人十人ニ衛府ノ官ヲ授ク》、とあり、援用書に「玉葉」もあげられているが、「玉葉」にその記述は見えない。同日、《頼朝、京都ヲ発ス、二十九日、鎌倉ニ帰ル》、とあり、「玉葉」があげられているが、やはり「玉葉」には書かれていないのだ。この辺の齟齬は、頼朝側と院、後白河の両者の連絡が明確でないことから来ているに違いないが、それはなぜだったのだろうか。あるいは『綜覧』の記述が少し雑なのかもしれないとも感じられる。東京大学史料編纂所のしごとなのだが。「玉葉」の記事は、逆に「吾妻鏡」などに反映されていないのである。「玉葉」には頼朝が院に参るなどの記事がほんの僅か、載っている。

○十一月三十日

★法成寺御八講に参る、大将〔頼朝か〕相伴うなり、余、行香〔焼香か〕に立たず、大将〔頼朝か〕已下、これに立つ、事訖りて家に帰る、直衣を改め着て、参内、宿仕〔宿直ということか〕す、

●ここでの大将は、頼朝ではないのだろうか。『綜覧』では、二十九日に鎌倉へと帰っているのだから。しかし、以下にも、頼朝は「玉葉」の記事の京都に、登場している。この齟齬に関してはよく理解できない。

○十二月〔小〕一日

★(東大寺と興福寺において)南京竪義に依るなり、(中略)大将頼朝、拝賀す、

●ここでも頼朝は拝賀のため、奈良に来ているようだ。この南京竪義はよく解らない。仏教用語であろう。

○十二月〔小〕三日

★今日、右大将頼朝、直衣を着て、出仕、云々、ただ院に参り、内〔内裏〕には参らず、

●やはり、鎌倉に帰ったはずの頼朝の記述が出て来る。この直衣(のうし)は天皇や皇族、上級貴族の普段着で、頼朝は武官めいた服装をしていない。大納言だとすれば、上級貴族のつもりでいるのも間違いではない。武官は太刀を帯び、弓や箙(矢を入れた袋状のもの)を小脇に抱えるのがふつうだ。服装は官人の位や官職を露わにする記号であり、武装した人とそうでない人は画然と分かれていた。その辺の認識から、京都貴族の武士への蔑視が現れ始めていたのであろうか。しかし、上級貴族の周辺には随身とい

う武装した警護者などがいたし、北面の武士、のちにできた西面の武士たちがいたのであり、関東武士たちは大番のため、しばしば上京していた。ここでは、長くなるのでこの問題は後に譲ることにするが、関東武士たちの人の殺生が穢れを発生させるという、貴族社会がもっとも嫌っていた問題が武士たちにはつきまとっていたのだ。

●また、頼朝に関して、大将、前大将、などと書かれて固有名詞の表記が少ないので、わたしには彼らが確実に頼朝と断定できないときもあることを、正直に書いておこう。頼朝は権大将とも書かれるし、たしか、頼朝の大将就任のまえに辞めた貴族がいたはずなので、その貴族を指しているのかもしれない。

●しかし、この十二月三日の記事以降、頼朝の名は「玉葉」から消えてゆき、建久二年まで姿を消してしまうのであるが。

22――「玉葉」の著者、兼実は、なぜか頼朝への言及を放棄した

◉「玉葉」の少ない記事から、最初の上京である頼朝の行動には、院、後白河、九条兼実などと緊密に今後の日本の政治のための打ち合わせがあったようには思えない。これにはいくつかの理由が考えられる。今回の短い記述から探ってみると……。

①頼朝の活動と関東武士団、ないし鎌倉幕府の思考はすべてが合致しているわけではなくて、頼朝は関東を代表するリーダーの政治家のようでなかった。

②頼朝の言動には、天皇家および上皇らと対立するような発想はほとんどなかった。

③関東豪族武士たちは、平将門の乱以降、武士による全国制覇、とはいかなくとも、そのような構図をもとは描いていたのではないだろうか。

④院、および朝廷は、東国と奥州を鎌倉勢に割愛した気分で、そちらの政治は幕府のほうでやってくれ、と考えているかのような気もしてくる。その根拠のひとつに、頼朝勢の奥州追討について兼実はなんのコメントも出さなかった（わたしの持っている本が、

この記事を落としているのかもしれないが。つまり「玉葉」にどのくらいの異本、写本があったのか、その辺がよく解らないのである)。近いうちに頼朝に征夷大将軍のポストを与えて、現実的に東国、奥州から、朝廷や院は完全撤退してしまったように思われる。

●しかし、このような結論を出すのは早すぎるし、わたしの考えが妥当であるかどうか。今後の綿密な研究によらねばならないであろう。また、兼実の「日記」は終わっていないので、これを読了する作業がまだまだ残っているのだ。

◆建久二年(一一九一)

◎建久二年になると、頼朝および鎌倉関係の記事はほとんどなくなってしまう。一般に言われているようには、頼朝らの院、天皇側との交渉は、最初期の朝廷や院の人事権への容喙、あるいは守護・地頭の全国的な配置、平家没官を頼朝ないし鎌倉勢の管轄地とすることなど、やや強硬路線であったのだが、それらの初期の要求は、関東勢はほぼ主張を通したのだと思う。しかしそれ以降の要求はあまりなかったように感じられる。「玉葉」の記述にないからといって、院や朝廷と関東勢とのあいだの交渉がまったくなかったわけではないと思うが、『綜覧』を参照しながら、「玉葉」から、関係ありそうな記述を以下に捜してみよう。頼朝は鎌倉に在住しているのであり、もっぱら、文書の類の往復が基本である。

○五月七日

★夜に入りて、宗頼、院の御使いとなりて来たりて云う、頼朝卿の申し状、かくの如し、計り申すべきと言えり[定綱罪科の間の事也]、申し状、分明、すでに当時、行わるるところの趣き、自然に符号しおわんぬ、もっとも神妙の由、奏しおわんぬ、兼ねてまた、山僧の不当など、誡めらるべき事なり、

●定綱が何をしたか書かれてないようなので(わたしの読みがラフなせいかもしれないのだが)、「尊卑分脈」を視ると、祖父は源義経とあるではないか。「玉葉」を真剣に読みだしたころ、関東の謀叛を報告する以前に、源義経が武将として登場する記事があり驚いたのであったが、彼は山本を姓としている美濃源氏の武士であった。「尊卑分脈」の索引を視ると、源義経という名まえの人物は五人もいることが解った。源定綱はその義経たちのひとりの義経の孫であった。

定綱という名まえから「平家物語」その他で活躍する近江源氏の佐々木高綱らと関係があるのかな、と思ったのだが、はたして、定綱も佐々木氏であった。「尊卑分脈」の事績を読むと、定綱は頼朝の挙兵のときから参加していた武士のひとりで、義経追討のさいは義経の兄弟の全成〔義経の母とされる常盤が再嫁した一条長成の子ども。すなわち義経の異父同母の弟〕の子どもの頼全を討ち取ったとあった。つまり、頼朝の側近に近い御家人であったようだ。そんな御家人がなぜ、罪科を問われることになったのだろうか。

◎そこで『綜覧』を開くと、四月二十六日に、《延暦寺衆徒、日吉、祇園、北野三社等ノ神輿ヲ奉ジテ、闕〔内裏〕ニ詣リ、佐々木定綱、定重等ヲ刑センコトヲ請イ、神輿ヲ棄テヽ去ル、宣旨ヲ頼朝、及ビ近畿諸国ニ下シテ、定綱ヲ捕致セシメ》などと書かれていて、「玉葉」も援用書に入れてある。慌てて、「玉葉」の四月二十六日に戻ると、

○四月二十六日

★重衡卿〔清盛の息子のひとり〕南都〔奈良〕を滅亡するにより〔東大寺、興福寺などを焼却したのだ〕、身、公卿と雖も、斬刑を遁れず、定綱、〔比〕叡山を滅亡せんと欲す、その品〔官位〕重衡に及ばず、早く死罪を行われべし、云々、

●などと書かれていた。定綱は奈良大寺院を焼亡させた平の重衡配下の武士であったか、延暦寺を焼こうとした。その罪を延暦寺側が要求してきたわけだ。たぶん、このことが、頼朝に申し送られていて、五月七日にその返事が到達したということだろう。定綱がなぜ、重衡にならって比叡山延暦寺を焼こうとしたのかは大きな問題で、この時代から延暦寺やその他、大寺院は神輿をかついで京都の街や内裏に強訴する僧兵と、新興の武士たちのあいだの抗争がしばしば展開されるようになったという、背景があったのだ。僧兵の問題はしかし、ここでは深入りしないことにする。

◎『綜覧』によると、五月二十日の記述に、《佐々木定重ノ流刑ヲ改メテ、近江、辛崎ニ斬ル》、とあり、定綱と行動をともにした佐々木定重を流刑から斬刑に変え、琵琶湖の辛崎で斬ったとある。定綱も同様の罰を宣告されていたのであろうか。

○五月二十四日

★宗頼朝臣来る、条々の事を申す、伊勢の国の地頭の間の事なり、先日、頼朝卿の奏請により、官使をかの国に遣わし、かの卿〔頼朝〕の使者をあい副えて、子細を尋ね捜し、帰参す、文書、数合に及び、官に仰せて肝心の事を注進せしめるなり、余〔兼実〕仰せて云う、関東に仰せ遣わすべき事などを注出し、そのうえで神宮〔伊勢〕の上卿〔実家卿領状云々〕の亭において寄人〔伊勢神宮で働く官人〕を定め、評定を加え、関東に仰せ遣わすべし、のよし仰せおわんぬ、

●伊勢神宮は、もともと、天皇家の私的機関の神社であったであろう。天皇家の最高神アマテラスを祀る神社であり、天皇は娘ないし姉妹、皇族の娘などを斎宮(いつきのみや)として送りこみ、伊勢神宮の清浄や権威を維持してきたのであるが、天皇の政治的、宗教的権限が弱まるにつれて、伊勢神宮の諸経費もあまり捻出できなくなったのではなかったか。伊勢神宮はしだいに民衆的な神社になったのではなかろうか。これはのちの話だが、江戸時代になると伊勢は完全に庶民の神社に変身し、伊勢から派遣された御使(おし、ないし、おんし)が全国各地を廻って神宮への参詣旅行団を「講」などによって組織させてきたのである。十返舎一九の「東海道中膝栗毛」など、この伊勢神宮参りを揶揄した小説でもあったのだが、庶民のあいだでは一生に一度は実現したい旅であった。抜け参りなど、主人に断らないで伊勢参宮を果たした町人たちは罰せられることがなかったとされる。ここでは、鎌倉から派遣されている伊勢の地頭の業績に問題があり、関東に報告するべく関東の使いを含めて現地で調査したようだ。

○六月二日

★この日、使者を以て、大将〔だれか?・〕、婦〔妻妾〕を迎えるの儀、なお、しかるべからず、随ってまた、その家〔婦を出す家〕なし、(中略)去る夜、関東よりこの間の事、ひとえに殿下〔たぶん、兼実を指しているのであろう〕の御定めに従うべきの由、申し送り候、仍って今においては、大将〔?・〕を迎え奉るべきなり、娘をまいらすの儀、望むべからず、云々、「日頃、頼朝卿、娘をまいらすべく、迎え奉るべからずの由、申せしむにより、力及ばずの由、かの卿再三、これを示す、しかれば近例〔とは?・〕皆、不快、しかのみならず、当時、事態すこぶる懦弱〔弱い、無気力、脆弱〕、仍って、廣元〔幕府の大江廣元か〕下向のついでに子細を頼朝卿のもとに示し遣わす」、

●この文章はとても難解で、正確に理解できなかったのであるが、このころ、頼朝は娘大姫を皇子の後鳥羽の後宮に入れたいと希望したため、兼実との関係がまずくなったと、「愚管抄」にある。頼朝が娘を大将なる人物に嫁がせるべく、奔走していたのであろうか。兼実ら上級貴族にとっては、武士階級はあくまで低級な人びとであった。だから、頼朝の娘が入内するというのはとんでもない、容認できないことだったのである(ただし、貴族化した清盛は娘を入内させている)。だから、大姫の入内を拒絶する知らせを大江廣元を通じて頼朝にもたらした、そのことを書いているのだろうか。大姫はしかし、残念ながら入内する以前に死亡したので、現実化はしなかった。頼朝はもし入内し、子どもが生まれたら、鎌倉に連れて来て、征夷大将軍を継がせるつもりがあったと推測されていた、と山本幸司氏(前掲書)は書いている。

◎『綜覧』には十二月十六日の記事として、《頼朝、院宣ヲ奉ジテ、法住寺殿ヲ修造ス、是日、法皇、之ニ移リ給フ》、とあり、援用書に「玉葉」をあげているので、もう一度「玉葉」を視ると、《(同日)此の日、東山南殿[世に、これ、法住寺殿と謂う]に、御渡りなり》とあった。後白河の移動だけが書かれ、頼朝には触れられていなかった。この兼実の叙述は、いわば恩知らずということになる。しかし、法住寺が後白河の院になるのである。翌日、兼実が摂政をやめたとあるが、「玉葉」には《この日、摂政を辞す》、と簡単な記事があった。九条兼実は十六歳で右大臣になるのだが、なぜか、長期に渡ってその右大臣の地位にとどまったのである。頼朝との交流が始まってから、なぜか、頼朝の後援で、内覧になり、摂政にもなれたのである。こうして建久二年は終わった。

◆建久三年(一一九二)

◉この年も、関東や頼朝に関する記事は少ない。三月十三日に、後白河法皇が死んだ。「玉葉」の著者、九条兼実の協力で、七月十二日に頼朝は征夷大将軍になるが、兼実自身はしだいに権力を喪い、そのために政治的記事も少なくなったようだ。『綜覧』は頼朝の征夷大将軍の件について書いているが、「玉葉」にはなぜかその記事はない。そもそも、わたしの所有する「玉葉」には七月の記事が完全にないのであるが、『綜覧』の同記事の援用書に「公卿補任」や「吾妻鏡」ほかの本が載せてあるが、「玉葉」はないので、兼実は七月、なぜか一切の記事を書かなかったのであろう。その理由はまったく不明である。

〇正月五日

★今日、定長卿、事いまだ始らざる以前に、院宣を伝えて云う、

●この月に伊勢神宮への勅使派遣があり、院宣はそれに関する記述であった。そのなかに宣旨のほかにふたつの件が兼実に伝えられた。ひとつは伊勢への勅使に関する説明。そして国家の理乱者(犯罪者ということか)について。後白河は自分は病気で、しだいに衰弱しつつある、と述べ、次のような記事があった。

★天下を治むるに、またまたこのごとし、寇賊、境に入る、暴悪、国に満つ、追罰に励む、則ち、一時退散するも、旧に復し、もとのごとし、当世〔現在〕の貴賤、目に見、耳に聞くところなり、平家、九郎〔義経〕の反逆、義仲〔木曽〕、行家〔源氏の〕の過乱、皆、以てこのごとし、頼朝の勇武、鋒〔矛先、つるぎ〕を争うなし〔だれも頼朝に及ばない〕、今に至って太平に属しおわんぬ、〔けれども〕しかるに国、衰う、

●死期が迫りつつあることを感じているのか、後白河法皇は自分の治世について振り返っている。まずは平家や義経らの反逆を嘆き、頼朝がこれらを制覇したと述べる。しかし、頼朝の要求によって、諸国の荘園や五畿七道は荒廃している。後白河は次第に衰微するおのれを顧みながら、日本国家もまた荒廃に向かっていると嘆く。死に向かう支配者の最後の嘆きであり、愚痴であった。こんなことを延々と聞かされてはたまったものじゃない、と兼実は思っているのであろう。諸国の荘園は鎌倉幕府から任命された地頭が管理、五畿七道の諸国はそれぞれ、鎌倉幕府からの守護が管理する。朝廷もしくは院からの受領(国司)らは思った通りの政治ができない。そんな情況を後白河の用語で〈荒廃〉と言っているのだ。ああ、武士という者らが現れなければな、という想いが後白河を苦悩させているのではないか。日本国は朝廷・院と鎌倉幕府に代表される武士の世界が二分しているわけだが、しかし、やはり全体的に、〈武士の社会〉へと変貌しつつあるのではないだろうか、と後白河もまた感じているのではないか。

23——後白河法皇の死と、その後の朝廷の展開を視る

○三月十三日（後白河の死んだ日であった）

★この日の寅の刻〔午前四時ころ〕、太上法皇〔死んだ後白河上皇は太上法皇とよばれている。太上とあるのは息子の高倉天皇が上皇になったためであろう〕、六条西の洞院の宮に崩御、〔御年六十六〕鳥羽院の第四皇子、御母、待賢門院、二条、高倉両院の父、六条先帝、当今三帝〔二条天皇、六条天皇、高倉天皇か〕、保元以来、四十余年、天下を治む、寛仁、稟性〔心が広いがなにかにつけ厳密、ということか〕、慈悲にして世を役す〔行うと書く異本もあるようだ〕、仏教に帰依するの徳、ほとんど、梁の武帝に甚だし〔中国の梁の武帝にも負けないくらい徳があったということか〕、ただ、恨むらくは延喜・天暦の古風を忘る〔延喜という時代は理想の時代とされる〕、去年の初冬より御悩〔病気〕始めて萌ゆる〔病気が始まった〕、漸々〔しだいに〕、御増し〔増えた〕、遂に以て泉〔黄泉の国〕に帰る、天下、皆これを愁〔うれ〕う、

●武士の時代の開始につきあった後白河上皇が死んだ。六十六歳では現在では早い死だ。後白河はその当時の天皇の位と無縁な皇子であり、若年より遊芸を好み、うんぬんとされ、遊女を集めて今様（流行歌など）を蒐集した「梁塵秘抄」を編集したとされる人物だったが、なぜか天皇位というものが舞いこんできたという。ここでは後白河論を書く場所ではないので省略するが、武士の世の代表となる平家の清盛、木曽義仲、義経、頼朝らと交渉する朝廷人として、半生を生きなければならなかった。自己主張、挫折、協調、さまざまな問題がその残りの半生を彩った。天皇の時代の終焉と言ってもいい。ただし、その何代かのちの、後鳥羽上皇、後醍醐天皇が天皇として、最後の花火を打ち上げたわけだが。十五日に後白河の葬送儀礼が行われたが、「玉葉」には、《後白河院、御葬送なり》とあり、簡単な記述にとどめている。その後、頼朝ら関東勢が弔いのため上洛したという記事は現れない。案外に冷淡であったようだ、鎌倉勢は。

●それに関係しているのであるかどうか、わたしにはよく解らないのだが、「玉葉」の三月十八日の記事に《砂金の事、直ちに左武衛〔頼朝〕に示しあわさるべ

きの由、示しおわんぬ》、《左武衛、遣わし召すといえども参らず》、とあるのだが、頼朝は右、左の兵衛府の長官に任命されていたので、頼朝に葬礼用の砂金の献上を命じたのかもしれないが、頼朝は来なかった、とある。が、そうでなく、武衛は別の京の人物であったか。

◎『綜覧』を見ると、十九日の記事に《後白河院ノ初七日ニ当タルヲ以テ、七寺ニ御誦経使ヲ発遣ス、コノ後、七日毎ニ使ヲ遣ワス、又毎日、長講堂ニ御仏事ヲ修ス、（玉葉、吾妻鏡、ほか）》とあるが、続けて《幕府、御仏寺ヲ修シテ、後白河天皇の御冥福ヲ薦メ奉ル》、とあり、頼朝は鎌倉で、後白河法皇の法事を営んでいた。念のため、「吾妻鏡」を見ると、三月十六日に、京都からの飛脚が後白河の死を伝えて来た。十九日に《幕府に於いて御仏事を修せらる》とある。二十六日、二十八日にも仏事が営まれている。義理は果たしているようだ。

○五月二日

★この日、法皇四十九日の御法事、復日〔嫁取りや葬送を忌む日と『広辞苑』にある〕に当たるといえども、（中略）余〔兼実〕法会の筵〔むしろ〕にまいらず、風病なお不快によるなり、夜に入りて大夫尉廣元〔幕府派遣の大江廣元〕参入、左衛門の督、参るべきの由を仰すによるなり、云々、余、全く召さずなり〔自分がよんだのではない〕しかれば、関東に仰せ遣わすべき事など、武衛をもって仰せ伝えるべし、（中略）下向せしむための由、これを仰す、明日、首途〔出発〕するべし、云々、

●大江廣元に鎌倉へ下向し伝えさせるというのは、後白河法皇の四十九日の葬礼を行ったことか。頼朝の代官である大江廣元を下向させるというのは、やはりもっとも重要な人物の口から報告を直截に幕府に伝えたかったのであろう。大江廣元はもと朝廷の文官で、早い時期に鎌倉に行き、頼朝や北条氏のための忠実な文官になった人物であった。何人かの文系官人が、廣元に続いて幕府で働いている。彼らには兼実のような過剰なプライドはなく、むしろ地方で文官として活動したかったのである。また、『綜覧』を参照すると、五月二日の条に、《中原廣元〔大江廣元〕ヲシテ、旨ヲ頼朝ニ伝ヱシメントス、此ノ日廣元、使命ヲ辞スルヲ以テ、能保ヲシテ更ニ其ノ人ヲ選バシム（玉葉）》とあるのだが、四十九日葬礼が無事にすんだと、鎌倉に伝えようとしたのだろう。以下、

この年は、関東に関する記事はなくなり、年が変わることになる。

◆建久四年／五年

◎これらの年は、ほとんど、頼朝ないし関東に関する記事はない。後白河の死後は、兼実が頼朝との交渉をしていたという研究書が多かったように思えるが、実際は、兼実や朝廷は、関東および奥州のことは関東、鎌倉幕府にすべてお任せ、というより発言力がもはやなかったように思われる。そして畿内以西もまた、幕府から送られた守護や地頭らによる政治的管理体制が成立していて、国衙の国司や郡司らの支配も十分にできなかったのかもしれない。

●「玉葉」の記事も、朝廷の関係する年中行事やその有職故実的な儀礼、除目（これは朝廷や院が死守していた）などを詳しく書くのみ、というのが、実情のようだ。五年の七月に簡単な記事があった。

○七月十六日

★下野の国の住人、朝綱法師、公田〔国衙領の土地〕を押領するの過〔あやま〕ちにより、罪名を勘えるべきの由、宣下されおわんぬ、今日まず、問い注すことを遂げるため、その身を召されると雖も、詔使〔宣旨を伝える役か〕を拒み、参り、こたえず、いよいよ、その科〔罪〕を増す者なり、

●下野は関東の北部であるが、下野のある法師が、公田を押領し、院の言うことも聞かないので、罪はいよいよ深まるであろう、と言っている。この公田が下野あたりにあったのか、守護として畿内以西に在った土地を横領したのか、よく解らない。もし、関東の下野の土地であれば、幕府の管轄下にあったのではないか。二十二日にその続きがある。

○七月二十二日

★宗頼、条々の事申す、朝綱法師の事、関東に仰せ遣わすの由、宗頼に仰せおわんぬ、

●これを読むと、下野でなくほかの地域で、朝綱が問題を起しているようにも思われる。しかし、それがどこか、触れられていない。それから、この時点で、裁判権のようなものが朝廷にあったのか、幕府にあったのか、それも不分明である。自分の勉強不足のせいかもしれないのだが。

24――頼朝の再上洛と冷淡な兼実の記述

◆建久六年(一一九五)

◎この年三月、頼朝は上洛した。『綜覧』によってそのあたりをまず知っておこう。すべて「吾妻鏡」を援用しているので、「吾妻鏡」の記事で考えることになり、わたしの方法論と矛盾するのであるが。ともかく、頼朝に関する記事を洗いざらい、抽出してみよう。

☆二月十四日、頼朝、東大寺供養ニ臨マンガ為メ、鎌倉ヲ発ス、政子〔頼朝の妻〕等、之に従う、

☆三月四日、頼朝入京シテ、六波羅第〔邸〕ニ入ル、

☆三月六日、二十二社ニ奉幣シテ、東大寺供養ノ事ヲ祈ル、(中略)頼朝、六条若宮ニ奉幣ス、

☆三月十日、頼朝、石清水宮〔石清水八幡宮〕ヨリ東大寺ニ赴キ〔行った〕、東南院ニ入ル、

☆三月十二日、東大寺供養、天皇、七條院〔皇后か〕ト共ニ臨御アラセラル、頼朝マタ、之ニ臨ム、

☆三月十六日、頼朝、宣陽門院御所ニ祇候ス、

☆三月二十日、頼朝、貢馬ヲ献ズ、

☆三月二十七日、頼朝、参内ス〔内裏に行った〕、尋〔つい〕デ、又、参内ス、

☆三月二十九日、頼朝、丹後ノ局〔後白河の寵姫〕ヲ六波羅第〔邸〕ニ招請シテ、物ヲ贈ル、

☆四月十二日、藤原経房〔院の側近か〕、頼朝ヲ六波羅第ニ訪ヒテ、政務ヲ談ズ、

☆四月十五日、頼朝、頼家〔長男〕ト共ニ石清水宮ニ詣〔もう〕ヅ、

☆四月二十一日、頼朝、宣陽門院御所ニ祇候シテ、長講堂領七箇所ヲ立テ給フベキコトヲ啓ス〔申しあげた〕、

☆四月二十七日、頼朝、梶原景時ヲ住吉社ニ遣シテ、馬ヲ献ズ、

☆五月三日、頼朝、剣ヲ鞍馬寺ニ収ム、

☆五月二十日、頼朝、政子〔妻〕ト共ニ、四天王寺ニ詣〔もう〕ヅ、

☆五月二十二日、頼朝参内シ、兼実ト政務ヲ議ス、

☆六月三日、頼家〔頼朝の長男〕参内ス、御剣ヲ賜フ、

☆六月二十四日、頼朝、頼家、東帰〔鎌倉に帰る〕ニ依リテ、参内ス、明日、京都ヲ発ス、

☆六月二十八日、頼朝、美濃青墓〔父義朝と因縁が深いところであった〕駅ニ至ル、是日、稲毛重成ニ馬ヲ給ヒテ、妻ノ疾〔重成の妻が病気であった〕ヲ訪ハシム、既〔すで〕ニシテ、重成、妻の死ヲ傷〔いた〕ミテ、出家ス、

☆七月一日、頼朝、熱田〔神〕社ニ奉幣ス、

☆七月八日、頼朝、鎌倉ニ還ル、

●最後の東海道での二、三の記事を省略したが、これらの記事は「吾妻鏡」だけでなく、同時代史料を駆使していると考えられる。四月から六月にかけて、頼朝は積極的に活動していることが解る。内裏、寺社、その他、に馬や剣を奉納し、東大寺再建に尽力することなど、京都、畿内に大きな影響を与えたかったのだという感じだ。

●さらに、これらはすべて頼朝が主語になっている。すなわち、頼朝は関東武士、豪族たちのシンボルから、実質的なリーダーになっているのがよく解るのだ。もはや、頼朝率いる鎌倉幕府というイメージが、京都貴族たちや町民たちにもしっかりと植えつけられていったな、という感じが強まってくる。また、日本列島が、当国を起点に全国的に関東武士たちの支配や管理下に入りつつあることが理解されるのだ。

●気になる記事のひとつは、内裏や大寺社への馬の献上で、奥州藤原氏が担っていた馬や金の京都への貢献に対抗するような感じを受けざるをえないのだ。ただし、以降も馬や金の産地は奥州の上位を奪うことまではできず、奥州からの馬や金の貢献を、鎌倉経由で行なうことになるのであるが。それから、鞍馬寺への馬の奉納で、鞍馬は、義経が本当に鞍馬で育ったのかどうかは、私見では確実化はできない気がするのだが、逃亡時代には隠れ場所のひとつになっていた寺であり山岳であったのだが、頼朝は馬や剣を奉納することで、義経にたいする優位性を誇示していたと、思われる。また、鎌倉への帰還の途次寄った青墓には、父義朝の愛人がたぶん遊女であったと思うが存在していたと思われる。稲毛重成はその関係者であったのだろう。熱田神宮は義朝が頼朝を誕生させた地であり、愛人がいたのだが、それらかつての縁故関係者への手厚い報恩行為に思われる。

●藤原経房は、「尊卑分脈」によると、参議であり（上級貴族の官職であった）、権大納言で正二位とあるので、上級貴族のひとりであり、後白河の院庁の要人であったと考えられる。

◉これらの記事の多さにたいして、「玉葉」はどうだったか。これがひどいのである。兼実は故意に頼朝の活動を無視していたはずはないのであろうが、頼朝に関する記事がほとんど出ていないのだ。具体的にその少ない記事を見ておこう。

○三月十日

★未の刻、東大寺内頓宮〔仮宮、一時的な院や天皇のおましどころ〕に着御〔院が到着した〕、申の刻、余〔兼実〕已下、行事〔法事などをとり行なう〕の公卿、少々〔少人数〕で大仏殿に参る、荘厳の事〔立派な法事ができるかどうか〕を検知せしむ、夜に入りて帰来す、雑人〔頼朝の世話をする身分の低い人たち〕は禁止〔入ってはいけない〕の間の事、頼朝卿に仰せおわんぬ、

●まるで邪魔者のように、雑人をともなってはだめだ、と威嚇するように厳命しているではないか。頼朝は、大きなスポンサーであったはずだ。

○三月十二日

★東大寺供養なり、

●この日、参加した頼朝への言及なし。完全に無視している！　頼朝が、後白河や自分と会談したことなどは、すべて省略されている。

○三月三十日

★参内す、頼朝卿に謁す、雑事を談ず、此日、官の列見なり、

◎『綜覧』では、この日は、《列見》、とのみあり、この「列見」は『広辞苑』によれば、大臣たちが、六位以下の下級官人たちの勤務評定や評価を検討した日とある。つまり、兼実は頼朝と特別の談合を設けたわけではなく、そのような勤務評定の日に頼朝をよび出し、軽く話をした、という感じであった。「玉葉」の記事としては、この日、初めて頼朝と会見したように書いているが、単に雑談をして別れたというそっけなさ！　このふたりには、今後の院と幕府の交流の方針や具体的な相談があったはずなのだ。

○四月一日

★頼朝卿、馬二匹を送る〔兼実か朝廷に関東の馬をプレゼントした。どちらへであろう、兼実へか〕、はなはだ、乏少〔あまりに少ないではないか〕、これをな

す、いかん〔頼朝の貧弱なプレゼントをする心情、いかがなものか〕、

●頼朝にとっても、後白河は亡くなり、兼実にとっても頼朝との交渉の重要性が減少したということだろうか。以下、頼朝に関する記事は「玉葉」から完全に姿を消してしまうのだ。「吾妻鏡」の記事には編纂時にさまざまな作為が加えられ、史実がどこまで正確に記述されていたのか、については多くの研究者がこの問題を共有しているのであるから、わたしは、兼実の「玉葉」の記事が真実なのかどうかも問題があるが(つまり、伝聞という文言がしばしば現れ、兼実が直接、見聞したわけではない記事も多いということもあるのだが)、ともかく、同時代の記録であることは間違いないのであり、鎌倉時代の中・後期に成立したとされる「吾妻鏡」よりは史実を再現している度合いが大きいのではないか、というのが大方の意見である。わたしはずっと、「玉葉」を中心に、関東の動きを凝視してきたのであるが、この東大寺や大仏の再建に頼朝が大いに貢献したであろうことは間違いないように思われる。すると、兼実のこの無関心さ(を装っているだけかもしれないが)はいったいなんだろうと考えざるをえない。今後も院や朝廷と幕府はさまざまな交渉を行い、客観的には武力の行使者である幕府の側の発言力が大きいという条件のもとで、政治方針が決定されていったように考えていたのである。

◉しかし、ほかの研究書を参照し、頼朝あるいは坂東武士たちの活動を「玉葉」を中心にして考えると、院や朝廷から多くの利益を、現実に頼朝側が獲得しているのであるが、頼朝は日本の覇者になろうという欲望はなかったように思えてならない。まだ平家の一群と闘争していたときから、かつてのように、朝廷の軍事部門の両輪として、源氏と平氏が武力的援助をしていけばよい、と頼朝や関東勢は考えていたように思われるのだ。その方針は頼朝の終生、変らなかったような気がするのである。ただ、娘大姫を入内させたいという頼朝の願望は、清盛ら平家の人びとと同じ発想で、天皇の外戚となり、発言力をさらに強めてゆきたいとは、考えていたと思われる。ここからは、歴史家たちにとっては、朝廷、院と鎌倉幕府の関係に関する新たな考察の問題へと移っていくのであろうが、関東勢の動静を探るというわたしの方針のなかでは、一応の解答を見出しているよう

な気がする。ともかく、「玉葉」を最後まで読んでいく必要がある。

●以上のように書いて、「玉葉」の残りを読んだのだが、「玉葉」の関東や頼朝に関する記事は、頼朝の上洛までがすべてで、日記の著者、九条兼実の関東への興味が喪くなってしまったかのように、関東関係記事は現れなかったのだ。そこで、この辺で作業を終え、最後に総括をしておきたい。

25——「玉葉」精読と考察のまとめとして

●まず、「玉葉」を読んで、東国、坂東の地に起こった武士たちの鳴動を観察するという企ては、残念ながら成功しなかったという気がする。この日記だけで関東武士たちの反朝廷的諸活動の全貌を伺い識るというのはやはり困難であったということだ。鎌倉幕府の成立および展開過程を研究するには、ほかの貴族たちの日記も読み解き（「吉記」、その他）、さらに中央、あるいは地方に残った各種の文書を細部に渡って研究することが必須の作業であった。こんな文書は『平安遺文』などに収載されているが、わたしのばあい、少し読みだしたところで、作業を中断している。『平安遺文』にある頼朝の文書はなぜか、平仮名表記がある（たとえば、元暦年間の、四一六一。これはまだ弟九郎と離反していなかったころのもので、宛名が九郎殿、となっている。あるいは四二三四など）。平仮名表記は女流文学の世界であり、一瞬、頼朝は漢文の素養がなかったのか、と思ってしまったのだが、そんなことはありえない。最後にこのような結論を出さざるをえないのは残念だが、京都方面（朝廷や院）では、当時の坂東での情報収集活動はほとんどだめだったと思う。その原因は国衙という律令的な機関の機能が、坂東武士たちの反乱によってか衰退し、ほとんど、機能麻痺を起こしていたように思われてならないのだ。国司や郡司らが、朝廷に送ったはずの地方報告が、国司が不在になったか、機能できなくなったで、減少したに違いない。

●木曽義仲が北陸道を南下して京都に入ったあたりの経過は、京都から近いだけあって十分に把握することができていたようだが、関東方面の情報は途切れ途切れで入ってくるだけで、頼朝の挙兵と言われた反乱の最初などは、謀反の武士たちの名まえもろくろく認識できていなかったのだ。そして、「平治物語」などに残った〈頼朝〉という文字が、関東勢を表わす〈記号〉として使用されていた。〈義経〉が登場すると、関東勢の〈記号〉性が少し変貌した。短い年月であったとはいえ、京都貴族たちとの交流がさまざまにあったろうから、現実の関東武士の実像を、貴族や官人たちも認識できるようになったのだ。しかし、義経の活動の多くが、前掲、保立道久氏の推測と結論とは違って、やはり深い〈伝承性〉のなかに形成されていたというしかないのである。義経が、幼・少時、京都の鞍馬寺にいたことを証言できる史実的文書は残っていない。その母とされる常盤もまた〈伝承性〉のなかでしか捉えられないのでは、とわたしなどは思ってしまうのだ。比企尼やその他の少数の人びとが流人時代の伊豆の頼朝を援助していたという情報なども、やはり〈伝承性〉のなかにあり、史的文書が残っているわけではない。

●わたしが、このような作業を始めたのは、「吾妻鏡」が書いている頼朝を中心にした坂東武士たちの活動に大いなる疑問を感じたからであり、その点は前書きでも触れた。以後、いろいろな研究書を読んでいるが、自分と発想を同じうする論考にはお目にかかっていない。しかし、頼朝や「吾妻鏡」を核として思考を展開する理論にたいし、東国を含む地方武士の展開を研究する地道な中世史の研究者も少なくなく、ときに、源氏を核とする武士論と異なる研究に出遇うこともある。たとえば、野口実氏は『武家の棟梁の条件――中世武士を見なおす』（中公新書、一九九四年）において、《源頼朝が平家打倒の挙兵に決起するや、坂東の古くからの源氏の家人たちが喜び勇んで馳せ集まったという通説は、結果論と後世の主従道徳の観念がミックスして出来上がった妄想にすぎない》と書き、「通説」の丸呑み状況に一言している。しかし、この本全体は、やはり前九年・後三年の役のとき、源頼義や義家父子らが関東武士を動員し、源氏嫡流と坂東武士たちのあいだに主従関係が成立した、とする通説に抗いながらも、《東国武士団は過去の主従関係に基づいて頼朝に参向したのではなく、頼朝はかれらの利害やそれぞれの直面している具体的諸条件を踏まえて、綿密な計算のもとにその組織化を果たしたのである》とも書き、やはり通説を全否定などはできていない。しかし同書は関東武士集団を考えるとき、参考になる本である。これより少しまえ、渡辺保氏は「源氏と平氏」(『東日本と西日本』所収、大野晋・宮本常一他著、日本エディタースクール出版部、一九八一年)において、《たしかに治承から寿永にかけての源平勝負は〔一の谷から壇ノ浦でのいわゆる「源平合戦」〕、東日本と西日本との決戦であった。(中略)それは源家と平家という〝家〟の争いというよりは、東日本土豪と西日本土豪との武士の集団の戦いであった。家や氏《うじ》の系図にはほとんど関係がない。源氏方の東国武士団の中には平氏を名乗るものがかなり多い。頼朝の岳父〔妻の父〕北条時政、三浦半島の三浦一族、上総広常《かずさひろつね》、千葉常胤《つねたね》という房総の大勢力、それから芝居でお馴染みの熊谷直実など、有力な家々は平氏の出を称している。つまり東国は天慶《てんぎょう》の乱(九四〇年終る)の平将門の一世代前ごろから、「百年にわたる間、平氏の地盤だったからである》と、まさしく当時の系図的な表層を率直に述べていた。しかし、続けて《そして平常忠の乱(一〇二八年)あたりを契機として、平氏一族の宗家と称するものたちは東国を去って近江や伊勢の方面に住みつき、そして主に瀬戸内海周辺の豪族(海賊とよばれたものも多い)と主従関係を結んでいった》と書く。この平氏のだれが畿内方面に移動したのか書いてないが、伊勢などは、清盛ら平氏貴族の拠点であり、頼朝と戦った親京都派の関東の大庭景親などは、京都平家と濃い関係を持っていたであろうが、頼朝軍になったのは多くが、やはり平氏系豪族武士たちであったのだ。やはり、「通説」から脱出できていないのである。

◎頼朝の出自に関しては、二十年近く伊豆に隠棲していたという彼がどのようにして自分自身が源氏の嫡流であることを証明できたのかに関しては、だれが書いていたのか失念したのだが、頼朝には乳母と称する女性が三人いたようで、比企の尼が有名だが(『吾妻鏡』)、安田元久氏は『日本架空・伝承人名事典』(平凡社、一九八六年)において頼朝は《伊豆に配流され、伊東祐親、北条時政らの監護下に置かれた》と書き、その根拠はたぶん「平治物語」などからとられているのであろう推測を述べ、続けて《また天野遠景、土肥実平ら伊豆、相模の在地武士たちとも連絡をもち、さらに頼朝の乳母の妹の子である三善康信から京都の情報を手に入れるなど、政治情勢の変化に注意していたらしい》と、たぶんまるきりの推測をまじえて、某乳母の妹の子三善康信から京都の情報を得ていたと書いている。三善康信であったかどうか、ある本では散位の某が月に二回、頼朝のもとに情報を伝えたとあったが、散位といえば官職があったわけでなく、月に二度も伊豆まで使者を派遣できる経済力があったろうか、と疑ってしまう。

●それより、この『事典』の安田稿のつぎの【伝承】という欄に、被差別的領域への視点の開拓者ともいうべき横井清氏が、『河原巻物』という被差別民がみずからの出自や浄めの仕事についていることとの根拠を、頼朝の朱印状によって証明していることを書いており、なぜ、頼朝がこのような存在として選ばれたのか解らないが、頼朝のもつ本質的な〈伝承性〉と無縁ではなかろうと思うのだ。横井氏は書いている。《なぜ「源頼朝」が「えた」の由緒意識の中心にあったのかは、解明されつくしたとはいいがたい》《草創期の武士階級が「浮屠（ふと）の輩」「屠膾（とかい）の輩」などと、「殺生を業（なりわい）とする者」として、公家階級から蔑視されていた歴史的事情も大いに働き、武士階級の最高無比のシンボルである頼朝が、生業の根源に深く関連しつつ「えた」の由緒意識の構成に役立てられたのではあるまいか》。いきなり被差別的な領域と頼朝の関係を書く部分を引用したのは、以下の公家／武家という問題に関わるからだが、「吾妻鏡」以外にしっかりした坂東武士蜂起の情況を把握している本らしい本がないため、彼ら武士たちは〈伝承性〉に富んでいるのだ。わたしは「頼朝伝承」という概念を思いついたが、清盛や義経その他、英雄的武士たちは〈伝承性〉と深く関わっているのである。ついでに記せば、『河原巻物』（ものと人間の文化史26　法政大学出版部、一九七八年）の著者、盛田嘉徳氏は、上記のような頼朝の朱印状に触れつつ、《頼朝が朱印状を与えたという治承四年（一一八〇）は、その秋の八月に石橋山の挙兵に失敗し、身の置き処もなかった時期である》と書いている。頼朝の挙兵を「失敗」とはっきり書いた例は初めて見た。「快挙」である、わたしに言わせれば。頼朝は石橋山の合戦で敗れて三浦半島から房総半島に逃走し、房総の豪族武士、上総の介広常や千葉常胤の援助によって大軍となって鎌倉に登場したと「吾妻鏡」は述べているのだが、房総に着いた頼朝は敗軍の将であって、誇れる何物もたなかった。「河内源氏の嫡流という幻視の観念しか。どのような歴史家も、頼朝の挙兵は成功し、ついには幕府を立ち上げたと称揚しているのであるから。

◉以下は、おまけということになるのだが、頼朝の名まえが頻りと出てきた史料の第一位は、ここまで分析した「玉葉」などの日記の記事と、「吾妻鑑」であったのだが、もうひとつは、近世になってから成立したとされる資料のひとつに「河原巻物」があった。これは、とちりわけ近世社会において〈えた・非人〉などと称された被差別民、被差別部落などとよばれて社会の最下層に位置づけられていた人びとの領域が残した多くの文書であった。その文書が急激にわれわれ読者の興味を刺激するようになったのは、一九七八年に、盛田嘉徳氏の『河原巻物』(法政大学出版局)が発行されて以来のことである。ただし、その存在は、喜田貞吉が出していた「民族と歴史」の第二巻第一号の「特殊部落研究号」(日本学術普及会、一九一九年)において、喜田自身が「河原由来書」や「河原細工由緒記」などを紹介したことから、よく知られるようになったと言える。さらに遡って言えば、関東八州の被差別民や社会を支配、管理していた江戸の浅草・弾座衛門家が残した、「頼朝卿御朱印」や「頼朝公之御書付」と称されていた文書の研究から始まったようだ。上記の盛田氏の著書に、これらの文書が偽書として理解されていたことなどが詳述されているのであるが、偽書かどうかは別にして、被差別民たちが、自分たちの存在の由来や根拠を示そうとして、文書を作り出したことから始まったと言えよう。そして、この「河原巻物」は、全国の多くの被差別共同体が、自分たちの存在の正当性を担保するような文書として、同様の文書を作成することになったのだ。私がこれらの文書を読むことになったのは、盛田氏の本以来のことであったが、最近、河出書房新社から、喜田貞吉『被差別部落とは何か』(二〇〇八年)という題で、「特殊部落研究号」がいわば再刊されており、また、脇田修『河原巻物の世界』(東京大学出版会、一九九一年)なども刊行され、私たちにとってかなり親しい本として接することができるようになったと言える。これらの巻物には、彼ら被差別民を保証してくれる存在として、源頼朝か、あるいは垂仁天皇などの天皇の名が表れていたのだ。大嘗会のときの八瀬童子なども想起されるが、被差別民が職業別に細分化された中世の時代以降に、とりわけ差別が明確化した近世に、これらの文書が作成され始めたのではないか、と想像されるのであるが、当時、とりわけ鎌倉幕府が成立した時代から、被差別民のみならず、日本列島に住む人びとの多くが、日本社会の代表者として、天皇と頼朝の二人を考えていたのであろう。

◎現在、私などは、被差別民社会について言及する力はないので、そのような史料か資料があったことを紹介するにとどめたいのであるが、私もまた、新たな研究書が現れることを願っているのである。

◎著者九条兼実について少しだけ触れておこう。兼実に関する本を真剣に捜したわけではないが、京都の淡交社から出ている『貴族と女性』(歴史の京都2、淡交社、一九七〇年)に、小説家の大原富枝氏の文章をみつけたのだが、平凡で、とりわけて感心する記述でもなかった。ミネルヴァ書房が出している「ミネルヴァ日本評伝選」に加納重文氏の『九条兼実』(二〇一六年)があった。この本の前半は、後白河、平清盛、九条兼実という三角関係のなかで兼実を捉え、後半はこの三角形の一角が清盛から源頼朝に代わっているという構成で、有職故実家としての兼実をとくにほめもせず、けなしもせず、院政時代の上級貴族としては自己主張もあまりしない人物として捉えている。《秩序の崩壊をなによりも畏怖する兼実にとっては、〔清盛は〕内心、最も嫌悪を誘う存在ではなかったかと推測される。ところが当初、兼実の日記には予想されるほどの記述はなかった》と書き、しかし右大臣として絶えず、彼らと関わるようになって、激しい自己主張が、日記という私的な表出だが表れてきた様相を描いている。《嘉応二年(一一七〇)九月、清盛第に来着していた宋人を見るために、後白河院が福原に赴かれた。兼実は「我が朝廷延喜以来未曾有の事なり。天魔のなす所か」と過激な批判をしている》とあり、天魔の所為のような激しい言葉が表れてくることに驚いたかのように、このような表現はどうも釈然としない、と書き、《権威の一角であった上皇と平氏の結び付きを落胆する感情が本音であったように、筆者には思われる》、と続けている。全体に抑えた客観的描写の多い日記文なのだが、兼実の小心な(?)精神を脅かすできごとに関しては、絶えず、激しい言葉で嘆いてみせるのが、兼実の筆法になっている。本文でも触れたように、坂東で謀反人頼朝が出現したときも、驚天動地の感情を吐露することに躊躇いはない。わたしの感想は、客観的な観察家であり、批判者である兼実が、ときに鬱屈した精神を開放するかのように、嘆きの激しい、嗟嘆の表現が現れる、しかしまた、客観的描写へと戻る、というのが、この日記の特徴であると思う。しかしつぎに書くように、頼朝との関係がしだいに醒めてきた後半では、とりわけ院や頼朝らから執拗な捜索が続けられている義経にたいする表現が極端に冷たくなっていく。これは、加納氏が指摘したように、《秩序の崩壊をなによりも畏怖する兼実にとっては》《最も嫌悪を誘う存在ではなかったかと推測される》、そのような存在として武士の義経や頼朝らは捉えられるようになったと感じざるをえなかった。

◎そこで、この冷淡さの根源を探ってみたいと考えるのだが、それはまた稿を改めることにして、ここでは、上級貴族たちを縛っていた〈穢れ〉を不浄視する観念について考えておきたい(今後、追究してみたいと考える)。これは「玉葉」を読みながらふと思いついたことであったが、新興の〈武士〉とは彼らのもっとも忌み嫌った〈死穢〉や〈触穢〉という観念をどんどん生み出してくる存在であった。武士たちの活動において最も重要な戦争というのは、死体をどんどん製造する作業であり、そのような存在である武士たちと貴族たちは共存できたのであろうか。簡単に言うと彼らは「棲み分けて」きたのである。生態学、人類学の泰斗・今西錦司の有名な「棲み分け理論」はここで機能していたに違いない。人類を含む多くの生物たちが、小さな生態上の〈違い〉をもとに、棲んでいる空間や時間を棲み分けることで、全体として共存してきたのである。公家と武家、このふたつの存在は〈穢れ〉と〈卑賤観〉を挟んで絶対的矛盾を孕んでいたはずだが、畿内に多くの公家が棲み、関東やその他の地域に棲む武士たちは、以降の日本という社会を全体として形成してきたのだ。狩猟を生活の手段としていた、たとえば縄文人たちの世界と、農業的生産をもとに成立した弥生人の社会は、日本列島のなかで棲み分けられていた、というのが、人類学の埴原和郎氏の主張であった。狩猟民族を直截の祖先にしていたかどうか、これは不明だが、武士の世界に継承され、米を生産してきた弥生系の人びとが、まずは畿内を中心に王権を形成してきたのであった。東北の蝦夷やアイヌと、南九州の熊曾や隼人と呼ばれる人たちは、日本列島の北と南に拠点を移して棲み分けた。前者が弥生人であり、後者が縄文人である。それが、わたしの持論である。しかし、ここでは、その点は深入りしないで考えを続けたいのであるが、公家というより彼らの拠って立つ朝廷はその出発の最初から、神武天皇の事績（「日本書紀」）に象徴されているように、土着の民族を軍事的に攻撃し、支配するようになったことで、彼らの王権の地盤が作られてきたのであり、あるいは壬申の乱の天武天皇のように（「日本書紀」）、軍隊を使ってまえの朝廷に属した人々を抹殺するか、たぶん奴婢のような存在にする作業を行ってきたわけだから、〈穢れ〉の問題はむしろ、穢れを忌む貴族社会そのものがかかえてきた絶対矛盾であったのだ。

◎わたしは、武士の成立に関する研究書をさまざまに読んできたのであるが、武士という存在になった者たちは大まかにいうと三種類あった。そのひとつは、①―A、朝廷内の武力の担い手がそうであり、彼らは天皇や内裏を守護するために武装した舎人の一部や瀧口と言われた人びと、あるいは北面の武士たち（のちに西面の武士も登場した）、上級貴族に与えられた随身と言われた人びとや、あるいは京都市街を警護するような検非違使など。①―B、貴族とよばれる官人層のなかの文官的官人たちから分れて、一時的に武力専門家、武官になったものたち（たとえば蝦夷征討の坂上田村麻呂や源頼光ら）、②地方において大土地を所有する豪族を武力で守護するような存在など（坂東武士たちなど）、③そして地方には、国司として赴任した貴族が土着し、武士化していった人びと（たとえば平将門を誅殺した藤原秀郷など）がいた。朝廷はかなりの初期から日本列島のあちこちに軍隊的な存在を派遣して、皇民化をすすめてきた。神話としてのヤマトタケルなどは、そのような武力集団の活動を象徴的に表現していると考えられる。このような例としてはとりわけ、奈良時代以前から、東北の蝦夷たちを征討する軍隊が派遣され、征夷大将軍が任命され、彼らは貴族であり、かつ武人である。それが坂上田村麻呂であり、源頼義、義家らであった。

◎武士の成立を研究する専門家の本は多い。ただし①―Aの畿内とりわけ内裏で生まれた武力集団の研究書は少ないと思う（そんななかでも、武士は京都の朝廷から生まれたと主張した、高橋昌明氏の『武士の成立　武士像の創出』（東京大学出版会、一九九九年）は、独創的な研究であった。研究の少なかった理由は、①―Aの人びとで有名になる人が少なかったせいだろう。たとえば大江山の酒呑童子を討ったという伝説に現れる源頼光らは①－Bであり、中級貴族であったが、彼らの代表でもある源頼光などは伝説は別にして実はたいした武力活動をしていない。武力活動は蝦夷征討軍を別にすれば②の人びと、すなわち関東の武士たちが担い、たとえば、天慶の乱の平将門やその何代かあとの平忠常ら以降、すなわち東国で武力活動が盛んになったと言える。源頼義、義家らの征討活動のために、関東武士たちが動員されていたのであり、朝廷からの派遣軍の兵士の人数は非常に少なかったという印象を受ける。彼ら②の武力派は「大番」といって、二、三年単位で上洛して京都守護の武力となる。そのとき上級貴族の下人となり、地方に帰れば、彼ら上級貴族の有名性を背景に地方でも有力者になった。一種の封建制のベースが生まれていたのだ。

◎他方、貴族社会を中心に穢れを忌む習俗は京都や畿内を中心に広まり、「延喜式」に〈死穢〉や〈産穢〉などが規定され、陰陽師たちが絶えず貴族の生活を穢れから遠ざけるように活動していた。畿内を中心として、〈死穢〉に関わるしごとをしていた人たちが固有の名まえでよばれて卑賤視され、それは多分、中世から近世、さらに近代、現代にまで喪くなることなく連続してきたのである。これらの被差別民の研究は、横井清氏の『中世民衆の生活文化』（東京大学出版会、一九七五年）が先鞭をつけ、中世史学の領域に大きな影響を与えたと思うのだが、穢れと卑賤視観の研究はさらに展開し、丹生谷哲一氏の『検非違使――中世のけがれと権力』（平凡社選書、一九八六年）をはじめとして、研究書はいくらでもあり、わたしの読書もそのような領域を渉猟してきたのである。そんなとき、「玉葉」を読みながら、貴族たちは穢れの生産者である武士をどう捉えたのかという問題が浮上してきた。何冊かの研究書に、貴族社会は死刑を廃止し、もっとも重い刑は配流といって地方に流されることになったとあったが、武士たちは死刑（斬首）も含めて戦争の領域では死者の生産に励んでいる。戸川点氏の『平安時代の死刑――なぜ避けられたのか』（吉川弘文館、二〇一五年）は、嵯峨天皇という名を出して（いわゆる薬子の変のときの天皇）、彼の時代に死刑廃止が始まったという説が正しいかどうかを詮索している。そして、上級貴族はべつにして、一般の民衆的世界においては死刑はふつうに行われていたと書いている。上級貴族の穢れへの忌避観はけっきょく、天皇の永遠なる清浄というテーマと無縁ではないというのは、ほかの論者も同感している。天皇国家日本はだから表層的には死穢を忌避してきたが、一般社会では、とりわけ中世において、死体は家の外や街路や河原に捨てられていたのだ。わたしたちは勝田至氏の『死者たちの中世』（吉川弘文館、二〇〇三年）などの研究によって、一般民衆は死体への穢れ観念などにそれほど敏感でなかったことを識っている。京都などの街は穢れで溢れかえっていたと言える。穢れ観は上層からしだいに民衆社会へと押しつけられたものだとわたしは考える。

◎敗者としての義経に向けられた兼実の極端な冷酷さは、上級貴族の価値観の現れであったと思う。大長編の「玉葉」を読んできた結論がこれでは、あまりに残念だ。だから、自分の勉強として、武士―殺人―穢れの問題を新たなテーマとして展開してゆきたいと考えている。武士の源流のひとつに日本の狩猟民が考えられるという。狩猟によって弓の技術を習得したというのだが、民俗学の千葉徳爾氏の『狩猟伝承研究』（風間書房、一九六九年、続編もあり）という大部の本に取り組んでみようと考えているところである。

あとがきにかえて

散歩の途中、ときどき覗いてみる古書店「よみたや」に寄ってみた。この古書店は自分が蔵書を売ったりもする店で、売ったり買ったりを、ここ何年かずっと続けている。この店は、本を内容別にしっかりと区別して置いているので、すぐに古代や中世の本を置く本棚に辿り着くことができるから重宝しているのだが、そしてときどき非常にユニークな本なども仕入れていて、おっと思って買い需て帰ることも多い。

その日、わたしは厚さ五センチもありそうな大部の本をみつけた。梶原等著の『増補改訂版　梶原景時――知られざる鎌倉本體の武士』（新人物往来社、二〇〇四年）という題であった。鎌倉本體という用語はよく解らないが、著者の略歴を視ると「弁護士」とある。たぶん、先祖にあたる梶原景時が、「吾妻鏡」では讒言の人として描かれ、御家人たち九十人が連署して、かれの罷免あるいは鎌倉からの追放を需めるという、そんな対象になるような狡猾な人物としてイメージされているが、著者はそれは汚名であり、梶原氏名誉挽回のためにこの鎌倉武士の伝記のような本を書いたのであろう。少し高かったが、買い需めて、さらにほかに、新川武紀『下野中世史の新研究』（ぎょうせい、一九九四年）という本も発見して満足して帰宅した。

わたしが武士たちの世界に関心をもつようになったとき、それは鎌倉幕府が成立したいきさつを知りたかったからであるが、本文でも触れたが、平治の乱で敗者となった源義朝の息子の頼朝は、十三、四歳ころであったため、平頼盛という清盛の息子でありながら、貴族化した平家のなかでも取り分け厭戦的で、武士の道を逃れようとした男とその母の池の禅尼という人の心優しさから、斬首を逃れて伊豆に流罪となった。そして二十年以上の雌伏期を過ごしたあと、以仁王の令旨に触れて挙兵した、とされる人物で、彼が初戦に敗れて千葉に逃走したとき、千葉の下総の千葉常胤や弟の上総の介広常の援護により、房総、武蔵、相模の武士たちが頼朝のもとに結集し、鎌倉幕府へと展開した、とされているわけだ。だが、いくら頼朝が源氏の嫡流であろうと、挙兵と言いながら大庭氏との最初の戦争に敗れ（石橋山の決戦）、敗者として房総半島に逃れてきた男、風来坊のような男に、はたして「吾妻鏡」が記すように関東武士たちがこれを容認したばかりか、トップとして反京都、反朝廷的活動を始めるということが本当にあったであろうか。これがわたしの素朴な疑問であった。

わたしは、関東武士たちのそのような活動が成立するような精神的地平にあったのかどうか、識りたいと考え、かれらを描いた本を捜し始めたのであった。吉川弘文館の人物叢書が、三、四人の人物、千葉常胤ら豪族武士たちを採り上げていたのだが、かれらの多くが文献資料などと無縁で、地方的な系図ぐらいはあったとしても、一冊の本に纏めるのは至難のわざであったのかもしれない。だから、梶原景時の伝記ふうの本を発見したときは愉しかった。

「六国史」の時代が終焉してから、日本の歴史の記述がない時代、北条氏が朝廷に替わって作らざるをえなかった歴史書であったとされる「吾妻鏡」の記述は、一応、関東中心の歴史叙述ではあるが、同時に幕府成立の中心人物であったとされる頼朝を美化し、英雄化し、北条氏自身についても幕府を仕切っている正当性を過剰に構築しているであろう。同時代的なほかの史料はないのだろうか、と考えていたとき、京都の上級貴族であった九条兼実の日記を読むことで、京都貴族の眼がかれら関東武士たちの活動をどう捉えていたかを識ることで、鎌倉幕府の成立過程を確認できるのではないかと考え、「日記」の記述を写し取りながら、本文に書いたような文章を少しずつ書き溜めていったのであった。それが成功したかどうか、本文の最後に触れたが、まあ、どちらかと言えば失敗だったかもしれないと考えた。というのはやはり、京都と坂東では文化的地平がまったく異なっているうえ、関東武士たちの活動が盛んになるにつれて、関東の各国衙は機能しなくなり、国司らからの報告も少なくなっていったのであろう、京都に流れて来る情報は途切れ途切れであり、かつ克明ではなかった。兼実はしばしば、「伝聞」、と断って関東からの情報を書いている。さらにその伝聞自身、そんなに緊密ではなかった。しかし、わたしの作業がまったく無駄であったとは思わない。源平戦争以前の義経の活動など（これは京都平家と関東平氏たちが闘った戦争であり、平平戦争とよぶべきなのだが）、「吾妻鏡」が触れていない側面も伺えるし、頼朝の精神もある程度、理解できた。それは、単純化して言えば、頼朝は朝廷を排除し、かつての平将門のように〈新皇〉と名乗ったり、あるいは日本国の王たらん、とするような発想はほとんどなく、源氏と平氏が両輪となって朝廷や院を支えていきたい、くらいしか考えていなかった。わたしは読んでいないのだが、黒田俊雄氏による「権門体制論」は、批判的な研究者も少なくないのだろうが、わたしは、この体制論から、頼朝はまったく逸脱していないように思われたのだ。そのような期待は、戦国時代まで、待たねばならなかったのだ。脇田晴子氏は『天皇と中世文化』（吉川弘文館、二〇〇三年）のなかで、なぜ、天皇はいつまでもつぶれることなく続いたのか？　と問い続けているが、それはわたしにとってもまったく同じ発想だ。戦国時代についてはまったく勉強していないので解らないが、水上勉が書いた小説のなかで、織田信長が、天皇たちにお金をどさっとでもないが、プレゼントしているシーンがあるが（つまり天皇の周辺は極貧の世界であったのだろう）、それはともかく、頼朝もまた、新たな武士たちの世界を構築するのかと思って期待したのだが、それは関東圏にとどまっていたようだ。

最近になって、伝記などが少なかった関東武士の梶原景時の本を見つけたときは、もう上記の本文の作業は終わっていたので、梶原景時を読了しても、本文になにも寄与できないのであるが、ともかく少しずつ読み始めたところである。そこで、おもしろい図版を見てしまったのであるが、この本の最初の口絵に景時の書状が出ていた。もし書き役のような人がいて別人が書いたとすれば話しにならないのだが、本人の自筆だとすると、これが実に達筆なのである。行書や崩し字がうまく、相当に書道をやっていたに違いない。という以上に、漢文の表現も少しもおかしくなく、京都貴族たちから東夷（すなわち、東のほうの野蛮人）と考えられていた関東の武士たちが、全員かどうか解らないが、しっかりと漢文を勉強していたのである。京都貴族たちには武力をもってのし上がってきた武士というイメージしかなかったのだが、関東武士たちもしっかりと教養を身に着けていたのではないだろうか。

東京堂出版、竹内理三編『平安遺文』八巻に、頼朝や義経の書状がたくさん載っている。頼朝が断然多いが、これは筆記役がいたのかもしれないが、頼朝の手紙の一通（四一六一）などは、弟義経への手紙なのだが（頼朝が義経を嫌い始める以前の文書であろう）、なんと〈ひらがな〉で書いているのだ。平仮名はふつう、女性が使ったとされているが、関東武士もまた平仮名を時どき、使っている。これは、平仮名しか知らなかったわけではなく、軽い気持ちで書いたものではないだろうか。最後に九郎殿、と漢字表記になっている。梶原景時の文書もいくつかあり、その一通は（四二四七）平仮名文書である。義経の書状は「九郎御曹司請文」などとあり（四一三六）、最後に「義経」、とサインしている。これらを見ると、義経の文書は検非違使時代のものかもしれないが、命令調で厳しい書き方になっている。

これらを見ても、関東武士たち、頼朝は京都時代に勉学はこなしていたかもしれないが、義経などは、鞍馬寺か奥州の藤原秀衡のもとで学んだのか、あるいは鎌倉に来て御家人的な存在になってから修行したのか、梶原景時は自習したのか、とりあえず、関東武士たちを東夷などと位置づけるのは問題だ。ほかの武士たちの文書は、『平安遺文』にも発見できなかったのではあるが。

こうして「玉葉」を読む作業は終了した今、つぎのテーマを捜しながら、藤原経房の日記「吉記」を読み、また中世史の研究書を繙いているような今日である。

平成三十年二月　　　　安達史人

◉本文中に引用した研究書以外の参考文献として掲げる。

●本書の成立に関する本として

五味文彦『吾妻鏡の方法――事実と神話にみる中世』吉川弘文館、一九九〇年

加納重文『九条兼実――社稷の志、天意神慮に答える者か』ミネルヴァ書房、ミネルヴァ日本評伝選、二〇一六年

奥富敬之『吾妻鏡の謎』吉川弘文館、歴史文化ライブラリー277、二〇〇九年

●源平戦争に関わる武士や地方豪族に関して

安田元久『源頼朝――武家政権創始の歴史的背景』新訂版、吉川弘文館、一九八六年

近藤好和『源義経――後代の佳名を胎す者か』ミネルヴァ書房、ミネルヴァ日本評伝選、二〇〇五年

渡辺保『源義経』吉川弘文館、人物叢書、一九八六年

山本幸司『頼朝の精神史』講談社、講談社選書メチエ一四三、一九九八年

入間田宣夫『藤原秀衡――義経を大将軍として国務せしむべし』ミネルヴァ書房、ミネルヴァ日本評伝選、二〇一六年

安田元久『後白河上皇』吉川弘文館、人物叢書、一九八六年

元木泰雄『平清盛と後白河院』角川学芸出版、角川選書504、二〇一二年

●地方武士たちの活動については

高橋崇『坂上田村麻呂』吉川弘文館、人物叢書、一九五九年

福田豊彦『千葉常胤』吉川弘文館、人物叢書、一九七三年

高橋富雄『奥州　藤原氏四代』吉川弘文館、人物叢書、一九五八年

安田元久『源義家』吉川弘文館、人物叢書、一九六六年

貫達人『畠山重忠』吉川弘文館、人物叢書、一九六二年

安田元久『北条義時』吉川弘文館、人物叢書、一九六一年

高橋秀樹『三浦一族の中世』吉川弘文館、歴史文化ライブラリー、二〇一五年

田中大喜『新田一族の中世』吉川弘文館、歴史文化ライブラリー、二〇一五年

永井晋『源頼政と木曽義仲――勝者になれなかった源氏』中公新書、二〇一五年

●武士の誕生と展開については

高橋昌明『武士の成立　武士像の創出』東京大学出版会、一九九九年

野口実『坂東武士団の成立と発展』戎光祥出版、戎光祥研究叢書1、二〇一三年

森公章『古代豪族と武士の誕生』吉川弘文館、歴史文化ライブラリー、二〇一二年

元木泰雄『武士の成立』吉川弘文館、日本歴史叢書、一九九四年

安田元久『武士団』塙書房、塙選書、一九六四年

千葉徳爾『狩猟伝承研究』風間書房、一九六九年（続編、一九七一年）

本郷和人『〝武士の世〟の幕開け』NHK出版、NHKさか

のぼり日本史⑧、二〇一二年

●鎌倉幕府や武士たちの世界については

石井進『鎌倉武士の実像――合戦と暮しのおきて』平凡社、平凡社選書108、一九八七年

保立道久『義経の登場――王権論の視座から』NHK出版、NHKブックス、二〇〇四年

本郷和人『新・中世王権論――武門の覇者の系譜』新人物往来社、二〇〇四年

元木泰雄『保元・平治の乱を読みなおす』NHK出版、NHKブックス、二〇〇四年

永井晋『鎌倉幕府の転換点――「吾妻鏡」を読みなおす』NHK出版、NHKブックス、二〇〇〇年

河内祥輔『頼朝の時代――一一八〇年代内乱史』平凡社、平凡社選書135、一九九〇年

秋山哲雄『鎌倉幕府滅亡と北条氏一族』吉川弘文館、敗者の日本史7、二〇一三年

坂井孝一『源実朝――「東国の王権」を夢見た将軍』講談社、講談社選書メチエ、二〇一四年

●本書の背景となった日本中世の歴史と民俗などについて

横井清『中世民衆の生活文化』東京大学出版会、一九七五年

網野善彦『歴史としての戦後史学』日本エディタースクール出版部、二〇〇〇年

千葉徳爾『たたかいの原像――民俗としての武士道』平凡社、平凡社選書139、一九九一年

山本幸司『穢と大祓』平凡社、平凡社選書144、一九九二年

五味文彦『殺生と信仰――武士を探る』角川書店、角川選書280、一九九七年

苅米一志『殺生と往生のあいだ――中世仏教と民衆生活』吉川弘文館、歴史文化ライブラリー414、二〇一五年

戸川点『平安時代の死刑――なぜ避けられたのか』吉川弘文館、歴史文化ライブラリー397、二〇一五年

網野善彦『中世的世界とは何だろうか』朝日新聞社、朝日選書555、一九九六年

石母田正『中世的世界の形成』岩波書店、一九八五年

●著者略歴
1943年生まれ。東京芸術大学美術学部芸術学科卒業
木の聲舎代表(「游魚」編集・発行人)。
もと武蔵野美術大学講師。季刊「武蔵野美術」編集主幹・アートディレクター
○著書
『神々の悲劇——ギリシア神話世界の光と影』北宋社
『日本文化論の方法——異人と文学』右文書院
『漢民族とはだれか——古代中国と日本列島をめぐる民族・社会学的視点』右文書院
『偽装恋愛◉ある痴人の告白』森魚名,彩流社
『処女幻想譚★ヴァージン・ブルース★続・ある痴人の告白』(森魚名)彩流社
○共著
『言葉空間の遠近法——安達史人インタヴュー集』右文書院
『大衆としての現在』『吉本隆明ヴァリアント』北宋社
『金石範《火山島》小説世界を語る!』右文書院。ほか

東国武士政権
日記「玉葉」が捉えた鎌倉幕府の展開と、悲劇の武士たち

2018年9月25日　初版第1刷発行

著者————安達史人

発行所————批評社
〒113-0033　東京都文京区本郷1-28-0033 鳳明ビル2階
Phone.:03-3813-6344　Fax.:03-3813-8990
郵便振替:00180-2-84363
e-mail:book@hihyosya.co.jp
http://hihyosya.co.jp

装釘————臼井新太郎
DTP————後藤祥子

印刷・製本————モリモト印刷(株)

ISBN978-4-8265-0685-4 C3021